Kindheit 6.7

Michael Hüter

いつまでやるの？子どもをつぶす教育

「家族とともに過ごした子ども時代」の歴史

ミヒャエル・ヒューター［著］
神瞳／鄭基成［訳］

日曜社

いつまでやるの？　子どもをつぶす教育

Michael Hüter

KINDHEIT 6.7

Ein Manifest

Co-Autorin Gabriele Penzenauer
© Verleger: Michael Hüter – Edition Liberi & Mundo
Melk an der Donau 2018
www.michael-hueter.org
ISBN: 978-3-200-05507-0

子どもたち ヤミン、ヌラー、フェリアス
そして
サピエンスのすべての両親に捧げる

目次

第二部　子どもと家庭の歴史を辿る

プロローグ

こんにちの子どもたちは、子どもらしく、年齢に応じて成長することができなくなった。これは以前から、心理学者、教育学者、一部の社会学者、神経生物学者のほぼ一致した見解である。「そろそろ、子どもたちが、『子どもらしく』育っていくような環境を作るべきだ」と訴える識者も少なからずいる。現代の子どもたちは、まるでバタリーケージで工業製品のように飼育されるニワトリと同じように育てられている。いつの間にこのようなことになってしまったのだろう？「幸せな環境で育ったニワトリ」の卵を欲しがる人は年々ふえているというのに、なぜ人間の子どもは、子どもらしくのびのびと成長することができないのか？

ドイツとオーストリアでは（そしてほかの国々でも）、一〇代の子どもたちの五〇％に、年齢に不相応な異常や障害が見られる。身体的問題（肥満や拒食症）、社会的能力（社会性の欠如、不登校、人間関係の欠如）、そして運動や認知の能力不足などだ。さらに、ＡＤＨＤ（注意欠陥多動性障害）、幼少期におけるアルコールと薬物の常用、そして最後に、（時に深刻な）暴力と犯罪が、それも一二～一三歳の子どもたちによって引き起こされる。これらはすべて、一四歳以下の子どもたちに多く見られ、確認されていることだ。間違いなく、きわめて憂慮すべきことである。
しかし、心理学者のM・ヴィンターホフがその著書『SOS子どもの心』で主張しているように、学校の教師を心理学者として養成すればすべての問題を解決したり緩和したりできると考えるのは、大きな間違いだと、私は思う。多くの見放された子どもたちの精神（Geist）と魂（Psyche）が、教師の助けや介入によって「成熟」できるとは、とても思えない。それは教師や学校の仕事ではない。

それは、豊かな西洋社会で未熟なまま収穫され、船やトラックで何千キロも離れたところへ輸送され、その間に（人工的に）熟成させられた多くの果物や野菜のことを想起させる。美味しさにおいては、なんといっても、自然に熟成したものに勝るものはないのだ。

デンマークの教育学者、ホームセラピスト、国際紛争アドバイザーであるイェスパー・ユールは、次のように述べている。「一五年以上前にドイツで仕事をはじめたとき、教育の圧力という言葉をよく耳にしたが、これにはどうしても馴染めなかった。しかし、多くの親や子どもや若者たちと接するうちに、ますますこの圧力を我が身に感じるようになった。デンマークをはじめ、北欧の国々では、同様の現象を経験したことがない。いまでは私は、ドイツ語圏全体（ドイツ、オーストリア、スイス）の教育に大きな圧力がかかっていることは認めざるを得ない。このような状態が、長期的にみれば耐え難いものであることは、誰の目にも明らかだ。圧力には反圧力が生まれ、物理的にも精神的にも抵抗感が強まり、やがてははかり知れないものになるだろう。」

学校は、遅くとも二〇〇〇年以降（ますます多くの国々で）、子どもの成長と発達についての「関心の的」になっている。しかしそれより大切なことは、もっと子どもの視点や要求を知ることであり、子どもが実際に何を感じているかに目を向けることではないだろうか。学校は、人生のすべてではないことを知ってほしい！

ドイツ語圏でも、心理学、神経生物学、教育学の著名な学者達は次のような見解では一致している。すなわち、精神と魂が年齢相応に最適な形で成熟し、すべての子どもに生まれつきそなわっている人間の脳のすばらしい潜在能力が発達し、社会的にも、人間関係においても、生涯にわたって学習する意欲が健全に育つためには、子どもはこの世に生を受けたときから、母親の愛、父親の愛、つまり両親や祖父母の深い愛情を必要としている。単純に言えば家庭の愛。なぜ、（ドイツ語圏にかぎらず）子どもの成長についての社会や学界での言説は、ほとんど学校（保育園・託児所）だけに集中し、家庭には目を向けないのだろうか。

経済とイデオロギーのために、ヨーロッパの中心部、アメリカ、そして多くの「西洋」諸国では、子どもにたいする直感的なアプローチが犠牲にされただけでなく、核家族にたいする直感的で穏やかな支援と励ましと賞賛も葬り去られた。持続可能で発展的かつバランスのとれた社会の核となるはずものが犠牲となった。時代が二一世紀になっても、子どもにとってもっとも必要なのは、まず第一に両親であることに変わりはない。とくに政治上の議論において、子どもの成長にとっての家庭は、長い間、顧みられることなく軽んじられてきた。政治家たち、いや多くの指導的地位にある大人たちは、経済とイデオロギーの祭壇の前に立って、家族（家庭）は「廃れたモデル」だと言ったものだ！　同じ人間たちが、一方では、出生率の低迷や減少をくりかえし嘆いてみせるのだ。

国連人権条約第一六条は次のように謳っている。「家族は、社会の自然な基礎単位であって、社会国家による保護を受ける権利を有する」。
家族の保護は、法律上は存在するが、現実にはどうだろうか？　二一世紀初頭の法的・政治的実践において、家族の社会的重要性が尊重されていると言えるだろうか？
私たち西洋の世界では、果たして自立した家族というものがまだあるのだろうか？　ドイツやオーストリア（そして「西洋」だけでなくますます多くの国々）の家族は、自由な家族であり続けることができるのだろうか？　そもそも家族というものはどのようにとらえられているのだろうか？　政治的、社会的、科学的言説において、どのように認識されているのだろうか？　こんにちの子ども時代とは何であり、またどういったものなのか？

本書の読者の皆さんを、「家族」のタイムトリップに招待しようと思う。そのさい、家族と幼年期がかつてどのようなものであったかについて知るだけでなく、私たちの社会が進むべき未来についても考えを巡らしていこうと思う。この旅は子どもと家族の現在の在り方から出発して、「狩猟採集民族」という生活様式へ遡り、さまざまな大陸を巡ることになるだろう。何世紀も前の文献からの引用にとどまらず、人類学、考古学、（神経）生物学などの研究成果にも触れることになるだろう。

本書は、幼年期の歴史でもあるが、時代を追って書かれてはいない。多くのＳＦ映画がそうであるように、この時間の旅にはしばしば「カットやリープ」があり、過去から現在へ、あるいはその逆へと移動することに気づくはずだ。しかし、読者が読み、体験するのは、なかには信じない人もいるかもしれないが、人間によって書かれたノンフィクションであり、人間が形造った現実なのだ。

だから、巻末に載せる詳細な出典リストは、疑り深い読者のためだけではない。

本書のもう一つの目論見は、残念なことに長い間多くの場所で行きづまり、しばしば敵対的に行われてきた学校改革の議論に、現在はほとんど問われることのない問いを投げかけることである。すなわち、幼年期に関して学校と教育はどのような姿勢で取り組んでいるのか、という問いだ。学校には人間的な基盤がないのではないかと問うのは、イェスパー・ユールだけではない。アメリカの学校教育評論家で元教師のジョン・テイラー・ガットはさらに踏み込んで、「制度としての集団的学校教育は、子どもと家庭を破壊する！」と言っている。

本書は、ドイツ語圏にかぎらず、こと細かく分離されがちな二つのものを繋げるために、時代の痕跡を探索する旅でもある。二つのものとは、学校（教育）と家庭、および幼年期と家庭のことである。社会全体にとって深刻かつ持続的な悪影響をもたらすこの分離は、いつの時代でも存在したわけではない。本書は、こんにちにおける幼年期というテーマについて社会での広い議論を喚起するためのものであるだけでなく、両親について論じたものでもある。私の妻ガブリエル・ペンツェナウアーは、おもに妊娠、出産、自由学習の分野での私の共著者である。ほとんどすべての分野において、彼女は刺激的な会話と議論を通じて、「複合的な事柄」の核心に迫るために、すばらしいパートナーとなってくれた。個人の直感や経験が重視されなくなり、なにごとも理論的、科学的に根拠づけることが求められる時代に、長年かけてかなりの量の文献を渉猟し共有することができた。

文化や科学の分野におけるこれまでの偉大な発展と進歩と成果——それは膨大なものだが——は、

しばしば子どもや若者によるものであり、おもに家族の支えによって、自らの直感と才能を発揮する機会を得た彼らに負うところが大きい。託児所や、幼稚園や、学校の圧力を受けずに育った者たちだ。過去数世紀のヨーロッパ（にかぎらず）で、文化、科学、社会に顕著な貢献をした人物たちの約八〇%は、まず第一に、長期間家族のなかで育ち、社会性を身につけていったのである。

すべての先進諸国において私たちは、子どもたちの能力を見失い、現在約五〇%の子どもが病気であり、多くの若者が文字通り精神に異常をきたすような世の中を作り出してきた。

世界的に、そしておもに「先進国」において私たちは、子どもの本当の自然な要求と本質を完全に見失ってしまっている。それは、文化、経済、社会、そして個人に深刻な結果をもたらした。

読者諸氏がこれから知ることは、すべて三次元で起こっていることだ。もっともそのために3D―メガネを用意する必要はない。ストーリーや発言を完全に理解するためには、「イデオロギーのメガネ」を外すことがきわめて有効だ。

なにより、これから家庭を築こうとする読者、すでに家庭を営んでいる読者には、直感を信じ、愛情に満ちた信頼関係を築き、親としての能力を信じて子育てできることを応援したいと思う。たとえ、こんにち多くの子どもたちが一人ぼっちにされていても。エキサイティングなタイムトリップをお楽しみいただきたい……

二〇一八年　春

日本語版へのまえがき

本書の日本語版出版にあたり、日本の読者の皆さんにご挨拶できるのは、原著者である私にとって大変名誉なことであり、大いなる喜びでもあります。

人はみな物語が好きです。それは太古の昔から変わらず、しかもすべての文化圏に生きる人々、もちろん日本人についてもいえることです。

私たちホモサピエンスの先祖（まだ狩猟採集生活を送っていた）が、夜に焚き火を囲んだとき、おそらく最初にしたことは、物語を語ることだったでしょう。

何万年も前、コミュニティーのメンバー全員が同じ話を聞かされていました。幼い子供たちは、焚き火を囲んでの語り聞かせが始まる前に眠ってしまわなかったとしても、遅くとも語り聞かせのさいちゅうに眠りについたでしょう。お母さんやお婆ちゃんの腕の中で、ときにはお父さんやお爺ちゃんの腕の中で、あるいはこうした親密なコミュニティの別のメンバーの腕の中で。今日のような子どもたちの空間的分離や、電子ベビーモニターによる「監視」は、（子どもたちにとっては幸いなことに）まだ存在しませんでした。これまでの人類の歴史の九九％において子どもたちは、すべての文化において例外なく家族内で育てられ、社会化されてきました！

主に西洋の世界では、そして（日本と中国と韓国を含む）世界中の先進工業国では、子供の家族内での社会化の必要性への声ほど、抑えつけられ、危険視されてきたものはありません。しかし、本書で示したように、人間の子どもは本来、今日の幼いホモサピエンスが享受しているよりもはるかに長い期間の家族内の社会化を必要としているのです。このような、進化のうえでも人類の自然なあり方においても、子どもにとって（依然として）基本的に必要なことを、世界中の国家がこぞって否定することは、経済や学問にも広い範囲でマイナスの結果をもたらすことになるでしょう。

少なくとも数千年前にホモサピエンスは、すでに長く定住生活をおくっていたある時点で、大人たちは、子どもたちに物語を語り聞かせるだけでなく、大人たちのための物語を語りはじめ、それが数千年・数世紀を経て神話となり、やがて（行き過ぎた形として）ドグマ（教義）となっていったのです。

たとえば、近世とよばれる時代（15世紀~16世紀）がはじまるころ、次のような物語が広まりました。子どもは（つまり人間は）教育しなければならない、という物語です。（「正しい」）教育なくして、子どもはろくなものにならない。少なくとも「善良」で、「きちんとした」、「勤勉な」、つまりは「まともな」人間、すなわち国民になるには教育が必要だ、という物語です。

遅くとも19世紀には、さらに強力で大がかりな物語が、（まず）ヨーロッパで、やがて世界中に流布しました。それは、（国家による）学校でのマス教育、そして（早期かつ長期の）教育によってのみ、全ての人間は文字が読めるようになり、かつ「教養を身につける」ことができる。マス教育によってのみ、経済的に豊かで、革新的で、実り多い社会と強い国家を作ることができる、というわけです。

しかし、このふたつの物語、すなわち人間の子どもの早期（かつ「正しい」）教育という物語、そして「学校でのマス教育」による社会全体の教育という物語は、神話の上に成り立っているのであり、その神話はすでに（危険な）ドグマとして私たちの中に定着してしまっているのです。なぜなら、二〇世紀以降、人類最大の犯罪は、市民たちの権力に対する不服従においてではなく、むしろ市民たちの集団的服従において起こったからなのです！

例をあげましょう。原子爆弾を開発した人間も、命令に従って広島と長崎に原爆を投下した人間も、一つの共通点は、みな学校に通い（「教育され」）、そして「善い人間」として（何よりも従順な人間として）教育された、という点です。それは、（幼い）子どもの頃から始まっているのです！

私は歴史家として、主に子どもについて重点的に研究しています。私の仕事は、過去の出来事を評価したり、その良し悪しを判断することではありません。「過去に起きたこと」（私たちの中にいまなお、無意識的あるいは意識的に何らかの影響をおよぼしている出来事）を可視化し、人々（なかでも子どもの親たち）に、過去の出来事を思い起こすきっかけを提供することです。近代とよばれる時代のおそらく最大の悲劇は、人類史上初めて、子ども（すなわち人間）がモノとして扱われるようになったことです。

本書は、子どもの家族内での社会化の歴史であると同時に、この分野の基本書のひとつです。とくに、より人間的な世界の到来を望む人々に考えるきっかけを提供することを目的としたものです。

本書の日本語版の読者にあてて、少し個人的なことをお話ししましょう。私は一九六八年にオーストリアの田舎に生まれ、比較的簡素で地味な環境に育ちました。それから十六年後、「ティーンエージャー」になったとき、母はへそくりからソニーの「ウォークマン」を買ってくれました（当時は非常に高価なものだったのです！）。当時の私たちの世代にとって「ウォークマン」は単なる革命的商品以上のものだったのです。音楽をいつでもどこでも聴くことができる。それはその後の私の人生を変えただけではなかったのです。

それから十六年後、ザルツブルク大学での歴史学の勉強を終えたあと、しばらくの間、私はピアニストとしての活動をしました。ピアノソロのCDアルバム『It's my Way to Paradise』のレコーディングに際して、音の確認と調整のために採用したのが、やはりソニーのスタジオ用ヘッドフォンだったのです。すでにこの頃には、ヨーロッパやアメリカ製のヘッドフォンのなかにも、技術的に優れたものは少なからずありました。厳密に比較検討した結果、私の直感はやはりソニーのヘッドフォンを選んだのです。私の耳にぴったりだったからです。それから長い間、音を綿密に聴くとき、とくにそれが仕事上求められるときには、必ずこのヘッドフォンを使いました。ウォークマンとヘッドフォン。時を隔ててソニーとの決定的出会いを二度も経験したのです。

四五歳になったいま、私の眼差しは、産業技術大国であり深い文化を持つ国である日本に向けられています。ピアニストあるいは音楽愛好家としてではなく、歴史家として、子ども時代の研究家として。本書執筆のための長年の調査研究のなかで、数十年来深刻化している日本の人口減少という憂慮すべき問題に注目せざるをえませんでした。この問題はかねてよりあらゆる先進工業国（ドイツ、イタリア、韓国など）に共通の問題であるとはいえ、子どものいないことは決して自然法則ではないのです！　私は本書で、この顕在化した問題をくりかえし詳しく取りあげています。日本の読者ならこの問題の（もしかしたら意外な）原因と解決策を見出すことになるかもしれません。

最後に、本書の翻訳をしてくださった神瞳、鄭基成両氏に厚い感謝を捧げます。そして厚巻な本書の出版を引き受けてくださった日曜社の鄭基成氏に、その先見の明に対して深い敬意と心からの感謝を申し上げます。

それでは日本の読者の皆様、本書を通じてどうか過去の出来事に思いを馳せる（歴史だけでなく）ことの喜びを感じ、多くの気づきを経験し、新たな未来づくりへの勇気を持たれることを祈念します。

ミヒャエル・ヒューター、二〇二四年八月、イタリアにて。

第九版への前書き

二〇二〇年三月以降、Covid 19にたいする「保護措置」の名のもとに、とくにドイツ語圏の家庭や子どもたちに降りかかっていることは、ディストピアが現実のものになったものだと言えるだろう。ホモサピエンスの歴史上初めて、子どもの保護が政治的・社会的に子どもからの（老人の）保護という意味に歪められた！　しかも、人類史上初めて、戦時中を除いて、ある世代が丸ごと集団的にトラウマ状態に陥ったのである。遊園地や学校の閉鎖、強制隔離、兄弟姉妹や、祖父母や、友人との孤絶、毎週行われる検査と毎日何時間ものマスクの着用が、何カ月も何年も、いまだになんの科学的なデータによる根拠もないままこんにちまで続けられている！

本書の初版発行後に起こったこのような出来事や変化にもかかわらず、私はこの本の内容に変更を加えることはしなかった。このような集団的な児童虐待と強制、二〇二〇年から二〇二二年の間の「コロナ」の名の下での「大人たち」の集団的な「ノーモパシー」（規範病。心理セラピストH・J・マーツ博士の用語）について、この集団的な「子どもをモノのように扱う心根」が、どんな（深い）原因からくるのか、その答えを知りたいと思うすべての人に、本書を読んでいただきたい。きっと答えが見つかるはずだ。

読者の皆さん、これから本書でのタイムトリップをはじめる前に、次の歴史的事実、私の一番大切なメッセージを受け取っていただきたい。この一二〇年ほどの間、とくにここ（中央）ヨーロッパでは、人類にたいする最大の犯罪は、市民の不服従ではなく、市民の服従のなかで行われたのだ！

ミヒャエル・ヒューター、二〇二二年八月

第一部　二一世紀初頭の子どもと家庭——問われることのなかった問い

しかしながら、世間一般のひとびとの意識は、子どもが人生の最初の数年間に経験したことが必然的に社会全体に影響をおよぼし、精神病、薬物中毒、犯罪が、幼児期に経験したことの暗号化された表現である、という認識にはまだほど遠い。このような認識は、ほとんど否定されるか、知識人によって認められるだけであり、（政治、法律、精神医学において）実践されることは、依然として、邪悪なものの投影に満ちた中世の思想に強く支配されたままである。なぜなら、知性は感情の領域にまで及ばないからである。

——アリス・ミラー

私たちは、自分の過ちをすべて子どもたちに転移させ、その痕跡は消えることはない。

——マリア・モンテッソーリ

『叫び』
エドヴァルド・ムンク 1910年
油彩、テンペラ、厚紙 ムンク美術館オスロ
・Photo by Getty Images
・写真提供：ゲッティ イメージズ

第一章

後編＝無言の悲鳴　私たちは、いつまで見て見ぬふりをするのか？

二〇〇〇年代に入ってから、魂のSOSを点滅させている子どもの数は明らかにふえている。私には、彼らの叫び声はますます大きくなっているように思える。エドヴァルド・ムンクの名画『叫び』のように、子どもたちの叫び声は耳には聴こえないが、目には見える。これについては、心理学や教育の世界で、そして「ネット」上でも数多くの知見や論文が発表されている。したがってここでは、子どもたちの魂の叫びについて大まかに紹介するにとどめる。

ADHD（注意欠陥多動性障害）と診断される子どもの割合は六～一〇％だ。青少年や子ども（つまり一四歳以下！）の非行が、移民ではない「無傷の」家庭でも増加している。薬物やアルコールの常用は、しばしば一四歳未満からはじまり、数年前にメディアで報道された「昏睡状態での飲酒」などの現象にいたる。ヨーロッパの国々のなかでオーストリアは長い間、一貫して若者のアルコール摂取率がもっとも高い国だ。シュピーゲル誌とディ・ヴェルト紙はドイツの状況について次のように報じている：「一二歳から一七歳の若者のほぼ五人に一人が、月に一回以上飲酒している。[1]」連邦健康教育センターの調査では、一八歳から二五歳の年齢層で暴飲暴食が増加しているとさえ見られている。ドイツでは昨年（二〇一七年）、二六、〇〇〇件の急性アルコール中毒症が発生した(2)。

子どもや若者の間でさまざまな形の暴力事件がここ数年増加している。ドイツでは二〇〇五年に、学校で損害保険の対象となる喧嘩騒ぎが九五、〇〇〇件もあった。これは、医師の診断が保険会社に報告されるほどの重傷をともなう殴り合いの喧嘩が九五、〇〇〇件も発生したことを意味する。

オーストリアのオンライン紙クーリエ（Kurier）の記事「当局のおもちゃにされる非行少年たち」は以下のように報じている：オーストリアの犯罪統計によると、一四歳から一八歳の犯罪申告数は若干減少している。しかし、一〇歳未満の犯罪容疑者の数はほぼ一定している。二〇一三年、オーストリアでは一四歳未満の少年による「刑事」犯罪が合計五、六九四件報告され、そのうち八一一件は一〇歳未満の犯行であった。しかし決定的なのは、加害者の手口がますます残忍になっていることだ。「こんにちでは、相手がすでに出血するほど傷ついているのにもかかわらず、殴ることをやめない子どもがいる。」そのうえ、「犯人」（子どもたち）が当局（警察、検察、少年福祉事務所、家庭裁判所）の間をたらい回しにされているのだ。記事のなかで、ある家庭裁判所の裁判官は、「いまのシステムはただ管理するだけ(3)」と述べている。同様に、一四歳未満の子どもが同級生や下級生の子どもに酷い暴行を加えることは、もはや珍しいことではなくなりつつある。

世界的な現象であるコンピューターゲームやインターネット中毒は、ドイツ語圏でもここ数年増加傾向にある。しかし現状はそれ以上に深刻化している。先の記事は、二〇一四年八月三〇日のものだ。サイバー空間上の犯罪は、一〇歳から一四歳の子どもたちの間で増加している(4)。

オーストリアの生徒の二人に一人がいじめに遭っている。ＯＥＣＤの報告書によると、オーストリアでは子どもや若者の間でのいじめがどの国よりも多くみられるという。組織的ないじめは、フェイスブックなどのいわゆるソーシャルメディアにおける「ネット上の」いじめが、ますます酷くなっている。ドイツやオーストリアにかぎらず、近年、このネットいじめの圧力に耐えられなくなった子どもたちの自殺が相次いでいる。(5) これらは若者たちの叫びであり、いまやメディアを通じて広く世間に知られている、表に出てきた「現象」だ。

憂慮すべきこの問題の本質を知るには、本を読んだり、教師や両親と話したり、心理学者や教育学の専門家とも話す必要があるだろう。問題はすでに幼稚園や小学校低学年からはじまっているのだ。

「以前」に比べて、子どもたちは運動能力や基本的な感覚的能力にかなりの問題をかかえている。小学校でも、三〇年前には見られなかったさまざまな異常な行動があると、多くの教師が報告している。幼稚園や保育園に行くのを嫌がる子どもがふえているが、それでも無理やり連れていかれる。しかたがないから、ということか(?)

数十年来、両親が離婚あるいは別居している子どもの大半は、当局や両親の意向によって、片方の親(多くは父親)から引き離されるようになっている。これらの子どもの多くは、身体的または心理的な面で行動上の問題をかかえるようになる。過去一五年間で、引き離された子どもたちの割合は、すでに全体の半分以上を占めるようになった。まだ六歳にもならないうちに!

さらに、すべての子どもたちに共通してみられるのは、簡単な算数の問題さえ解けない子どもがふえていること。そして、言葉の貧困化(スペルミス、文構成の拙さ、吃音など)が進んでいることだ。このことは、くりかえしになるが、移民の子どもたちに限定されたことではない。

一〇歳未満の子どもの体重の過剰と肥満児も増加の一途をたどっている。ドイツとオーストリアでは、七歳から一四歳の子どもの二四～二八％が体重過多または肥満であることがわかっている。かつてアメリカではじまった「現象」が、いまやほとんどすべての「西洋」諸国に広がっている。人類史上初めて、食べすぎで死ぬ人がふえ、食べなさすぎで死ぬ人はいなくなった。二〇一〇年には、約三〇〇万人が肥満と関連する病気で亡くなっている。

拒食症は、おもに女子に多く、一〇歳未満の子どもにもときどき見られる。同様に、この年代の睡眠障害や、幼児の貧困や、児童虐待も、ここ数年確実に増加している。

義務教育を終えてから大きな問題にぶつかる。シュピーゲル誌のある記事によれば、九年間の義務教育の後でも、首尾一貫した内容や、半分でも文法的に正しい文を話せない者がますますふえている。[6] シュピーゲル誌以外でも同様の報告がある。オーストリアでも（またほかの国々も）、若年の成人の社会性や感情面での能力の劣化が深刻な状態になっており、すでにビジネスリーダーから悲鳴が上がっているのも事実である。また、最近の健康に関するレポートによると、キャリアをスタートさせた一六歳から二五歳のひとびとのうつ病や適応障害・ストレス障害による欠勤が、二〇〇〇年以降二倍以上になっている。

ドイツ技術者保険協会の健康レポートによれば、過去一七年間で欠勤率が一〇八％増加したと報告されている。欠勤の原因としては、呼吸器感染症、消化器感染症について、うつ病が第三位となっている。[7]

徐々に、悲惨なことが大学の神聖な講堂にも浸透してきている。オーストリアではまだ影に隠れて議論されているが、ドイツでは古典文学研究者のゲルハルト・ヴォルフ教授のような大学教授たちの発言がすでに表に出てきている。それによれば、発話力、読解力、作文力において問題のある学生がますますふえており、講義録をとる学生はほとんどおらず、一般教養の授業も多くの学生には理解できていないようだ。たとえば「第二次世界大戦は一九世紀に起こった」と答える学生もいるくらいだ(8)。

義務教育期間を全く無為に過ごしてしまう若者がふえているようだ。上記のような初歩的な文化的能力（読み・書き・算数）の不足について、二〇一四年初頭に、オーストリアのある政治家が次のような提言をおこなった。九年間の義務教育を受けても、まともに言葉を話したり計算もできないようでは、一〇年目の義務教育の導入が必要になるだろう、と。これにたいして一部の専門家による抗議がメディア上を賑わしたが、この発言は（しばらくの間）くり返されることはなかった。「政府の保留地」（イェスパー・ユール）である義務教育を九年間（！）も受けた後、若者たちが十分に読み書きや算数さえできないとしたら、さらに一〇年目の学校生活を送ったとしても、問題は何も変わらないであろう。数週間後、ある政治家が先の政治家と同様の趣旨の発言をした。早期教育で文字や算数を教えるために、もう一年義務教育の追加（四歳からの義務教育）を検討すべきだ、と。この発言の後、筆者にとってショッキングだったのは、今回は「専門家」からの反発がほとんどなかったことだ。まさにここに、教育や家庭政策、そして二一世紀の子どもたちの成長にとっての最大の問題がひそんでいるのだ。

自動車、中国、若者たちの自殺

「私たちは、スタートで勝っても、ゴールでは負ける。」これは、オーストリアの映画監督エルヴィン・ヴァーゲンホーファーが制作したドキュメンタリー映画『アルファベット』(*ALPHABET*) のなかで、中国の教育関係者が語った言葉である。(9) 上海では、学校および教育の圧力、とくに早期教育が猛烈に行われており、そのおかげでＰＩＳＡ（ＯＥＣＤの学習到達度調査）の調査結果は数年間にわたってトップレベルだ。その反面、子どもや若者の自殺率はおそるべき高さだ。上海のような「奇跡の都市」、中国や韓国などの「奇跡の国」は、長年にわたって若者の自殺率が世界でもっとも高い。なかには、学校の成績と成功のために多大なプレッシャーをかけられ、その「はけ口」として両親のどちらかを殺してしまった子ども（生徒）さえいる。欧米の一部の先進国でも、一八歳未満の子どもの自殺率は、一九五五年の四倍に増加している。

世界の国々が輸出するものは、石油、自動車、おもちゃ、香辛料などのモノだけでなく、音楽、生活様式、世界観、文学、イデオロギーなど、多岐にわたる。その逆も然り。輸入も多様である。ドイツは中国に自動車を輸出しているだけではない。中国はドイツから、学校での成績にたいするプレッシャーも輸入し、さらに強めてきた。逆に私たちはアジア料理を輸入し、同様に私たちなりにアレンジしてきた。非常に美味しいときもあれば、そうでないときもある。不連続の「現代人」は、文脈のなかでの模倣を好む。とりあえずこれをミラーリングとでも呼んでおこう。そのさい、自然の成り行きで変化したり拡大したりする（子どもの発達過程での模倣と鏡映のプロセスについては後述)。

大人や集団の模倣行為がもっとも強く行われるのは通常、次の二つのケースにおいてである。一つは危機的状況(アイデンティティの喪失、自尊心の低下、文化的価値の低下など)にあるときであり、もう一つは、学習するとき、向上を目指しているとき、何としてでも何かを達成したい、改善しポジティブな方向に変えたいと思っているときだ。中国は世界最大の経済大国を目指している。だから、ヨーロッパ最大の経済大国に目を向けるのだ。何十年も前から、外から見れば教育制度が充実し、優秀な大学をもつドイツこそは、目標とすべき国だ。『アルファベット』のなかで、ある疑問が投げかけられている。なぜ私たちは中国に目を向けているのか? 経済成長。理由はそれだけだ。ほぼすべての国民が、とくに子どもたちが、そのために払わされている代償には、目を向けようともしない。

大規模で複雑な社会の発展とそのプロセスが社会におよぼす影響は、何世代もの時間をへて、その社会の大多数のひとびとの頭のなかに、命題、前提、格言、および一般的原理など、短く要約された形で現れる。たとえば、「ある国の経済力は、いかに学校教育のシステムが整っているか、そのなかで子どもたちがもっともよい形で一貫教育を受けているか、にかかっている。」「すべての子どもたちにとって、一+一=二であり、良い教育システム=幅広い繁栄と経済的潜在力なのだ」。ヨーロッパ全域でひとびとはこのように確信しているが、現在のドイツ語圏ほど徹底している国はほかにはない。この確信、この「教育の基本」は、学校の教科書や大学教育にまで一貫している。この原理に凝り固まっているのは、とくに政治家たちだが、言論界にも少なからずいる。

「学校教育だけが、そしてあらゆる人が人生と仕事のすべての領域で成功することにつながる。」

この（誤った）考えは、社会の大多数のひとびとに、そしてほとんどの親に、浸透している。さらに、同じく一九世紀の思想界に根ざした第二の（誤った）結論が蔓延している。「最良の（強い）者だけが出世し、勝ち残り、成功する。」「良い学校教育を受けて、大学進学のためのギムナジウム（中・高一貫普通学校）で学び、「最高レベル」の大学を卒業したものは、男でも女でも、良い職業に就くことができ、経済的にも成功することができる」という思い込みだ。この思い込みの脆さを示す最初の大きな警告サインは、近年のスペインにおける若者の高失業率（ときには五〇％近く）であり、二〇一四年以降はほぼすべての南欧諸国においてもみられる現象だ。[10]

　失業者のなかには、高校卒業資格のマトゥーラ（オーストリア）／アビトゥール（ドイツ）、大学卒などの「最高の教育」を受けた人たちが大勢いる。ディ・ツァイト紙の記事「ヨーロッパで、しまった！」のなかで、マティアス・クルーパは次のように書いている。現在ヨーロッパで七百万人を超える若者の失業は、「根源的な不公正の表れだ。仕事がみつからない若者たちは、自分達には責任のない借金を二重、三重にも払わされている。高齢化社会での若者の失業は、よくある政治の問題の一つだとかたづけるわけにはいかない。それは狂気なのだ！」[11]

　この一五〇年間、とくにこの三〇年間に、次のような方程式が生まれた。学校教育＝仕事＝成功＝お金。「お金こそ、誰もが信仰する唯一の神だ」。ドイツの作家ハンス・クルッパの『大人のためのメルヘン』（*Märchen für Erwachsene*）からの一節だ。[12]

　オーストリアやその他の国々が教育制度だけで大いなる繁栄を手に入れたわけでないように、ドイツもその教育制度ゆえに世界の経済大国にまでのぼりつめたわけではない。それは、第二次世界大戦後の複雑に連動した（有利な）一過性の要因の積み重ねによってもたらされたものなのだ。それなのになぜ、社会の隅々にいたるまで、「良い国家教育＝（誰にとっても）成功」という公式に、これほどまでに執着するのだろうか？　なぜ現在、これほどまでに、人間の直感や歴史的知識を犠牲にしているのだろうか？　なぜ私たちはこれほど長い間、子ども時代のあらゆる場面で、マインドフルネス、信頼、意義、誠実さ、慎重さ、献身といったことを犠牲にしてきたのだろうか？　しかも私たちの子どもたちにたいしては、その魂を傷つけてしまう圧力を加えている。なぜなら、経済とイデオロギーほど、子どもの中の多くの良きものが教育、そして家庭とともに犠牲にされる場所はないのだから。このようなことは、ここ数世紀では全く新しい出来事だ。しかも平和の時代に。

学校時代が終わり、「頂上」にのぼりつめたと思ったときには、誰もが望んでいたものは、そこにはない。現在の学校制度は緊急に改革する必要があると、多くの著述家や多様な分野の専門家が口を揃えて言う。学校制度の革命の必要性を説く人もいるほどだ。革命が小中学校で起こる前に、そして革命が子どもたちを食べてしまわないように、私たちが緊急にすべきなのは、国営の学校の「底辺」で起こっていることに注目することだ。

「子どもたちを欺くことはやめるべきだ[13]」。ドイツではオーストリア以上に、そう発言する勇気のある著名な言論人がふえている。現在の学校・家族政策は、ますます詐欺に近いものになっている。

子どもの頑固さは、時に私たち大人にとって不快かもしれない。しかし、それを壊すことは同じくらい危険なことだ。

——ゲラルト・ヒューター

結局のところ、個人の抹殺、個人を教育者や学者のヒエラルキーに完全に組み込むことは、これまでの私たちの支配的な原則の一つであった。

——ヘルマン・ヘッセ

第二章
前編＝家族・教育政策　あるいは子どもへの裏切り

自分の子どもと他人の子ども

一九九八年頃から、ドイツとオーストリアでは、いわゆる「学校論争」が再燃し、敵対的とまではいかないまでも、しばしば激しい論争がくり広げられた。二〇〇八年、ウィーンの名門校「カール・ポッパー・シューレ」の創立者アンドレアス・ザルヒャーの著書『才能ある生徒とその敵』（*Der talentierte Schüler und seine Feinde*）がオーストリアで出版された。敵対的な学校改革の議論がながながと続いたあと、この本は議論の質の高まりには貢献したが、子どもたちの未来のためには、ほとんど何も実行されず、議論は短期的なものにすぎなかった[1]。

イデオロギーの深い溝の両側に分裂し、自陣の砦をまもりながら、生徒たちの将来を無視した議論が続いている。クーリエ紙のコラムニストが最近、次のような趣旨のコラムを書いた。「生徒たちが組合に入れば、学校は永久ストライキになるだろう」。子どもは大人の喧嘩から身を守ることはできないし、大人たちの怠慢の責任を取ることもできないのだ。

学校から派生する社会問題、それはほとんどすべての人にかかわる問題であり、政治が責任をもって対処しなければならないことだ。そして私たちの社会はこの問題について、最大の失敗を犯した。権力からの大きな圧力のもとで、オーストリア（二〇一二年）のみならず世界各国で、新たなタイプの中学校など、中途半端な部分的改革が行われ、大いに期待された大規模な「学校改革」は実現しなかった。オンライン誌『PROFIL』の記事「新中学、失敗のなぜ?」は、この失敗の背景を詳細に説明している。[2]

『幽霊授業――非教育の実践』（*Geisterstunde. Die Praxis der Unbildung*）（コンラッド・パウル・リースマン、二〇一四年）と題する書籍がある。学校改革に関する重要文献としてメディアで広くとりあげられた。単位互換制度、学士号、修士号（PISA、センター大学受験資格・卒業資格も追加）など、ヨーロッパの高等教育の標準化をめざすボローニャ改革について、著者のリースマンは次のように的確にまとめている。「非教育」とは、「機械思考（マシーン・シンキング）、つまり、機械でうまくいくことは人間の頭でもうまくいくはずだという考え。これこそは、産業主義の最後の大きな戦いであり、完全に工業化、規格化された教育の形である。（中略）個人による逸脱ほど邪魔なものはない。それが古典的な機械思考だ。」

非常に多くの子どもたちが、一九世紀の精神がまだ支配している国営の普通の学校に、二一世紀のいまではもう必要のない教科書をランドセルに詰めて、通わされている。

ごく少数の、満ちたりた幸福な子どもたちは、多種多様な私立学校に通っている。多言語学校、改革派学校、フリースクール、モンテッソーリ学校、ヴァルドルフ学校、民主学校（サドベリー）などである。これらの生徒たちの多くは、二重の意味で恵まれた環境にいる。一つには、学校に行くことが楽しいということ。[3] 公立学校の子どもたちの大半は休日を楽しみにしている。自由教育や改革派の教育を受けている子どもたちにとって、休日は本当に辛いことなのだ。級友と会えなくなるから、というだけでなく、学校自体がとても楽しく好きだからという理由もある。彼らが幸福で満足していることの二つめの意味は、彼らの親にはこういう教育を受けさせる余裕があることだ。子ども一人につき、二〇〇～四〇〇ユーロ（午前中のみ）の学費が必要で、それに付随する費用も必要だ。そして、この子たちには、ほかの子どもたちよりも明るい未来が拓けているということだ。彼らの大半は、幅広い社会性、柔軟性、「ものごとの関連性を見出す」能力、連想力など、公立学校グループに属する子どもたちには欠けているものをふつうに身につけている。さらに、健康状態が良く、年齢に応じて発達し、教育水準が高く、共感力が高く、暴力を受ける危険性が少ない、などなど。このような学校の卒業生は、会社を設立したり、社会事業に従事したり、アーティスト活動をしたり、自ら進んで手工業の訓練を受けたりするなど、あらゆる専門分野で活躍し、民間企業でも大学でも歓迎されている。

ビル・ゲイツ（マイクロソフト）、ジェフ・ベゾス（アマゾン）、ラリー・ペイジとサーゲイ・ブリン（グーグル）、ジミー・ウェールズ（ウィキペディア）、マーク・ザッカーバーグ（フェースブック）は皆、公立学校ではなく私立学校かモンテッソーリ学校に通っていた。

一八・一九世紀に国立の義務教育が全国的に導入されたときにも、私立学校は存在し、いまも存続している。カトリックの伝統に由来する厳格な教育は、科学の発展に合わせた現代的な教育に置き換えられてすでに久しい。その教育システムが硬直しているために、過去二〇年間に私立学校の設立がふえている。したがって、第二のグループの子どもたちの数はふえている。しかし、「幸せな生徒」が急増しているわけでもない。こんにち、多くの親にとって大きな悩みの種は、小学校でも（最近では幼稚園も）、車で一時間以内のところに私立学校がないか、あったとしても、「お気の毒ですが、定員に達しています」と断られることだ。しかし、親たちをさらに絶望的な気持ちにさせるのは、どれほどの犠牲を払っても、最低でも月に二〇〇〜四〇〇ユーロの授業料をひねり出すことは無理だという現実だ。

最近の調査によると、教育レベルや所得階層をとわず、すべての親の八〇％が、余裕があれば子どもを、公立学校を退学させて、私立や独立系の学校に通わせたいと考えていることがわかった。ドイツ語圏にかぎらず、子どもの教育の質が所得の問題としてふたたび浮上しているのである。

そのため、私立学校の教育を受けられるのは、おもに経営者や学者、政治家の子どもたち、つまり、教育を受けた中流階級から上流階級の子どもたちである。公立学校に通う子どもたちは、近代的で、子どもに合った、将来を見据えた教育を受けることができず、人生の機会を不当にも奪われているのだ。

経済とイデオロギーの瓦礫の野原には、第三の子どもたちや「生徒たち」と呼ばれるグループが存在する。不登校やホームスクーリングの子どもたちだ。通常は小・中学の終わりまで、それ以降も続く子どもたちも少なくない。

ホームスクーラーや不登校児も、オルタナティブスクールに通う子どもたちのグループと同じように、より大きな展望をもち、それには利点もあると考えられる。欧米の民主的体制の国家では、彼らは学習においてもっとも成長しているグループであり、ビジネスや国際的な（著名な）大学でも歓迎され、求められている。[4] それなのに、ドイツは例外で、ヨーロッパで唯一、ホームスクーラーや不登校児のいる家庭を強制的に国外に退去させる国である。こうした子どもたちは、同世代のほかの子どもたちと比べて、あらゆる面で同等かそれ以上に優秀であるのにもかかわらず。[5]

最後に、中・高等学校および大学の中退者たちのグループである。過去二〇〇年に台頭した著名人や有名人にはこのグループの人たちが多く名を連ねている。

ドイツでは、オーストリアと同様に、長い間必要とされていた未来の学校作りが前進しなかったため、学校制度を批判するひとびとがますますふえている。書籍やメディアによる報道も頻繁に行われ、子どもたちの魂にSOSの信号が点滅している。小中学校の対応については、とくに政治が完全に失敗したことが明らかになりつつある。本当に心配なのは、家庭の外で子どもが育つ最初の段階、つまり小学校や幼稚園・保育園、いわば「下」で、何年も前から起っていることだ。この一〇年間、「上」で失敗したことが「下」でもくりかえされているのだ。だから、イデオロギーの普及のために子どもを騙し、虐待することは、やめなければならないのだ。

ねえ、先生、僕たち子どもにかまわないでよ！(6)

心理学者のミヒャエル・ヴィンターホフは、『SOS子どもの魂』のなかで、ドイツの小さな町のある幼稚園で行われたプロジェクトを次のように紹介している。(7)

子どもたちに民主的な考え方や適切な行動を教えるには、早い時期からはじめるに越したことはないという考えから、幼稚園の経営陣は一ヵ月間、「選挙」を行うことにした。教職員は、「政党」を作り、「綱領」と「要求」を作成し、子どもたちに提示した。また、幼稚園の先生たちは、地元の有力候補者の写真を見せ、子どもたちに誰が「一番」だと思うかを訊いた。そして、候補者の一人を幼稚園に招き、政治の仕組みや民主政治の重要性、政治家の仕事について説明してもらおうというアイデアも生まれた。(8)

この例は、ヴィンターホフによれば、子どもたちのことを直感的にそしてリアルに理解する能力が、保護者からも、そして残念ながら教育者からも、ますます失われていることを示している。さらに、教育学の理論家や政治家が、絶え間ない圧力によって、これらの理論を規則に落とし込もうと躍起になっていることを物語っている。(9)

私はさらにもう一歩踏み込みたいと思う。イデオロギーは、たとえ善意であっても、幼稚園や四、五歳児には全くふさわしくなく、政党政治や政治家についても同様だ。とくにヨーロッパでは、過去一〇〇年間、さまざまな権威主義的政治体制のもとで、このようなことが何度もくりかえされてきた。子どもが年齢に応じて自然に成長すれば、共感、思いやり、民主的・社会的行動のすべてが自ずと発達する。神経生物学と心理学の研究結果が示すように、すべての幼児はすでに共感する能力をもっているのだ。

「教育」をめぐる政策、理論、実践および論争のすべてにおいて現在ライトモチーフとなっているのは、ナポレオンの次の言葉だ。「大衆に影響を与え、効果を見出すには、賢明な考えよりも不条理なことを使った方がうまくいく。」たとえば、オーストリアの学園・工業都市ヴェルス市では、二〇一五年一〇月以降、右派ポピュリスト政党FPÖ（オーストリア自由党）の市長が市政を統治している。市長は就任後まもなく、市の幼稚園および放課後プログラム部門に、「価値規範」を作成させ、具体的な教育内容に加え、「秩序、業績、規律」、「キリスト教の祭りの育成」を目的とした全般的な行動規範を列挙している。たとえば、感謝祭や聖ニコラスは、子どもたちに「習慣や伝統、価値観、コミュニティ」について理解させるためのものだとされている。一三項目の「学習目標」のなかには、「子どもたちは先生を権威ある存在として認識し、先生たちによる規則、義務、指針に従う」とある。これは、三〜六歳児が対象で、しかも小さな農村ではなく、人口六万人のオーバーエスターライヒ州第二の都市でのことなのだ。とくに注目を浴びたのは、「園児は少なくとも五つのドイツ語の歌を歌ったり暗唱したりできること（歌や詩の具体的な指定がある）」と、幼稚園の先生への手紙に書かれていたことだ。[10]

日刊紙『ディ・プレッセ』は「幼稚園で詩の朗読を義務付け：『犯罪的ナンセンス』」という見出しを掲げたが、これには私も同意見である。ジャーナリストの皆さんに申し上げる。あまり報道されないことだが、「性教育」や「ジェンダー主流化」もまた、心理学的・教育学的にナンセンスだ。イデオロギーは、「右」であれ「左」であれ、またどの時代のものであれ、幼稚園だけでなく、おそらくすべての教育機関にそれが組み込まれることは、一九世紀や二〇世紀の疑わしい教育学と同様に誤ったことだ。

何年も前から二つのことが知られている。まず、心身症がもっとも多い職業は、教師・教育者である。ドイツ公務員協会とその傘下の教職員連盟が二〇〇六年に発表した広範な調査結果によると、教師の六〇％が精神的にも肉体的にも崩壊寸前である。そして、第二次世界大戦後、これほど多くの一四歳以下の病気の子どもたちがいたことはない。国立の幼稚園や保育園（後述）におけるこのような状態が続けば、医療制度は早晩崩壊するだろう。そして、本書の冒頭部分で述べたような、子どもたちが発するSOSの悲鳴はますます劇的にふえることになるだろう。

ある週末参観日に、私は子どもたちから、給食を強制されたことを聞かされた。幼稚園でママは強制給食に反対したのかと訊ねると、息子の答えはこうだった。「ママは何度か怒って文句を言ったんだけど、ダメだった。ほかの親は大丈夫だと思っているし、ほかに幼稚園の空きはないんだって(11)」。

小中学校のコンセプトや改革について、大人や政治・教育学の専門家が長年（少なくとも一五年間）不毛な議論が、同じ形で幼稚園や保育園でも行われている。ここでも、早期介入や教育学的コンセプトなど、一九世紀型の学校と同じくらい子どもたちにとって不要な事柄について、いまだに論争が続いているのだ。

「子どもの才能を発見し育成する責任をおたがいに押し付け合うことは、多くの若者の人生をゆっくりと蝕んでいく癌だ。才能ある子どもの人生を完全に狂わせる敵は、一体どれだけ必要だというのか?[12]」そのリストはますます長くなっている。「才能ある子どものドラマ」は、(再び)人生の最初の数年間に行き着いた。[13]ただ違うのは、それが家庭から国の「教育部門」へ、全日制学校の全国的な拡大から全日制の幼稚園・保育園へ移行したことだ。ドイツ語圏では(それ以外でも)、教育の構造、過程、方法が、時間的に延長されただけでなく、就学前の教育機関にまでおよんでいる。ドイツ語圏の国立学校のほとんどは北欧諸国のそれとは共通点をあまりもたないが、それは国立の幼稚園についても当てはまる。[14]密かに、私たちの(国立)幼稚園は、構造的にも内容的にも就学前教育になりつつある。学校制度において改革という名に相応しい包括的な対策すら取られず、その代わりに、既存の制度が低学年に移行し押し付けられている。

いま私たちは子どもたちの叫びを聞きながら、目を背けたままだ!

二〇一四年八月二七日、日刊紙クーリエは、「多すぎる保育園児の数――心理学者テレジア・ヘルプスト氏、スタッフ不足と親へのプレッシャーを批判」というタイトルの記事を掲載した。ヘルプスト氏は、国営の保育園の資金調達が現在、政治的な議論のテーマになっていることを批判し、

「保育の質について開かれた議論をすることの方が、もっと重要だ」と述べている。(15)

記事のなかで同氏は、保育園が個々の子どもたちの発達にリスクをもたらす可能性があり、「子どもたちの心と身体に悪い影響を与え、社会全体にも負担がかかってくることが考えられる」と指摘している。幼稚園と同様にここでも子どもたちに大きな圧力がかけられているのが見てとれる。

この新聞の同じページに、「軽視される子どもたちの涙——なぜ子どもを自分たちで育てるようになったのかを語る親たち」というタイトルの記事がある。この記事で、ある夫婦が二人の子どもを保育園から連れ出した理由について語っている。「息子の一人はパニック障害を発症したまま治りません。もう一人は反抗的な態度をとるようになり、泣くのを我慢して保育園に預けるように言われたんです。(中略)私たちは、何カ月も泣き続けている子どもたちを見たことがあります。なかには虚空を見つめている子もいました。この子たちのかかえている心理的な苦しみは、(スタッフには)認識されていませんでした」。(16)

さまざまな理由から、すでに一五年間も行われている「学校についての論争」に続いて、同様に長い「保育園・幼稚園についての論争」が起こることは明らかだ。一〇年以上前から、「家庭と仕事の両立」をキャッチフレーズに、公的保育所の大幅な拡充が政治目標として掲げられている。二〇〇六年には、ドイツで保育所を利用する「法的権利」が制定された。二〇一二年七月一二日の『シュピーゲル』誌の記事は、これが事前に(質的な)「基準」を定めずに決定されたことを指摘している。(17)つまり、教育者・指導者の訓練の質について真剣に考えることなく、保育の場における子どもの集団の規模を大幅に拡大することが決定されたのである。保育施設をどのように設計するか、社会のもっとも貴重な財産である子どもたちの世話をするスタッフをどのように調達するかということについては、誰も考えなかったようだ。[18] ベルテルスマン財団は二〇一二年の調査で、この計画では二〇一三年だけで約四二、〇〇〇人の教育者が不足するとの驚くべき数字を発表している。質の問題がまだ満足に解決されていないにもかかわらず、二〇一四年には、「ドイツの全幼児の三分の一が（すでに）家庭外で育てられている」のである。これは二〇〇七年の二倍である[19]」。

二〇一四年三月一日の時点で、ドイツ全土の二歳までの乳幼児の保育率は三二、三％であった。三つの連邦州では、託児所での乳幼児（〇～二歳児）の外部保育率はすでに五〇％を超えていた。オーストリアでもほぼ同じ状況であった。二〇一五年九月三日付のオーストリア統計局の報告書によれば、乳児保育は二〇〇八年から倍増しており、二〇一四、二〇一五年の幼稚園年度には、オーストリア全土の三歳未満の乳幼児の二三・八％が保育所に預けられた。年齢別に分けると、二歳児ではほぼ半数（四九、七％）、一歳児が一九、九％・一歳児以下が一・七％という割合になっている。

首都ウィーンでは、二〇一四／一五年度にすでに、〇歳～二歳の乳幼児の一〇人に四人以上、四〇・二％が、家族や近隣のひとびとのいる環境から離れた保育施設に預けられていたのだ。二〇一四／一五年には幼稚園の標準的な年齢である三歳から五歳の子どもたちについても、新記録を達成した。オーストリア全土でこのグループの九二・三％がすでに家庭外、家族外の「他人」、つまり教育係に預けられていたのである。ドイツでは、三～四歳児の保育率は現時点（二〇一八年）で九八％、五歳児では九九～一〇〇％である。

二〇一五年九月、ドイツ連邦統計局は、幼児の保育所での週単位の滞在時間について、以下のデータを発表した。二〇一五年三月、ドイツの親は（乳）幼児（〇～三歳）を平均三七・六時間、保育園に預けていた。乳幼児の約五六％が週三五時間以上、約二八％が二九～三五時間、三歳未満（！）

の一六%が週二五時間以下、保育園に滞在したという。引用した『シュピーゲル』誌の記事は、「幼児は週三八時間（労働）」という挑発的なタイトルであった。[20]

ドイツの二人の大臣の発言は、「幼児期のすごし方」が社会でどのように進んでいるかを端的に示している。[21] 二〇一四年七月、ドイツの家庭問題担当大臣は、夜勤をする親のために導入されたとされる二四時間保育所の拡充のために、一億ユーロを用意する意向を表明した。もちろん、これは夜勤のある親にだけ与えられる恩恵だ。なぜ政府は、〇歳から四歳までの乳幼児をもつ親を夜勤労働から守るための法的枠組を復活させないのかという疑問が生じる。つまり、なぜ乳幼児を大人の労働市場に適応させなければならないのか、ということだ。

作家のビルギット・ケレによれば、二四時間体制の保育所に反対するさらに重要な点は、「労働市場が母親を必要としているときには、子どもたちが自分のベッドで眠ることさえゆるされないところまで来てしまっている」ということである。大人であれば、このようなことはしないだろう。夜、ベッドの下で怪物の鳴き声が聞こえたら、誰がその子のところに行って慰めるのだろうか。また、その子が、家で母親や父親と過ごすときのように毛布の下にもぐり込める場所はあるのだろうか？[22]

二〇一二年六月、ドイツ連邦労働大臣は、ドラッグストアチェーン「シュレッカー」の倒産で職を失った女性たちが保育士として働けるよう提案した。これに対し、ヴィンターホフ氏（前出）は、「とんでもない話だ。それでは、私たちにとって子どもたちは本当はどんな価値があるのか？　政治的な駆け引きの駒でしかないのか？　それとも、常に対立する教育理論のおもちゃなのだろうか？　政そして、政治家はどれほど絶望的になれば、こんな提案を真剣に公の議論の場にもちだす気になる

のだろうか？」と慨嘆した。(23)

なぜ、ドイツ語圏の国々では、「教育」や「子育て」に関して、政府の対応に、信じられないような硬直性があるのだろうか？　子どもたちこそが、変化と活力の縮図であるというのに。

振り返ってみよう、怒らずに

多くの教師、園長・校長、教育者、心理学者が、このテーマに関するさまざまな議論や出版物のなかで、子どもたちの驚くべき欠陥や異常について論じているが、何一〇年も現場で子どもたちと接してきた人たちは、たいてい、欄外のコメントで、こうした子ども（生徒）の行動上の問題や欠陥は三〇年前には存在しなかったと言っている。誰もが、一〇年前、二〇年前、四〇年前とは言わず、具体的に、三〇年前だと指摘するのだ。

一九八〇年代前半までに学校を卒業した子どもたちは当時、おそらくこんにちの子どもたちよりも、恵まれた環境ではなかっただろう。しかし、彼らは間違いなく、より健康的に（たとえば徒歩や自転車で）学校に行き、年齢に応じて発達し、ＡＤＨＤはほとんどなく、こんなに多くの障害はもっていなかった。

一九八〇年代初頭から、圧倒的多数の子どもたちの何が変わったのか、ノスタルジーやイデオロギー的な偏見なしに冷静に問い、確かめようとする人はほとんどいない。しかし、子どもの育て方に大きな変化が起こっていたのだ。この三〇年間、子どもたちが学校だけで過ごす時間が徐々に長くなった。午後保育、全日制、補習教育など、まずは高学年から。その後、都市部を中心に、低学年の児童・生徒にもこうした学校・教室の仕組みが導入されるようになった。たとえば、放課後プログラムの導入が進み、小学校は事実上、全日制の学校になった。

一九八〇年代以降、子どもたちは、(学校の)建物のなかで過ごす時間が多くなった。その多くは、子どもの心に良い刺激を与えるものではなく、管理棟のような建物だ。長い廊下、植物もなく、ときには自然光もほとんど入らない殺風景な教室。

要するに、一九八〇年代以降、私たちの子どもたちが学校で過ごす時間が長くなったが、学校のカリキュラム、授業の仕方、手続き、重点の置かれる科目などを見れば、内容的には基本的に一九世紀の学校が継続されてきたことがわかる。端的に言えば、多くの子どもたちにとって、学校は本質的に何も変わらず、ただ「長くなった」だけなのである。[24]

都市部を皮切りに、この三〇年間、同じ原則が作業モデルとして、同じ形で幼稚園にも適用されてきた。入園年齢は低くなり、現在は、地方都市や小規模の幼稚園では、二歳半から三歳がふつうである。また、中・大都市では、九〇%以上の子どもが午後も幼稚園で過ごすようになった。幼稚園は、「中身」から見ると、三年制の就学前教育に変貌してしまった。

『アルファベット』のなかで、編著者のワーゲンホーファー、クリーヒバウム、シュテルンは、次のように述べている。

「子どもたちの教育は、もっぱら親の愛情の影響下ではなく、常に流行のイデオロギーと政治の力関係の隙間風にさらされているようなものだ。(中略)未来の成功へ向けた人生の歩みのなかで、「子ども時代」という期間のほかに、失われるものがあるとしたら、それは何であろうか？　それは生きることの喜びそのものだ。なぜなら子どもたちは。自分がビジネスのために訓練されていることを非常に早くから感じており、もっとも鋭敏に感じ取っているからだ。よく知られているように、子どもの成長には何よりも次の二つのことが必要だ。信頼できる正常な人間関係と、自ら能動的に行動することがゆるされる環境だ。家族が、パッチワークのように色とりどりの人間で構成されていたときには、正常に機能している人間関係を誰もが自分で体験することができた。だが、早期教育プログラムで麻酔をかけられた四歳児は、自分で能動的に生き行動する機会を見つけることができないだろう」[25]。

この三〇年間、私たちは、子どもの情緒（心理）の発達に影響をおよぼす親の愛情に関して、過去数世紀のなかでおそらく最大の社会的変容を目の当たりにしてきた。婚姻関係の有無を問わず、両親が別れることは、かつてないほど「簡単」になった。実際、一九七〇年代以降、別居が猛烈に増加した。こうした状況下で、子どもにまつわる問題の多くが、法廷で争われることになった。学校、幼稚園、保育・託児所の問題についても同じことが言える[26]。

連邦統計局によるとドイツでは、二〇〇二年には三組に一組が離婚していた。一〇年後には二組に一組、そして現在は一・五組に一組が離婚している。婚姻届を出していない夫婦や親についても同様である。離婚率は、アメリカとヨーロッパでほぼ同じになっている。この二つの大陸で生を得た子どもはいま一〇歳になるまでに九〇％の確率で、両親の離婚を経験することになる。二〇〇〇年代に入ってからは、子どもが一〇歳になるまでに、ほとんどすべての両親、つまり家族が離別するのが「標準」になっている。三歳までにすでに、両親の五〇%近くが離婚あるいは別居している地域もある！　ときにはパッチワーク家族の離別もある。過去三〇年間ヨーロッパでドイツとオーストリアほど子ども時代の法的規制が極端に進んだ国は、ほかにないだろう。イデオロギー、経済、法律の前で、離婚した片方の親（多くは父親）からの子どもの分離がこれほどまでに徹底して行われ、ほとんどの場合、片方の祖父母からも引き裂かれている国はほかにない[27]。

こうして、一九世紀頃から産業革命の過程で大家族や多世代世帯が解消された後、遅くとも一九八〇年代から、核家族（母・父・子）の完全な分断と解消が行われるようになった。家族やコミュニティの伝統的な機能のほとんどすべてが、国家や市場に引き渡されたのである。

第二次世界大戦後、ヨーロッパは、一五年から二五年のタイムラグをもちながら、多くの面でアメリカ社会の変容を追いかけてきた。ジョン・テイラー・ガットは一九九一年に、すでに三〇年ほど前にアメリカで見られた子どもや青年の異常な行動、「病的な現象」、「欠陥」について、次のように書いている。

「これらの病的な現象が大規模に起こっているのは子どもたちが、学校の授業から自分自身や家族との重要な約束を守り、自発性、忍耐力、自信、勇気、威厳、愛、そして家庭や近隣での生活にとって重要な課題である他者への奉仕を学ぶことができないのが原因だ。三〇年前なら、これらの課題はまだ放課後の時間に学ぶことができた。しかしテレビと、共働きや片親の家庭のストレスのおかげで、かつては家族の時間であったものが、ほとんどなくなってしまった。子どもたちは、本当の意味で一人の人間として成長する時間がなくなり、そのために必要なのは薄い土で覆われた荒れ地だけなのだ。[28]」

過去数世紀、そして人類の全歴史の中の平和な時代を通して、子どもがその幼年期に、継続的で信頼できる、愛にもとづいた関係や絆を得る機会がこれほどまでに少なかったことはない。政治家や財界の「専門家」だけでなく、著述家たちによってもすでに真剣に検討され、宣告されている、三年間の幼稚園の義務化の後に来るものは、何なのか？[29]「利益の最大化」のためには、託児所に分娩室を置くべきではないか？　二一世紀の子どもたちは、まさにこのような瀬戸際に立たされているのだ。子どもたちは、（ほとんどすでに）子ども時代全体を、より早く、より長く、国家が用意した施設で過ごすようになっている。イェスパー・ユールが述べたように、これは二〇年ほど前から、たったひとつの理由、つまり経済的な理由から国家によって推進されてきたのだ。それゆえ、国際的に著名なこの教育者は、その著書のタイトルで、私たち全員が真剣に自問すべき質問を投げかけているのだ。子どもは誰のものなのか？　国家のものなのか、親のものなのか、それとも自分自身のものなのか？[30]　私たちは皆、子どもに嘘をつきはじめてはいないだろうか？　そろそろ、母親たちと父親たちの運動が必要ではないだろうか。「私たちの数少ない子どもを奪うのはやめて！」と。

教育というイデオロギーが大文字で書かれた。そして、それこそが問題なのだ。

——サー・ケン・ロビンソン

語り得ないものについては、沈黙するしかない。

——ルートヴィヒ・ヴィトゲンシュタイン

第三章

核心＝子どもと家族の無価値化と疎外

強制的児童教育の園？

二〇二三年にドイツで、哲学者でベストセラー著述家のリヒャルト・プレヒトの『アンナ、学校、敬愛する神様』（*Anna, dieSchule und der liebe Gott*）が出版された。ドイツの教育史に触れ、数十年の間に様々な出版物で語られた「学校批判」を要約し、明日の学校がどうあるべきかについて著者自身のヴィジョンを述べたものだ。

同書の最後に「義務教育幼稚園」という短くて非常に問題の多い章がなければ、全体の内容は納得のいくものであった。見逃せないのは、本の最後でドイツにおける義務教育というテーマを扱っていることだ。はっきりしておかなければならないのは、義務教育とは、子どもを学校に通わせることを法律で義務化したものだということだ。

ドイツでは、国家社会主義《ナチズム》政権時代に国家が導入した義務教育・学校の義務化がこんにちまで維持されており、少なくとも政治的にはそのように扱われている。[1] つまり、ドイツは世界でも数少ない義務教育を行っている民主体制の国家のひとつだ。このことは、欧州全域のみならず、ドイツ国内でも長年にわたって批判され、議論を呼んでいる。プレヒトはこの問題について、ホームスクーリングの成功例と失敗例をいくつかあげ、ホームスクーリング（あるいは不登校、自由学習）を真剣に望む人、それを肯定する人がどうして存在するのかと問いかけている。プレヒトは、ドイツの自然科学者フンボルトを引き合いに出し、学校の任務は子どもたちを市民に作り上げるための教育であり、したがってホームスクーリングは「あらゆる点で非社会的《アンチ・ショーシャル》である」と主張する。

数十年来、何十冊もの専門書が、教育はほとんどの場合その意図するところとは逆の効果をもたらす、ということを示唆している。さらに、二〇年ほど前から、家庭教育・不登校に関する国際的な研究による調査の結果が数多く出されており（プレヒトも知らないようであるが）、家庭教育・不登校の子どもたちは、公立学校の平均的な卒業生よりも民主政治についての意識が高く、幅広い社会性をもっていることがわかっている。

プレヒトが「ホームスクール」に断固反対し、あげくの果てに、アレクサンダー・フォン・フンボルトにまで言及するとは、なんとばかげていることか。フンボルトは家庭と「実生活」のなかで成長し、学校には行かなかった。教育の専門家ではなく、優秀な頭脳をもった学問の「専門家」たちによる家庭教育によって育てられたのである。このことがフンボルトにとって有害でなかったことは明らかである。文豪ゲーテや同時代の「偉人」たちが、みな家庭で教育を受け、「非社会的」な存在とはならなかったのと同じように。

プレヒトの次の言葉は実に問題であり、また本書のテーマとも関連している。彼は、「ドイツ人は矛盾した家庭感をもっている。共働きや片親の家庭には否定的で、古き良き一九五〇年代の家族の在り方を良いものと考え、そんな家庭を築きたいと思っている。しかし現実は、こうした本来の家族はどんどん希少になり、その型にはまらない人たちは、この『キッチュでノスタルジックな家庭マニア』の犠牲者になっている」とプレヒトは言う。このことについては、「義務教育幼稚園」の章でまとめて論じることにする[2]。

プレヒトの主張についての評価は、読者各位にゆだねたい。いずれにせよ私は、どのような家族構成であれ、それらは「家庭」という概念の劣化と価値の切り下げになると考える。事実として、一九五〇年代や一九六〇年代の「古き良き」家庭には、この三〇年間の子どもたちの憂慮すべき現象や、欠陥、問題行動（無言の叫び《サイレント・クライ》）はほとんど見られなかったのである。

ドイツ語圏にかぎらず、ここ数年来、「教育論議」が幼稚園に移ってしまっている。これは最大の間違いだ。そのさい、この「教育機関としての幼稚園」がどうあるべきか、その具体的なヴィジョンが示されたことは一度もないのだ。そして、そもそもなぜ三歳児および四歳児の子どもが教師によって「教育」されなければならないのか、その理由が示されることもない。同じくプレヒトも、「幼稚園義務教育」の内容がどのようなものになるべきかについて、ただの一例もあげていないのである（！）

政治家や教育者だけでなく、何十年もの間、子どもをできるだけ早く親のもとから引き離し、国のケア施設に統合するための根拠となる標準的な主張は、常に「人生の最初の数年間の失敗や間違いはほとんど修復不可能である」というものであった。これは一九七〇年代初頭のドイツ連邦青年・家族・保健大臣の言葉である。[3] しかし、二〇世紀初頭の精神分析学から得たこの主張は、二一世紀初頭、精神分析家の間でも心理学者の間でも、もはや通用するものではない。

「幼稚園義務教育」の章で衝撃的なのは、プレヒトが、教師や教育者について、そのもつべき能力や、どのような労働市場から採用すべきかについて、何も述べていないことである。社会はまたしても、わずかな子どもたち（多くは三歳や四歳）の世話をするために、失業者から無差別に引き抜いた男女を、手早く捻り出された急ごしらえのコースで訓練しなければならないのか。虚栄心、不条理、不注意な恣意性の教育フェアへようこそ。

しかし、それ以上に大きな疑問は、どうしてドイツとオーストリアで、公的に、政治的に、あるいは出版物で、社会のほとんどすべての部門と階層のひとびとによって、幼稚園の出席義務化がくりかえし議論されているのか、ということである。三歳から五歳までの幼児の保育園の平均就園率は、ずっと前から九〇%をはるかに超え、一部の地域では一〇〇%にさえ達しているのに。

プレヒトの「義務教育幼稚園」の章における問題のある議論のすべてに触れることは本書の範囲をこえることであるが、幼児期と家庭の完全な疎外がこんにちどれほど進んでいるかを示す、注目すべき議論を一つあげるべきだろう。それは、「子どもを、いずれ生きることになる公共のコミュニティから遠ざけること（つまり、幼稚園に通わせないこと）は、子どもとコミュニティの両方に害をおよぼす[4]」という主張である。

これは実に矛盾した話である。九年間の義務教育が終わると、ますます多くの若者が「公共生活」ができなくなることは紛れもない事実である。「国家予備軍」（Jesper Juul）としての三年間の「義務教育」など、子どもたちにとってはもっとも不要なことなのだ(5)。

国の教育機関で教育を受ける期間がますます長くなり、入学時期が早まることで、多くの子どもたちの成長に混乱と挫折が生じ、将来のコミュニティ全体に永続的な悪影響をおよぼすことになる。世界的に著名な学校評論家ジョン・テイラー・ガットは、かつて教師だったときの自分の役割について次のように述べている。

「私が最初の授業で教える」のは、カオスだ。私が教えることには文脈がない。私が教えるもろもろのことには、たがいに関連性がない。教えることが多すぎるのだ。惑星の軌道、代数の法則、奴隷制度、形容詞、建築図面、ダンス、スポーツ、合唱、集会、サプライズゲスト、消火訓練、コンピュータ言語、保護者の会、職員育成、引き抜きプログラム、標準テスト、外の世界では見られない年齢別クラス（中略）。これらのうち、どれとどれがたがいに関係があるというのか？（中略）教育の本質とは、何かについて深く学ぶことなのだが(6)」。

深く探究することは、子どもたちが生まれたときからしていることだ。しかも、熱意と歓びをもって。どの子どもも。その過程で、子どもは無限のことを学び、とくに三歳から六歳にかけては、この楽しくて自然な学習プロセスを、外に向かって実生活のなかにもちだす。本当の（！）外の現実、生きた世界を邪魔されずに観察する機会を与えられることで、子どもたちは自ら、そして長期的に学んでいくのだ。だが、残念なことに、子どもたちは、この自然で唯一持続可能な学習プロセスを実践することを、低年齢で妨げられ、中断され、それゆえ挫折している。

つまり、ここ二〇~三〇年の間に、私たちは「上の階」の学校での失敗をすべて幼稚園（と保育園）に移植してしまったのだ。

敵としての子どもと家庭

現在、子どもは親にとって、キャリアパスの妨げとなり、所得格差、ガラスの天井、出産後のキャリアの中断を引き起こす原因とみなされている。

- 主婦という存在は死に絶えつつある。
- ノーキッズ？　構いません！どうせ赤ちゃんはお断りですよ。
- 男たちが死んでくれるか、自発的に場所を譲るまで待ちきれない。
- 養育費を払わない男は資格を取りあげるべき。
- 経済が揺らいでいるときこそ、家族の出番だ。

これらの発言は、過去一〇年間のドイツとオーストリアの女性政治家、しかも高い地位にある政治家たちのものである。これらの発言の結論は、「家族は望ましくない」ということである。(7)この一五年間、ますます攻撃的なレトリックを用いている（政治的）フェミニズムの特徴は、おもに伝統的な家族にたいして、自分のジェンダー（「成功者」でない母親、出産後すぐに仕事に戻らない母親）にたいして、そして単に男性にたいしてではなく、むしろ父親にたいして向けられるということだ。政治的フェミニズムにおいて際立っているのは次の二点である。家族の価値を低く否定的にとらえていること、そして、そうしているのが、高位にある女性（大臣）であり、子どもをもたない傾向にあるということである。[8]

政治家だけでなく、社会のあらゆる階層で、家族は不利なものとして切り分けられ、多くのひとびとは、親たちが（多くの）子どもをもつように仕向けられるのは、おもに「ベビーボーナス」という形の政府からの手当を得られるからだと考えている。

ヨーロッパ諸国のなかで、ドイツ語圏の国々ほど、この二〇年間で家族というもの、そして社会全体にとっての家族の価値が著しく低下した国はない。「現在のフェミニズムは後退しており、私たちの社会の結束をおびやかしている。」これは、クリスティン・バウアー＝イェリネックの著書『間違った敵』（*Der Falsche Feind*）の中心的なテーゼである。著者はこう述べている。

「ほとんどの女性たちは、自分たちの代表である政治家がようやく勝ちとった権力を乱用しようとしていることに（まだ）気づいていない。なぜなら政治家たちは、統計の勝手な解釈からポピュリストのプロパガンダまで、不当な手口もいとわないからだ。しかし全能のフェミニズムも、もはやひとびとの生活の向上には寄与しない。むしろ、男女の新しい選択の自由をおびやかし、女性だけでなく、男性や子ども、高齢者にも負担をかけ、ひいては社会全体の発展にも影響を与えている。」

著者によれば、「強制的な平等分配」という政治的な試みは以下のような結果をまねく。すなわち「男性だけでなく女性にも負担がかかり、子どもや老人をケア施設に押し込めてしまう[9]」。

過去一五年間の政権政党の家族政策を見て驚くのは、この問題に関して意見を表明しているのは、ほとんどが女性政治家であるということだ。この国の家族政策は女性政策になっており、親をめぐる政治的議論は、主としてシングルマザーについて展開されている。統計的な推計によると、多様な年齢の子どもをもつ片親の家族は、ほかのタイプの家族にくらべて、全体の一〇〜二〇％にすぎない。一方、二人親家庭の割合は、少なくとも子どもが六歳になるまでは、全家庭の四五〜五〇％を占めている。シングル（別居）マザーは、政治的な主張で優遇されているだけではない。約三〇年前から、シングルマザーは、（別居）父親や二人親家庭よりも、法的にも経済的にも優遇されている。オーストリアでは、シングルマザーは国から経済的支援を受ける一方、別居の父親は、たとえ失業中であったり無収入であっても、あるいは多額の負債をかかえていたり（私的に）破産していたりしても、子どもを養う義務を負っている。

少なくともオーストリアでは、別居中のシングルマザーは、父親からであれ国からであれ、どんな状況でも月四六〇ユーロの支給が保証されている。このように国は、別居中の父親の実収入や生活状況にかかわらず、例外なく、母親に養育費が支払われるよう配慮している。このような状況のなかで、父親が破産宣告を受けたり、ホームレスになったり、経済的に困窮して国外に逃亡したり、最近では自殺するケースもある。

全体の一〇〜二〇％であるシングルマザー家庭は、生活状況、失業とも関係なく、国の援助や給付金を利用できる唯一の社会的集団だ。これは子どもの義務教育終了まで適用される。法的にも経済的にも、二人親家族より圧倒的に有利だ。しかし、後者の方が発達心理学的に、子どもにとって良いだけでなく、すべての子どもが望んでいることでもある。

ドイツの日刊紙『ズュートドイチェ・ツァイトゥング』の注目すべき記事「別居は片親を意味しない」で、トルステン・デンクラーは、次のように主張している。

「片親」という言葉にはある種の誤解がある。どちらかの親がひとりで子どもを育てるという、現実にはほとんど存在しない現象を表すからだ。国はいつも「オール・オア・ナッシング」の図式を推進する。（中略）両方の親に追加費用がかかるという事実は、議員たちの関心事ではない。多くの場合、子どもたちは、自分の子ども部屋を母親と父親の両方の住居にもっている。アパートは、子どものいない夫婦のそれよりも広く、値段も高い。どちらの親も子どもといっしょに旅行に行きたがり、子どものために服やおもちゃ、プレゼントを買う。しかし、法律の下では、完全に責任を負うのは一人の親だけだ。国は、別居後に両方の親が平等に子どもの面倒を見ることを奨励していない。それどころか、それを阻むことさえしている。（中略）子どもの幸福は少なくとも法律では重要な基準となっている。しかし、父親と母親のどちらかを選ばなければならないことは、子どもたちの幸福にはつながらない[10]」。

国連の世界人権宣言によれば、家族は社会の中核をなす細胞であり、国家共同体によって保護されなければならないとされている。二一世紀初頭、もっとも一般的な家族の形態である二親の家族は、政治的・法律的に不利な立場にあり、ある面ではすでに差別を受けている。これは以前から知られていたことだ。この家族分離政策がもたらす負の成果は、致命的かつ広範囲におよぶものだ。ある種の商品、そして法的な実態としての子どもをめぐって、母親（そして当局）が父親に仕掛ける意図的な戦争を意味する。両親が離婚した子どもの精神だけでなく、社会全体にとっても損害であり、結果的にかかってくるコストは莫大である。近年、子どもがまだ低年齢の時期に両親が別居することが多くなっており、母親が出ていくことが多い。親権、面会権、養育費に関する法的手続きは、しばしば何年も続くことが多く、そのためにトラウマをかかえた子どもたちを生み出し、国によって提供されるさまざまな治療手段を必要とするが、ほとんどはうまくいかない。弁護士は、家族法のおかげでかなりの収入を得ることができるが、納税者は、子どものためのセラピスト、裁判所の専門家、青少年福祉士、弁護士、家庭裁判官、裁判所補助員など、多くの人たちに資金を差し出すことになる。その結果、長い間「離婚産業」という言葉が使われてきた。バウアー＝イェリネックによれば、政治的な「全能のフェミニズム」は社会の結束をおびやすだけでなく、おそらく出生率をさらに低下させることになるだろうという。同様に、将来の父親予備軍も「子どもはいらない」の決まり文句を唱えるようになってきている。

教育に関して、現在の家族政策と法律は、子どもを不当に傷つけるだけでなく、社会全体にたいして（永続的な）裏切り行為を行なっている。

しかし、それだけでは不十分と言わんばかりに、ドイツでは、オーストリアよりもさらに積極的に、この一五年間、親に「子育てディレッタント」のレッテル貼りを抜かりなく行っているのだ。ドイツの作家ビルギット・ケレの『さあ、ブラウスのボタンを留めなさい』（*Dann mach doch die Bluse zu*）の一節に、育児手当をめぐる議論が本質的に家族を差別していることを要約したようなくだりがある。

「育児手当」に関連する用語に目を向けると、この問題についての政治的専門用語がいかに長期にわたって先鋭化してきたかがよくわかる。ジャーナリストのロビン・アレクサンダーは、政治がいかに議論の先鋭化にあわせて言葉をめまぐるしく変えていったかを、時系列的に記述している。本来は正義にてらして議論のバランスをとるために補足することを意図していたものが、すぐにもっとも侮辱的な意味合いをふくんだ用語の競争にエスカレートしていった。ウルズラ・フォン・デア・ライエン（二〇〇五年〜二〇〇九年、家族・高齢者・女性・青少年相、二〇〇九年〜二〇一三年家族相）は、二〇〇五年の『シュピーゲル』誌のインタビューで、「炉ばたプレミアム」という言葉を使った。彼女は、予定されている育児手当が「炉ばたプレミアム」になってはいけないという趣旨で発言した。悪しき伝統的な家庭像を捨て去ろうというときに、この制度（育児手当）が、逆にそれを促進させるようなイメージを与えてはならないというのだ。この発言によって、家庭の炉ばたをめぐる論争に火がついた。もちろん、炉ばたのそばにいて、そこから解放されなければならない「炉ばたのコオロギ」もいっしょだ。しかし、なぜ私たちは炉ばたに立つ父親には公然と喜び、同じことをする母親には両手で頭をかかえるのか。誰も説明してくれない。「炉ばたのコオロギ」とは、「妻としての役割に満足している、世間知らずで解放されていない女性」、あるいは「目立たない、控えめな、取るに足らない女性」という定義が、辞書に書いてあるからなのか。だから、家庭の炉ばたとそこに立つ女性の問題が論争の中心になるのは偶然ではなく、それは戦略的に選ばれた言葉なのだ。この「炉ばたプレミアム」という言葉から数々の侮辱的な言葉が生まれるまでそう長くはかからなかった。「シュナップス・マネー」――これは、

FDP（自由民主党）の外務大臣コーネリア・ピーパーが発した言葉だ。明らかに彼は、親が、家計の余剰資金である「子ども手当」で酒を飲んでいることを仄めかしたのだ。緑の党のツェム・オェズデミアはそれを「シュナップス・アイデア」と呼び、アイデア提供者、つまり法案を提出したCSU（キリスト教民主同盟）の議員にアルコール依存症があることをより強烈に揶揄した。フォン・デア・ライエン大臣も二〇〇七年に、このような優遇措置は、消耗品などの将来に生きない物質的価値への投資につながると警告していた。保護者に支払われるお金は、「子ども部屋の大型フラットスクリーンやプレイステーションのために使われるべきではない」と彼女は忠告した。彼女の「先見の明」のおかげで、金銭の支払いではなくバウチャーモデルが用意され、理性的に行動できない親にたいするいわゆる連座責任を担保することになった。

ドイツのノルトライン・ヴェストファーレン州の元副首相で緑の党のシルヴィア・レーアマンは、家族（夫婦を含む）暴力との関連でこの「炉ばたプレミアム」をもちだしたことがある。州議会の育児手当に関する本会議で、彼女は、この「家庭・炉ばたプレミアム」が実施されると、家庭内暴力の摘発がむずかしくなると主張し、家庭を暴力の巣窟に位置づけた。「炉ばたプレミアム」が、二〇〇七年の「今年の不快語大賞」に選ばれたために、社会階層全体を中傷する言葉としてはもはやふさわしくなくなると、ほかの言葉が登場するようになった。FAZ（フランクフルター・アルゲマイネ・ツァイトゥング）農業のイメージを借りて、「飼育プレミアム」という言葉に変えてしまった。TAZ（ターゲス・ツァイトゥング）紙は、紙は、「雌鳥の給料」と呼んだ。このプレミアムが、自分の子どもを外界から遠ざけようとする頑張り屋のスーパーマザーのためのものでしかないことは明らかだ、というのがその理由だ。これは、これまでもっとも人気のある言葉、SPD（社会民主党）の「阻隔プレミアム」につながった。このお金に誘われて、親が子どもを貴重な託児所教育から遠ざけてしまうということを言いたいのだ。これでもまだ中傷の度合いが足りないと思ったのか、ベルテルスマン財団の理事であるイェルク・ドレーガー博士を先頭に、「子どもたちのための『白痴化』」という名前も付けられた。家庭や炉ばたで過ごす時間が多すぎると、母親は頭が働かなくなるらしい。脳細胞が、おむつ替え用の台から落ちてしまい、もちろん子どもたちの脳細胞もいっしょに落ちてしまい、家庭のなかで白痴化するということだ。だから、SPDの首相候補であるペア・シュタインブリュックが、二〇一三年の連邦議会での育児手当に関する討論で、「教育制度の崩壊」とまで言い、「炉ばたプレミアム」という言葉を作ったウルズラ・フォン・デア・ライエンにすり寄ったのは、意外なことではない。疑問の余地などない。少なくとも、西洋が、その中心たるドイツが没落しようというときに、人類社会がはじまって以来親がやってきたことをそのまま続けるなどということがゆるされるのだろうか、というわけだ。月一五〇ユーロという巨額の資金で、自らの手で子どもを育てようというのだから。これだけたくさんの警告信号が、あらゆる方面から発せられるということは、私たちの国にとっても、子どもたちにとっても、そしてもちろん女性たちにとっても、本当に危惧すべき事態が起こっているのだろう。しかし、疑問に思うのは、ゲーテやシラーが全面的な保育教育など受けず、おそらく母親が用意したバター付きのパンを食べて育ったにもかかわらず、なぜ私たちの国は詩人や思想家の国になったのかということだ。[11]

家族も子どもも不要

これは、以前から、私たちの「現代の」社会の事実であり、生きた現実である。少なくとも一〇年以上前から、観光産業全体が、家族を子どものいない大人から分離することで生きてきた。「子どもなしの休日」などの見出しで、「大人のホテルで子どものいない休日」を予約することができる。そこではあらゆるものが提供され、望み通りの休暇が楽しめる。ただし子どもだけはダメなのだ。逆に、地中海などの南国リゾート観光国には、子ども連れの家族だけのための「ファミリーリゾート」が数多く存在するのも事実だ。ドイツやオーストリアの家族が中心だ。南の国のリゾート地へは、多くの家族が車で移動する。ほぼすべてのチャーター航空会社が、数年前に第三子以降の割引価格を廃止したためだ。三人目、四人目の子どもについては、パッケージ旅行であっても正規料金（大人料金）を支払わなければならない。定期便の場合、子どもも二歳からは正規料金になる。多くの家族にとって、「飛行機に乗る」ことは、もはや夢のまた夢なのだ。

二〇一三年、ÖBB（オーストリア連邦鉄道）は、家族用割引乗車券「ファミリーカード」の三人目以降の子どもにたいする割引を廃止した。しかし、さまざまな家族協会による一年におよぶ抗議活動を経て、二〇一五年初頭から、四人までの子どもが無料になった。

「自由市場」は多数派に合わせる。彼らは一人か二人の子どもしか産まない。「手の届く」住宅もこれに合わせたものだ。中・大都市の住宅はかなり以前から、中間の手頃なものよりも、小さなフラットか、さもなくば大きな「高級フラット」に特化されている。ますます多くの家族にとって、

「学校の問題」だけでなく、自分たちに合った手頃な価格の家族向けフラットを探すことも頭痛の種になっている。そして、都市部の住宅市場では家族向けの物件が少ないために、しばしば次のようなサブカテゴリーが設けられる。「家族可」または「家族不可」。場所によっては、子どものいる家族用のアパートよりも、攻撃犬や毒蛇を「ペット」として飼えるアパートを探す方が簡単で、泣いている赤ん坊よりも、吠える犬の方が許容されるところも少なくない。

オーストリアだけでなく、この一〇年間、子どもの遊園地をめぐっていろいろな裁判沙汰があった。ザルツブルクでは、子どものいない住民による裁判での訴えを受け、団地内の遊園地が完全に取り壊されるはめになった。多数決だからしかたがない。この「多数派」にとって、子どもの遊ぶ声以上に苦痛なのが赤ちゃんの泣き声だ。欧米諸国の「もっとも不快な騒音」に関する調査では、「赤ちゃんの泣き声」は、ジェット機の騒音と同じ第三位にランクされている。オーストリアでは第二位だ(12)。建築現場や遊園地はもちろん、子どもと親がいっしょに遊んだり、何かを体験するために集まる公共スペースで、「親は子どもの責任をとること」と明記されていない場所はほとんどない。純粋に法的な観点からは、これが全面的に適用されることはない、という事実はともかくとして。つまり、子どもは限られた範囲でしか必要とされず、少なくとも無条件には必要とされていないこと、そして子どもは常に危険であり、もちろん親にとってだけでなく、誰にとっても危険な存在であるということだ。

クリステ言いナ・バウアー＝イェリネックによれば、「いわゆるミー《じぶん》社会、社会的孤立や疎外について激しく嘆く人が多くいる一方、それらはまさに、母親、父親、子どもにたいする社会の見方によってますます助長されてきたのだ(13)」。要するに、家族や子どもは社会にとって不要なものだというメッセージである。過去三〇年間、ヨーロッパおよび西洋諸国で、ドイツ語圏の国々ほどこのことが真実であった国はないだろう。「ドイツ人は一番子どもを欲しがらない」。これは二〇一三年のシュピーゲル誌の記事のタイトルだ。「ヨーロッパでドイツより出生率が低い国はない。つい最近、ヴィースバーデンの連邦統計局が、ドイツで子どものいない女性の割合が増加していることを示す最新の数字を発表した。現在四〇歳から四四歳の女性のうち二二%は、子どもがいないとのことだ。」

出生率の高い国ランキングの年次統計では、ドイツは二二一カ国中下から五位と二位の間を行き来し続けており、オーストリアは下から九位と最下位の間である。(14) このことから、どうして、おおむね（現在も）非常に豊かな国々の出生率が人口のおきかえ水準を大きく下回るのか、という疑問がわいてくる。北欧諸国など、さらに豊かな国では、出生率が著しく高いからである。西欧諸国でドイツ語圏ほど、政治や広範な国民的議論において、これほど長い間、女性／男声、母親／父親、家族が、イデオロギー論争の対象になっている国々はないだろう。

オーストリアほど、別居後の親権や養育費の取り決めに関して父親が差別されている国はない。(15) 子どもは女性にとって、政治的な議論においてのみでなく、「邪魔な存在」とみなされている。ドイツ語圏のいくつかの大都市ですでに見られるように、フェンスで囲まれ、おそらく監視さえされている遊び場では、二一世紀初頭の子どもたちは、自分たちがほとんどあらゆるものから分離されていることを経験するしかない。社会が子どもや家族からこれほどまでに切り離され、阻害されたなかで、多くの子どもたちに残されているのは、静かに叫ぶことだけである。子どもたちは、社会の地震計なのだ。

ユートピア再び：「大家族」としての国家による（教育の）場

二一世紀初頭の子どもたちは、「実生活」から完全に切り離されるだけでなく、彼らにとって非常に大切な「愛着を感じる」身近な人間からもますます切り離されていく。本来の意味での家族がほとんど存在せず、分裂、分離の状態にあり、私たちの社会はここ数十年、子どもの成長と家庭の責任・機能を学校（幼稚園・保育園）に投影・移譲しはじめている。これは、子どもの健全で年齢に応じた発達に大きな影響をおよぼし、社会の将来にとって良いことではない。R・D・プレヒトは、『アンナ、学校、そして神』のなかで、国立の教育機関が、子どものため、大家族のための聖域であるという壮大なビジョンとユートピアを描いている。多くの親は、必要に迫られてとは言え、このビジョンに賛同している。このような教育機関では、子どもの社会での成長にとって重要な、年齢の異なる兄弟姉妹といっしょに過ごす時間はほとんど失われ、両親やそのほかの身近な人、祖父母と過ごす時間と経験も失われる。

統計的には、ドイツにかぎらず、この一五年で一人っ子の家庭が多数派になった。しかし、子どもにはいっしょに遊び学ぶほかの子どもが必要なのだ。ところが同年齢の子どもたちが二〇人以上も集まっても「上」から教え込まれるだけでは子どもたちの社会的成長が袋小路に入ってしまうこともまた真実である。

子どもには子どもが必要だ、とはよく言ったものだ。しかし、子どもの数がどんどん減っていくとしたら、どこで、どのようにすればいいのか？　ほかの子どもたちと定期的に触れ合える場所はあるのか？

家族は、対立し、分裂し、分離し、それぞれのメンバーが異なる場所で生活する。それが家族というものになってきた。人類史上もっとも長い期間子守りをしてきた祖父母の存在も希薄になり、一番近いまともで賑やかな遊び場が家から何キロも離れていることもある。パートタイムであれフルタイムであれ、働きたい、あるいは働かなければならない親はふえている。一九七〇年代半ばまでは、子供が何人いても片親（おもに父親）の平均給与だけで暮らすことができ、母親は家にいることができた。その頃のヨーロッパでは、年に一回、南欧への家族旅行もまだ可能だった。一方、現在では、子どもが二～三人の家庭では、中流階級以上の人でないかぎり、両親はともにフルタイムで働かなければならない。年に一度の家族旅行は、たとえ車や公共交通機関を使ったとしても、ますます多くの家族にとって夢のようなものとなっている。何年も前から、三人以上の子どもをもつ家庭は、統計的に貧困のリスクがあると考えられてきた。幼い子どもの親からの分離がさらに早まるなかで、すべての関係者を安心させるために、子どもの社会的成長のためには、ほかの子どもとの接触が「きわめて」重要であることを強調する提言がなされた。しかしそのさい、子どもの発達にとってもっとも重要な科学的事実が、ほとんど自己欺瞞的に忘れ去られてしまった。〇歳から六歳までの子どもには、おもに母親と父親という、継続的で信頼できる愛情深く関わる人が必要であり、年月が経つにつれて、両親以外の養育者によって徐々に、引き継がれるべきである、ということだ。残念ながら、このすべてが現在では失われている。

ドイツ語圏では、政治家、とくに女性政治家が、フランスや北欧諸国では子どもの早期社会化が長い間実施され、成功してきたので、推進すべきだと主張している。彼らはしかし、これらの国々では政治的、社会的に家族の価値がより高く評価されていることを忘れている。たとえば北欧では、幼稚園は義務教育ではなく、家族、つまり父親を含む両親ともに、より大きな政治的支援を受けている。自分の子どもをほかの人に面倒を見てもらうか、自分で面倒を見るかを決める際、家庭には選択の自由がある。

ドイツの政治家たちは、とくにデイケアに関連して、フランスの実情を引き合いに出すことが多い。しかし、保育士の教育訓練は常にフランスの方が質的に高いことは事実だが、デイケアが正しい道なのかどうか、疑問をもつ親や専門家がふえている。ドイツのディ・ツァイト週刊紙の二〇一三年の記事「遠くからの愛」のなかで、著者のマルガレーテ・ドゥーリンは、「フランスの国による幼児保育には代償をともなう。女性はますます子どもから阻害されていると感じるようになっている」と述べている。(16)

また、アメリカのコホート研究（要因対照研究）「幼児ケアと青少年の発達の研究」（SECCYD＝Study of Early Child Care and Youth Development）や「国立子どもの健康と発達研究所」（NICHD＝National Institute of Child Health and Development）の研究など、家庭環境以外の集団で保育される三歳未満の子どもたちに長期的な悪影響があることを証明する長期研究も数多く存在する。実際、これらの影響は家族や社会全体におよぶことが示された。たとえば、「子どもが施設で過ごした時間（累積）が長いほど、後に示す反社会的行動（教師のアンケートで指摘された、口論、喧嘩、物や財産の破損、自慢、嘘、いじめ、いじわるな行為、残酷さ、不服従、頻繁に怒鳴る、など）は多くなる」との指摘がある。あるいは、メタ分析では、調査対象の子どもが幼いほど、日々のコルチゾールプロファイルが顕著になることが示された。ドイツのマンハイムにおける長期研究では、幼少期にストレスにさらされた若年層にその後、冠動脈性心疾患の危険因子であるHDLコレステロールとアポリプロテインA1の有意な減少が認められた。[17]「家庭外育児モデル国」であるフランスとスウェーデンは、子どもの睡眠薬使用と親の抗うつ剤使用ではリーダー的存在だ。幼少期に他人の世話にならず、家族と共に長く社会生活を送る子どもたちに顕著なことは、何よりも、そうではない子どもに比べ、平均してより健康だ、という点だ。

子どもたちを国や民間の施設に、より早く、より長く任せることに否定的な理由はもうひとつある。子どもが生まれたばかりの子どもをもつ若い家族は、当然ながらあまり考えたくないことだろうが、子どもをもつ親は大抵一つのことを後悔する。それは、若いときに子どもと過ごす時間が十分ではなかったことだ。[18]このような懸念があるにもかかわらず、（たぶん親たちを安心させ、気を紛らわせるためにか）近年、国立の幼稚園に関する公共の議論は、「子どもの社会化」という側面がますます強調されるようになった。「国家教育施設」を「大家族」と言い換える。この「ユートピア」は、近年の歴史のなかで幾度かくりかえされた。たとえば、国家社会主義《ナチズム》や共産主義《コミュニズム》のもとで。そのつどイデオロギーは異なってはいたが。すべての子どもたち、なかでも二歳から一八歳までの子どもたちのための国立教育機関という（イデオロギー的な）ユートピアを推進するための口実は、「経済と民主的社会のため」というものだ。

どうやら、私たちの民主政治も深刻な危機にあるようだ。そのためか、幼稚園のクリスマスにはサンタクロースだけでなく、（優しげな）政治家も訪問するようになった。人生の三年目から一八年目までの「集団学校教育」によって、「上層の」「教養ある民主的な」市民が育成される。そのさい、「集団学校教育」はもともと民主政治を促進したことなどなかったという事実は、とくに政治サイドから無視される。

私たちは歴史から学んで知っているはずだ。国家社会主義や共産主義のような大仰《おおぎょう》な政治的・全体主義的イデオロギーは、「集団教育」を用いて可能となったのだ。すべての全体主義的イデオロギーの目的は、子どもを家族から引き離すことでもあったのだ。

子どもを家族から、そして「現実の生活」から引き離すことが、歴史的に前例のない規模で、数十年前から世界中で行われてきた（国家社会主義や共産主義は歴史の例外であった）。経済（資本主義、新自由主義、消費主義、あるいはガボール・シュタインガルトの言う「私生児経済」）という世界を覆う「イデオロギー」の名のもとに、歴史上初めて起こったことだ。その結果、「世界はより貧しくなっている。より過激に。そして、より非民主的に」。

私たちは、家庭や「実生活」こそが、子どもたちがある一つのこと――民主的で社会的に行動すること――を独力で学ぶ場であることを、長きにわたって知っている。私たちに必要なのは学校（そして義務教育の幼稚園）ではもはやなく、子どもたちにとっての家庭の役割を回復することだ。これは、前述のジョン・テイラー・ガット（元教師で、信念をもった民主政治の支持者として大成功を収めた人物）が*Dumbing Us Down*（New Society's Publishers, 1991）（『バカを作る学校――義務教育には秘密がある』）のなかで「『学校』という概念を解放して、そこに教育のメインエンジンとしての家族を含めるまでは、傷ついた子どもたちと傷ついた社会の修復のための大規模改革は決して機能しない[19]」と述べているように、彼の主要な関心事であった。このような警告のことばは、ドイツ語圏でもほかの国でも、ますます多く聞かれるようにはなったが、とくに政治の世界では、長年意図的に退けられてきた。子どもや家族は、イデオロギーや経済を重視する社会のなかでは、特定の政治家や社会の有力者が考える「破壊的要因」になってしまったということだろうか？　ガットはさらに次のように述べている。

「次のことだけは言える。少しでも愛に満ちた家庭生活を味わったことのある私たちの多くは、自分の子どもにもその一員になってほしいと願っているはずだ。（中略）自分が生きることの意味を発見し、自分にとって満足のいく目的を発見することは、教育というものの大きな部分を占めている。子どもたちを世界から遠ざけることで、どうしてそれができるのか、私には理解できない[20]」。

家族、大きな物語の終焉

オーストリアのオンライン紙クーリエに掲載された『若者たちは子どもをもちたがらない』という記事のなかで、著者のシモーネ・ヘプケは「仕事が減れば子どもも減る」と述べている。つまり、失業率の上昇に比例して少子化が深刻になることを指摘している[21]。この新しい現象はしかし、過去一五年間の「家族政策」の文脈からすると、何ら驚くべきことではない。私見では、出生率の停滞や低下は、二〇〇七年と二〇一〇年の親・育児手当「改革」にも起因していると思われる。

産後育児手当制度は、ドイツとオーストリアで同じ仕組みになっており、親が出産後に子どもといっしょにいる期間が短ければ短いほど、支給額がふえる仕組みになっている。オーストリアでは、一四カ月のオプションで最大で月二〇〇〇ユーロが支給される。ドイツでも同様に親手当は所得に比例し、親が受け取れる最大額は月一八〇〇ユーロ、最小額は三〇〇ユーロとなっている（二〇一六年現在）。

オーストリアでは、育児手当の「改革」により、子どもが生まれてから三年間は、一方の親が育児休暇を六カ月以上取ることを条件に、子どもといっしょにいることを選択できるようになった。しかし二〇一五年七月まで有効だったこの改革のドイツ版では、専業主婦・夫の親は、子どもの生後一五カ月目から三六カ月目までは、月額一五〇ユーロしか受け取れない。つまり、これらの国の（複数の子どものいる）家族の大半は、生活水準を大幅に下げても、それぞれ月額四三六ユーロ、一五〇ユーロの補助金だけでは十分に生活できないのが現状である。多くの若者にとって、今世紀に入ってからの結論は、「子どもをもつことはできない」であった。

ごく質素な生活を送っていても、貧困に陥る可能性のある家庭の数は、この一〇年間で着実に増加している。それは、移民の家庭だけでなく、すべての家庭に関して言えることだ。子どもの貧困は、繁栄しているドイツやオーストリアでさえも、憂慮すべき現実となっている。二〇一三年の時点で、ドイツでは全児童・青少年の一九％が貧困のリスクにさらされていると推定され[22]、オーストリアでは一五％であった。両国とも五～六人に一人の子どもが貧困のリスクにさらされていることになる。同時に、二〇〇八年から二〇一四年にかけて、金融システム（銀行）を「救済」するために、この二カ国だけで数億ユーロが費やされた。たとえば、二〇一一年に行われた「最初の」ギリシャの銀行救済策では、EUは一〇〇〇億ユーロを費やしたが、現在広く知られているように、そのうちの一ユーロも、ギリシャのひとびと、ましてや、すでに貧困の危機にある多くの家族には配られなかった。最初の「ギリシャ救済策」(一〇〇〇億ユーロの税金が投入された!)から約半年後、国際金融システムへの支払いがいかに不合理であるかが明らかになった。ギリシャの子どもたちが、何日も何も食べずに学校で気を失ったり、倒れたりしているという報道がヨーロッパのメディアでなされた。児童の死亡率は、近年三〇%も上昇している。多くのヨーロッパ諸国でも同様に、その割合は戦後初めて再び上昇に転じ、あるいは少なくとも不安定さを増している。[23] 新自由主義的な経済秩序の法則は、ますます意味や持続可能性、人間性を失いつつある。

このように、二一世紀初頭において、少なくとも政治の世界では、家族はもう(ほとんど)何の価値もないのである。結局、二〇〇五年に行われた親・育児手当改革の目的は、子どもが生まれたら、できるだけ早く仕事に復帰するよう親を誘導するという経済的なものだけであった。その国の経済がフルタイムやパートタイムの仕事を十分に提供できるかどうかは、たしかにこの時点では考慮されていなかった。そして、一〇人、二〇人の子どもを国家指定の介護人が世話し、教育することは、親に預けるよりも費用対効果が高いとはいまでも考えられている。これが、一五年前に導入された家族政策の唯一の根拠であり、計算である。ドイツの哲学者ピーター・スローターダイクは、「進歩と反動的な考え方が一九世紀の合言葉だったとすれば、失策と修復は二一世紀の合言葉である。より広い視野をもった政治は、道路脇での拡張補償サービスとしてのみ可能であるようだ[24]」。

産後一四カ月での育児放棄による重大な副作用は、子どもが二歳になるまでに預ける場所を見つけるという課題に直面した親の多くが、蓄えていた貯金を使い果たしてしまうことだ。また、子どもの世話をする主な介護者(通常は母親)は、パートタイムやフルタイムで働かなければならないか、働きたいとい受けスも少なくない。そのため、母親と父親、ベビーシッター、託児士・保育士、幼稚園の先生、祖父母など、さまざまな人の間を行き来することになり、一日に三人、あるいはそれ以上の人と場所を行き来することもある。発達心理学的、神経生物学的に見ても、一歳半から三歳の子どもたちにとって、このような環境は非常に大きな阻害要因となり、子ども時代の残った時期に悪い影響をおよぼすことになる。ますます多くの子どもたちが、より早い時期に、より頻繁に、第一の養育者である両親の間だけでなく、家庭外のほかの養育者の間を行き来するようになっている。バーバラ・フォン・マイボムは次のように言う。

「いまこそ、個人としても集団としても、「存在すること」「育てること」「成長すること」「許容すること」の原則を大切にし、それを表明する時だ。生命に奉仕しない行動は、すべて道を踏み外すことになる。すべての知恵の基本は、生命を尊重し、その基本的な必要条件を知ることである。(25)

国家機関か、それともウロボロスか

何十年もの間に、教育機関、児童養護施設やデイケアセンター、拘置所、高齢者施設、病院、精神科などの施設に、多くの税金が注ぎ込まれるようになっている。子どもたちがそこで過ごす時間は長くなり、幼少期のほとんどを過ごし、週に四〇時間にもおよぶ。学校は終日制に、幼稚園・保育園は午後からは預かり保育に順次拡大されてきた。しかし、この間、基本的に質の向上は見られなかった(前節で取り上げた学校と保育園の論争を参照)。

しかし、このように教育機関への資金投下が増加しているにもかかわらず、そして学生の数は数十年にわたって一定しているにもかかわらず、とくに高等教育や卒業時のパフォーマンスは悪化しているのである。その結果、教育制度に携わるすべてのひとびとが大きなプレッシャーとフラストレーションを感じている。このプレッシャーは、意図せず、子どもや生徒に伝わってしまう。全体として、学校はもはや「生涯学習」の場ではなく、国家システムに組み込むために「高学歴」の学生を生産する工場として考えられている。それにもかかわらず、多くの親は、自分には何も言えないと諦めて、子どもを学校に通わせ続けている。人（子ども）が学ぶことに喜びを感じ、その喜びを生涯にわたってもち続けることができるようになるには、最悪の動機である。ジョン・テイラー・ガットが『ダミング・アス・ダウン』のなかで、「地球上の大企業にとって、学校や学校教育の役割はますます小さくなっている」と述べたのは、このことである。科学の授業が科学者を、公民の授業が政治家を、英語の授業が詩人を生み出すとは、もはや誰も信じていない。現実には、学校が教えることはただ一つ、効率よく命令に従うことである。[26] マイクロソフトなど、さまざまな企業の一部の部署で、いわゆるフリークやオタクが活躍しているのは、昔からだ。多くの場合、高校や大学を卒業せずに自分の天職や才能を追い求め、深く掘り下げていくことを決意した人たちである。すべての子どもに内在する才能や天賦の才を最適にのばすための最良の場所は、家族、親密なコミュニティ、実生活、そして教師または指導者としての役割を果たす人間である。[27]

ドイツ語圏にかぎらず、学校についての議論において望ましくない大きな進展は、学校が暗黙のうちに介護施設になっている事実を認めないことである。結局のところ、家族はもはやほとんど存在せず、両親ともフルタイムで働き、最終的に子どもを欲しがらないかもしれないのに、多くの子どもたちをどこに預ければいいのだろうか。

二〇年ほど前から、国家機関の第二のグループである刑務所に、より多くの税金が投入されるようになった。刑務所に収容されるひとびとの多くは、移民や青少年、若者で、家庭や学校、あるいは社会のどこにも居場所がなくなってしまった者たちだ。その多くは、幼少期に負った深い傷のために失敗した若者たちである。

家庭や保育園、幼稚園での上記のような状況を考えると、今後二〇年の間に、より多くの刑務所が必要になってくるのではないだろうか。アメリカでは、これらが満杯になり、房が過密状態になっている。現在、アメリカは刑務所に学校（教育）と同じだけのお金をかけている。カリフォルニア州では、教育費よりも拘置所への支出の方が多いほどだ。アメリカは約二二〇万人の囚人のために年間約八〇〇億ドルを費やしている。出生者数は年間約四〇〇万人前後で推移している。ロンドンにある国際刑務所研究センターが実施したある調査によると、世界中の刑務所が混雑しているそうだ。同調査によると、二〇一三年にはすでに全世界で約一、〇〇〇万人の囚人がいたという。独立機関の人権団体は、世界中で収監されている実際の人数はもっと多いのではないかと疑っている。

もう一つの国家機関である病院も、事故被害者や病人など、利用者が増加している。病院や精神病院は、治療のために運営費が膨大になる。その上、これらの施設は長い間、大規模な腐敗に悩まされてきた。シュピーゲル誌のある記事によると、「詐欺、書類の改ざん、着服、汚職により」、毎年約二四〇億ユーロが法定健康保険基金から失われている。(28) この医療制度が崩壊寸前であることは、医療・介護の両分野でくりかえされる人材不足と同様、よく知られていることだ。二〇一四年、「四〇秒に一人の自殺」というような見出しも見られた。「世界中で八〇万人が自殺」「二〇二五年には世界中で、現在の約四〇％増にあたる年間二、〇〇〇万人ががんを発症する可能性がある」という、世界保健機関（WHO）のデータを引用した記事の見出しもあった。WHOの調査によると、今後二〇年以内にがんの増加率は七〇%に達する可能性すらあるという。EUでは、すでに四人に一人ががんで死亡している。

ここ数十年、祖父母や高齢者という別のグループが国の施設に押し込まれている。この傾向は、本人が不本意であっても続いていくだろう。二〇一一年六月の『オーストリア統計』の報告書では、介護にかかる総費用は二〇一〇年の三兆九六五億ユーロから二〇三〇年には八兆四五二〇億ユーロに増加すると推定している。[29] 働く女性のうちの多くはおそらく、母親として子どもを国の施設に預ける（預けざるを得ない）か、あるいは自分達が「家族」として生き残るために国の施設で介護士として働くことになるだろう。

最後に忘れてはならないのは、世間ではほとんど認知されていないが、ドイツやオーストリアでは一五年ほど前から、児童養護施設に「消えていく」子どもたちがふえているということだ。たとえばドイツで青少年福祉事務所に保護された未成年者は、二〇〇五年には二六、〇〇〇人弱だったのに対し、二〇一四年には四八、〇〇〇人以上にふえている。同時に、この間、保護される子どもの平均年齢は下がり続けている。現在、親から引き離された子どもの四人に一人は八歳以下である。ドイツで国が子どもを保護するのにかかる費用は年間約九〇億ユーロにのぼるという。

国家機関が描くシナリオは、神話に登場する古代の象徴的イメージ、ウロボロス（自分の尻尾を噛む蛇）を想起させる。過去がすべての未来の尻尾を噛むのだ。[30]

すべては一つのなかにある

少し前までは、非政府の民間団体であるNPOがあった。NPOは、経済の原理に従って運営されるのではなく、持続可能性と有意義な義務に重点を置いたビジネスだと理解されている。かつては、実生活の中心に位置する機関、すなわち家族もあった。私たちは、家族を理想化する必要はない。家族の暴力、憎しみ、不和、兄弟殺し、幼児殺しなど、いつの時代にもあったことだ。何万年もの間、この「事業」は大きな成功を収めてきた。貧困や危機だけでなく、数え切れないほどの血なまぐさい戦争も乗り越えてきた。家族がなければ、私たちは人類史上の過去の危機を生き延びることはできなかっただろう。家族(一族や親密な共同体)がなければ、人類の進化すらなかっただろう。ユヴァル・ノア・ハラリは、その代表的な著書『サピエンス全史』(*A Brief History of Humankind*)のなかで、次のように述べている。

「産業革命以前、ほとんどの人間の日常生活は、三つの古くからの枠のなかで営まれていた。核家族、拡大家族、地域の親密なコミュニティである。ほとんどの人は、家業である農家や工房で、あるいは隣人の家業で働いていた。家族はまた、福祉、医療、教育、建設業、労働組合、年金基金、保険会社、ラジオ、テレビ、新聞、銀行、そして警察でもあった。

人が病気になると、家族はその人の面倒を見た。年をとると、家族はその人を養い、その子どもたちはその人の年金資金となった。人が亡くなると、家族はその孤児の面倒を見た。

小屋を建てようと思えば、家族は手を貸してくれた。

商売をはじめようと思えば、必要な資金を調達する。結婚したい人がいれば、家族はその配偶者を選び、あるいは少なくとも審査した。隣人との間に争いが起きれば、家族が仲裁に入った。しかし、ある人の病気が深刻すぎて家族の手に余ってしまう場合、新しいビジネスがあまりにも大きな投資を必要とする場合、あるいは近所の喧嘩が暴力に発展する場合、地域社会が救いの手を差し伸べた。地域社会は、地域の伝統と好意の経済にもとづいて援助を提供し、それはしばしば自由市場の需要と供給の法則とは大きく異なるものであった。

昔ながらの中世のコミュニティでは、隣人が困っていると、見返りを期待せずに、小屋を建てたり羊を守ったりするのを手伝った。誰かが困っていると、隣人はその恩を返してくれた。一方、地元の有力者は、村人全員を徴用して、一銭も払わずに自分の城を建てさせたかもしれない。その代わり、山賊や蛮族から私たちを守ってくれるという頼もしさがあった。村の生活では、取引は多くても支払いはほとんどない。もちろん、市場もあったが、その役割は限られていた。希少な香辛料や布、道具を買ったり、弁護士や医者のサービスを受けたりすることはできた。しかし、一般的に使用される製品やサービスのうち、市場で購入されるものは一〇%にも満たなかった。ほとんどの人間のニーズは、家族やコミュニティによってケアされていたのだ。また、戦争や道路建設、宮殿建設など、重要な仕事をする王国や帝国もあった。このような目的のために、王は税金を徴収し、ときには兵士や労働者を徴用した。しかし、例外を除いて、王は家庭や地域社会の日常的な問題には口を出さない傾向があった。たとえ介入しようと思っても、ほとんどの王はそれを困難なものにしかできなかった。

伝統的な農業経済では、政府高官、警察官、ソーシャルワーカー、教師、医者など、大勢のひとびとを養うための余剰資金がほとんどなかった。そのため、ほとんどの支配者は、福祉制度や医療制度、教育制度などを整備せず、家庭や地域社会の手に委ねてしまった。まれに農民の日常生活により深く介入しようとした場合（たとえば中国の秦帝国）でも、家族の長や地域の長老を政府の代理人にすることで介入した。交通や通信の便が悪いため、遠隔地のコミュニティへの介入はむずかしく、多くの王国はもっとも基本的な王権（課税や暴力など）さえもコミュニティに譲ることを好んだ。

たとえば、オスマン帝国では、大規模な帝国警察を整備するのではなく、家族の恨みを晴らすことを認めていた。私の従兄弟が誰かを殺したら、その被害者の兄弟が私を殺して復讐することが認められていたのだ。イスタンブールのスルタンや地方のパシャでさえ、暴力が許容範囲内であるかぎり、このような衝突に介入することはなかった。中国の明帝国（一三六八〜一六四四）では、人民の村落は里甲制に組織されていた。一〇家族が集まって「甲」をつくり、一〇「甲」が「里」を構成していた。里の構成員が罪を犯すと、ほかの里の構成員、とくに里の長老が罰を受けることになった。租税も里に課され、各家の状況を把握して税額を決定するのは、国司ではなく里の長老の責任であった。帝国の立場からすれば、この制度には大きなメリットがあった。何千人もの収入役や徴税人を置いて各家庭の収入と支出を監視する代わりに、これらの仕事は地域の長老に任されたのである。長老たちは、村人一人一人にどれだけの資産があるかを知っており、帝国軍を動員することなく納税を強制することができた。多くの王国や帝国は、実は大規模な保護貿易をおこなっているにすぎなかった。

王はボスの中のボスであり、保護費を集め、その見返りに近隣の犯罪組織や地元のチンピラが自分の保護下にあるひとびとに危害を加えないようにする。それ以外のことはほとんどしなかった。家族や共同体の懐に抱かれた生活は、理想とはほど遠いものだった。家族やコミュニティは、現代の国家や市場と同じように、その構成員を徹底的に抑圧することができ、その内部力学はしばしば緊張と暴力に満ちていた。しかし、ひとびとにはほとんど選択の余地がなかった。一七五〇年頃に家族やコミュニティを失った人は、死んだも同然であった。仕事もなく、教育も受けられず、病気や苦難の時の支援もない。誰もお金を貸してくれないし、トラブルに巻き込まれても守ってくれない。警察官も、ソーシャルワーカーも、義務教育もなかった。そのような人が生きていくためには、すぐに代替となる家族やコミュニティを見つけなければならなかった。家出した少年少女は、せいぜい新しい家庭で召使になるのが関の山だった。最悪の場合、軍隊や売春宿に入ることもあった。

このような状況は、この二世紀で劇的に変化した。産業革命は、市場に巨大な新しい力を与え、国家に新しい通信手段と輸送手段を提供し、政府が事務員、教師、警察官、ソーシャルワーカーを自由に使えるようにした。当初、市場と国家は、外部からの介入を好まない伝統的な家族や地域社会に行く手を阻まれることになった。親やコミュニティの長老たちは、若い世代が民族主義的な教育システムに洗脳され、軍隊に徴兵され、根無し草のような都会のプロレタリアートになることを嫌った。やがて、国家と市場は、増大する力を利用して、家族やコミュニティという伝統的な絆を弱めていった。国家は警察官を送り込み、家族の復讐を止めさせ、裁判の判決に置き換えた。一方、市場は、地元の長い伝統を一掃して、絶えず変化する商業的流行に置き換えるために、行商人を送り込んだ。しかし、これだけでは十分ではなかった。家族やコミュニティの力を本当に打ち砕くためには、第五列（スパイ）の助けが必要だったのだ。

国家と市場は、ひとびとに断りようのない提案をもちかけた。「個人になってください」と彼らは言った。親の許可を得ずに、好きな人と結婚しなさい。たとえ地域の長老が顔をしかめたとしても、自分に合った仕事に就け。たとえ毎日、家族の夕食に参加できなくなっても、好きなところに住めば言い。あなたはもう、家族やコミュニティに依存することはない。私たち国家と市場が、代わりにあなたの面倒を見るのです。私たちは、食料、住居、教育、健康、福祉、雇用を提供する。年金、保険、保護も提供する。

ロマン主義文学は、しばしば個人を、国家や市場との闘争に巻き込まれた人物として描く。しかし、これほど真実からかけ離れたことはない。国家と市場は、個人の母であり父であり、個人はそのおかげで生き延びることができるのだ。市場は、私たちに仕事と保険と年金を与えてくれる。職業を学ぼうと思えば、政府の学校が教えてくれる。ビジネスをはじめようと思えば、銀行がお金を貸してくれる。家を建てようと思えば、建設会社が建ててくれ、銀行が住宅ローンを組んでくれ、場合によっては国が補助金や保険金を出してくれる。暴力が起これば、警察が私たちを守ってくれる。数日間病気になれば、健康保険が私たちの面倒を見てくれる。数カ月にわたって衰弱すれば、社会保障制度が適用される。二四時間体制の看護が必要な場合は、市場看護師を雇うことができ流。地球の裏側からやって来た見知らぬ人が、通常ならもはや自分の子どもには期待できないような献身的な世話をしてくれる。十分なお金があれば、老人ホームで黄金の時を過ごすこともできる。税務署は私たちを個人として扱い、近隣の住民のために税金を払うことを期待しない。裁判所も私たちを一人の独立した個人と見做し、従兄弟の犯罪のために私たちを罰することはない。成人男性だけでなく、女性や子どもも個人として認識される。歴史上、女性は家族や共同体の所有物であるとみなされることが多かった。一方、近代国家は女性を個人とみなし、女性は家族や共同体から独立した経済的・法的権利を享受している。自分の銀行口座をもち、結婚相手を決め、離婚や一人暮らしを選択することもできる。しかし、個人の解放には代償がともなう。私たちの多くは、強固な家族やコミュニティーの喪失を嘆き、非人間的な国家や市場が私たちの生活を支配する力に疎外感と脅威を感じている。疎外された個人で構成される国家や市場は、強固な家族やコミュニティで構成される国家や市場よりもはるかに容易に、その構成員の生活に介入することができる。高層アパートの隣人たちが、管理人にいくら支払うかについてさえ合意できないとき、どうして彼らが国家に抵抗することを期待できるだろうか[31]」。

それから約２００年後、人類史上最大の成功モデルは、原子レベルに分解された。家族を完全に分断・分離する現在の文化は、工業化（経済）だけでなく、教育学、哲学、心理学、文学、そして何よりも総合的な学校教育によるイデオロギーによって切り拓かれたものだ。

子どもは、何万年もの間、愛情と親密さに満ちた家族の一員として支えられ、育てられてきたという遺産を、徐々に失っていったのだ。二一世紀初頭の子どもと家族の愉しくない状態は、（キリスト教、一神教などの）宗教とそれに続くイデオロギーがもたらした、長く続いた崩壊と分裂の結果である。

同時期に、教育、芸術、科学のあらゆる分野で、分離と分裂のプロセスがはじまった。一九世紀の初め頃までは、芸術家や科学者はホリスティック（全体論的）な世界観をもっていた。彼らは皆、異なるもの、つまり分裂するものに注目するのではなく、まず第一に、すべてのものに共通するものを求めていた。このことは、世界最古の知恵の書のひとつである『易経』に、「すべてはひとつである」と書かれていることにも表れている。(32)

過去数千年の人類史におけるあらゆる偉大な文化、東洋から西洋までのあらゆる知恵の教え、洞窟に住むひとびとやその絵からマハトマ・ガンジーやネルソン・マンデラが私たちに示したものまで、すべては究極的には「すべては一つに含まれ、すべては一つである」という認識に触発されているのである。神経生物学者のゲラルト・ヒューターがクリスタ・シュパンバウアーとの共著『コネクテッドネス：なぜ私たちには別の世界観が必要なのか』（*Connectedness: Warum wir ein anderes Weltbild brauchen*）で以下のように述べている。

> この生きた宇宙には独立した部分はなく、構造全体に深刻な影響を与えることなく、この網から何物も取り去ることはできない。しかし、存在するものすべてがダイナミックで、相互に織り込まれ、依存し合う関係の網であるというこのような世界観は、一九世紀以降の資本主義の競争原理と生存競争のダーウィン的教義が刻みこまれた、二元論と分離によって特徴づけられる西洋世界の世界観に依然として挑戦状を突きつけている。

経済ほど、「自然淘汰」というダーウィンのイデオロギーが無慈悲で冷酷な競争を解き放った社会的領域はほかにない。ダーウィンが進化論で宣言した「適者生存」の教義は、近代資本主義社会の決定的なパラダイムになった。こうして、人間の連帯の絆は根本的に断ち切られ、協力ではなく競争が、倫理よりもエゴイズムが、現代人のライトモチーフとして選ばれた。この新しい指導原理に従って、産業社会では合理的な理性と自己主張が過度に強調され、共通善を促進する統合的な傾向はますます無視されることになった。(33)

レオナルド・ダ・ヴィンチ、ガリレオ・ガリレイ、ケプラー、ゲーテ、J・S・バッハ、パラケルススなど、過去の世紀の偉大な詩人、芸術家、科学者、医師たちは皆、「上がそうであれば、下も同じだ」、言いかえれば、すべてのものはすべてのなかに見出され反映される、すべては一つのなかにあるという考えに、確信とインスピレーションを得ていた。

この一五〇年の間に、こうした全体論的な世界観の衰退と崩壊は、核分裂や原子爆弾など、科学の分野においてはっきりと現れた。教育界でも急激な変化があった。国公立学校では、物理、化学、数学、歴史などの教科に分けられ、すべてが区分けされるようになった。しかし、中世の修道院の学校では、これらの知識や科学は、現代のようなタテ割りではなく、統合された科目として教えられていた。一九世紀、全国的な州立学校の整備と工業化の波のなかで、自然科学（数学、化学、物理など）が重視されるとともに、教えることと知ることにおいて「すべてのものに存在する共通性」が遮断され、それがそのままこんにちに至っている。

科学ではもちろん、人間の身体も徹底的に研究され、ゲノムを解読するところまで細かいパーツに分解されてきた。子どもや家族に関しては、生物学、（発達）心理学、神経生物学などの数十年にわたる集中的な研究により、二一世紀初頭には、以下のような根本的な知見がもたらされた。

ほとんどすべての子どもは健康に生まれてくる。いわゆる遺伝性疾患や遺伝的欠陥にもとづく疾患は、きわめて稀であり（約〇・一％）、きわめて限定的と言える。妊娠中や出産過程、そしてとくに幼少期の子どもには、その発達を永久に阻害し、心身の健康を損なうような好ましくないことが起こる可能性がある。

　環境要因とは別に子どもの健康に影響を与える要因としては、子どもがどのように扱われているか、ということがあげられる。子どもの育ちの外的な状況とともに、その子どもにたいする養育者を含む周囲のひとびとの接し方によって、その子どもの発達と健康が阻害されるか助長されるか、そして（もともと健康な）その子どもが病気になるかどうかが（ほぼ）決定される。ドイツの詩人ノヴァーリスは、「すべての病気は、魂の病気である」と言った。賢明な人物たちがもともと知っていたことが、第三ミレニアムの幕開けとともに「科学的事実」となった。幼い魂は、長期にわたってもっとも傷つきやすく、もっとも敏感なものなのだ。

すべての子どもは、生まれながらにして豊かな才能をもっている。知能は遺伝するものでも、両親の教育レベルや銀行口座に依拠するものでもない。人間の脳は、すべての子どもに信じられないほどの豊かな潜在能力を与えている。子どもの心身の発達と同様に、知能と認知能力の発達には、生まれてからずっと、愛着のある人物や養育者、通常は母親と父親）との接触、継続的で愛情に満ちた交流が不可欠である。[34]

　この世に生を受けたときには、九八％の子どもが豊かな才能をもっているのに、学校教育を終えるときには、その数字がわずか二％になってしまう。いったい何が起こっているのだろう？　これはオーストリアのドキュメンタリー映画『アルファベット』のサブタイトルだ。これは非常に的を射た表現であるだけでなく、健康、知能、無尽蔵の才能がすべての子どもに生まれつきそなわっているという科学的証拠にもとづいている。

リオデジャネイロのスラム街でも、ムンバイでも、ソマリアの遊牧民の家でも、いつでもどこでも、未来の著名な科学者やノーベル賞受賞者が生まれるかもしれないという事実を、私たちの大部分はほとんど意識していないのではないだろうか？　逆に、大量殺人犯は、ヨーロッパの豊かな中流家庭からもいつ生まれてもおかしくないのだ。

これらの基本的な知見に加え、神経生物学や心理学から得られる知見のなかには、人間の脳は生まれながらにして社会的な脳である、というものがある。[35] 健康で、知的で、創造性豊かな子どもたちがどう育っていくかは、すべて私たち親と社会次第なのだ。子どもの、そして人間の本質と発達について、さまざまな分野で数十年にわたって集中的な研究が行われた結果、マリア・モンテッソーリが約一〇〇年前に認識し、その著作で述べたことが証明された。

一九〇一年、スウェーデンの改革的教育者エレン・ケイによる『子どもの世紀』（*The Century of the Child*）が出版された。彼女のヴィジョンは、二度の世界大戦を経た二〇世紀後半にやっと実現された。一九五〇年代から一九八九年に至って、確かに子どもと家族（！）の基本的な権利は、国連人権条約に盛り込まれ、謳われていた。しかし、多くの民主体制の国家は、自国の法的慣行において、この基本的な権利を回避し、軽んじてきたのである。エレン・ケイが描いた「子どもの世紀」がなぜ実現しないのか？　決定的な要因は、この数十年で、家族が最終的に消滅してしまったということだ。この消滅によって、子どもに生まれながらにしてそなわっている豊かな可能性を最適に伸ばすためにもっとも重要な、子どもの保護・支援機能もまた、ほとんど消滅してしまった。

第三ミレニアムを迎えたいま、子どもと家族の実態を考えるとき、アルベルト・シュヴァイツァーの言葉は、いまもなお、真実である。

「物事をありのままに見る勇気を持とう。人間は超人になってしまった。（中略）しかし彼は、その超人的な強さに匹敵するはずの超人的な理性をもち合わせてはいない。（中略）これによって、以前は自分でもあまり認めたくなかったこと、つまり、超人がその力を増すと同時に、ますます惨めな人間になってしまうということが、完全に明らかになった。（中略）しかし、私たちが実際に自覚すべきことは、そしてずっと以前から自覚していたはずのことは、私たちが超人にして非人間になってしまったということだ[36]」。

私たちは、地球の資源をどう扱ってきたかということだけでなく、子どもたちを含む人的資源をどう浪費してきたか、ということによっても、非人間的になってきたのではないだろうか。二一世紀初頭の子どもと家族の現状は、最終的とも思える分裂、疎外、切り捨ての状態にある。数十年のうちに、子どもたちの静かな叫びは、大きな叫びとなり、集団的叫びとなる可能性がある。エルンスト・ブロッホは、（一見）逆説的な呼びかけをしている。「前進しよう、我々のルーツに！」

子どもや家族の現状を明らかにしたいま、私たちが社会として実際にどこに向かおうとするのかを自問するとき、私たちはまず、子どもや家族がかつてもっていた価値を思い出すべきだ。

第二部　子どもと家庭の歴史を辿る

ホモサピエンスは約七万年前に東アフリカからアラビアに移住した。そこからヨーロッパとアジアの広い地域に急速に広がり、最終的に約一万二千年前に南アメリカに定住した。数多くの説があるにもかかわらず、なぜホモサピエンスだけが現存する人類なのか、その理由はまだはっきりとはわかっていない。しかし、私たちの祖先が成功した秘訣は、たがいに協力し合いながら生きてきたことにあると考えることはできる。はじまりは家族だった。

我々は猿から人間に移行した存在である。

——コンラート・ローレンツ

歴史は重要だ。歴史を知らなければ、人はまるで昨日生まれたのと同じだ。だから、もしヒトが昨日生まれたとしたら、権力を握る者は、過去のことを自分の都合のいいように勝手に話すことができる。そして、それが正しいものかどうか、検証する方法がない。

——ハワード・ジン

子どもを育てるには、村全体が必要だ。

——アフリカのことわざ

第四章
ナイチンゲール、線虫、あるいは家族の中で進化するヒト

いまでもナイチンゲールのすばらしい歌声を知っていて聞き分けられる人がいるだろうか。ナイチンゲールの歌はリズムをともなう音が一つか二つ連なって節を作り、その節がいくつも組み合わさっており、非常に複雑である。ナイチンゲールの歌を聴くと心が慰められる。ナイチンゲールの歌が文学に登場するだけでなく、(1)科学的研究の対象になっているのも当然のように思われる。

ナイチンゲールの歌には、ほかの鳥とは違って、その種特有の歌の遺伝的プログラムはない。つまり、歌声を披露するほかの鳥たちのように、ナイチンゲール特有の歌を歌う能力を生まれつきもっているわけではない。ゲラルト・ヒューター(Gerald Hüther)の著書『人間の脳の取扱説明書』(*Bedienungsanleitung fur ein menschliches Gehirn*)によると、ナイチンゲールが歌を歌うのに使われる脳の領野は孵化してから発達するという。この脳の領野には最初に数多くの投射繊維が形成され、脳の神経結合が生じる。しかし、その後の発達過程で、巣の近くで父親が歌うナイチンゲール独特の歌をくりかえし聞くことによって固定された神経線維だけが後まで残る。(2)ナイチンゲールは

生後に父親からすばらしい歌を継承する。そのため両親は幼子を保護することにとくに気を配り、巣作りの場所も注意深く選ぶ。たとえば雄鶏が頻繁にわめきたてる農場の近くに巣を作ると、幼鳥の啼き声が雄鶏の鳴き声に似てしまい、吠えたてる犬がいるそばに巣作りすれば幼鳥が犬の啼き声みたいな歌を歌うようになってしまうのだ。種に特殊な歌を継承し保存することは、すべての鳥たちにとって家族の一大事であり、おさなごを保護し、注意深く見守り愛情を与えることが重要となる。「鳥類、有袋目を含む哺乳類においては、早期の刷り込みの例を多数見つけることができる。まるで遺伝的に決定されている生得的な行動のように思われるものが、よく観察すると幼少期に獲得した刷り込みであることが分かる」、とG・ヒューターは述べている。(3)

ウマのように群れを作る動物においても、本質的には同じだとG・ヒューターは言う。

群れを作る動物は、いっしょに育った動物の後をついて歩くようになる。シマウマに乳を与えられて育ったウマは、ウマの群れよりシマウマの群れに混ざりたがる。「自分はウマである」という情報があらかじめ遺伝的に与えられているわけではないのだ。脳の神経回路は生後まもなくの発達段階における経験によって形成される。遺伝で決定されるのは脳が形成されるということだけで、その脳は出生時には完成してはいないのだ。神経回路はまだ開かれた状態であり、群れを作る動物として回路がどのように結合していくかは、生後なにを経験したかによる。(4)

多くの種にとって、その種に特異的な行動は生後の条件付けによって継承される。だから、ヒトと同様、親から愛情や優しさを示されることが動物にとっても重要なのだ。実験室のネズミにはいろいろな母親のタイプがあり、特別にかわいがってちゃんとした巣を作る母ネズミもいれば、巣を作らず子を放置し、食べてしまうことさえある母ネズミもいる。『人間の脳の取扱説明書』のなかで、G・ヒューターは以下のように述べている。

良い母ネズミが子どもたちを生んだあと、その中のメスの子ネズミの半分を残し、残りの半分を悪い母ネズミから生まれたメスの子ネズミと取り換えたとしよう。結果として、すべてのメスの子ネズミが、成長すると子どもの面倒をよく見る母ネズミになる。反対に、ネグレクト気味の母親に育てられたメスの子ネズミは、良い母ネズミから生まれた子ネズミであっても、母親失格のネズミになってしまう。(5)

ヒトもほとんど同じである。生後の刷り込みと経験によって我々の個性はほぼ決定される。大抵の場合、両親がどのように接したかに影響を受けるし、最近は文化的・社会的環境にますます大きな影響を受けるようになってきている。

何万年もの間、子どもはまず家族のなかで、次いで実生活で社会化してきた。しかしここ最近では、乳幼児は保育園・幼稚園などで他人に面倒を見てもらうことが多い。そういったほかの種ではあり得ない環境において、(実生活とは異なる刺激から)行動パターンをある程度学ぶことは当然ありうるし、結果的にその環境を反映した行動パターンになるかもしれない。

我々人類は、愛情深さ、思慮深さ、教養、自己中心的行動、あるいはいじわる、といった傾向を遺伝的に埋め込まれてはいない。だから、ヒトの親もナイチンゲールの親鳥の在り方を真似すると良いのだ。

すべてのヒトは個性をもっているが、その本質は外部からの邪魔な影響を防ぎ、注意深く愛情をかけて育てられると芽生えてくる。すると「人間らしさ」が私たちの奥底まで根を張るようになる。実際、一七世紀の哲学者バルタサル・グラシアン（Baltasar Gracián）は「水は流れる間に通る地層によって良い特徴をもったり悪い特徴をもったりする。人間も生まれ育った環境の影響によって特徴づけられる」ということを知っていた。(6)

世界中のメディアは、この数十年間でヒトの遺伝子の分析・研究が進み、ヒトの解析が最終段階にあることを熱心に宣伝してきた。ヒトの遺伝子を初めて解析するのに一五年という歳月と三〇億ドルの資金が費やされた。そして愕然とすることになる。私たちの遺伝子は、線虫と本当に周辺的な部分しか違いがなかったのだ。さらに線虫は一〇万年以上もほとんど進化していないのである。また、ヨーロッパで見つかったネアンデルタール（ホモネアンデルターレンシス）の遺伝子も、我々人類の直接の祖先であるアフリカのホモサピエンスの遺伝子も、現在の我々の遺伝子とほとんど違いがないのだ。それにもかかわらず、人類が進化し文化的に発展を遂げていることは見事と言うしかない。何回もくりかえされた大規模な気候変動によって進化の過程は形作られ、また妨げられたりもした。人類は生活環境の変化（動植物の状況）の試練を受けてきてもおり、これは長年にわたって科学的研究の対象となってきた。

そして最近ますます明らかになってきたのは次のようなことである。人類が進化し目を見張る文化的発展が起こったことの決定的な要因は、家族や部族という単位が形成され、大切にされてきたということだ。『人間の脳の取扱説明書』のなかでG・ヒューターは「良い両親、とくに良い母親に育てられることによって子孫の感情にまつわる能力がより発達する。そして、感情の発達度合いが高ければ高いほど、部族全体の生存確率が高まる」[7]と言っている。家族というシステムが発展するためには、母親と父親の間、そして両親と子どもたちの間に密接かつ感情的な絆が存在することが大前提となる。G・ヒューターは以下のように続ける。

親子間の絆がもっとも発達した部族において精神的、感情的、そして社会的能力が劇的に発達する。（中略）この点については人類の初期の発展段階に関して異なる意見が存在する。感情的な絆を発展させることのできなかった部族のひとびとの脳は成熟するのにより多くの時間がかかるという仮説には根拠がない。脳の成熟がゆっくりであれば、より多くの適応能力を持てるだろう。そして、可能なかぎり多くの部族のひとびとと感情的な絆を形成することができるのは、人間の脳は成熟するのに時間がかかるからだ。（中略）我々の祖先はひとびとの絆を形成、強化し、世代間・親子のつながりを保つことに成功したはずだ。とくに親子の絆をどのように大切にすればよいか、どのように強力で永続的なものとして成立させればよいか、知っていたはずである。上の世代が子どもたちに、家族・親戚・部族・拡大するコミュニティのひとびとにたいする親近感を刷り込むことができていたはずだ。より強く一体感を持てれば、精神的にも身体的にもコミュニティを強靱なものにする能力が高くなる。そうすると新しい資源を得て、外敵を撃退することが可能になるわけだ。[8]

ヒトが獲得したものを保存し継承できるのは部族あるいは家族という単位である。この単位によって、文化の輝かしい部分も保存することができ、より高みを目指しつねに発展できるのである。家族、あるいはもっと大きな単位である親族システムは母系制（法的なものも含めて相続が母方になされる）か父系制（相続がおもに父方になされる）として発展してきた。

強い母系制はたとえばホピ族、イロコイ族、ナバホ族などの北アメリカといくつかの南アメリカの先住民の文化に見られる。現在でもアフリカのいくつかの地域では強い母系制が維持されている。父系制の社会は中東、バルカン半島、地中海地域で発展した。アジアでは父系制と母系制の両者、および双系制が発展した。

主な制度が母系制であろうが父系制であろうが双系制であろうが、次の二つのことによって人類の文化は発展できた。一つは親子間の感情的な結びつき、もう一つは人類が自然と一体となった存在だという概念である。昔の文化はすべて動物と植物の生命を意識した精神に立脚している。知的能力が増すにつれ、宗教やイデオロギー（ときには神話）が集団もしくは社会の行動に影響し決定的な要素となってきたが、それに伴って生命にたいする意識や親子間の絆にたいする直感的な信頼感は減少してしまう。ときにはこれによって文化全体が崩壊し消滅することもあった。物理学者のハンス・ペーター・デュル（Hans-Peter Dürr）は以下のように述べている。

我々は、もともと、我々の生命にもともとそなわっていた活力を取り戻すべき時期に来ている。これまで私たちの存在の精神的な側面は抑圧されてきたが、現代社会において、このことが大きな損失となっている。だから精神的な側面を再度重要視すべきなのだ。現代人は自然のないところで暮らし、自然から切り離された体験をしてきている。これを「自然の忘却」と呼ぶ。（中略）自然と人間が切り離されたものだという思い込みによって、人類の能力を過大評価し、その一方で自然のなかで生きることの重要性を過小評価してしまうのだ。(9)

青い地球上でもっとも多くの種が絶滅した時期は、たかだか四十年前くらいからのことである。種の絶滅の原因が、気候変動、火山の噴火、氷河期のような出来事でなく、人類のみにあるのは歴史上初めてのことである。

二〇一三年六月、国際自然保護連合（ＩＵＣＮ）のレッドリスト（絶滅の恐れのある野生生物のリスト）には七万二九四種類の生物が載っており、そのうちの二万九三四種類が絶滅危惧種とされている。すべての動植物のうち三〇％ほどが絶滅の危機にある（そのうち何種類かは絶滅しかかっている）わけだ。キリン、ライオン、トラ、その他の野生生物は（アニメ）映画のなかで擬人化されることが多いが、大自然のなかではほとんど見かけない。

家族の絆、とくに親子の間の絆も、同様に前代未聞の危機に瀕している。家族を重視することは、人類の歴史上、特徴的なことであったが、近年かつてない断絶が生じているのだ。哲学者で創造性の研究を行っているカール・ハインツ・ブロートベック（Karl-Heinz Brodbeck）は以下のように述べている。

人類の生き方と歴史において、根本的な間違いが徐々に強くなっている。自己について勘違いし、個人のアイデンティティや物質の永続性を信じることが社会において当たり前とされるようになり、それが、人間の生活のあらゆる側面を経済的な価値観で測ることに現れている。（中略）そしてこれまで千年の間知られてきたこと、つまり幸せというのは人と人の間の絆、他人とのかかわりあい、創造性から生まれるという洞察が忘れ去られており、それがまるで幸福学の新発見であるかのように紹介されている。分業が行われ、金銭によって社会が結びあわされているという事態が、ひとびとの一体感を喪失させ、幸福の実際の源を破壊した。[10]

家族の根本は「自分」ではなく「我々」である。それはつながりであり、共同体である。それは、社会の中の個人の核となる細胞である。

何万年も前に部族や家族という単位が出現し、古代全体、ローマ共和国、ローマ帝国、ギリシア文明、ペルシア文明、中国文明、その他の進んだ文明においてもなお、家族の価値を人類はわきまえていた。

古代の文筆家たちは、国家と社会の基盤が家族であると信じていた。初代ローマ皇帝のアウグストゥスは社会を変革しようと試みたが、そのときに中心に据えたのは結婚と家族の制度であった。家族がもっとも重要な社会の単位だったのである。[11]

こんにちでは、国家やその他の社会的なシステムによって多くの機能が担われるようになった。たとえば宗教、法律、経済、教育などである。[12] 古代ギリシアと古代ローマには学校教育制度はあったものの、子どもは基本的に家庭で育った。

アテネでは（国家が教育を監督したスパルタとは対照的に）両親に教育の責任があった。父親が子どもを学校に入れることを義務付ける法律はなかった。しかし、多くのひとびとが読み書きできたと推察される。教育を受けていないひとびとでさえも。(13)

九年間の義務教育の後も、多くの人が十分に読み書きできないこんにちの状況を考えると、古代アテネの状況は驚くべきことである。クーリエ（*Kurier*）誌の記事でアンドレアス・ポラク（**Andreas Pollak**）はこのように書いている。「大多数の若者は実質的に読み書きができない。オーストリアでかろうじて読み書きができる若者は、七万二千人しかいない。このレベルの低さをどうしたらよいだろう。」ポラクはこの嘆かわしい状況の理由を次のように考察する。

教育制度に現実主義が欠落していること、あるいは、実践的ではないことが理由だろう。また若者にとって社会と家庭の人的ネットワークはますます希薄になっている。（中略）精神的に欠陥があり、社会から疎外されているひとびとはふえ続けている。（中略）これは、移民やその子どもたちに限った問題ではないことを強調しておきたい。(14)

ピアック（ＰＩＡＡＣ＝国際成人力調査）によるとオーストリアの一六歳から六五歳の（つまり義務教育が終了している）人口のうち、一七・一％は十分に読めず、まったく読めない人たちもいる。

その数は九七万人にも上る。[15] ついでながら、この読み書きが不自由な人たちの割合は、教育制度が整備された西洋や「非常に発展した」国々においてもほとんど変わらない。義務教育が一九世紀に施行される前に読み書きが不自由だった人の割合は、現在の一五～二〇％より高かったわけではなく、むしろ低かったことを示す膨大な証拠がある。したがって、読み書きができるようになることが国民全体に教育を受けさせる目的なのだろうか、という疑問が生じる。（早期からの）初等教育は、賛美されてきた西洋文明における禍根でしかないのだろうか。

本書はこの疑問にたいする答えを提供するというより、我々が忘れがちであること、あるいは意識的に抑圧してきたことを再考するための手段を提供するものである。

何万年にもわたって子どもたちは、実際に自分たちの面倒を見てくれるひとびとがいる、現実社会そのものの環境で育ってきた。そのなかでしっかりと根を張り、成熟した人格をもった青年になるまで育ったのである。核家族（母親、父親、子ども）はもっともよくある家族形態であった。それは寿命が短かったからではない。核家族はいつでも親族とつながることができ、同じ家のなかに拡大家族が存在することもあった。古代ギリシアでは核家族にあたる単語がなかった。古代ローマ社会では家父長制の拡大家族が主流であったが、上流階級においては核家族がより多くみられた。

ローマ時代のエジプトには部分的ではあるが、複雑な家族の形態が見られた。三世代あるいは四世代の家族が同じ敷地に住んでいることもあった。古代のローマやギリシアでは多様な家族形態があった。子どもたちは継母、継父、義理の親の子どもといっしょに育ち、世話をしてくれる人が多くいて、強い感情的な絆で結ばれていることもよくあった。家族以外に、奴隷が家庭にいることもあった。[16] 奴隷は子どもの養育にあたることがよくあり、女性の奴隷が乳母として仕えることもあった。子どもたちは隣人や家族の友達とも親しくなっていった。何万年も部族や家族の単位で子どもたちは社会化していったのだ。したがって教育は、養育と同様、純粋に家族の問題だったのである。

このような状況は明らかに非常に有益であった。人類は木登りをやめて狩猟採集社会をへて、その後ずっと発展し続けた。ローマ帝国は共和政の政府をもたらしたが、進化した古代ギリシア文明は民主制度を作り上げた。人類はすばらしい建築技術を発展させ、ローマのコロッセウムやギリシアの多数の神殿を建築した。運河も中心給水方式を採用し、法律、哲学、天文学、偉大な文学、数学、国家の政策をはじめとする多くのものが導入されたが、全国民対象の学校、義務教育、幼稚園、保育園、早期教育などは存在していない。何万年もの間、子育てと教育は一つの教育システムの一部であり、それはおもに家族のなかで、家族を通して行われてきた。人類の進化と歴史の輝かしい成功は、家族のなかで愛情をもって育てられたひとびとによって達成されたのである。何万年も社会が進化し続けたのは、孤独や、専門家や、分業や、競争によってではない。人が自由に学ぶことができる場、ひとびとが協力して創造していくプロセスがあったからこそである。

第五章

「教えること」から指導へ

迷うことによってはじめて道を見つけることができる。

――トゥアレグ族のことわざ

ある時点で、「猿人」は直立歩行をはじめたが、これは教育者に、直立歩行が種の存続と発展に有効だと教えられたからではない。我々の祖先が現人類になるための決定的な一歩は、自らの意思で、自由に踏み出した。それは自然な出来事であった。

ホモサピエンスへの進化の経緯を見ると、私たちが継続的に発展するのに外部からの圧力、指導、統制を必要としておらず、同じ種族からの命令もほとんど必要としていないことが分かる。

ヒトの子どもが生まれるたび、直立歩行をはじめるという、人類の歴史上、おそらく最大の進化上の飛躍がくりかえされる。どの子どもも、ハイハイしていると、遅かれ早かれ、どうしても直立歩行したいという欲求をもつ。これは放っておいても自然に生じるのである。残念なことに、「教育指南書」を読んだりして、子どもを補助しなければいけないと考えている親がいるようだが。

二〇世紀という、人類の歴史全体からすればとても短い期間に、自然の進化の軌道から逸脱するような変化が起こった。第一に、教育が徐々に家庭の場から切り離されていった。親族の輪のなか以外で教育を受けることによって、最大限子どもの潜在的な才能を伸ばしたいと思う親たちが同意したからである。良い騎士になるために、多くの男子は外国の城に住み込み、疑似家族的な状況のなかで教えを乞うたものである。最高の職人にするために、家族以外の指導者の弟子にしたこともあった。そうすることによって仕事に必要な知識と技術を広げることができた。

家族の事業を手伝わせることによって教育しようとする親たちもいた。どの例においても親が子どもの教育に関して決断を下したものだ。

教育は徐々に家庭の外で、多様な徒弟制度や学校や大学において行われるようになった。しかし文化や家庭の価値観について教えることは親達の領域であった。

先生役は、学者、家庭教師、指導者、親戚の者、あるいは経験と才能によって何かに秀でている、多くの知識をもつひとびとが務めた。義務教育制度と大学での教育によって、こういった知識をもつ先生役は教育者に取って代わられた。そして養い育てるという意味の教育が家庭の外で行われる教育と結びつくことになった。次に、国家が学校を統制し義務教育が導入されることになり、教えることと学ぶことは経済的な側面をもつようになり、イデオロギー化された。ヨーロッパにおいては、教育は、宗教あるいはイデオロギーの下の養育と結びつき、いまにいたるまで、家庭や家族と関係のないところで行われることになった。

子どもを教えたり、その才能を伸ばしたりするだけでなく、指導・教化するようになった。それによって生徒たちが体験から学ぶことをしなくなっただけでなく、教育者の側でも学ばせなくなったのである。知識が体験や才能や素質とはかけ離れてゆき、教育者は権威や信頼を失っていった。子どもたちは非常に鋭い感覚をもっているので、教育者にたいする尊敬の念をもたない子がふえていった。

教えることから指導および教化への変化は、まず教会が運営する学校で起こり、その後、国の運営する学校が続いた。子ども（そして人間）の本性に反するこの教育は、それを「強行」するための巧妙な罰と報酬のシステムで補われた。むち打ちや尻たたきは、いまはほとんどの国の教育現場から消え去ったかもしれないが、子どもに悪い成績や、その他の評価を付けることはくりかえし行われる。一八、一九世紀から、学校教育の本質となるものが家庭での子どもの養育にもおよぶことになる。両親が公立学校のシステムになじんでしまっているからだ。

子どもの行動を常に批評し、褒美をやったり罰したりすることが教育に欠かせないものになった。これは公立学校でのふるまい方を身に着けた祖父母から両親、子どもへと継承される。子どもの行動が、「優」から「不可」まで、五段階で評価され、いずれ子どももそれに慣れてしまう。良いことをしたときに褒めることも、教育者の期待に応えられないときに難じたり叱ったりすることも、子どもの心理的発達には有害であり、自信や自尊心を奪い、学ぶ気を削いでしまう。

教育者の理想や期待に応えた子どもに褒美を与えることは、子どもの行動パターンや発達にとくに深刻な悪影響をおよぼす。たとえば、成績が良かったからといってプレゼントやお金をやったり、良い子でいたからとアメをやったりすることである。反対に、掃除をしなかったり成績が悪かったりして、親の期待に添わない子どもに「悪い子」だと言って罰を与えたりすることも有害である。

常に子どもの行動を「良い」「悪い」で判断することは子どもの発達を損なう。指導、評価、罰、褒美という概念は、学校教育の指導方法であった。それが家庭教育に忍び込んできた。これに対し、「指示をしない」という教育方法（罰、褒美、評価をせず、子どもの行動にたいして常にコメントしない）は、改革的教育法の一部である。[1] 指示しない教育法では、子ども一人一人の個性と、それぞれの才能や能力や将来性に信頼を置くことが根幹となる。マリア・モンテッソーリの教育原則は「自分で出来るようにさせる」というもので、親たちは直感に従い、子どもを信頼した反応をするべきだとされる。先史時代から家族内で、子どもたちは、改革的教育のやり方に沿って育てられてきたと思われる。そうでなければ、人類はこれほどの進化を遂げていないはずだ。一九世紀後半になって国家の学校制度の中の教育法が家庭での養育にも入り込んだからこそ、改革的教育がはじまったのである。

千年にわたって、養育も教育も、関係性の構築を目的としたものであった。生徒となる子どもと何らかの人間関係をもっている者が指導者になったものだ。多人数を対象とする教育法が行きわたると、教育は人間関係が希薄で、表面的な知識を伝達するだけの「指導」になってしまった。

学校教育で育った大人は、当然自分の子どもにもこういった教育法を適用するようになる。しかし、これはヒトが経験してこなかったやり方なのだ。G・ヒューターが『アルファベット、恐怖か愛か』（*Alphabet. Angst oder Liebe*）で以下のように論じた。

「まずネズミをじっと観察し、それから捕まえ、押さえつけて食べるんだよ」、などと子猫にネズミ捕食の仕方を教えようとする者はいないだろう。子猫は自分で学ぶからである。もっとも、ほかのネコがネズミを捕まえるのを観察する機会があり、学習と練習の機会があることが必要であるが。この学習法はすべての哺乳動物に当てはまる。ある特定の状況に即した能力を磨き発展させること、つまり応用し適用する能力を得るような脳の仕組みになっているからだ。ヒトの子どもは自分の体験によって、後の人生で必要なすべてを学ぶ。[2]

ホモサピエンスが誕生してから一〇万年以上、ヒトの遺伝子は変化していない。G・ヒューターは、『我々は何者か、そして何者になれるのか――神経生物学的な動機付け』(*Was wir sind und was wir sein könnten. Ein neurobiologischer Mutmacher*)のなかで、「もし我々の遺伝子が我々の能力を決定しているのなら、読み書きし、自転車に乗り、月に行くことが一〇万年前にすでにできていたはずだ[3]」と書いている。

ほかの動物とヒトが異なるのは、体験から脳の一部をプログラムできるということである。G・ヒューターはさらに以下のように述べている。

ヒトが生まれるときの脳は、ほかの動物よりはるかに未成熟であるが、だからこそ適応能力が高く体験から学ぶ余地があり、それゆえヒトとして発展し成熟することができた。ヒトほど保護と配慮を必要とし、生存に重要なことを長期間大人から教えられる必要がある動物はほかにない。また、ヒトの脳の発達は大人の養育者の情緒的・社会的・知的能力によって大きな影響を受けるが、これもほかの動物には見られない特徴である(傍点はM・H)。[4]

ヒトの脳がどのように「発達」するかは、ヒトが育つ生活環境にかかっている。「原初的信頼」を知るのは子宮の中だ。そこで赤ちゃんは独自の身体を発達させていく。

> 生まれる前に脳で神経組織の結合が行われ、身体から脳、脳から身体へ電気信号が行き来できるように形作られる。そのため、どの子どもも出生時にはその子の身体に適合した特有の脳をもっている[5]。

生後の数年間、赤ちゃんは周りの人間からそれぞれの文化特有のものごとを後天的に学ぶ。周りの大人のお手本がなければ、直立して歩くこともできないし、コトバを覚えることもできない。移民の家庭を見れば分かることだが、両親が同じ言語を話していれば子どもは両親の言語を第一言語として育つ。両親の母語が異なる場合、親がそれぞれの言語で話しかけていれば、二つの言語を習得する。後者のケースでは、もし、両親が現在の居住地の言語も使うのであれば、子どもは三つの言語を話せるようになる。しかし、教育学と神経生物学の観点から言えば、（幼い）子どもに外国語を学ばせるのは、もし両親や養育者がその言語を話すのでなければ、ナンセンスである。そこで子どもたちが「学んでいる」のは、「自分に必要のないことを学ばされている」ということである。これでは、子どもたちが本来もっている学習意欲を永久に失わせることになる。

「子どもの脳の発達は、どのようにして、何のために、どのような大人を模範として学ぶか、ということだけでなく、子どもが何を重要だと思うか、にかかっている」という発見は、神経生物学におけるもっとも重要な発見である。脳の神経結合がもっとも活発に、持続的になるのは、子どもが何かに情熱を傾けることができたり、楽しんでいたりするときである。そしてそれは何に夢中になるか、つまり何を学ぶかを自分で決められるときに限られる。G・ヒューターの上述の著書『我々は何者か、そして何者になれるのか――神経生物学的な動機付け』には以下のような記述もある。

すべての子どもが最初に学ぶのは、どのように体を使い、動かすかということだ。次に主な養育者との絆を作る。その後に初めて、複雑な生活環境がどんなものか知ろうとする。この過程で、二つのことが脳にとって重要になってくる。「自分の成長」と「自分の能力」が緊密に関係することである。（中略）これが実現して初めて子ども、そして成長した人間は複雑な脳のネットワークを利用し、それをさらに複雑に発展させることができるのである。

（中略）このような脳の機能は、生まれながらにしてもっている脳の神経細胞が徐々に機能をあらわにしてくるものであるが、遺伝的にそれができるようになっているわけではない。この脳の神経はどんな機能ももてるようになっており、ニューロンを延長しほかのニューロンと結合することができる。遺伝的な要素を発揮し、それぞれのニューロンの機能を特化することを可能にする科学的な方法は、脳機能の分化を鈍化させ、脳の機能の特化がなるべく遅く起こるようにすることである。

我々の祖先は、子孫の脳が成熟し機能特化するのを遅くするような方策をとってきたのであろう。言い換えると、親は子どもがまだ必要としていない能力を早期に獲得し、未成熟なのに必要にかられてやらねばならないことが無いように保護してきた。飢えたり、悲惨な目にあったり、淘汰されそうになったり、多くのことをやらねばならなかったり、という環境から遠ざけようとしてきた。困難な状況を味わうのが遅ければ遅いほど、脳の可能性を広げることができ、最大限の神経細胞を形成し、ニューロンの結合を促すことができる。脳の可塑性が初期のまま保たれていれば学習に用いることができる時間が延び、多くの物事に適応して学ぶことができるのである。ヒトの脳の発達は、おおよそこのように説明することができる(6)（傍点はM・H）。

さて、我々の先祖はどのようにしてこのようなことを可能にしたのか。答えは簡単だ。皆で協力したのである。コミュニティを形成し、助け合い、知識と技術を交換し、いっしょにやってきた。信頼ができ、安全で、基本的欲求を満たせるコミュニティがあってこそ、脳の可能性を発展させ、個々の才能を伸ばすことができる。

このようなコミュニティのなかで育つと、大きくなってから他人との絆だけでなく、自由も経験することができる。上記のような基本的欲求が一つでも満たされなければ、子どもは欠乏を感じ、大人になってからもそれは変わらない。発達の障害や問題行動が生じ、代替物で満足しようとするが、かなえられずに終わる。

いまの時代、非常に多くの子どもがすべての基本的欲求と基本的な体験を得ることができないでいる。それゆえ、子どもの魂が悲鳴をあげているのだが、大人はそれに気づかない。多くの大人はいまだに子どもの声なき悲鳴に耳を傾けたがらない。それは、ここまでヒトがどのように進化してきたかを忘れてしまったからだろう。あるいは、袋小路に入り込んでいることに気づくのは辛いからかもしれない。「迷って初めて自分の道が見つかる」というアフリカのことわざがある。これまでのヒトとしての進化の際には常に家族が大きな役割を果たしてきた。そして真に多様性のあるコミュニティ、絆で結ばれた、養い育ててくれるコミュニティが存在していたのだ。

早く成長させようと草を引っ張っても無駄だ。

――ザンビアのことわざ

第六章

「善い人」、そのロールモデルと子どもの「現実の人生」における社会化

ＷＨＯ（世界保健機構）の専門家は、高度に発達した先進工業国では、うつ病や不安に関連した心身症が今後数年で激増すると予測している。しかし、個人としての私たちは、たがいにつながり、ネットワークを築き、相談し、情報を提供し、交流し、触れ合う機会が、人類の歴史上これほど多くあったことはない。この「高度に発展した」豊かな社会に暮らすひとびとの大多数は、必要な物資の不足にも飢えにも苦しんでいない。

医学のおかげで私たちは自分の体について前例のないほど知識を得ることができ、医療は包括的で（ほとんどの国では健康保険を通じて）ほぼ無料である。製薬業界は世界で二番目に儲かる業界である。ヨーロッパの多くの地域の街角や都市には、どの分野の医師も、薬剤師も、精神科医も、様々なカウンセリングもそろっている。それにもかかわらず、これら全てが良い方向に進んでいるようには見えない。病気になったり障害を負ったりする人（子どもも）はますますふえているが、ひとびとが十分な支援を得られていない状況にあったり、そう感じたりしているのが一つの理由だ。

イェール大学心理学教授のカーレン・ウィン（Karen Wynn）の下でカイリー・ハムリン（Kily Hamlin）が開発した「赤ちゃんテスト」[1]を基にした、乳児を対象とした研究が幅広く公開されているが、これは現在のわれわれの状況をよく示している。ハムリンは現在、バンクーバーのブリティッシュ・コロンビア大学で赤ちゃん研究室を率いており、赤ちゃんテストを引き続き行っている。

赤ちゃんテストでは、六カ月と一二カ月の赤ちゃんを対象に、次のような短い人形劇を見せる。赤い球体が坂を上ろうとするが、転がり落ちてしまい頂上に到達できない。すると黄色い三角が後ろからやってきて、赤い球体が頂上に行くまで押し続ける。赤い球体は喜びの表情をして、飛び跳ねる。そして幕。次の場面では、再び赤い球体が坂を上ろうとするが、今度は青い四角が上からやってきて赤い球体を押し戻し、上らせない。

六カ月と一二カ月の赤ん坊はくりかえしこの人形劇を見せられるが、通常、赤ちゃんたちの目は釘付けになる。そのあとでお盆に乗せられた黄色い三角と青い四角を見せられる。九九％の六カ月児は黄色い三角を選ぶが、一歳児になると二〇％が青い四角を選ぶ！

神経生物学者のG・ヒューターはこれを、その著書『アルファベット』のなかで次のように説明している。

> 幼い子どもはいつも自分が正しいと思うものと自分が同類だと考える。だから正しいことをした、と思うものを選ぶ。これが世界中の六カ月児が、赤い球体の援助者である黄色い三角を選ぶ理由である。そしてこれは生まれたばかりの赤ん坊が最初のころに体験することと一致している。周りのひとびとに助けられなければ六カ月まで生き延びられないからだ。興

味深いのは後半部分である。一二カ月児のうちの二〇%は青い四角、つまり「悪い奴」を選ぶようになる。なぜ子どもたちは自分が前に進むために人の邪魔する奴を選ぶようになるのか。悪い奴を選ぶのは、人の生まれつきの性質ではない。最初は助けたい人を自分と同一視しているからだ。(中略)人の遺伝的性質に他人を押しのけて自分の望みを押し通そうとする性質は含まれていない。そんなことをしようとするのは、周りの大人を模範にしたからである。だから子どもの行動を変えようと思うなら、大人が自分たちの生き方と人への接し方を変える必要があるのだ。(2)

ブリティッシュ・コロンビア大学のハムリンたちのチームは、生後間もなくの赤ちゃんが良いキャラクターを選ぶ現象を「生得的性善説」と呼んだ。人は皆、社会的生物として生まれ、他人とうまくやっていこうとする。ただし、それは誰かがよりよい方法があることを示すまでのことだ。(3)

アメリカの心理学者、セイラ・コンラス(Sara Konrath)が行った長期間の調査の分析はスザンネ・ガロフスキ(Susanne Garsoffsky)とブリッタ・ゼンバッハ(Britta Sembach)が、『すべてが可能だというのは嘘である——なぜ家庭と仕事は両立しないのか』(*Die alles ist möglich Lüge. Wieso Familie und Beruf nicht zu vereinbaren sind*)のなかで取り上げている。その内容は上記の見方を補強するものだ。

三〇年以上にわたって、コンラスの研究所では一万三〇〇〇人以上の大学生に、同情と共感についてのインタビューを行ってきた。その結果、一九七九年以降、学生たちの他者に共感する能力が減少し続けていることが分かった。学生たちは自分と同程度にうまくやることができない人にたいして同情しなくなっている。インタビューのなかで、イギリス人心理学者のケヴィン・ダットン（Kevin Dutton）は、「他者への共感が減少すると同時に自己愛が増加しており、とくに過去十年に急増している」と述べている。

議論を呼びそうな表現に直すとこんな感じだ。ここ三〇年、男女とも自分たちのことだけを考え、自分が有利になるという目的のためだけに生きる世代が席巻するようになった。(4)

一九六六年のアメリカ人の大学の新入生を対象にした研究では、大金を稼ぐことが「とても重要」「本質的に重要」と考える学生は四四％だったが、二〇一三年には八二％に跳ね上がった。(5)

一九五〇年代半ば以降、様々な年齢の子どもたちが外で自由に遊ぶことが減ったのにともない、子どもたちの不安、うつ状態、無力感が増したということが、アメリカ人心理学者のピーター・グレイ（Peter Gray）の『自由に学ぶ——なぜ子ども時代の遊びが幸福感、独立性、人生の探求につながるのか』（*Free to Learn: Why Unleashing the Instinct to Play will Make our Children Happier, More Self-Reliant, and Better Students for Life*）に書かれている。

近年、自己愛が目立って増加するのにともない、共感性が顕著に減少したことが、質問票の得点から明らかになった。（中略）たとえば、自己愛の得点が高い者は、自分の能力を他者よりも過大に優れていると評価し、批判されると怒りを覚えて攻撃し返し、知的犯罪を起こしやすい。(6)

過去数十年、いわゆるカジノ資本主義（濡れ手で粟のリターンを求めてリスクの高い投機を繰り返すこと）が席巻しているのは、義務教育が充実し、教育機関における早期教育（長時間の幼稚園・学校）がふえ、異年齢の子どもたちが自由に遊ぶ環境が失われた結果なのだろうか。

アメリカ人のハリウッドスター、マイケル・ダグラスは映画『アントマン』の公開時にクーリエ誌からインタビューを受けたとき、「映画が政治的な影響を与えることがあると、まだ信じていますか」というインタビュアーの質問にたいして、こう答えている。

> 昔は、世界をより良くできることもあると信じていました。でも、映画『ウォール街』で考えが変わりましたね。
>
> シリーズ第一作公開の後、監督のオリバー・ストーンと私はニューヨーク大学の経営学科の学生に講演をし、質疑応答をするよう頼まれました。
>
> 私が不道徳で嫌な奴、ゴードン・ゲッコーの役をやったことはご存じでしょう。彼は自分がもっと儲けるために会社をつぶし、仕事も人間的な生活も破壊する奴です。私からすれば不道徳きわまりない。ところが、学生たちはゲッコーを最悪な人間の見本ではなく、むしろ模範的な人物として見ていることが分かり、私たちは非常に落胆しました。私は監督に「彼らの世代がウォールストリートの実権を握るときが来たら、神に祈るしかない」と言ったものです。その結果をいま、目撃していますよね。シリーズ第二作『ウォール・ストリート』ではゲッコーは報いを受け、犯罪者として裁かれ長い刑期を努めなければならなくなるので

すが、そこに興味をもつ人はいないのです。いまは、知的犯罪でブチこまれる人はいませんからね。(7)

いま、我々が自身に問わなければならないのは、大人が子どもたちにどのような模範を示すべきか、ということだ。現在、我々も、子どもたちの世代も、どのように社会化しているのだろうか。神経生物学的研究（まずサルを対象とし、次に人間を対象として）において、分かってきたことは、我々の脳にはミラーニューロンがあるということである。子どもたちは観察して模倣すること、つまりミラーリングによって強烈な学習効果を得る。ある程度まで、周囲の人（大人）を手本として行動するようになる。子どもが年上のきょうだいから多くを学ぶことも観察できる。しかし現在では残念なことに、きょうだいから学ぶ機会も大幅に失われた。

ヒトのような哺乳類が生まれるときは、未成熟であるが大きな発達の可能性を秘めた脳をもっているが、それでは自立するまでに長い時間がかかり、誰かに世話をしてもらい、いっしょにいてもらう必要がある。これは母親一人ではとてもできないことで、父親、きょうだい、祖父母、親戚一同、あるいは村全体の関わり合いが必要だ。アフリカの諺にある通りだ。何万年もの間、ヒトはこのことを直感的に察知し、皆が子どもと関わって生活してきた。そのことが、こんにちになって、ようやく科学的に確かめられたのである。G・ヒューターは著書『我々は何者か、何者になれるか』でこう述べている。

赤ん坊、子ども、青少年、あるいは大人がある人を模倣すること、つまりミラーニューロンを活性化させることは、その人が彼らにとって重要な存在であることを示している。

子どもたちはどんな人間でも模倣するわけではなく、自分にとってとくに重要で強い感情的な絆を感じる人しか模倣しない。模倣対象の大人が模範となる。その他の人間も子どもやティーンエイジャーや大人に教えようと努力することはできる。（中略）ただし、脳の感情をつかさどる中枢が活性化されないかぎり、やる気にはならない。実際、感情がゆさぶられると、単にお手本の行動を真似するだけにとどまらず、脳の神経結合が適切になされ成熟し、しっかりと形成されるのだ。(8)


唯一の問題は、子どもたちが真似するのはお手本の単純な動きや行動のパターンだけではないことである。愛すべき模範が（どの親も例外なくこのカテゴリーに当てはまる）、言ったり書いたり歌ったり行動したり顔に出したりしたことが、他人を貶めたり辱めてもよいとか、自己中心的で得をするとか、他人をだましたり嘘をついても得になればいい、というメッセージを送っていれば、子どもはその通りのふるまいをするようになる。子どもも若者もスポンジのように良くない行動や態度を吸収し、その下に隠れた世界と人間に関する概念をも吸い取ってしまう。すばらしい模範だと思える人間に依存したり、忠実だと知ってほしかったり、認めてもらいたかったりすればするほど、熱心に、効率的に、そして持続的にその模範の価値観を吸い取る。

子どもの発達段階において、心の結びつきを感じる人間が良い模範として存在する必要がある。子どもも若者も、同年代の者からはさして学ぶことができない。良いお手本となるべき大人（親、異年齢集団、年上のきょうだい）が周りにいなければ、彼らは同年代のグループのサブカルチャーにそれを求めるしかなくなる。同年代のうちで目立っていて、かっこいい、けれど軽率な行動をとる者に追随するようになる。あるいはメディアから流れてくるヒーロー（ポップスター、モデル、テロリスト、ゲームや掲示板上のバーチャルな人物）が模範となってしまう。

教育者なら、何をどうするべきかを教えることはできるが、どんなに訓練を受けた者であっても、子どもにとって良い模範だと思える存在でなければ、子どもは感情的なかかわりをもたない。内面に（何か新しいことを）学びたいと思っていなければ、何も起こらない。少なくとも脳に長期にわたり貯蔵されるような楽しい学びが起こることはない。

いまでは、次の二つのことが分かっている。もし内的な準備が整っていれば、子どもは小学校の過程を強制なしに、九ヵ月程度で学ぶことができる。複数の研究によると、中学・高校で学んだことは卒業後の数年で失われてしまう。たいていの場合、卒業後二年で一〇％程度のことしか覚えていない。

古代ギリシアでは、先生を選ぶのは両親ではなく、生徒となる子どもであった。お試しの期間のうちに、うまく関係が築けなければ契約を解除し、ほかの先生を探した。このように先生を選べるということは実生活の体験のかなめであり、持続的な学習のためには関係性を築くことと、模範となる存在が必要なのである。

これこそが動物として小さなホモサピエンスが狩猟採集民としての歴史のなかで学んできたことである。矢を射ること、道具を作ること、服を縫うことなど、文化的な技術すべては、幼いホモサピエンスが、教えてもらうのに最適な人物から習ったことだ。教えることに特別な訓練はいらない。実用的な技術を学んでいることが必要だ。そのような技術は（感情的に）近い関係にある人からしか学べない。学ぶとは、このように単純なことだ。何万年もの間、ヒトはせいぜい一〇〇人か一五〇人の身近なひとびとからなる部族として移動しつつ暮らしていたのだ。

人類学者のディヴィッド・ランシー（David Lancy）は、リベリア、パプアニューギニア、トリニダードなど、世界の多くの場所で子どもたちが遊んだり学んだりするのを観察した。彼の著書『子供時代の学びについての文化人類学』（*The Anthropology of Learning in Childhood*）では、非常に重要な学びの形態について述べられている。(9)

何万年もの間、子どもは家族や部族に守られるなかで社会化し、大人の世界に足を踏み入れたものだ。フランス人の歴史家、フィリップ・アリエス（Philippe Aries）は子どもの社会化について、著書『〈子供〉の誕生　アンシャンレジーム期の子供と家族生活』（*Centuries of Childhood: A Social History of Family Life*）のなかでこう述べている。

> 新石器時代、年齢別の集団、ヘレニズム文化のパイデイア（ギリシア語＝子どもを訓練して成人に育てること、教育学の語源）を見ると、子どもの世界と大人の世界が分かれており、その移行にはイニシエーション（通過儀礼）や教育を通り抜ける必要があったことが分かる。（中略）中世、近代のはじまり、そしてその後も、労働者階級において子どもたちは、母親や乳母の監護下にいなくてもよくなると（これは離乳期後期、だいたい七歳くらいのことだが）、すぐに大人たちのなかに混ざったものである。子どもも大人も一つのコミュニティのなかで仕事を担い、遊びに参加した。団体生活に参加すると、すべての年齢と階級のひとびとにもまれることになり、孤独やプライバシーはなくなる。個人だけで過ごすことはなくな

り、いつも大人数のなかにいて集合体の一部になるのである。(10)

中世社会においては、近代のような「子どもの養育」というのが無かったというのが重要な事実だ。何万年もの間、年齢別の集団（子ども、青少年、成人、老人）には大きな意味はなかった。一八世紀になるまで、子どもとは何歳までなのか、などということも真剣には考えられていなかったのである。現在では、子どもが話しはじめると、すぐに自分や親の名前、自分の年が言えるように教える。子どもが「ぼくはトミー、二さい」などと言えたなら、それがさも一大事だとばかりに歓喜する。アリエスは以下のように述べる。

フランシス一世（一七六八〜一八三五）の治世になるまで、教区の神父に出生時の届け出をする義務はなかった。議会で採決されたのちもひとびとは意味の分からない義務化に抵抗し、登録されるようになったのはずいぶん経ってからだった。(11)

人生の段階をどう区切り、それぞれの段階をどうとらえるかは文化によって異なり、境界線はあいまいである。中世の様々な文献からは、人生を七つの段階に分けていたことが分かる。「第一段階は子ども期、生まれてから歯が生えそろうまで七年間続く(12)」。第二段階はプエリティア（少年期）で一四歳ごろまでだ。第三段階が青年期で二一歳〜二八歳ごろまで続く。そしてすべての世代の中心となる現役期となり、四五歳ないし五〇歳まで続く。

ヨーロッパでは何世紀もの間、「子ども」と「子ども時代」の定義ははっきりしていなかった。「子どもさん」という呼びかけは愛情を示したり、やる気にさせるときの呼びかけであった。高齢の女性に「さようなら、おかあさん」と呼びかければ、「子どもさん、さようなら」「私の息子」「さようなら、小さな子」と応えたのである。雇い主が従業員に、隊長が兵士に呼びかけるときにも用いた。兵士が倒れると、「子どもたちを亡くした」と言った。子ども扱いをすることは中世ではよくあることで、近代でも続いていたとアリエスは述べる。（時にはきつい）冗談をとばし、現在よりもよく笑っていた。子どもは大人の世界に溶け込んでおり、一七世紀になるまで、絵画には子ども時代という概念が見られない。長い間、子ども時代は重要だとは認識されていなかった。単に生活の一部であり、誰もが通りすぎる期間だった。

数世紀前から子どもに焦点が当たりはじめた。アリエスの説明はこうである。

子どもが絵画に現れはじめた。家族の肖像画、遊び仲間といっしょに、大人に混じって、群衆のなかに、母親に抱かれている子ども、奇跡や殉教者を眺めたり、説教を聞いたり、割礼の儀式を受けたりしている子ども、金細工師や画家などの職人の見習いの子ども、学校にいる子ども、といったテーマは一四世紀ごろから出てくるようになり、一九世紀の絵画にもよく見られる。(13)

子どもは毎日大人に囲まれ、仕事や散歩や遊びなどの同じ活動に取り組んだ。一七世紀以降、子どもだけの肖像画や、家族の肖像画が急激にふえる。

アリエスによると、子どもはますます注目を浴びるようになった。

ルーベンスの家族の肖像画では母親が子どもの肩をもち、父親が子どもの手を握る。フランス・ハルス（Frans Hals）、ヴァン・ダイク（van Dyck）、ルブラン（Lebrun）らの絵のなかでは、子どもがキスしたり抱きついたり、ゲームをしたり、かわいらしい様子で大人を楽しませたりしている。バロック時代の画家は子どもを加えることで肖像画を活気づかせた。(14)

しかし一九世紀以降、子どもは大人の世界からも日常生活からも消えていき、絵画にも描かれなくなった。

人類の歴史のなかでは、子ども時代を特別な時代として人生から切り取ることはなかった。大人の生活の一部であり、保護する立場の大人を模倣することによって、教えてもらったり指導されたりしなくても、勝手に学んでいった。ミラーニューロンはつい最近発見されたのだが、先史時代からあったはずである。

子どもはほかの子どもだけでなく大人とも遊んだ。大人は遊び仲間というより、模範であった。アリエスがイコン図像や版画などの絵から推論したように、子どもは（時には金を賭けるための）カードゲームにも参加していたが、眉をひそめられることはなかった。

一七世紀には、三、四歳までの子どもにしか遊びという概念はなく、それ以降は子どもとはいえ大人と同じゲームを、子どもどうしで、あるいは大人と楽しんだ。

社会が産業化されるまでは、子どもはよく遊んだ。ヒト、とくに子どもは遊びが大好きだからだ。よく遊ぶ子どもは創造性が磨かれた。[15] そして大人になっても、子どもっぽい遊びをしていた。たとえば、現在ではカーニバルなどでしか仮装しないが、かつては遊びで大人も仮装することがあった。子どもが弓で矢を射るのを遊びとしていることもあったし、踊りの練習も遊びであった。社交ダンスは文化的にとても重要で、どんな子どもも遊びとしてダンスをした。楽器の演奏も、階級にかかわらず、子どもが遊びとして行ったことだ。

子どもたちは早期から音楽や演劇（悲劇も喜劇も）を鑑賞した。おとぎ話、神話のような口承文学には幼い時から触れており、大人にまじって語る側にまわることもあった。何世紀もの間、子どもも大人も、すべての階級のひとびとが同じ劇を楽しんだものだ。ブルジョワ階級が成長するにしたがい、一八世紀から一九世紀頃になると分断が見られるようになる。

注目すべきは、ブルジョワ階級と庶民階級が分断された時期に子どもと大人の遊びも分けられたということである。このため、子ども時代にたいする態度には階級差が感じられるようになった。[16] 子どもは幼い時から大人の世界に足を踏み入れ、感情的な絆を感じる幼い仲間や大人、両親から学び、現実世界のなかで社会化した。産業化が起こる一九世紀以前、人類の歴史は戦争時をのぞき、輝かしいものだった。家族や一族が生きる目的であり、コミュニティのなかにこそひとびとの生活が存在していたのである。

二〇世紀までの千年間、大人数のクラスでの教育は行われなかったが、人類はすばらしい文化的な進化を遂げた。文学、科学、技術の発展は目覚ましかった。インドのタージ・マハル、スペインのアルハンブラ宮殿、ミケランジェロのフレスコ画、バッハやモーツァルトの音楽がその例である。これらは文化的に重要であるだけでなく、コミュニティ全体に美しいものを提供した。現在の私たちもこれらの成果には目をみはるばかりである。

同時に、過去千年の間、悲惨さ、困難さに満ちた、血みどろの戦争を経験した。なかでも特筆すべきは、国家社会主義（ナチス）あるいはスターリン主義の名のもとに恐怖が支配し殺戮が行われた制度、[17]そして、第二次世界大戦末期の、二発の原子爆弾による破壊である。

ドイツ出身のアメリカ人で、歴史家・哲学者のハンナ・アーレント（Hannah Arendt）は早くも一九五〇年代に以下のように記している。

> 古代から、平等な市民からなる政府は常に恐怖政治へ移行する危険をはらんでいることが示唆されていた。（中略）全体主義統治下で人類が共同体を経験するときは、何かを捨て去っている。（中略）現代のひとびとは捨て去ることにますます慣れているため、容易に全体主義の流れにまきこまれ、それを受け入れる。危機が訪れるとひとびとを結び付けている絆が崩壊し、すべての人が見捨てられたように感じ、頼るものが何もないと感じる。[18]

こんにち、産業化された国々では、武器を取って戦うのではなく、言葉で闘っている。ここ数十年、模範となるべき大人たちが口汚くののしりあうのを聞いて、子どもたちの魂は傷ついている。バルタザール・グラシアン（Baltasar Graciàn）は一七世紀に「見るべきものが何もなくなって初めて見るようになる人もいる。家も庭も滅んで初めて、彼らは思慮深い人間になる。」

現代はグラシアンの時代とはあることが完全に違っている。ここ数十年は、個人が家や農場や国家を破壊するのではなく、顔の見えない人間の集団がこの惑星を破壊しているのだ。WWF（世界自然保護基金）の「生きている地球レポート　二〇一四年」によると、一九七〇年と比べて地球の動物の総数は半分以上減った。（「平和」で「教養のある」）我々は地球上にある総資源の半分以上を消費している。このまま現在の調子で消費を続けると二〇三〇年までに地球二つ分、二〇五〇年までに地球三つ分が必要となるだろう。木は育つスピードよりも早い時期に切り倒しているし、漁業資源はすでにかなりの打撃を受けている。地球の過剰な資源略奪や自然を破壊するシステムに立ち向かっている個人は世界中にいるが、大部分の大衆は、人類が大きな惑星という共同体の一部だということに気づかず、現在の状況に注意を払わない。

行動科学者のコンラート・ローレンツ（Konrad Lorenz）は「我々はサルからヒトへと進化しつつあるところだ」と述べた。一〇万年もの間、順調に進化し続けてきた人類は袋小路に分け入っている。これまで進化できたのは、家族とすべての生物にたいする尊敬と感謝をもち、そして子どもたちを現実の生活のなかで社会化してきたおかげである。これまでの三千年間で、このような絆はときおり断たれてきたが、決定的に断絶したのは産業革命によってであった。

第七章
「子ども時代」の発見について

完全に羊たちの群れに溶け込むには、まず羊である必要がある。

——アルベルト・アインシュタイン

家族を否定する議論

古代ギリシアのひとびとがパイデイアと呼ぶ、子どもの常識的な養育方法は、技術を要するものとされていた。これが後に西洋の教育論の基礎となった。ペーター・スローターダイクの著書『近代のアンファンテリブル』(*Die schrecklichen Kinder der Neuzeit*)には以下のように説明されている。

パイダゴゴスという語は、少年たちが行儀よく通学しているか見張る奴隷の仕事を指しており、古代アテネの尊い思想とは全く関係がない。少年たちは、好色な少年愛者の目くばせに応じないよう、目を伏せて通学するように指導されていた。パイダゴゴイは監督者のことで、少年たちが乱暴なことをしないように見張っていた。通常、躾のためにぶつことも推奨されていた。ディダスコロイは本当の意味での子どもたちの先生で、ソフィストと呼ばれる「賢人」がその役目を担った。パイダゴゴイは、知を愛する人間を自認し、自らを「哲学者」と呼んだ。これら二つのタイプの師匠のうち、短期的にはソフィストの方が子どもや両親に選定されることが多かった。ソフィストは子どもの養育方法を宣伝することがうまく、子どもの出自を問わなかった。彼らは高い報酬を要求したが、教師として採用されてきた。(中略)パイディアは洗練された演説のやり方を意味し、アリストテレスのいう「政治的動物 zōon politikón」として必要な技術だった。ヘレニズムが行きわたったローマ時代、キリスト教化以前も以後も、古代ヨーロッパ教育の基本となったシステムが採用された。それは生物学的な父親に加えて教師も父親役の一端を担うというもので、近代の初めまで続いた。ラビを輩出するユダヤ教の家庭やプロテスタントの牧師の家庭などでは父親と教育者が同一のこともあったが。二〇世紀の後半になると、この制度は完全に失われ、教師を女性が担うことが多くなり、男性教師は第二の父親ではなく、単なる教師としての役割のみを担うこととなった。そして父親も家庭での重要性が低くなったのである。(1)

偉大な文明にはどれにも、その黎明期には複雑ですばらしい神話、あるいは口承文学があった。おそらく西洋でもっとも才能にあふれていたのは古代ギリシアの語り手であろう。古代ギリシアの神話は、ホモサピエンスが考えつくかぎりの最高峰の、神と人類の関係を写し取っており、想像力も突出している。

ヒンドゥーの伝統にも同じくらい複雑で多面的な偉大な口承文学がある。そして、それは紀元前三〇〇〇年から現在まで語り継がれている。古代ギリシアの独特な点は、血族に固執したことである。王女メディアは魔術の才能のあるコルキス王の娘で、復讐のために我が子を殺した。オイディプス王はテーベ王の息子であったが父親を殺し、母親と近親姦を犯した。そのほかに無数の常軌を逸した話がある。古代ギリシア文明は、古代ローマ同様、千年ほど続いたが、子孫に関するこだわりを抜きにした純粋な理念の追求だけで、これだけ長く文明が続くことはあり得ない。

血族を重んじる伝統に大きな変化が訪れたのは、一神教、とくにキリスト教が「発明」されてからである。

ユダヤ教においては口承文学と神話がもっとも重要であった。それは、トーラー（ユダヤ教の律法）や旧約聖書において顕著である。しかし二千年前にユダヤ教と袂を分かったキリスト教においては、あまり複雑でない伝承、新約聖書が聖典となった。キリスト教、そして西洋における最重要事は、後の救世主であるナザレのイエスの伝承となった。

イエスの家族の歴史は現代的な視点からすると、どこか嘘っぽく、かつ驚くほど平凡な印象を拭えない。キリスト教徒がこの家族史に沿って語ってきた言説も同様だ。

イエスはマリアと大工ヨセフの（おそらく）ひとりっ子として育った。なぜか分からないが後世の語り手は、両親との生物学的な親子関係を否定する。二世紀のユダヤ人社会においては、マリアはイスラエルに駐留していたローマ帝国の軍人、ティベリウス・ユリウス・アブデス・パンテラに孕まされたという話が伝わっていた。[2] もしこれが本当であれば、イエスは不義の子だということになる。当時としてはそう珍しいことでもなかったので、キリスト教社会で語られている伝承の信憑性を揺るがすほどのものではなかったのだろう。ユダヤ教徒にはなじみのない風習であったが、当時の古代ローマあるいは古代ギリシア文化ではよくあるように、イエスは養子のような存在だったのであろう。

後世の語り手はすべて、イエスがヨセフの生物学的な子でないとし、マリアが妊娠してから夫婦となった、と伝えている。ヨセフは大工というより（テクトンと呼ばれる）建設労働者であったと信じられてもいる。

もっとも才能のある「問題児」で、真実や忍耐や愛について説いて回ったイエスが、ふつうの家庭の子であり、ヨセフが血縁上の父親だという可能性が高いという印象を後世に伝えるため、福音書のマタイ伝ではヨセフの夢に天使を登場させている。スローターダイクは以下のように記している。

ヨセフの妻マリアは妊娠していたが、ヨセフは動揺しなかった。「なぜならマリアは聖霊の子を宿したからである（マタイ伝第一章、第二〇節）」。誰の子なのかと問いただささなかったヨセフは、まさにそれゆえに、マタイ伝において「最初の信者」とされたのである。[3]

後の年代記作者たちも、イエスの幼少期については沈黙を守り、民衆の前で信仰を説くまでのことは語っていない。（マリアとヨセフとの血の繫がりは後に否定される）イエスは、一二歳まで養子として育ち、過ぎ越しの祭りのために、両親とナザレからエルサレムまでの巡礼に出かける。イエスは両親とはぐれてしまい、数日後、学者たちと寺院のなかにいるところをマリアとヨセフに発見される。(伝承によると)マリアが「どうして私たちから離れたりしたの」と問うと、イエスは(信じがたいことであるが)こう答えた。「なぜ私を探すのですか。私は父の家にいるのに」。こうして血縁上の父親であるヨセフはイエスとは無関係な存在となり、代わりに「超越した父親」である神、あるいは信仰がその地位を占めるのである。

他の文明においては類を見ないが、西洋においては生物学上の父親を認めることに大きな問題をかかえ、そのためか「型破りな子ども」や「偉大な父親」を生み出した。王、法王、神父(父が含まれていることに注目)、革命や全体主義におけるリーダーたちを。

女性と母親に関しては、過去千年の間、西洋では「聖女」と「娼婦」という両極のイメージが存在し、それらがこんにちの声なき「主婦」と、子どもの世話をしない悪い母親(薄情な継母)のイメージにつながる。実際、「スーパー・マザー」マリアが、愛情深く誠実なパートナーと暮らしながら、神の介入によってふたりの共通の子イエスを授かったとされる物語では、これは驚くべきことではない。

キリスト教の壮大な物語は、他のどの文化や宗教とも異なる反家族的な構造の上に成り立っている。母親も父親も子どもと血の繋がりがなく、養育者としての地位に格下げされる。ユダヤ教やイスラム教においてはモーゼの十戒のひとつ、「両親を敬え」がいまでも脈々と息づいているのだが、ヨーロッパでは血統が意味を持たなくなり(イエスの父は天におわす神なのだから)、それを隠すために二〇世紀以降、母の日、父の日といった消費のための祝日が人工的に作られ導入された。スロータダイクの説明は以下のとおりである。

実の父親の影が薄いか、存在感が全くない場合、子どもは父親幻想を作り上げるしかないだろう。ピエール・ルジャンドル（Pierre Legendre）が主張したように、イエスに適用されたことは、古典的な旧ヨーロッパ国家の親としての機能についても当てはまる。聖典を恣意的に吸収したことによって、彼は「聖典の子」となったのである。(4)

福音書主義者たちは、イエスが残酷で非人間的で家族を無視したような言葉を述べたかのように見せかけている。たとえば、カナ（キリストが水を葡萄酒に変えるという奇跡を行った地）での婚礼において「婦人よ、これが私に何の関係があるというのですか」ということばだ（ヨハネ伝二：四）。またイエスは「父親、母親、妻子、きょうだいを憎まない人、自分の人生を憎まない人が私のもとを訪れても、私の弟子にはなれない」（ルカ伝一四：二六）、「私より父親や母親を愛する者は私のもとにいる資格はない」（マタイ伝一〇：三七）、「私が地上に平和をもたらすために来たと思うのか？　よいか、そうではない。（中略）父親と息子、母親と娘を分断するために来たのだ」（ルカ伝一二：五一）などと言っている。

これらの予言めいた言葉はほぼ二千年にわたって実現してきた。キリスト教ほど、宗教の名においてひとびとを拷問し殺戮してきた宗教はない。キリスト教の影響を受けた西洋ほど、家族の断絶が大きな問題になってきた文化はない。同様に西洋ほど男性と女性の対立が顕著で、世代間や家族間の争いが深刻な文化はない。驚くべきことに、このような反家族主義は二一世紀になってもまだ続いている。

イエス・キリストの聖家族（マリア、ヨセフ、天の父、聖霊）にまつわる神話と聖書の逸話については、文化論などの人文学や神学など多くの分野の研究者たちが熟慮に熟慮を重ねてきた。しかし、イエスの血統についても、イエスの言動についても本当のところは分からない。一つ明らかなのは、偏見なしに中立的な見方をすれば、イエスの話には家族愛が感じられる。マリアとヨセフは愛し合っており、イエスはこの二人の血を分けた子どもで、たがいを尊重していた。イエスは実際に愛に満ちた家庭で育ったのだ。

イエスが説教で語ったのは、両親から教えられたこと——愛、寛容、そしてすべての生き物を大切にすること——である。イエスは子どもたちをかわいがり、彼の生きた時代に抑圧され差別されたひとびとの味方となった。「（罪人に）石を投げてよいのは罪を犯していない者だけだ」という趣旨の発言を何度もしている。イエスが養子だったとしても、愛に満ちた家庭に育ったことには変わりがない。

イエスは両親から無償の愛を受け、個性を尊重されていたため、ローマの支配にたいして抵抗する闘士に育ったのだ。当時、多くの利益グループが独占的支配勢力の座を争っていたが、イエスは知的にも魂の面でも革新的な人物だった。マルティン・ルター牧師がカトリック教会のモラルを正そうとした（ものの失敗した）ことは有名だが、イエスも「汝の敵を愛せよ」という教えをひとびとに植えつけることに失敗し、最終的に十字架上で自らの命をもってあがなった。しかし、イエスのような苦難に満ちた「天国への道」は同時代の多くの者が経験したことであり、それさえも弟子たちをして信仰の道を守るという使命に邁進せしめるための神話を確立するには不十分だった。

死後、ナザレのイエスは、実際とは異なり、反家族主義的な要素が見え隠れする文脈における「聖典の子ども」となった。その結果、イエスは、「天の父」によって命を授けられ、聖母マリアを代理母として育ち、聖霊が人格を得た存在として世界を向上させようと努めた結果、若くして殉教し直接天の父の下へと還っていった存在として語られるようになった。アルブレヒト・コショルケ(Albrecht Koschorke)曰く、「キリスト教における父と子の関係は、血の繋がりを破壊するものなのである。」(5)

そのうえ、このような物語《ナラティブ》、あるいはいまで言う「ストーリー」は、こんにちでは非人間的としか言いようがない。人類の存続を試験管ベイビーや人工授精だけに頼るのでなく、再び楽しく、安心して子孫を増やしていきたいと考えるのなら、このような物語は、二一世紀に生きる私たちが子どもたちに伝えるべきものとは思えない。

千年以上後に、キリスト教の正式な後継者であるカトリックおよびプロテスタントの教会が崩壊したのは避けようのない結果であったとしか思えない。なぜなら「子ども時代」を発明し、現在の教育制度を確立させ、家族以外に子どもの教育を任せる習慣を作り上げるという、反家族主義を推し進めたからだ。

子どもがモノ扱いされるとき——あるいは躾《しつけ》と教育のはじまり

人が孤独であることは良いことではないという聖書の一節について、マルティン・ルターはこう言っている。「そのような人(つまり、孤独な人)は、つねに次から次へと物事を追いかけ、全てを最悪の方向に考える」。

何千年もの間、家族から離れた孤独な人間という概念はほぼ存在しなかった。子どもは家族と、そして大人の世界と分かちがたく結びついていた。ヨーロッパでは親子の絆が最初に断たれたのはカトリック教会とその神学および道徳的教義によってであり、その後ずっと、徐々に断絶が深まっていった。千年の間、ひとびとは自らの種に関して包括的な見方をしていたにもかかわらず、罪と無垢、善と悪、正義と不道徳、純潔と放蕩などの、新しい概念が入り込んできた。カトリック的道徳主義者たちとキリスト教そのものにより、人間は、とくに子どもは、教育を受けるべき存在になった。

「子どもの養育」という概念が初めて文書に記されたのはフランス語では一四九八年、英語では一五三〇年である。スペイン語圏においてはその百年後だ。一六三二年になって初めて、ロペ・デ・ベガ（Lope de Vega）が子どもの養育について、新しい概念として触れた。

中世において、カトリック教会は演劇と名の付くものをすべて糾弾した。フィリップ・アリエスは『〈子供〉の誕生　アンシャンレジーム期の子供と家族生活』のなかでこのように述べている。


一七世紀から一八世紀にかけて、それ以前とは根本的に異なる、遊びに関する近代的な態度の萌芽が見られる。これが重要なのは、同時期に子ども時代にたいする新しい考え方が芽生えたからである。子どもの道徳心を育て、教育を授けなければならないと考えられはじめ、悪い遊びを禁じ、良いとされる遊びが奨励された(6)。

神学論から道徳を説く者たちは、大人の遊びも「上品」なものと「下品」なものに区別しはじめ、そのなかのいくつかは、子どもにも教育的価値があると考えた。『〈子供〉の誕生　アンシャンレジーム期の子供と家族生活』のなかでアリエスは、一六世紀パリの文献を参照し、「学生たちが監督者の許可なしで遊べるのはバドミントンだけだった。時には隠れてトランプやチェスで遊んだ。小さな子どもはガリニョン（すごろくのようなもの）で遊んだが、悪い子たちはサイコロ遊びを楽しんだ」と書いている。

それでも学生は酒場や賭博場に出かけ、賭け事をしたり踊ったりした。その結果は以下のアリエスの記述の通りである。

> 行政長官・警察官・法学者は、秩序・正しい行政・躾・権威を評価し学校長や教会関係者にお墨付きを与えた。何世紀にもわたって、学生たちが賭博場に出入りするのを禁じる通告が出され続けた。（中略）しかし、一七世紀になると、イエズス会の影響により、完全に否定されることはなくなり、スコラ哲学者に批判的なルネサンスの人文主義者達は賭博にも一定の教育的効果を認めた。イエズス会の大学においては賭博にも寛容であるよう、権威者に説くようになった。神父たちははじめから学生たちに遊びを禁じるのは不可能であり、学生たちを抑えつけるのも、恥を忍んで時々許可を求めさせるのもよくないと分かっていた。神父たちは、学生たちが自分を律することができるのであれば、正式な科目や規則のなかに遊びを組み込むことを提案した。健全とされる遊びは許可され、推奨もされるようになり、勉強と同様、教育効果があると認識されるようになった。ダンスは不道徳と非難される代わり

に、音楽に合わせた動きを学ぶことでぎこちない動きが優雅になるとされ、学校で教えられるようになった。一七世紀の道徳主義者（モラリスト）たちにコテンパンに批判された演劇も、教育に取り入れられた。イエズス会では、神学関係の会話はラテン語で行い、世俗的なテーマの演劇はフランス語で行った。劇場の支配人たちには反対する者もいたが、演劇においてはバレエもゆるされるようになった。ペール・ドゥ・ダンヴィル（Pere de Dainville）は「踊りは太陽王（ルイ一四世）の時代に議論の対象となった。太陽王自身が一六六九年に王立舞踊学校を設立し、神父たちの布告をくつがえした。一六五〇年以降、幕間にバレエの無い演劇はほとんどなくなった」と書いている。[7]

千年の間、遊び、ダンス、演劇には境目がなかった。階級間の区別もなく、子どもにも門戸が開かれていた。キリスト教の道徳主義者（モラリスト）が考える子どもの養育も、「上品」「下品」といった価値観も、階級の区別につながるものだった。貴族たちも王族も独自のダンスと遊びを発展させ、ほかの階級と区別した。一九世紀になると、流行遅れとされた貴族たちの遊びは田舎の大人のものとなり、その後子どもの遊びとなった。

文学もダンスや演劇と同じ運命をたどった。中世の後期になるまで、有名な話や神話は階級にかかわらず知られていた。子供は大人の会話に参加し、大人の世界の「すばらしい話」に聞き入った。キリスト教の道徳主義者たちが介入したことにより、世界文学の古典が書き直され、子どもたちが読者層から排除されたのである。教会が後に「検閲」と呼ばれる行為を発明し、何世紀もの間、支配層が大衆から特定の知識を遠ざけるようになった。

活版印刷術の発明後、道徳主義者と教育者が、子どもの啓発を目的とした「児童文学」を発展させることができるようになった。一七世紀以降、教育者だけでなく親も対象とした教育的文学が多数発行された。一六世紀終わりから一七世紀にかけての書物には児童心理学に関する意見があふれている。

現在、私たちは、コロンブスがアメリカを発見したことが中世から近代への移行のきっかけとなった、と歴史の授業で教えられている。この時期に子ども時代も「発見」され、そのすぐあとに（キリスト教会により）子どもの教育という概念が発見されたのである。

子ども時代は、かつてはM・ドゥ・グルネイユ（M. de Grenaille）が言うように「輝かしい性質」をもつとされた。しかし、子ども時代は脆弱であるという近代的な概念が形成されたのもこの頃である。この脆弱性は神々しい純粋さと関連づけられ、そのため子どもにたいする教育が第一の義務となった(8)。

アリエスが『〈子供〉の誕生　アンシャンレジーム期の子供と家族生活』で書いているように、近代以前の大人はどんな階級であっても「小さな子どもたちが周りにいることをいつも楽しんでいた」と考えられる。かつては子どもから成人まで連続的に移り変わっていたのに、（初期には）キリスト教の道徳主義者によって、次いで教育者によって、子どもと大人が徐々に、そして完全に分断されることとなった。

子ども時代は教育的に重要だと見なされるようになった。子どもの行動はテストの対象となり、理論的に、また思想的に考察され、「良い行動」と「悪い行動」のいずれかで評価されるようになった。道徳主義者（つまり権力者）にとって、社会全体における大人たちの行動は目障りでしかなかった。したがって、人間という存在を、誠実で正統的なキリスト教徒と定義しなおしたのである。礼儀正しく有能な人間に育て上げるための教育は早ければ早いほどよいとされ、そのため子ども時代の性質が全般的に変化することとなった。ある特定の型にはまった人物を形成するために、子どもの養育、そして（現代的な意味においての）教育という概念が生まれた。キリスト教会と道徳主義者たちが一万年続く伝統を完全に破壊した最初の集団なのだ。のびのびと雑草のように育っていた子どもたちは引っこ抜かれる存在となった。（六、七歳までの）子ども時代は楽しく過ごしてだんだんと成長する期間で、さして注目されていなかったが、近代的な「子ども時代」の概念によってそうはいかなくなった。

一七世紀初め、中央ヨーロッパでは「人間には生まれながらにして社会で生きていく能力が具わっているわけではなく、したがって教育を授けられなければならない、という見方が主流であった」[9]。そのため、子ども時代と子どもの行動には多くの注目が集まり、当時の人間でさえ、過剰だと感じるほどだった。一六六六年、ヴァレ（Varet）は、「神は天使に、子どもたちの旅に同行し、絶対に離れないように命じることで、私たちに模範を示している」。と記し、まさにこのことにより「子どもの教育は世界のなかでもっとも重要な事柄の一つ」なのだと説いた[10]。このような意見は一五世紀から一七世紀にかけて数多くみられる。（カトリック、そののちプロテスタントの）道徳主義者たちは教育という概念だけでなく、（学校）教育学をも作り上げた。

このころ、「専門家」たちは、かつて精神的で全体的な教育を行っていた教育者、親、子どもたちがどのように行動すべきか、議論するようになった。一七世紀のアントワーヌ・ドゥ・クルタン（Antoine de Courtin）は著書『新社交術』（*Civilite nouvelle*）のなかで以下のように述べている（アリエスの著書からの引用）。

幼い子どもたちは、行動を他人から批判されることなく、楽しく遊んでいる。好きなようにふるまうことがゆるされていて、禁じられていることなどない。笑うべきときに泣いたり、泣くべきときに笑ったり、沈黙すべきときに話したり、返事するべきときに黙ったままでいたりする。子どもをこのように育てるのは残酷だ。親たちは、子どもたちが成長するにつれ、注意されて行動が矯正されるというが、後に矯正されずにすむよう、きちんと教育してやる方が良いはずだ。(11)

アリエスは、著書の最初の節「子ども時代という概念」の最後に以下のように結論づけている。

一七世紀の道徳主義者と教育学者には「子どもたちが楽しむ」とか「子どもをかわいがる」といった概念がなく、心理的な興味と道徳的な懸念しかない。子どもは面白くて快い存在と見なされることがなくなった。「子ども時代は空虚で気が滅入るものだ。物質的なものにしか興味のない若者は粗野で、思慮深さはほんの少ししか見られない」と、バルタザール・グラシアンは一六四六年発行の教育に関する論文、*El Discrete*のなかで述べた。この論文は一七二三年にフランス語に訳された（原語はスペイン語）。

一六世紀と一七世紀、子どものレベルに合わせた教育方法を選ぶため、子どもの知的能力を測ることが主な関心事であった。アリエス曰く、教育法は「時に厳格」だった。一七世紀末から、より柔軟で道理にかなった教育法が求められるようになった。参与のアップ・グソー（Abbe Goussault）は『（正直な女性の）肖像』（*Le Portrait（d'une feme honnete）*）において以下のように述べている（アリエスの著書からの引用）。

子どもをよく知り、子どものいうことに耳を傾け、分別をわきまえた人間として扱い、やさしく接することが、カギである。子どもというのは、いつも水をやって世話をしてやるべき芽吹いたばかりの植物である。当を得たタイミングで助言をし、時々愛情深い言葉をかけてやり、なでたりしてかわいがることが大事だ。

少しでいいからなでてやり、贈り物をやり、愛していることを伝えるという、簡単で甘美な方法を取れば、ほとんどの子どもは尊厳に満ちた誠実な人間になるだろう。

子どもたちを「何かに育てようとする」試みは、まずヨーロッパ諸国の家族および公立学校での教育制度あるいは子どもの養育において社会全体に深く根付いた。数多くの教育法は、その時代のイデオロギーを疑問なしに受け入れ、風見鶏のように従うものであった。

一八世紀になり、教育のなかに衛生と健康という項目が入ってきた。病気になると手厚い看護を受ける。「しかし、身体を健康に保つことには道徳的な裏付けがあった。体が弱々しいことは、贅沢、怠惰、情欲といった悪徳と結びつけられたからだ」[12]。こんにちでは、ほとんどの子どもは生まれてくるまでに、発達に問題がないかを調べるため、六回から一〇回の超音波検査を受ける。これを拒否する母親はほとんどいない。何万年もの間、赤ん坊の九八％は発達に問題がなく健康に生まれてきたにもかかわらず。しかも、子どもたちは、身体的にも精神的にもますます不安定になってきている。朝から晩まで託児所などに預けられている子どもは運動量が足りないのがその一因であるが、これは問題にされない。子どもにたくさん運動させることは現在のイデオロギーと生活様式に反するからである。道徳主義者たちと「子ども時代」が誕生して以来、大人たちが自分たちに都合の良いように作った必要性、要求、期待、生活様式、イデオロギーが子どもに投影されてきたのだ。

　一五世紀から一七世紀の（最初のキリスト教会の）道徳主義者達は、「相反する子どもへの態度」というものの種をまき、その後多くの西洋諸国に広がっていった。こんにち、大多数の人は子どもの長所ではなく短所を見つけ、子どもが「正しく」ふるまうことを期待する。

　子どもが私たち大人の理想や教育的見地にそぐわないときは、こっぴどく批判され、矯正されたり罰を受けたりする。表向きには良い意図をもって、子どもたちを大切にし、上品で正しくて適切な行動をとるよう期待する。しかもその期待は、幼児のころ、あるいは生後間もなくからはじまるのだ。子どもたちはもはや叫ぶことすら禁止され、叫ぶやいなやおしゃぶりを口に入れられてしまう。不幸なことに、赤ん坊はおしゃぶりを拒否して吐き出したとしても、降参するまで何度でも母親に（あるいは時には父親が世話をするときに）口に突っ込まれてしまう。そんな光景を何度も私は見てきた。これまでの子育ての歴史では、泣き叫ぶ小さくて頼りない赤ん坊は抱っこされてなだめられて、保育者とのつながりを感じられたものなのに、いまや私たちは赤ん坊とのつながりを断たれ、赤ん坊が望む唯一のことをしてやらなくなったのだ。

キリスト教会の道徳主義者が子ども時代を発見したことの悪い結果は、子どもとの距離ができてしまったことである。子どもと距離を置き、子どもに批判的に接するという愛憎半ばする親子関係は、(ヨーロッパでは)とくにアルプスとピレネー山脈の北側で多く見られる。地中海諸国やスカンジナビア諸国では、子ども時代や親子関係に関する考え方はもっと自然でゆるやかだ。アリエスの『〈子供〉の誕生　アンシャンレジーム期の子供と家族生活』を注意深く読めば、一六、七世紀に子ども時代を「過大評価」し、「心理的分析を加え」たことは、子どもにたいする(潜在的な)憎悪につながったことが分かるだろう。このような感性はゲルマン諸語の国々に顕著に見られるが、これらの国はここ数十年間で見るとヨーロッパでもっとも低い出生率となっている。

私たちがカトリック教会と距離を置き、政教分離を成し遂げたことは大いに誇ってよい。しかし、世俗化した西欧と西欧以外の国々は、子どもと子ども時代にたいする取り扱いというもっとも重要な一点において、教会の道徳主義者たちから解放されていない。多くの論者が何十年もまえから指摘しているように、いわば強迫的に子どもを評価し、心理的に分析し続けている。

子どもに学校教育をより幼いころから受けさせるようにしてきたことで、より幼い子どもまで分析的に見るようになってきた。子宮の中の胎児でさえ、観察され分析され評価されているのだ。頭囲や腹囲を測り、性器を吟味して性別を、そして背の高さを確かめる。人間の子どもたちは一体どうなってしまうのだろう？　私たちには価値ある文化が存在したが、いまでは評価し所有することに価値を置くだけの存在になり果てている。フェイスブックの評価のように、好きか嫌いか、親指の方向で決める。これが、私たちがちいさな人間の子どもにたいして行っていること、そのものである。

かつて、七歳くらいまでの子ども時代は自明で自然のものであった。子どもたちは社会の喜びであり、子どもたちをかわいがって保護することだけが重要であった。しかし、近代に移行するにつれ、このような考えが失われ、直感的に子どもに接し、子どもを信頼することがほとんどなくなってしまった。

子ども時代の発見よりも決定的な事柄は、キリスト教会による大学（および修道院付属の学校）の設立で、これが後に公立学校の設立、ひいては完全に家庭とは切り離された、家族によらない教育と養育へとつながることとなった。長期にわたってこのプロセスが進み、最終的に（真の意味での）子ども時代が完全に失われたのである。(13)

第八章

真の子ども時代の喪失：近代における学校教育小史

中国の学校の教室
原典の映画：Alphabet（2013年）

人は服従しつつ正常な精神を保つことはできない。

――イェスパー・ユール

学校教育と（本来の）目的

世界中で長期間にわたって学校教育改革が叫ばれてきたが、もっとも根本的な問題、つまり「学校教育の目的は何なのか、将来の学校教育は何を目的とすべきか」という問題が真剣に取り扱われていないことには驚愕するしかない。早くも一九九五年にはメディア史研究者で元教師のニール・ポストマン（Neil Postman）が「学校改革に関する議論」のなかで「学校教育を終わらせるには、学校教育にそもそも目的がないことを明確にするしかないだろう」(1)と的を射た発言をしている。

ドイツ語圏で（公に）議論されてきたことは、教育方法と何を教えるか、という問題に限定されていた。たとえば時限ごとのチャイムを廃止して一コマ五〇分の授業を廃止するべきか否か？　体育の時間を増やすべきか、体育の教育法を変えるべきか？　平常点を主体として評価すべきか、それとも筆記試験によって評価すべきか？　コンピューターを導入すべきか？　座ったままではなく、立って歩きながら勉強させるべきか？　六歳から学校に通わせるべきか、それとも五歳からか？　ほかにもイデオロギーに裏打ちされた数十の議題が熱心に議論されてきた。その結果がどうだったかは、明らかである。政府の指導により、「部分的な改革」が行われたが、ますます多くの混乱と抑圧と不満が大人たちの間でうずまき、子どもと若者は静かな悲鳴をあげている。

ニール・ポストマンが『教育の終焉』で述べたように、学校は理想を語る物語を持てなくなっている。国家社会主義、マルクス主義、共産主義といった最近の理想はすべて完全な間違いだと判明した。現在の私たちの理想の背後にある考え方、たとえば資本の無限性、経済の成長性、新自由主義、消費者中心社会、所有を重要視することなどは、ひとびとをがんじがらめにするだけだということも分かりかけてていている。エーリッヒ・フロムが一九七六年に言ったように、(2) 欲望と平和は両立しないのだ。

フロムも、二〇世紀後半のほかの多くの思想家たちも正しい。学校はその意味も理想も失ってしまった。

現在、ほとんどの教育者と両親が学校制度の「正当性」を信じられなくなっている。しかし、そのどちらも学校制度に毎日しがみついている。模範となるべき私たちがもはや学校が必要だとも意味があるとも信じていないのにもかかわらず、それを子どもたちに強いていることが、いちばんの(致命的な)問題である。だから、子どもたちは大人に権威を認めず、信頼もしないし、最優秀卒業生の出来が年々悪くなっているのだ。

一九七〇年代にはすでに、当時有名だったドイツ人の教育者であるエックハルト・フォン・ブラウンミュール(Eckehard von Braunmühl)が百年近く続いた「変化し続ける教育法」から得るものはなく、失うものが大きいと認めている。

中央ヨーロッパの親たちで、いわゆる教育機関における教育にたいして完全に信頼を失っている者は、恐らく何十万人にもおよぶだろう。自分の子どもたちの行動を見ていれば、教育機関の言うなりに「教育」と呼ばれるものを受けた結果、どのような精神状態に達するかが分かるからだ。テオドア・ガイガー(Theodor Geiger)は「私たちは教育を受けるのではなく、教育を拒否することによって一番良いものを引き出せる。ホームスクーリングにおいては教室においてと同じく、試行錯誤を繰り返すことになる。もちろん、試行錯誤によって成功する可能性がないわけではない。いわゆる教育的措置がほとんどうまくいかないという事実は私たちからほぼ隠されている。親や教師が教育的効果のために試行錯誤をさせようと意図したとしても、子どもたちはそれに関係なく自分で学ぶ能力をもっているからである。(3)（傍点はM・H）」と言ったが、ほとんどの大人は青少年時代を振り返りながら、この言葉に賛同するだろう。

小学校、中学校、高校を義務教育とする学校制度は、「意味」が無ければ長期にわたって存続することはできない。それなのに多くの（公立）幼稚園も、小学校への準備という目的の為に学校制度に組み込まれることになった。特定の職業につくための専門学校や師弟制度には、内部に確たる目的、「専門的な職業スキルを身に着ける」という目的がある。だから専門学校や技術大学はうまくいっているのだ。一九七五年、ハルトムート・フォン・ヘンティヒ（Hartmut von Hentig）は、『子ども時代の世紀』のドイツ語訳版の前書きに「こんにちの子ども時代は学校での子ども時代になってしまっている。家族から切り離されているので、学校ほど子ども時代を色濃く彩るものは、ほかにない。しかし教育者は学校教育が成功していると吹聴するものの、実際にはほとんど成功しているとは言えない。このことはよく知られているし証明することもできる。(4)」と書いた。

私たちの学校制度および学校教育は、ずいぶん前から意味を失っている。それは、学校のはじまりを見れば明らかだ。何万年もの間、人類は家族（や部族）の輪のなかで実践的に学んでいた。アリエス曰く、「古代の学校と中世の学校には大きな違いがある。中世の学校は、キリスト教会が望む要員を養成するためのものであった。[5]」ということなのである。

千年以上前、キリスト教はヨーロッパで多数派が受け入れた宗教となり、「制度」となった。古代において学校は、都市のものであり、田舎には存在しなかった。中世になると、キリスト教の司教をはじめとする聖職者が増加し、新しく聖職者になったものに自ら教育した。しかし、その教育をするためには基礎的な知識が必要であった。アリエスは次のように述べている。

ミサを行ったり、聖蹟を配授したりすることは、識字能力（政務日課の祈祷書を読む）、科学的知識（イースターの日取りを計算するなど）、芸術（単旋律聖歌を歌う）などの知識が必要である。これらの知識がなければ宗教は無味乾燥なものとなる。[6]

古代の伝統とは異なり、指導は教会自身が行った。「教会」は制度であると同時に、教会の正門から付属の僧院までを含む場所でもあった。次世代の聖職者にたいする指導は本質的に職業に関するものや技術的なものであり、口伝えで記憶していくものであった。いまでもコーランを教えるイスラーム教の学校がそうである。中世の最盛期、教会の評議会は、地方に新しく設立された教会でも、弟子の指導は聖職者たち自身が行わなければならないと定めた。カロリング朝ルネサンス（八〜九世紀の古典復興期）に、入門的な「歌によって学ぶ学校」が都市から地方に広がり、教科もふえた。アリエスによれば、これが「西洋における学校制度の源泉」である。新しく追加された教科は、以下のようなものであった。

ラテン語の人文学が追加された。これは古代ギリシアの文化を受け継ぎ、ガリア人（フランスあたりに住んでいた民族）によってイタリアにもち帰られ、継続して私的な学校で教えられていたものである。イングランドやアイルランドにおいては、人文学は僧院で保護されていた。

それ以降、中世の学校では讃美歌と単旋律聖歌に加え、三教科（文法、修辞学、弁証法）と四教科（幾何学、算数、天文学、音楽）、最終的には聖典と教会法を学ぶ神学が加わった。学校に関わる聖職者は、時々、詩篇や芸術や神学や法律といった基本的な教科を教える助手を招き入れた。多くの教師が存在することは稀であった。（中略）一二世紀になると徐々に学校のネットワークが確立された。学校は簡素なものが多かったもが、なかでも有名なものは大学になった。(7)

中世の終わりまで、修道院付属の学校の教師は、大学の教師と同様、すべての教科を教えるという点で古代の「学者」と似ていた。人文学のすべての科目、少なくとも文法、論理学と四教科（算数、幾何学、音楽、天文学）を教えていた。科目間に優劣は存在しなかった。当時の教育法は講義と学生による反復唱和が合わさったものだった。スコラと呼ばれる講堂で教えられることが多く、学生たちは麦わらを敷いた床に座った。

中世の学校のもっとも特徴的な点は、異年齢のものがいっしょに学ぶということだろう。アリエスによると、

一般的に、学びはじめるのは十歳頃であった。当時は年齢については問題にされず、学ぶ

内容が重要だったので、その内容を学びたい大人が子どもに交じって学ぶのはまったく自然なことであった。ドナトゥス（文法学者）の学説に耳を傾けている大人が早熟な子どもに交じって『オルガノン』（アリストテレスの著作）を学ぶこともあった。(8)

古代と中世の教育における共通点の最後の一つは、初期教育が無かったことだ。読み書きと簡単な計算、一般的な知識は、家庭において、家族や実社会から得るものだった。

中世の学校では模範となる大人から学ぶので、実り多く定着しやすい、楽しいものだったろう。しかし（キリスト教会を手中に収めた）道徳主義者たちが登場すると、遅くとも一五世紀までに、中世の学校の（上記の）特徴は消えていった。道徳主義者たちは「子ども時代」と「教育」を発見しただけでなく、（指示、罰、訓練、子どもと距離を置くなどの）教授法をすべての学校における主流の教授法にした。その後百年から二百年かけて、学校は不安、あるいは恐怖が支配する場所となった。同様に、一五世紀以降、教会付属の学校は、当時コレージュと呼ばれた学校に置き換わっていった。コレージュはおおむね現在の中学校と高校に対応するもので、一〇歳から二〇歳くらいの者が通った。この教育システムが近代から現在の義務教育に発展したのである。

一六世紀にはエティエンヌ・パスキエ（EtiennePasquier）が、たった一世紀前の瞠目すべき変革について記録を残している（エリアスの引用から）。

> （パスキエは）コレージュが登場する前に学生がどこで勉強していたかを思い起こしている。
> 「勉強の場は乱雑極まりないものだった。部屋の一方の側が学生に貸し出され、もう一方が

> 売春婦に貸し出されていた。だから同じ屋根の下で勉学と売春が同時に行われていたのである。当時の規律といったらそんなものであり、このパリ大学が高い評価を受けていたのである」と、パスキエは衝撃を受けた様子で書き残している。中世では、卒業し教員となった者はどこでも好きな場所で何でも教えることができたし、生徒は学習時間以外は監督者抜きで好きなようにしていた。パスキエの時代にはこれはゆるされるものでも理解されるものでもなくなっており、中世のやり方を放埒で無秩序極まりないものと見ていたのである。「コレージュ制度は新しいやり方を導入した。（中略）貧しい奨学生に関してはコレージュの外に出てはいけないという規律があったが、パリで勉強する子弟の両親の多くは、子どもが酒色にふけるのを防ぐために、コレージュの中だけで生活することを望んだ[8]」。

キリスト教の道徳主義者だけでなく親たちも、大人の世界から子どもたちを遠ざけ、厳格な規律のもとに閉じ込めることに効果を見出した。子どもは教育を受ければ適切にふるまうようになる。しかし、一八世紀ごろまでは、子どもを大人の世界から遠ざけるのは学校に通う間だけのことであった。社会では一三歳や一五歳の少年はいっぱしの人間であり、大人の世界にいて年上の人間と交流するのが自然なことだった。

一八世紀になるまで学校はまだ「人生に不可欠な準備期間とはみなされていなかった。たとえば、現在では義務教育を終えてから職人に弟子入りしたりするが、当時は学校に行く代わりに弟子入りするという選択肢もあったのである。そのため、入学する年齢は長い間、決まっていなかった。」

一九世紀になっても、学校教育を選択しない家庭もあり、その場合は基本的な読み書き、算数といった教育は家庭で施されていた。

アリエスの著作には、当時の非常に多様性に富んだ社会の様子が様々な伝記や文献から描きだされている。それらの筆者の一人、学者で人文主義者であったトーマス・プラッター（Thomas Platter）は、貧しい寡婦の母のもとで育ち、六歳のころに実家を離れて九歳までヤギ飼いとして暮らした。「農民は小さい子どもたちを山の上の荒れ地に追いやって家畜の面倒を見させていた。そういった子どもたちは、夏は干し草の上で寝て、冬はノミやシラミでいっぱいのマットレスの上で寝たものだ。」(9) トーマスの母親は「何かちゃんとしたことを学べるだろう」と考えて彼を聖職者にさせようとし、親戚の神父に彼を預けて読み書きを習わせた。ところが、この神父は大変暴力的で、トーマスはすぐに逃げ出した。「私の先生はひどく私をぶったり、耳をつかんで持ち上げたりした。」

トーマスはドイツの様々な都市を旅しながら何年も学び、ようやく一八歳のときに故郷のヴァレーで小学校に入学した。

> 私が学校に入学したとき、もう一八歳になっていたのに、ドナトゥスさえ読めなかった。私は小さな子どもたちに交じって勉強した。（中略）そこで私はある司祭に読み書きを少々教えてもらったが、それだけだった。その次に叔母の息子にABCを一日で教えてもらった。（中略）トーマス・プラッターは一九歳になってようやく文字を読めるようになったが、人文主義に目覚め、貪欲に知識を吸収していった。

彼は二、三年のうちにラテン語とギリシア語とヘブライ語を学んだ。今度は自分が家庭教師をはじめ、しばらくして故郷のヴァレーに学校を開いた。彼は四十代にしてバーゼルの重

要な学校の教区牧師となり、段階別にクラス分けをするというシステムを新たに導入した。(10)

トーマス・プラッターのような経歴は一六世紀初めでは珍しくないし、一九世紀でも似たような例が散見される。アリエスは正反対の事例も多数紹介している。一七世紀末まで、四歳や六歳で読み書きができて、コレージュに八歳で入学して一四歳や一六歳の少年と同じクラスで学ぶ子どもは珍しくなかった。一五〜一六世紀には、コレージュ入学の数年後に一三歳でやめて職人になる、と言ったこともあった。教育を受けたり、職人に弟子入りしたりすることは、どの階級の子どもでもいつでも可能であった。

就学期間が長期化したことで、一八世紀終わりまでに、職人になるために弟子入りするのは労働者階級の子弟に限られるようになった。彼らは、アンシャン・レジーム期には通えていた、ラテン語を教えるコレージュに通えなくなり、弟子入りを選択し続けることになった。

学校制度にも驚くべき変化が起こった。千年もの間、教える内容が大事だとされていたが、ある時から生徒の「行動」を指導し矯正することに重きが置かれるようになったのである。校内・校外における生徒の行動を規制するため、規則と禁止事項が増加の一途をたどり、重い罰が課されるようになった。最初は校内での飲酒が禁止され、次に校外でも禁止された。次に外泊、音を立てること、歌うこと（!）、騒がしい遊びが禁止された。その後、少年や青年は若い女性を居住地区に招くことができなくなった。許可なく外出することは禁止され、服装が次第に細かく決められ、皆で食事をする時の規則が作られた。生徒の数がふえるにつれ、一六世紀からはクラス制度が作られて、クラスごとに授業を行い、それぞれのクラス（まだ年齢混合学級だったが）に特定の教師が割り当てられた。

一七世紀になると、コレージュは地域によって四年制あるいは六年制となった。一六三八年から一六三九年にかけてのフランス北部のトロワの学校についての記録によると、各学年の生徒は以下の通りである。一年生（入学初年度・フランスでは五年生と呼ばれた）は九歳が三人、一〇歳が七人だった。五年生（フランスでは一年生と呼ばれた）は一一五人もおり、平均的な年齢の範囲（ここに八二人が含まれる）は一二歳から一五歳だった。こんにちの基準から見ると入学年齢は遅く、初等教育（読み書き）はまだ、家族あるいは家庭教師によって行われていた。このトロワの学校の五年生には一八歳が三人、二二歳が一人、二四歳が一人いたが、それは、小さいときに弟子入りする者が多く、コレージュには弟子入り後に入学した者がいることを示している。

アリエスが書いているように、こんにちの私たちにとっては、一九歳から二四歳の若者が一一歳から一三歳の子どもに交じっているのは奇妙である。義務教育がなく、入学年齢も決まっていなかった時代には、個人の成熟度、能力、達成度によっていつから勉強をはじめるかが決まったのである。一七世紀初めには多くの生徒が学校をかなり早期に終えた。学校を「卒業」せず、職業人となったりほかの学校に通いはじめたりするものもいた。このような柔軟性はこんにちでは見られない。

とくにイエズス会の学校における教育は知識を教えることよりも道徳教育が主要な目的となった。[11] 規律と道徳、そして「エチケット」は、学校から士官学校、宮廷人、軍人、に広がり、一八世紀から一九世紀にはブルジョワ社会全体に広がった。

子どもや生徒にたいして距離を置き、注意深く絶対的に接するようになったことで、遅くとも一九世紀のヨーロッパには、現在と同じく年齢別のクラス編成が生じた。道徳主義者たちは「早熟」で才能のある生徒を嫌うようになったが、これは現在の学校制度においても見られることである。この変化は、一九世紀初頭の教師や聖職者自身が記録している。

この時代、入学した最初の学年は八年生で、次に七年生、六年生と数が減っていく数え方であった。アリエスはこう書いている。

「私たちはあまりに早く次の学年に進むと発達に支障をきたすと考える。」（中略）三年生は一四歳と一五歳、一七歳を合わせて八五％で、一三歳の子は一％だけである。教師たちはこの子の子どもっぽい行動を批判している。ほかの子は二、三歳上だからである。（こんにちの私たちも一三歳という年齢では一、二歳の違いが大きいと考えている）「この子は口論を好み、ほかの生徒にケンカをふっかけ、無関係なことに首をつっこみ、個人的な問題をみんなの問題にしようとする。殴り合いをしようとするが、年上の少年はこれを相手にしない。」一三歳一〇カ月でなんとか二年生に進級した生徒について教師は「大変不真面目で、よくおしゃべりし（このような行動はこのクラスに似つかわしくない）。（中略）彼の年齢から言って、三年生のクラスにいるべきだ」と記した。この生徒は次の年も二年生のクラスにとどまった。

教師たちは、ある一四歳半の生徒を三年生から二年生に進級させるのをためらった。「三年生でも学年の終わりに近づくとかなり高度な内容を教える。判断力も想像力も必要となる。

この生徒は幼いので、十分に能力が発達していない。」このように、年齢と学習能力と学年の間には強い相関関係があると考えられ、とくに、幼い場合は年齢にふさわしい学年以外のクラスは奨励されなかった。[12]

子どもの「行動」が学校における主要な判断基準となり、家庭での教育でも、八歳はこう、一〇歳はこう、と年齢にあった行動が求められるようになった。そして、子どもの個性が無視される年齢別のクラスが一九世紀に形成されたのである。サン・バルブにある学校の一八一六年から一八一七年にかけての記録では、最初の学年（当時のフランスでは八年生）のクラスには六歳が一人、八歳が八人、九歳が一二人、一〇歳が八人、一三歳が一人在籍していた。

これより前の例と比べると、「たった」四〇人しかいないこの学校の入学年齢は三年ほど早まり、九歳ごろに入学するようになっている。この学校は八年制だが、まだ異年齢が同じクラスにいることがあったものの、その年齢差はぐっと縮まった。最終学年のクラスは二七人おり、もっとも若い一四歳が一人、次の一五歳が一〇人、一六歳が一一人、一八歳が一人となっており、一八歳ごろには一般的な教育は終了していた。このように明白な変化が生じている。コレージュはすべてのひとびとに開かれており、低学年と高学年に分かれておらず、小学校もなかった。

こんにちと同じく一八一六年当時も、教育を独占していたのは国家であった。中世から近代にかけては、カトリック教会の聖職者のための学校が最上の地位を占め、教育を独占していた。コレージュでの教育はラテン語で行われていた。それぞれの国家語で教育が行われはじめたのはまず英国で、ついでフランス、それからドイツである。いずれの国においても、自国語が教育に使用されはじめたのは初等教育からである。

一七世紀の様々な教育機関では

子どもはラテン語（教会ラテン語）と典礼の祈りの言葉を読み、綴ることを学んだ。たとえばマニフィカト（「わが心、主を崇め」）などである。(13)

家庭での教育であってもコレージュの入門クラスであっても、基礎的な教育は合唱隊の少年を養成することに主眼が置かれていた。

一五世紀に活版印刷術が発明され、その後多くの（宗教に関するもの以外も含む）印刷物が出回ったので、一六世紀から一七世紀にかけて、読み書き能力はどの職業においても必要となった。職人たちの世界では、技術以外に、読み書き算数の基本的な能力が必要となった。

アリエスは以下のように記す。

職人は働いている時間のなかで、弟子入りした子どもたちや大人の職人を集めて、読み書きや、大工や指物師にとってより重要な製図法を教えることがあった。このような臨時の教師は教育の対価を得て、必要な基礎教育を職人たちに施した。すべての労働時間が教育に充てられることもあった。ホルバインが一五一六年に描いたバーゼルの絵には、片側に教師と大人の生徒が描かれ、もう片側は左端に教師と男の子、右側に女性教師と女の子が描かれている。(14)

商業都市においては、算数が簿記の中心的な知識だったので、教育でも特別の必須科目として教えられた。都市部では、子どもの家族だけでなく、書記・代筆人が初等教育を担った。一六世紀と一七世紀にはおもに大人たちのためにアカデミーが設立され、読み書き算数、幾何学と建築学が教育された。アリエスによると、大人のためのアカデミーが設立されたのは、子どもだけが対象の小学校が設立されたからだという。子どもと大人を分離する試みは数世紀にわたって進められた。

子どもだけの小学校が作られるようになったきっかけの一つは、「物乞い」にある。現在と異なり、中世でも一六世紀になっても、物乞いは、どこでも見られただけでなく、許容されていた。コレージュの生徒で貧しい家庭の出身者は教育費のために物乞いするしかなかった。物乞いに目をひそめる者はなく、むしろ好ましいものだった。宗教改革と反宗教改革が巻き起こった宗教的な土壌のなかで、一六世紀の終わりのフランス、イングランド、ドイツ語圏では教育に関する新しい考え方が生まれた。アリエスによると以下の通りだ。

新しい敬虔主義にもっとも影響を受けたフランスとイングランドにおいて、子どもに宗教的な教育を施すことが必要だと考えられるようになった。それまで宗教教育を受けていたのは、ラテン語の学校に通う教会の合唱隊の少年に限られていた。読み書きは、肉体労働を含むすべての職種において必要となってきていたので、宗教教育と合わせて教えるべきだと考えられるようになったのだ。そうすれば、堕落した悪徳まみれの人間でなく、敬虔でまじめな労働者が育つと思われた。ラテン語による指導についていけない子どものために、キリスト教の教理を（ラテン語ではなく）その国の言葉で教えたり、読み書きと算数を教えたりするようなカリキュラムが作られるようになった。イングランドのある学校の創立者はこのように述べている。「うちの教区の貧しい家庭の子どもはラテン語の文法授業についていけない。しかし我々は、彼らがよい職人になれるよう、キリスト教の教理と読み書き算数を教えたいと願っている。[15]」

宗教的人文主義の最盛期には、パリやその他の都市の教区司祭は、貧困層対象の無料の学校（大人も対象）を設立した。

この種の学校では、子どもは商業も学んだ。一六八〇年のパリのサン・シュルピスの学校では服屋が雇われて二〇〇人の生徒に編み物を教えた。最初は男の子だけが教育を受けていたが、女子にも目が向くようになり、サン・ユスタシュではルイ・ベランジュが教区の貧困層の娘たちを四〇人集め、教えた。宗教の新しい潮流が子どもの教育に焦点を当てはじめた。「公立の学校を、寄宿生だけでなく、通学女子生徒向けにも維持しよう」と修道士のウルスリンが書いた通りである。[16]

こういった学校は、当初は貧困層を対象に設立されたが、次第に裕福な職人、商人、町人の子供が通うようになった。一七世紀末頃は、金持ちが貧乏人を嫌うようなこともなかった。この種の初期の小学校にたいして、教会付属の学校が抵抗を示した。庶民の子どもが学校に殺到したのは、勉強することによって階級上昇を願う親がいたからであった。一七世紀には農民対象のコレージュもできた。都市部でも田舎でも、教育熱が高まった。アリエスによるとこんな感じである。

一八世紀には新しい考え方が広まり、一九世紀に結実した。これは啓蒙運動と軌を一にしている。労働者階級の子供は小学校より上の学校には進学できず、中等以上の教育は金持ちに限られた。なぜなら、貧しい者が教育を受けると肉体労働を嫌うようになり、出身階級にふさわしく育たない、と考えられたからである。

社会に肉体労働者が不足し、非生産人口がふえては困る。この理由から、階級別の学校が好まれるようになった。

この時代の人の証言をアリエスが引用している。

当時、ギトン・ド・モローがこう記している。「町の職人の子どもはほぼすべてコレージュに通っている。一定期間、二、三年くらい学校に通ってから、父親の職業を継ぐために途中で退学する子どもがほとんどである」。

橋や道路に関する論文を書いたある技術者は一八七九年に以下のように記している。

読み書きと基本的な計算ができない召使を雇うことは、最近ではほとんどない。（中略）

農民の子どもが僧や（商店、法律事務所や金融関係）事務員や召使になるので、結婚して農業をやる者が残っていない。

フランス人作家・哲学者・啓蒙主義者のヴォルテールの書き残したものもアリエスが引用している。

「労働者を教育することに反対してくれてうれしい。私は農業経営をしているので、坊主頭の聖職者でなく、農業労働者が必要なのだ。」「労働者階級に教える必要はなく、従わせればよい。彼らは教育には値しない。」「無知な乞食が世のなかには必要だと思う」

ヴェルラックも一七五九年に似たようなことを書いている。「田舎でも人里離れた場所でも都会でも村でも、この二カ月の休みの間、『子どもをコレージュにやらなければ』と話している。」「どうしたら地方での教育熱を冷めさせることができるだろうか。このままでは村の人口が減り、ほら吹き、嫉妬し悪だくみをする者、怒りを感じた不幸なひとびとがふえて、どの階級にも混乱を引き起こすのではないか。」

社会の変化は抑えなければならない。労働者階級は無知で文盲なままにして肉体労働に従事させなければならない。教育と肉体労働は相反するものである。この方向は聖職者の権力に反対する啓蒙主義の精神にのっとったものである。

しかしこのような批判があっても、教育の発展が押しとどめられることはなかった。一九世紀の前半に入学率が減少したことは確かだが。

同時に、子どもの教育は将来の職業に則して行うべきだという考え方も現れた。ブミ司教の回顧録には「年齢が異なり、将来様々な職業に就く子どもがなぜ同じ教育を受ける必要があるのか。商人の息子にはラテン語やギリシア語より算数を教えるべきだろう。(17)」とある。

一八世紀に記された上記の意見は、一二世紀後のヨーロッパ諸国において教育改革の形で実現した。成人教育は農民コレージュと同様、一六世紀から一八世紀にかけて消えていった。一七世紀にはふつうだった。階級の違う生徒がいっしょに学ぶことは容認されなくなっていった。

アリエスは『〈子供〉の誕生　アンシャンレジーム期の子供と家族生活』で現在の小学校と教育制度に結びつく現象について述べている。

この章では二つの現象を検討した。一つは、一七世紀に五歳から七歳、一〇歳から一一歳の年齢的なまとまりが認められることである。一八世紀になると、下層階級向けと、中流から貴族階級向けの教育が区別されるようになったことである。子どもが成人と区別され、金持ちが貧乏人と区別されるようになったのだ。この二つの現象には関連性があると思う。このように区別、分離する傾向は、(精神と身体を別ものとしてとらえる二元論の)デカルト主義の影響もあるだろう。(中略)子ども時代が特別なものだと言いはじめたり、子どもに制度化された教育を受けさせることが道徳的にも社会的にも重要だと言いはじめたのは、教会の人間とキリスト教道徳主義者であった。気づかぬうちにすぐ彼らの目的が達成されたことに、彼ら自身が困惑したくらいだ。リシュリューやコルベールは、ユートピア的な都市に模範となるアカデミーを設立しようとしていたが、教養のあるひとびとがふえすぎて肉体労働者が不足することに恐怖を覚えた。中流階級の人間は何世代にもわたって同じことを感じてきたものだ。

一八世紀になると、「啓蒙主義者の数がふえ、仲間同士の絆が深まり、大衆の意見を操作できるまでになった。ここまでの影響力はどんな法曹関係者も聖職者も知的階級の人もいままで想像できなかった。[18]」

一八世紀、彼らのほとんどは「上流階級のみに長期の古典的教育を受ける権利を認め、労働者階級の教育は劣った、もっと実用的な内容に限定することを決めた[19]」のである。

このような精神はとくにドイツ語圏においては現在でも色濃く残っている。九年生（日本でいえば中学三年生）で卒業し、すぐに職業訓練プログラムに移行するハウプトシューレ（基幹学校）を廃止するかどうかの議論を見れば明らかだ。この時の改革で目標とされていたのはレアルシューレ（実科学校）とギムナジウム（大学進学が目的）とハウプトシューレを統合し、皆が通う同じ敷地の高校にすることだった。教育関係者と政治家が一八世紀から続く階級別の教育に固執しただけではなく、多くの親たちも教育における区別が継続することを希望したのだ。親は子どもがレベルの高い学校に通っていると優越感をもつのである。一八世紀にはブルジョワジー階級は「近代化した階級は上流階級だ」と認識していた。[20]

古代と中世のスコラでは、知識に飢えた子どもと大人がいっしょに裸足で大講堂の床に座り、全般的な教養を身に着けた学者の言葉に熱心に耳を傾けたものだが、それは一七世紀には過去のものとなっていた。権威主義が過剰になり、生徒と教師の間の距離は開くばかりであった。以前は、教師は精神的な指導者だったのに、杓子定規な指導者になり、最終的には生徒に見下されるようになってしまった。

一五世紀以降、コレージュでは厳格な規律を課すようになった。主な特徴は次のようなものである。「常に監視され、行きすぎた体罰も課されるようになった。[21]」聖職者が何人かの生徒を選び、その生徒たちが仲間を監視し告発することを至上の命題と感じるよう誘導されていた。たとえば、（ラテン語しか話してはいけないことになっている）学校内でフランス語や英語を話したり、嘘をついたり悪態をついたり、礼儀を欠いたり、朝ベッドでだらだらしていたり、礼拝をすっぽかしたり、教会で噂話をしたり、というようなことを告げ口するのである。

監督者として任命された生徒が仲間の告げ口をあまりしない場合は、その生徒が怠けていると非難されて罰を受けることになる。告げ口と罰が行動原理となり、教師にとっては生徒を監督するための最上の教育法と考えられるようになった。そしてこの告げ口と罰の二つの原理が何世紀もの間、すべての社会階級の様々な年齢のひとびとに適用されるようになったのだ。

なにごとも権威の指示に従って行動すること、罰を与えることでひとびとを教育する、という原理により、中世では魔女裁判が行われた。中東諸国ではいまでも石打ちの刑や首切りを公開で行っているし、米国では公開死刑が長いこと続いている。古代でも磔刑や石打ちの刑がキリスト教徒（や他人と違う言動をとる人）にたいして時たま行われていたが、ヨーロッパでは一五世紀ないし一七世紀になってはじめてキリスト教道徳主義者や聖職者や教師が、罰をともなう教育をすべての階級に広げ、押しつけがましい指導や講義が行われるようになった。

現在にいたるまで、こういった教育法は私たちに沁みついている。西洋社会での法システムは、罰を再教育のかなめとしているが、数多くの犯罪心理学の研究結果が示すように、罰を与えるための手間や時間を考えると、罰した効果は驚くほど小さい。暴力的な懲罰や自由を取り上げることは、さらなる暴力を生むだけである。

対照的に、中世では告げ口や罰はまれであった。学校の規則を破った場合は、罰金が通告されるくらいだった。校則を破って一人で学外に出た場合、四ドゥニエが科された。アリエスが書いているが、夜、毛布をかぶらなかった生徒に二・五スーの罰金が科された学校もあった。酒場に飲みに行った場合の罰金もよく見られた。

学校では、教科書を間違って暗唱した（一音節抜けただけでも！）だけのような些細な「失敗」をしても、ムチで打たれた。ムチ打ちは「学校の罰」となり、すべての生徒を対象にすべての場面で教育法として用いられた。

もちろん、厳しい規律や抑圧は最初のうちは抵抗にあった。「教師は武器をもった生徒に反乱を起こされることがよくあった。」

一七世紀になると、生徒の反乱が最高潮を迎えた。

当時、生徒が武器をもつのはふつうのことで、剣をもち歩いていた。教師の側も武器をもち、銃までもっていた。

生徒たちの反抗はいつも武器による襲撃にまでエスカレートしたわけではなく、フランスでは一七世紀末には下火になった。

一方、英国では、一八世紀になっても生徒の反乱が続いた。

アメリカの社会学者・精神分析家ロイド・ドゥモース（Lloyd deMause）の『子ども時代の歴史』には次のような記述がある。

あるドイツの学校長は九一万一五二七回の棒打ち、一二万四〇〇〇回のむち打ち、一三万六七一五回の平手打ち、一一万五八〇〇回の耳打ちを行ったとしている。強い力でなぐるため、痣ができたり血が出たりした。幼い生徒にも暴力はふるわれ、日常茶飯事となった。何世紀にもわたって子どもは殴られて育ち、親になると自分の子どもを殴った。ひとびとはほとんど反対の声を上げなかった。(22)

ロシアの作家レオ・トルストイはドイツを訪問（一八六〇年）したあと、日記にこう記している。

私は学校に通っていた。これはひどい経験であった。王を称え、ムチで打たれ、すべて暗記させられた。恐怖に満ちていて子どもらしく過ごせなかった。

アントン・チェーホフもこう書いている。

私は教会を通るときに子ども時代を思い出し、身震いする。(中略)私は子どものときもいまも進歩を信じている。ひとびとが戦いをくりかえしていたときと、戦いをしなくなったときには大きな違いがあるだろうから…

一六世紀初頭にはすでにマルティン・ルターが、何百万もの人が何世紀にもわたって学校をどうとらえてきたかを要約している。「私たちは体罰を受けたが何も覚えなかった。」現在でも「体罰」は続いているが、これは見直すべきだ。煎じつめると、私たちが基礎的な「教育」だと思っている読み書き算数以外にも、子どもたちは成長するにつれ、自然の環境のなかで学ぶことができる。

従順で行儀のよい子どもの誕生

一八世紀から一九世紀にかけて、子ども時代を特別視する考え方が批判されるのと同時に、過剰な体罰もなりをひそめた。しかし、フィリップ・アリエスは次のように書いている。

コレージュではムチが使われなくなったものの、軍隊では採用され、体罰が処罰のシステムのなかに組み込まれた。フリードリッヒ大王の軍隊が先鞭をつけた。産業革命時代初期の

工場での規律も、体罰がなかったとしても厳しいものであった。(1)

イエズス会の聖職者たちが追い払われた後、学校は、一八世紀に設立されはじめた、士官候補生を養成する場所となった。学校生活全体が軍隊的な色合いを帯びるようになった。体罰は二〇世紀まで行われ続け、それ以外にも笛で注意したり、反復練習をさせたり、隊列を組ませたりすることが行われ、それどころか、罰を受けた者が閉じ込められる部屋までが学校に現れた。オーストリアでは一九五〇年代から一九七〇年代にかけて、上記のような指導法が公立の児童養護施設の教育者に好まれていた。(2)

アリエスは、一八世紀になって暴力的な指導は減少し二〇世紀には消滅したものの、道徳主義者と教育者の考え方が指導の重要な部分に残っている、と以下のように書いている。

> 育ちのよい子ども、という概念は一六世紀にはほとんど存在しておらず、一七世紀に形成された。(中略)フランスでは、育ちのよい子どもとはブルジョワ階級の子どものことを、そう呼ぶようになった。パブリックスクール(イギリスの私立の寄宿制学校)が設立されたために一九世紀の英国では、民主主義の勃興にともない没落しつつあった貴族階級が主体となったジェントルマンという社会的集団が形成された。

一九世紀の上流階級における社会的規律は、まず子どもたちに押し付けられた。最初に規律を押し付けた側の世代は、それらの規律を考え出しただけで、自分たちはまだその規律に従っていなかった。(3)

一八世紀以降、行儀よく従順な子どもが「プチブルジョワ階級の理想的な子ども像となり、一九世紀にはこういった子どもがエリートになり、近代人となった」[4]。

一万年ほどの間、子どものありようは変化しなかったが、その伝統を断ち切ったのは、道徳主義者、ついで教育者と知識人であった。その代わりに子どもらしい「ふるまい」が提示された。学校でも家庭でもその他の教育的現場でも、まず目的とされてコントロールされてきたのは、子どもの「ふるまい」である。この「ふるまい」重視は学校生活でも家庭生活でも支配的になってきている。

一七世紀から一九世紀にかけて、行儀作法（Anstandsfibeln）、後世の教育指南書があらゆる階級の家庭にあふれ、子どもを取り巻くようになった。一七世紀の英国の教育者の言葉をアリエスが引用している。

「継続的に教育を受けさせることよりも、学校に通わせる方がよいという考えがふえている。学校では子どもがあまり学んでいないにもかかわらず、良い教育がなされていると思われており、良いふるまいをさせることが教育の主要な要素となっている」。

一六七一年の『新市民』によると「生徒は習ったことを暗唱し、教師や両親におやすみなさいの挨拶をし、リラックスして服を脱いでベッドにもぐりこむ。」夕方、親たちは子どもが良識をもっているかを確かめる。「子どもが大人のようにふるまえば、かわいがられる」。ささいな違反をすれば親たちは「子どもを馬鹿にしたり、耐えられる程度の軽い罰を与えたりして矯正する必要がある」。「中傷、盗み、嘘つき、召使に暴力をふるう、頑固で大人を馬鹿にして従わない、などの犯罪めいたことをした場合は、ムチで打たれる」。「次に親や教師におやすみの挨拶をし、リラックスする」。「最後は服を脱いでベッドにもぐりこむが、話してはならない。毛布を全体にかけて行儀よく寝なければならない。仰向けもうつ伏せもだめで、横向きに寝なければならない（これは中世の医学における考え方）。そして寝るときはシャツを着てはいけない。それはマナーでもあるが、緊急事態のときにすぐに着るものを見つける訓練でもある」(5)。

哲学者イマヌエル・カントは、一七世紀から一九世紀の知識人たちの思想を記録している。「教育を受ける必要があるのは人間だけだ」と記し、同時代人たちを子どもについて距離を置いていない、と批判している。「猿のように子どもと遊び、歌を歌って聞かせ、いっしょに踊りを踊っている。（中略）これでは、子どもの自然のままの精神が甘やかされ、長じて厳しい罰を与えなければ短所を治すことができなくなる」(6)。

二一世紀初めにはまた子育て本が流行したが、そこには、ここまで極端な姿勢は見られない。しかし、（いくつかの）幼稚園や学校やホームスクーリングにおいては、罰とご褒美が再度流行している。デンマークの教育者で家族セラピストのイェスパー・ユールは著書『学校発作』(Schulinfarkt)で、ドイツでは（オーストリアや他の国でもそうだろうが）約四〇％の子どもたちが、入学するときに不安を覚えると述べている。一六世紀から二〇世紀にかけては、そういう子どもが七割から九割だったと思われるが、四〇％でも十分高い数字だ。体罰が、少なくとも法的には禁止されたので、子どもを操作したり規律を課したりする方法は、それと分かりにくいものとなった。ドイツ語圏でこういった方法をとるのは、保育園や幼稚園や小学校に行くよう、子どもを説得するときである。褒美を与えるのが説得方法の一つである。しかし、その結果がどうなるか、すでに長らく分かっていることだ。訓練を受けた人間、従順ではあるが不安定で、何より自尊心を傷つけられた人間が、しばらくして出来上がるだけだ。(7)

これはどういうことかというと、もう教育内容は重要ではないということなのである。一八世紀までに、すでに教育内容には目が向けられなくなった。勉学にたいする熱意や、教育を受けたいという希望はもはや存在しない。少なくとも学校現場においては。

近代の学校には目的がある。これまで二、三世紀にわたって、目的は枝葉末節しか変わっておらず、主要なイデオロギーは手付かずだ。公立学校（いくつかのカトリックの私立学校においても）の目的の一つは、子どもたちを教育によって子どもたちを、幼いうちから「平準化」し、集団に埋没させることだ。アリエスの著書には、一八世紀に生徒たちが「従属化」したとある。こんにちの観点からすると、「子ども」の概念が「定義された」ということであろう。

　これらの子どもたちはいつも「定義されて」きた。つまり、子どもたちを支配する大人たちが性格を決めつけるのである。「君はこういう子だね」「あなたはあんな風になってはだめよ」「こんな人になるんだよ」などと言って。他人にアイデンティティを規定されるのは自己認識に悪影響を与える。（中略）友達同士や恋人同士でこのような語りかけをしていたら、絶対に関係は破綻する。しかし子どもたちや若者たちは、ずっと以前からこういった語りかけに耐え続けてきたのである。（中略）大人たちは権力をもって、子どもたちの性格や将来を決めつける言葉を口にしてきた。そしてこのことが子どもの人格形成にどんな意味をもつかほぼ顧みられず、話題にされずにきたのである。（中略）それでも、親や教育者がいう関係とは、大人が子どもにたいしてとる行動と定義される。親たちや教育者は子どもにどのような行動をとるかを、子どもとの関係構築としてきたのである。大人は、自分のプライバシーにはずかずかと踏み込んでほしくないと思っているにもかかわらず、子どもたちに関してはプライバシーを尊重したりしない。そのくせ、子どもたちにはプライバシーが必要だ、などと言っているのである。(8)

一九七四年にドイツの精神分析医、社会哲学者、平和活動家のホルスト・エバーハルト・リヒター(Horst-Eberhard Richter)がうまく要約している。「親や、幼稚園と小学校の先生が戦略的に子どもたちに、これがだめ、あれがだめ、と言うので、子どもたちはいつも、不適格の烙印を押されることを恐れている。そのため自尊心が傷つき、一生乗り越えることができない」(9)。一八世紀の記録から分かることは、親や教育者の行動、子どもにたいする態度は、本質的に何世紀も変わっていないということだ。ユールは丁寧に描写している。

子どもとの関係が良好なとき、大人は子どもを信頼するが、関係が悪化すると子どもを責めるようになる。私が子どものとき、このダブルスタンダードがはっきり見えていたが、どの子も何もできなかった。

現在の若者が古いダブルスタンダードに抵抗するのは当然である。（中略）いまも昔も、若者は朝起きて学校か仕事に行くようにしつけられる。（中略）きちんと朝食を食べ、決まった時間に帰ってきて、酒も飲まず、テレビやコンピュータで遊んだりせず「清く正しく」夜を過ごすことが適切だとされる。これらの規則をすべて守れば、良い人生を送れて、きちんとした大人になれると言われる。しかし、そんなことを信じる人はいない。なぜなら、もしいつも他人の言う通りにふるまっていたら、人生はみじめなものになるからだ。しかし、大人は子どもを従順にさせることを最終目標にし、従順になったらほめたたえるのだ。（中略）しかし我々がいままでも、問題をかかえた子どもを教育する目標が、従順にさせることだと考えているのなら、間違いなく破綻する。[10]

規律を課す方法は巧妙になってきただけでなく、より早期に、よちよち歩きの子や幼児から行われるようになった。「強い子にする」ため、あるいは「甘やかさないようにする」ために、赤ちゃんが泣き疲れるまで放っておくことは、生まれたばかりの子どもに条件付けをしている。あるいは泣きはじめたらすぐさまおしゃぶりをくわえさせるのは、抵抗してもその場所に置かれたままになることを分からせて「従順に」させようとしている。こうやって赤ちゃんは人格を傷つけられ尊厳を失うのだ。過去何世紀にもわたって、子どもとは距離を置き規律を学ばせようとしてきた。ここ数年、ヨーロッパではこの考え方に固執することがふえてきた。

二〇一四年一一月一四日のオーストリアのクーリエ紙に、二人に一人の子どもが殴られているという、家族省の研究結果が載った。調査では一五から二九歳、三〇代、五〇代以上に分け、親の躾として暴力を受けたかどうかを質問した。身体的暴力は減少したものの、精神的暴力が激増したというショッキングな結果が出た。過去何世紀も子どもの躾に身体的暴力が使われてきたが、最近では精神的な暴力に置き換わっている。(11)

精神的、感情的な苦痛も身体的な苦痛も、とくに子供にとっては同じ様に辛いものである。これは脳波で確認できている。

たとえば、ハンマーで手を殴られた子どもは強い痛みを覚えるだろう。泣いているときにわざと放っておかれるような例にみられるように、基本的な要求が満たされない場合、幼児は同じくらい強い痛みを感じるのである。両親が別居したりして一方の両親と突然、長期間会えなくなってしまった子どもも同様に辛い。これらの強い苦痛が成長してからも続くトラウマとなる。悪くするとテロリストや動乱の発生につながりかねない。ここ二十年ほどの間に心理学的研究により分かってきたことは、通常、両親が別れると、表には出さないが、自分が原因だと思って子どもが自分を責めるということである。罪悪感も強い痛みを引き起こす。

アリエスによれば、ヨーロッパでは一八世紀以降、コレージュのような一貫校の制度が、二段階式の学校制度に変化していった。

二段階式の学校制度は階級によって分かれる仕組みとなっており、コレージュあるいはリセには中等教育のため中流階級が通い、労働者階級は小学校のみに通うことになった。すべての階級の子どもが一度に交流することが許容されなくなり、さまざまな人生を選ぶ自由がなくなったのである。(12)

通学期間は徐々に長くなり、「強制収容所」とユールが著書『学校発作』で呼ぶ場所になった。(13)過去一五〇年、完全に「うまくいっている」従順な生徒に育てようと、入学年齢は早まるばかりである。二〇世紀になっても、小学校では六歳から一〇歳の子どもが同じ教室にいることが地域によっては見られた。しかし、現在、(一部の私立のオルタナティブスクールを除き）すべての公立学校や幼稚園の一部では子どもは年齢ごとに学年分けされている。

この数十年間に得られた研究結果から、同じ年齢の子どもだけで教育すると学習や発達を阻害すること、そしてこれが学校制度の最大の欠点であることが示されている。しかし政治家や教育者の多くは同年齢教育にこだわっている。子ども時代が不自然に長引かされることによって、子どもたちは年上や年下の子どもとの交流ができず、実社会から遠ざけられ続ける（そして、どこかにあるボタンを押すと突然うまく実社会に適応すると考えられている）。きょうだいが少なくなった現代ではこれはより大きな問題である。心理社会学的発達の見地からは、年下や年上の子どもたちとかかわることは大変有効である。

学校は実社会では決して見られない人工的で不自然な場所になっている。二五歳の人だけ、あるいは四五歳の人だけ、のように同じ年齢のひとびとだけが働いている職場などないし、一人の監督官がすべてを指導し、残り全員がそれに従うような職場もない。そんな会社はすぐにつぶれるだろうし、誰もそんな所で働こうと思わないだろう。それなのに長い通学期間、子どもたちは人類にとって不自然な同年齢クラスのなかに、強制的に置かれる。そして大人たちは教育を受けたのになぜ「うまくいっていない」のかと不思議がったり文句を言ったりするのである。たとえば適切な社会的スキルを身につけずに卒業する若者が多いとよく言われる。そんなものが学校で教えられるわけはない。家族、コミュニティ、異年齢が交流する場でこそ自然に身につくものだからだ。

PISA（Programme for International Student Assessment、学習到達度調査）がオーストリアで二〇一四年に行った調査により驚くべきことが分かった。通常の学校の生徒よりも、オルタナティブスクールの生徒の方が多くの社会的スキルを（たぶん感情的スキルも）有していることが分かった。実際にはこのような結果は過去二〇年、他の国際的調査で分かっていたことなのだが。オルタナティブスクールやフリースクールの特徴は、年齢で子どもたちを分けないこと、両親や家族が学校に関与することである。

親が教師と年に一回か二回会う通常の学校と異なり、これらのスクールではコンスタントに教育者、生徒、両親が経験を分かち合う本物の関係性とコミュニケーションが存在する。権力構造ではなく、相互に評価しあう雰囲気がある。通常の学校では「うまくいっていない」子どもに関し、親が学校を、学校が親を責めることが現在でも見られるが、そのような現象はこれらのスクールには見られない。

学校はいまでも学校に来る生徒が適切な資質をもたないと家庭に責任転嫁するが、親たちははるかに創造的で責任感がある。(14)

実際のところ、ヨーロッパや米国ほど、友達がいなくて適応できない生徒に関して「教育不可能」「年齢相応でない」「行動に問題がある」などと言って生徒とその親たちを責める国々はない。(15) 責任転嫁は教員が公務員である国々では大変うまくいく。

ドイツやオーストリアの教員は公務員であるため、教育者としての考え方を変える可能性のあるような新しい人間関係構築のスキルを得ることはむずかしい。五年間も公務員でいたら、教育者というより官僚のような思考方法になるからである。(中略)したがって教育の素人のような教師がたまにいる。労働者は職場のシステムにおける価値観に影響される。学校制度における価値観は九割が官僚的であり、教育的価値観は一割程度である。(中略)教員と生徒の関係は、ロールプレイングゲームに見られるような決まりきった関係ではなく、たがいを筋の通らないこともある生きた人間として認めあう文化が必要である。(中略)それでこそ従順さを第一とした古い文化を断ち切り、責任感にもとづく新しい文化に作り変えることが可能になる。[16]

官僚的であれば創造性は生まれない。同様に従順であれば精神的に健康でいられない。ヨーロッパの中で、ドイツやオーストリアほど子どもを管理する国はなく、子どもたちは非常に細かい点まで指示される。子どもと距離をおき、規律と従順さを重要視する考え方がこれらの国にまだ残っており、過去一五年間に逆に強まっていることがその一因だろう。[17]

ドイツにおける大量殺人者が「学校に通った数千日の間にくり返し失敗者だと言われてきて我慢の限界に達した」と書き残したことを、ユールは『学校発作』のなかで述べている。

子どもにとって悲しいことであるが、教師にとっても苛立たしいことなので、教師のなかには暴力的になる者がいる。しかしもう生徒を殴れない時代になったので、言葉で攻撃したり、ふるまいによって攻撃したりする。生徒と同様の問題をもっている教師がいるのだ。(中略)あるオーストリア人の教師がマリア・テレジアの時代といまを比べて、「昔は学校で生徒が壊れていきひどい人生を味わったが、いまでは教師も同じくらい壊れていっている」と言った。[18]

近代の学校は暴力と攻撃の支配する場所であり、民主的であったことは一度もない。小学校を含む公立学校のほとんどは権威主義が強く、ピラミッド構造で中央集権的だ。政府が学校で何をどのように教えるべきか、子どもをどのように手なずけるかを決める。このシステムでは教員はすべて権力を振り回し子どもを従わせることに汲々とする。このような学校で真に民主的な市民が育つわけがない。

一八世紀に起きたような大規模な生徒たちの反乱が減少したのは、より早期から入学させるようになったからである。そして小学校が誕生した。三歳から、あるいは二歳半から幼稚園に入園し、個性はより早期から消されるようになった。

ホームスクーリングが激増したことも学校における反乱が減少した理由である。中流階級からホームスクーリングと家庭教育がはじまった。一八世紀から一九世紀に、家庭中心で育つ子どもと学校中心で育つ子どもがいたが、双方とも実社会から隔離されていたことは共通している。[19]

同時に、一九世紀以降、多数の私立学校が誕生したが、その多くがキリスト教会付属であった。一九世紀にはすでにいまの西洋諸国に見られるような教育的状況が見られるようになっていた。学校が必要だと感じる親は金があれば子どもを私立学校にやり、そうでなければ家で教えた。ほとんどの親たちは、規律・従順・教育・指導が主軸という、数世紀も続いた教育を行う公立学校に通わせたがった。公立学校しか選択肢が無いこともあった。ムチやその他の体罰の道具は一九五〇年代から一九七〇年代にかけて、法的措置によりようやく消え去った。

現在では、すでに保育園や幼稚園から人間を環境に適応し従順で「協調的な」子どもにする指導がはじまっている。善意にもとづくものではあるだろうが。早期に保護者からだけでなく、実社会から引き離すことで、子どもたちは大きくなって直接的に反抗するのではなく、自傷的になり、うつ病、自殺企図、嗜癖行動、身体的な病気になりやすくなる。いまでは教育は三歳からはじまっているが、公立学校がより早期から子どもたちを入学させるにつれ、非典型的行動（「静かな叫び」の章で説明したような）が増加した。一九六〇年代から一九七〇年代に見られたような学生の抗議行動が無くなったのも興味深い現象である。

スー族の呪術医であったレイム・ディアは『タハカ・ウシュテ——スー族の呪術医』（*Tahca Ushte*）において以下のように記している。

学校は昔よりも現在の方が改善された。近代的で金がかかっていて見た目がよい。教師は生徒を少しは理解するようになった。ムチよりも心理学を使っている。それにもかかわらず、きれいな建物で勉強しているインディアンの子どもたちは自殺してしまう。雑音と活動でいっぱいの学校にいて孤独を感じるからである。

一〇歳で首つり自殺をした女の子を知っている。（中略）入学時にはまだインディアンとしての自覚がある。しかし、卒業時には人格の半分が白人、半分がインディアンとなって、もはや何者か分からなくなってしまう。

上記の事情は白人の男女にも、義務教育に参加しなければならなかったすべての人間に当てはまる。卒業するときには、自分がどういう人間なのか、分からなくなっているのである。国籍や育った地域で、何人《なにじん》だ、とは言えるかもしれない。しかし国家というものは人工的に作られた制度であり階級なのだ。現在のほとんどの国家は産業革命後に誕生しているのだから。

政治家と教育学者と親たちは、幼稚園に喜んで通い、小学校に入学する子どもがいるという。しかし、大多数の子どもは、遅くとも小学二年生になるころには眼の光が失われてしまう。

すべての子ども、才能があり健康で幸せな子どもに共通しているのは、両親が大好きで信頼していることだ。両親を喜ばせて、愛情を失わないように「従順になる」。皮肉なことである。子どもほど忠誠心にあふれたものはいない。だからこそ子どもは保護者だけでなく、教師などの権威者に容易に操られ虐待されてしまう。ドイツ語圏では教育に関する政策も教育システムも我々の子どもたちとその未来に責任を取るということに完全に失敗している。他の世界中の国でもそうだろう。子どもは大人を模範とするのだから、二歳児はおろか六歳児も何が良くて何が悪いか、自分はどのような個性で何を欲しているのかが分からず、その上責任を取ると言うことができない。

これまで長い間、学校によって教員も生徒も病気になることが分かっていた。親たちも、家族全体も病気にさせることがある。乳児院の赤ん坊だけでなく、義務教育の名のもと学校に子どもたちを引き渡さなければならない親たちのコルチゾールを調べてストレスがどれほどのものか、計測すべきだ。ユールによれば、我々の学校制度は「人間性を欠いている。子どもたちや一般のひとびとを真の意味では理解していない。『生徒』という存在しか想定していない。教員は教育法は理解しているかもしれないし、少しばかり心理学をかじったかもしれないが、それだけだ。人間とはどういった存在か、まるで分っていない。[21]」学校は少なくとも人道的ではない。イヴァン・イリイチは学校によって出来上がるのは「物欲しがりの、『教育が必要な』人間がもっとも多い[20]」と述べている。

これまで何世紀も続いた従順さを最重要視することはやめて、人間関係を築くことを主眼にしなければ、学校が子どもたちに責任を果たすことはできない。学校は民主的な組織に作り替えられねばならない。そのためには、政治家の関与は必要ない。その反対だ。学校に監督者や教員を雇う完全な権限を与えて、政府に関与させないことが必要だ。それぞれの学校が教科を選び、カリキュラムを作成し、教育法を選択する、つまり教育の方向を決めるべきだ。カナダとスカンジナビア諸国が行った教育改革はほぼこの路線である。[21]なぜ教員がすべて教育者になれると想定するのだろうか。大人たちは学校経験から単に「良い」先生と「悪い」先生がいることを知っているはずだ。直感的に子どもや人間について理解できて、教えることのできる人物と、できない人物がいるだけなのだ。何よりも、子どもたちを創造的にするために必要なのは本物の模範である。しかしユールによると創造的であることは「この国では求められていない。創造的な人間は試行錯誤をするが、官僚はなによりもそれを嫌うからだ。だから情熱と新しいアイディアが歓迎される環境はほとんど存在しない[22]」。

このような環境は古い体制を中央集権的システムにすげかえても不可能だ。現在のシステムを民主化（つまり学校に自治権を与えること）せずしてはありえない。現在のドイツやオーストリアのように進路別に三種類に分けるのではなく、すべての子どもが通う統合中学校が必要だ。ユールは次のように述べている。

一種類の学校ですべての子どもを教育できるという考えは間違っている。6種類とか8種類の学校が必要だろう。民主的な学校が合わない子も、どんなに理想的でもモンテッソーリの学校が合わない子もいる。すべての子どもに適した学校などは夢のまた夢で、危険だ。完全に見える学校を目指して変更を繰り返す古い体制の間違いをくりかえしてはいけない。(23)

数十年の間、さまざまな高校での経験を経て最近退任した校長は「十数年たたないと、教育改革や教育法が成功か失敗かは分からない」と言う。

二一世紀初めの現在、子どもは皆、才能にあふれて生まれてくるのに、そのうちたった二%しか卒業後も才能を保つことはできない。(24) この状況は深刻であり、これが社会にはできるだけ多くの種類の学校が必要な理由なのだ。

少子化が進む一方の現在、このように才能をつぶしている余裕はない。ほとんどの子どもは健康に生まれてくる。では青年や大人になったときにはどうだろうか。警戒すべき数字がある。すべての子どもは他人に共感する力をもつ「社会脳」をもって生まれてくる。

その他の研究でも保育園にいる幼児のストレスホルモンやコルチゾールの値を測った。その結果は、子どもたちをそんな場所に預けておいてはいけないということを示すものだった。現在の政治家は子どもを預けられるのは万人の権利との考えを普及させているが、そのうち権利ではなく、義務になるかもしれない。(25)

「子ども時代」という言葉にふさわしい経験を子どもにさせたいなら、「社会的スキル」を学校で教えようなどと考えてはならない。そんなことは出来るはずがない。

二一世紀の初めにもなって、子どもに知識を伝えるのにふさわしいのは学校だけだと考えるのはばかげている。人類史上初めて、コンピュータもインターネットも誰にでも使用可能になり、情報や特殊な知識はいつでも誰にでも得られるようになったからだ。多くの国では小さな町にでもかなりの蔵書のある図書館があり、大きな都市ともなれば二〇ほど図書館がある。図書館でも借りられるCDや教育本で、老いも若きもほとんど全ての分野の知識を得られる時代になっている。子どもはもう、教師の手を借りずとも知識が得られるようになった。大人の我々は知識よりも経験が大事だと主張するにもかかわらず、子どもが自分の経験から学ぶ機会を取り上げていることは皮肉としか言いようがない。マリア・モンテッソーリが唱える基本原則の一つは「自分でできるように手助けする」なのである。

ドイツの脳科学者ゲアハルト・ロート（Gerhard Roth）やその他の国際的に活躍する科学者は、学校を卒業してから二、三年後のひとびとの知識レベルからいって、学校教育の効率はほぼゼロだと、何度も指摘している。楽しんで熱心に学ぼうとする子どもしか継続的に学ばないことも、ずいぶん前から知られている。教育心理学者の評価によると、ドイツの生徒の五〇％は心理セラピーを必要としている。[26] 三〇％ほどの生徒は高校をドロップアウトするが、彼らをフォローアップするために税金から莫大な費用が支出される。ユールによると、「一六歳か一七歳でドロップアウトしたひとびとに対処するため、彼らが二五歳になるまでに一六〇万ユーロが支出されている。[27]」

オーストリアもドイツとそれほど状況は変わらない。数世紀かけて明らかになっている結論はこうだ。我々の学校制度と学校文化は人類がもつ資源の莫大な無駄遣いである。学校を卒業しても無知なままなのだから。一神教の文化圏では知性、精神的構築物やイデオロギーを経験よりも重視してきた。一神教のような組織化された宗教なくしては、組織化された大衆教育制度は生まれなかっただろう。

しかも、宗教学校や現在の学校制度がなければ、近現代の宗教あるいはイデオロギー、つまり資本主義や国家社会主義や共産主義や消費社会は誕生しなかった。多くのひとびとが学校制度を信じているのなら、義務教育制度の下では、公立学校のカリキュラムを変更することにより、一世代くらいの比較的短い期間に、ある宗教またはイデオロギーを浸透させることができる。キリスト教とイスラム教が世界の主要な宗教になるのに数世紀がかかっている。聖書の話を広め、宣教師を送り、暴力と戦争を用いて広められてきたキリスト教も、世界中に浸透するのに千年かかっている。それに対し、義務教育が開始し、家族と親密なコミュニティが崩壊してからというものの、三〇年程度で「非暴力」で、現存する文化を消滅させ新しい文化を植え付けることができる。現在の私たちは新自由主義（ハゲタカ資本主義）や消費主義のみを信じている。消費主義というのは、すべての信者が自主的に、しかも無条件にあらゆる規則と「戒律」に従う宗教であると言える。だからこそ、すべての民主国家は教育制度に関する権力を手放さないのである。後で議論するように、この代償の大きさははかりしれない。

早期集団教育と民主政治

何世紀もの間、学校は学びの場所ではなく、教育を主眼にした場所だった。学校教育制度の根幹にとって民主政治の理想は重要ではない。アメリカを開拓し殖民したひとびとは、義務教育制度、言い換えれば集団教育に、武器をもって抗った。これはアメリカではほぼ存在しなくなったが、[1]ドイツ語圏では民主主義国の市民を育てるには早期の集団教育が必要だと主張する声が大きい。この点に関してジョン・テイラー・ガット（John Taylor Gatto）が解りやすく説明している。

集団教育は機能しない。それは、かつてこの国を崇高な目的のための実験場とした民主政治の約束にたいする重大な裏切りである。ロシア人はプラトンの共和国を東欧に作ろうとして我々の目の前で失敗したではないか。アメリカでも学校制度を利用して中央集権的な機構を作ろうとする試みが、もっとゆっくりと、痛みをともないながら破綻した。集団教育がうまくいかないのは、家族の生活を邪魔する非人間的で機械的な前提によって作られているからだ。子どもたちは機械的な教育システムでコントロールできるかもしれないが、後年、麻薬乱用、暴力、自傷行為、無関心などの社会的病理を示して反抗しはじめる。私が教えた子どもたちも見せた兆候である。

元教師であるガットにとって、これらの症状、つまり学校内教育の本当の「教訓」は次のようなものである。

学校内は混乱し、クラスのなかに上下関係ができ、無関心になり、感情的にも知的にも他人に頼り切り、自己尊厳が傷つき、監視下に置かれる。これは永遠に労働者階級でいるための主要な訓練である。子どもたちは自分たちが内に秘めた特別な才能に気づくことはない。初期の学校教育の目的は労働者階級の統制であったが、一九二〇年代から官僚主義が教育にはびこった。現行の学校制度から利益を享受できる産業がふえたいま、中流家庭の子弟もその統制下に置かれている。

ソクラテスが、教えることで報酬を得ることに同意したという非難に憤慨したのも無理はない。当時でさえ、哲学者は教育というものを専門職に任せることの問題点に気づいていたのだ。本来、健全な社会では、教えることは誰にでもできるからである。

私がいま教えているような内容が子どもたちに教えられ続けるなら、国家の危機が近づいたとしても少しも不思議ではない。マスメディアが伝えるような国家の危機とは全く質が異なるが。若者は大人の世界にも将来にも興味を示さず、ゲームや暴力にしか興味がない。二一世紀の子どもたちは、裕福な子も貧しい子も、集中力が続かなくなっている。過去と未来にたいする感覚が働いていない。離婚家庭の子どものように、人を信じることができず、誰かと親しくなることを警戒する（親が子どもに十分注意を払っていないのだから当然だ）。子どもたちは孤独を嫌い、残酷で、モノを欲しがり、依存的で、受動的、暴力的で、予期せぬ事態には怯え、すぐに気が散ってしまう。

> こういった、子どもによくある傾向は、学校教育によって最大限に強まってしまう。学校教育の隠された目的は人格形成を妨げることにあるからだ。子どもたちから恐怖や自己中心的な性質を取り除き、豊かな体験を与えなければ学校制度は存続しないし、教員の資格をもっている私もこれ以上、教育に携われない。自発的な学習をうながし、弁証法などの批判的思考（クリティカルシンキング）のための方法を教えない学校は崩壊する。我々の学校は世俗的だが、学校は教会の代替物となり、教会のように学校を信じることを強要する。(2)

ガットが描いたこの短い時間旅行は、学校の歴史の要約となっている。ここで一つの疑問が浮かび上がる。なぜ、ようやくキリスト教会が教育の独占をやめたというのに、ヨーロッパの王制、共和制、民主制の国々は道徳主義者の言うがままに学校を作ったのか。ピーター・グレイの『自由に学ぶ』には次のように書かれている。

> 一九世紀初頭には、奴隷を含むアメリカの人口の四分の三が読み書きできた。ヨーロッパの国々においても大体同程度であった。しかし読み書きが必要とされる職業の割合はそれよりずっと少なかった。教育産業と政府の主要な目的は識字率を高めることではなく、何を読むべきか、どう考えるべきか、どのようにふるまうべきかを教えてひとびとを統制することであった。教育にかかわる政府の指導者たちは、学校を統制することによって、市民を時勢に合わせて理想的な愛国者や労働者に育て上げようとした。(3)

西洋の民主的で非宗教的な政府が、上記のような古い体制を引き継いだだけでなく、拡大しようとするのはなぜだろうか？　それは、自ら不登校で後に著名となった哲学者・数学者のバートランド・ラッセルが観察したように、義務教育制度によって、薄っぺらな「大衆的性格」を示す市民に育つからなのだ。歴史を振り返れば、早期から従うことを学習した「大衆的性格」をもつひとびとは、何でも命令されたことを実行する。戦争にも行くし、戦後はすぐに復興に取り掛かる。そしてそのような社会では、不必要なものを（必要であると錯覚させられて）消費するよう巧妙に操作されている。だから、破綻しそうな銀行に何百億ドルもつぎこむ一方、貧困家庭や学校教育の自治を勝ち取るためにはそのうちのほんの一部も使わないのである。政治家も教育者も、のちに「従順な市民」となる「従順な生徒」を育てる夢を捨てきれないのだ。しかし、従順でいつづけると、人は精神を病んでしまう。集団教育を行う社会は従順さと規律を基盤としているので、戦争に惹きつけられる人間を生み出す。学校制度ができた一七世紀から第二世界大戦までの間にそれ以前よりもずっと多くの血が流された。もう二度と戦争をしてはいけない、とドイツやオーストリアの市民も政治家も同意してはいるのだが。

ガットの言う「身体的にも道徳的にも知的にも麻痺」させる古い学校制度が続くのであれば、現在の物質的な豊かさや社会の平安が続く保証はない。

近代の学校制度のなかで自由な学校が作れると考えることは矛盾に満ちている。教師の生徒への接し方を見ると、個人の自由は守れない。学校の教員は裁判官の役を務め、イデオロギーを押し付け、医師としてもふるまうので、人生に備えるために作られたはずの学校制度が濫用されてしまう。これら三つの権力を併せもつと、規則どころか子どもたちの心までも捻じ曲げてしまう。子どもは権利を主張できず、自由に集まることもできない。（中略）学校の教員と聖職者のみが、サービスを受ける側の個人的な問題に踏み込み、閉じ込めて説教することを当然と考える職種なのである。(4)

中世以前はここまでの規模では存在していなかった暴力、屈辱、処罰をもたらしたのはキリスト教会である。同時に、子どもを躾るために一方向の教育法をもたらした。そしてそれは学校や家庭での育て方にも広がった。いまではとても信じられないかもしれないが、人類のすべての文化には、家庭と子どもにたいする尊敬が存在したのだ。

聖職者は「この子どものようになれ」というキリストの言葉を説教する一方で、子どもにムチを振り上げて折檻《せっかん》していた。そういったひとびとが学校に暴力を導入したのである。

過去二、三世紀の間にヨーロッパでは聖職者は権力の座から追い払われ、現在の我々は世俗的な西洋社会を誇りに思っている。しかし本当に世俗化されたのだろうか？　学校には道徳主義者が巣くっている。子どもと距離を置いて接し、（家族や友達や実社会など）ほぼすべてから子どもを遠ざけるという、彼らの指導法も引き継いでいる。

近代的な学校制度はその開始当初から、民主的でも人道的でもなかったので、民主的な市民を生み出すことはできなかった。定期的に投票する人は多いが、投票には民主的な考え方は必要ない。民主的に考えてふるまう人間は、生まれ育つ家庭のなかで民主的な考え方を学んでこそつくられる。古代の人もこのことを知っていた。

家庭を尊重し、自由な教育が行われていた高度な文化のなかから、民主主義的な考え方が生まれた。家族は民主的社会の中核であると同時に、精神的な健康、多様性、個性、文化の豊かさの前提となるものなのだ。そこに真に個性的な人物が育つ。だからこそ、全体主義体制下では例外なく、小学校を義務教育化するだけでなく、保育園や幼稚園に通う時から、子どもを家庭から引き離そうとするのである。子どもと家庭を遠ざける権威主義的システムを初めて適用したのはキリスト教会である。

ドゥモースによる『子ども時代の歴史』の結論がアリエスの『〈子供〉の誕生　アンシャンレジーム期の子供と家族生活』の結論と一致していることは興味深い。子どもを、両親のいる教育環境から引き離したのがキリスト教会であることは議論の余地がない、という結論だ。ドゥモースは（進化論的）歴史学におけるこの新しい行動パターンを「引き渡しモード」と呼んでいる。

ウィリアム・L・ランガー（William L. Langer）は、ドゥモースの『子ども時代の歴史』の「まえがき」に「人類の進むべき道が子どもたちに託されたことは、まだ一度もない」と書いている。義務教育および幼稚園・保育園では、子どもが本当に必要とすることが重要視されず、個人としての子どものための真の教育もなされない。一二世紀の半ば、西洋諸国は別の道を選ぶ歴史的機会を得たことがある。しかし、その道はとられず、就学期間が延長され、教育の開始時期は早まった。これをドゥモースは「子どもの放棄モード」と呼ぶ。

集団教育と家庭は相反するものである。このことは、ガットの論文だけでなく、一八世紀末以降、多くの国の著名人や文化人も指摘している。

そういったひとびとのなかには、ゲーテ、ルソー（「自然は、子どもが人間であるより前に子どもであれと望む」)、ハインリヒ・ペスタロッチ(一八世紀末にすでに成績評価に反対していた)、ルドルフ・シュタイナー(シュタイナー教育創始者)、エレン・ケリーとマリア・モンテッソーリ、レベッカ・ワイルドとマウリチオ・ワイルド(RWBスクールの創始者)、イェスパー・ユールがいる。その他、バートランド・ラッセル、アルベルト・アインシュタイン、ウィンストン・チャーチル、マハトマ・ガンディーなど、何千人もの著名人が、子どもが権力機構の下で、規律に従順に学校で学ばされることに反対している。一八世紀末から現在まで、古い形式の学校は信頼されなくなったが、それにもかかわらず、二百年の間、子どもを公立の学校に通わせない親は二〇%ほどだ。社会が経済とイデオロギーに支配されるにつれ、義務教育制度が定着し早期教育熱も高まった結果、子どもを通常の学校制度の枠外で育てようとする親の数はここ二〇年で激減した。

教会も二〇世紀の全体主義体制も失敗した。しかし、ポスト資本主義、ポスト民主体制の消費者社会は、子どもを、幼年期から少年時代の期間、実社会と家庭から隔絶させることに成功した。子どもは、専門家と呼ばれる、子どもとは全く無関係の人間の手で育てられることになった。こうして子どもは「隠された教育」(イリイチ、ガットの言葉)を受けるのだ。教育と実社会は隔絶したままだ。つまり人間同士が隔離され、歯向かい合うことになる。「隠された教育」は要約すると次のようなものである。

生徒が教育を受けることの価値は、知識を消費しつつ進級していく学校のなかでのみ得られる。個人が社会で成功するにはどれだけの知識を消費したかが問題で、社会経験を通じて学ぶことよりも、社会について学ぶことの方が重要だ。(5)

早期から長期間、集団教育を行うことで、大量消費社会が到来し、多くの人間が病む社会が生じた。ありていに言えば、ひとびとは自分なりに考え、たがいに大いに異なる考えをもっていたとしても、議論を戦わせたりしても、最終的には同じ行動をとることになる。ジョージ・オーウェルの『1984』の拷問者が言うように、「面従腹背は求めていない、卑屈になって屈服してもまだ駄目だ。お前が自由意志にもとづいて、我々に屈服することを求めているのだ」。

教育の自由を再び！

ここまで、教育の歴史を振り返ってきたが、ここからは楽しく勇気づけられる部分になる。イェスパー・ユールは以下のように述べる。

統計によれば、創造的で建設的な業績を残した欧米人のおよそ八〇%は識字障害や学校不適応など学校時代にあまたの困難に直面している。しかし、世の中の親たちにそういってもなかなか信じようとしない。いつもきちんと準備して宿題をやり、気持ちよく挨拶をし、皆にたいして仲良く親切にする子どもにしか未来はないと思っている。しかし、もしそれが本当なら、社会の行く末は暗い。(1)

ユールは男女を問わず、学校教育によく適応し行儀よくふるまう子どもは「三五歳か四〇歳くらいまでは順調にいくが、その後に経験する大問題には立ち向かえない」と付け加える。

教育者（と親たち）の理想は未だに、従順で行儀よく授業の邪魔をしない生徒である。こういうタイプの人間が長じて世界を変革したり、皆のために何かを変えたりすることはない。歴史上、偉大な業績をあげた人物は識字障害があったり、高校や大学を中退したり、スポーツに熱中していたり、学校をさぼり続けたりした人物である。こういった人物は学校では学習に熱中しないか、不登校だったものの、長じて学習し、その効果を表している。何万年もの間、ひとびとは学校に行っていなかったことを思い出す必要があるだろう。アメリカ大統領のベンジャミン・フランクリンや、数学者のバートランド・ラッセル、何百万人ものひとびとを楽しませただけでなく、セラピーにも使われている曲を作ったモーツァルトは学校に行っていない。ゲーテが公立学校に通ったのはたったの二年で、その後はホームスクーリングであったが、何の弊害もなかった。

偉大なパイオニア、科学者、芸術家、作家、政治家は、早期入学者より、遅い時期に入学した者の方がずっと多い。レオナルド・ダ・ヴィンチ、ケプラー、ガリレオ・ガリレイ、ニュートン、ミケランジェロ、マルコ・ポーロ、クリストファー・コロンブス、ローマ皇帝アウグストゥス、アルハンブラ宮殿やピラミッドの建築家、といった有名人を思い起こしてほしい。彼らは愛情深い母親に育てられただけである。彼らの母親は他人に子どもを預けて縁もゆかりもないひとびとのために外で働こうとはせずに、子どもが必要とする愛を注ぎ、彼らを守った。

ほとんどの子どもは六歳ごろまで、環境を整え、手助けしてくれる親を必要としている。それでこそ偉大な業績をあげる人間性がはぐくまれるのである。「五歳か六歳までの子どもには教育は必要ない。やさしくて共感してくれる指導者がいればよい。[2]」とユールも言う。

こんにち、子供たちが再び喜びを感じ、思い切り物事に取り組むことがいかに重要であるか、また、そうなるすべきだと、科学者や作家が教えてくれる必要があるなんて、ばかばかしいことではないだろうか。単に子どもたちが監督者なしで自由に遊んだり、森をさまよったり、どろんこ遊びをしたり、焚火をしたり、好きなときに泣いたり怒ったり叫んだりする、そんなことを自由にさせなさいと保護者たちに諭さなければならないとは。

遊びが重要な学習の手段であり、脳の発達に有効であることは自明ではないか。

過去一五年間、脳科学研究がくり返し示していることは、遊ぶことでもっとも効果的に総合的に学ことができ、脳神経の結合が永続的となる、ということである。おもちゃを使おうが、日用品を使おうが、関係ない。子どもの本能的にわき出る興味を妨げず、監督者なしで遊ぶだけでなく、異年齢の子どもたちのグループで遊んだり、外遊びをしたりすることがもっとも重要である。[3]

逆に、テレビや電子メディアは子どもの発達を阻害する。ドイツの脳科学者で文筆家のマンフレッド・シュピッツアー（Manfred Spitzer）は次のように言う。

> 物体の性質を学びはじめる段階の子どもの脳にとって、スクリーンは役立たずだ。物体を見ると同時に何かを聞くという入力が必要な段階にとっては、問題外である。スクリーンにより、幼い子どもの体験は非常に貧しくなる。奥行きのある三次元の認識ができず、触ったり、匂いを嗅いだり味わったりすることもできない。それは、３Ｄのスクリーンだろうが、通常のスクリーンだろうが同じことである。[4]

ヘルマン・ヘッセは「遊んでいる子どもの心は説明不可能なほど素晴らしく、それが大人になると完全に失われてしまう」と言っている。

アルベルト・アインシュタインの例をもちだすまでもなく、子どもというものは夢見がちで、トランプで家を作ったりするものである。アインシュタインは幸運なことに、両親に幼稚園に入れられたりせず、ありのままでいられた。紙に書かれた万人向けの問題を、言われるがままに取り組む必要がなかった。歴史上の偉人は幼いときに教師を付けられて勉強させられたことがなく、これが良くてあれが悪いという判断を押し付けられたり、何をどのように考えるかを強いられたりすることがなかった。

ミケランジェロが幼稚園に入れられて、描いた絵を教育者に批判されたり評価されたりしたとすれば、システィナ礼拝堂のフレスコ画は誕生しなかったであろう。子ども時代に絵を描く楽しさを奪われてしまっただろうから。[5]

長じて著名になった人物は幼いときに困難な時代を過ごしている。偉大な発明家の一人であるエジソンは、クラスでもっとも出来が悪く、幸運なことに早い時期に母親が彼をホームスクーリングするようになった。「マルセル・プルーストの作文は教師に馬鹿にされた。パブロ・ピカソはアルファベットを覚えられず、ジャコモ・プッチーニは試験に落ちてばかりで、ポール・セザンヌは美術学校に入れなかった。[6]」とG・ヒューター&U・ハウザー著の『子どもはみんな天才だ』(*Jedes Kind ist hochbegabt*)にある。実際のところ現代の才能ある音楽家や美術家は同じ苦境を経験している。

オーストリアのドキュメンタリー映画監督のエルヴィン・ヴァゲンホーファー(Erwin

Wagenhofer）も同様である。

アメリカの映画やコンピューター・ゲームに描かれるような男性的なスーパーヒーローが世界の歴史で大活躍した例はない。ナポレオン、ピカソ、ガンジー、その他多くの著名人は小柄である。メッシ（身長一七〇cm、七二kg）のようなサッカー選手だってそうだ。ルドルフ・ディーゼル（Rudolf Diesel）とフェルディナント・ポルシェ（Feridnand Porsche）も保育園に預けられずに育った。STEM（Science, Technology, Engineering and Mathematics＝科学技術の発展に寄与できる人材を育てるプログラム）に固執するような義務教育の幼稚園に通っていたら、彼らの科学技術に関する天才性は発揮できなかっただろう。

イギリス人のジョージ・スティーブンソンは貧しい農民の生まれで、学校に通えなかった。一四歳のときには炭鉱で働くことを余儀なくされ、蒸気機関を動かす仕事を割り当てられて、蒸気機関について深く学んだ。彼の父親は蒸気機関の事故で視力を失い、それがスティーブンソンの人生を変えた。かくも若い頃に、人間が機械に仕えるのではなく、機械が人間に仕えるべきだ、と学んだのである。人生を通じて、スティーブンソンは蒸気機関に熱中し、一八一四年に初めて機関車を作った。一八三〇年にはマンチェスター＝リバプール間に鉄道が走ることになったが、適切な蒸気機関車がなかった。鉄道会社のコンペでスティーブンソンとその息子が開発した「ロケット」と名付けられた蒸気機関車が採用された。この鉄道は大成功をおさめ、鉄道の世紀の先陣を切った。スティーブンソンは特別な訓練を受けてはおらず、最初に発明したわけでもなかったが、一九世紀でもっとも成功を収めた開発者となった[7]。

子どもは皆、才能にあふれている。しかし子どもの才能は幼いうちには見分けがつかず、時として大人が注目していない分野で発揮される。人生の奇跡は予測できず、自然と現れる。子どもに関してはこの言葉がもっともよく当てはまる。

キリスト教道徳主義者や後の教育者は、大人たちの信仰を子どもに押し付けた。ヒューター／ハウザーは、このことを、「自分、すべて、いますぐ。これがいまの時代の三位一体の教義である」と要約している。(8)

台湾では、「良い」幼稚園に入園するためには踊りや音楽などの試験を受けなければならない。入園できない子どもはもっと安くてレベルの低い幼稚園に行く。ヨーロッパでは裕福な親たちは子どもを「良い」、そして高い保育園に入れる。このようなやり方は完全に間違っている。過去二〇年以上、何千人ものアジア人がヨーロッパの有名音楽学校で学んだ。早期から訓練を受けた子どもたちは楽器の演奏は成人のように技術的に完璧であるが、心に響く演奏はできない。したがって、卒業後に音楽家としての道を究めることができる子どもはごくわずかである。皮肉なことに、音楽家になれなかった者は子どもの早期教育のための音楽教師になる。早期から子どもを教育して特別な才能を開花させようとしても、人間の子どもにはうまくいかないのだ。

グレン・グールドは、バッハの解釈に秀でた二〇世紀でもっとも有名なピアニストのひとりだが、彼の母親にも夢があった。グールドを妊娠しているときから、子どもが偉大なピアニストになると信じていた母親は、自分の直感に従い、他人に預けたりせずにグールドに愛情をそそぎ、プレッシャーをかけずに自ら教えた。グールドが一〇歳でフランス国立高等音楽院に入学したとき、ピアノの演奏がすばらしかっただけでなく、高い教養があった。NASAが一九七七年に、異星人に人類の最高の文化を伝えるため、ボイジャー一号を送り出したときに、グールドの演奏したバッハの曲が使われた。

グールドは学校時代、成績が悪く、いつも同級生にいじめられていたという。

天才や偉大な人物は、早期教育を受けたり、月に三〇〇〜四〇〇ユーロもかかる「高級保育園」で育てられたりしていない。現在の義務教育は、親と引き離された痛みをアルコールや麻薬などでまぎらわせる若者を生み出すだけである。ドキュメンタリー映画『アルファベット』のなかで、中国の教育部の役人が「我々の子どもたちは、最初は先頭に位置するが、最後には脱落してしまう」という通りである。

したがって、我々は異星人に「義務教育を導入して育児放棄するという、地球人が犯した間違いをくりかえさないように」というメッセージを送らなければならない。

歴史に名を残した人物のほぼすべてが、愛情深くて支えとなってくれる親をもち、大きくなるまで面倒を見てくれる人に愛着をもつことができた。現在のドイツ語圏やその他の国々は、天才を生み出すことがほとんどない教育システムにしがみついている。ヒューター／ハウザーは次のように言う。

ノルウェー人の作曲家、エドヴァルド・グリーク（Edvard Grieg）は、「学校は、私の長所は伸ばさずにそのままにして、悪いところをより悪くした」と言っている。（中略）学校は子どもたちが得意とする分野を伸ばすことはせず、苦手なことをさせるために多くの時間を費やす、ふざけたシステムでしかない。学校システムの最終目的は、合格最低点を取ることである。何かすごいことをやってみようと思っている子どもたちは、あっという間に、凡庸を極めるよう指導される。（中略）そして、「学校でよい成績を取ること」が「才能がある」とイコールにされてしまう。他人に耳を傾けて共感する能力は、成績として評価されず、大学入学の条件でもない。ドイツで医者になりたいと思ったら、共感力よりも数学の力が必要なのである。それは現在ではもう通用しない、古臭い考え方である。私たちの学校システムは過去の遺物だ。(9)

ユールの言葉はもっと過激だ。「ドイツとオーストリア、そしてスイスもかなりの程度まで、学校というシステムが機能しなくなっている。私たちは真実を見ないようにしているだけだ。」（中略）スカンジナビア諸国で講演をするときに私がいつも言うのは、皆さんの国の子どもたちは楽しそうにしていることもあるし、疲れたり退屈したりしていることもあるが、恐怖心はもっていない、ということだ(10)」。

楽しく感じるとよく学べ、幸せでいればより健康になる。これは古くから言われていることであると同時に、科学的に証明されている事実でもある。このことに無知だったとしたら、キリスト教道徳主義者や教育者の罪は少しは軽くなるかもしれない。だが、いまでは教育者も親も皆このことを知っている。教育システムや躾の仕方、つまり大人の子どもへの接し方は、間違っているだけでなく、子どもに長きにわたって傷跡を残すため、社会全体に途方もない悪影響をもたらす。これまでの長い間、教育も家族政策も全くうまくいっていない。それなのになぜ皆がこのシステムにしがみつき、従い続けるのか。これが民主的体制のやり方なのか。

なぜ児童心理学者やセラピスト、ソーシャルワーカーや医者が連帯して、このままの教育では未来はないと声を上げないのか。ある医者に言われたことがある。「私は患者を診て給料をもらっているんです。健康な人が相手では収入にならない」。子どもは専門家たちが食べていくための手段に成り下がっているということか。

次に問うべきは、子どもたちの可能性を押しつぶすことなく、才能を伸ばすために、未来に向かってどんな教育システムを作り上げるべきか、ということだ。教育が終了した後にどのような人物に育っていればよいかということは、二〇世紀初頭から分かっていた。

> ドイツ商工会議所によると、経営者の半分近くが、学校の成績よりも人柄と社会的スキルを重視すると答えている。七一％はチームで協調的に働けることをもっとも重要な能力と考え、六三％は個人で仕事を進められることを重要だと考え、六〇％が責任感、五九％がコミュニケーション能力を重要視すると答えている。[11]

社会で重要視されるこのような能力をもつ人間を、現在の教育システムのなかでは作り上げることができないと、長年にわたって世界中で議論されてきた。スカンジナビア諸国やカナダはこの問題に真正面から取り組み、答えを模索し、新しい道を採りはじめた。二一世紀において、すばらしい可能性を秘めた子どもたちの個性と独自性を重視する教育システムを作りたいなら、学校と教育に完全で無条件の自治を与えるしかない。

学校改革ではしばしば議論が白熱するが、教師代表の面々は「専門家」だけによる議論が望ましい、つまり政治家と教育者だけで議論したいと主張する。生徒は子どもであり、子どもは人間である。「人間」に関する議論を専門家だけが行うというのはあり得ないことだ。子どもは独立した人間であり、国家に属しているモノではない。ガットは次のように述べている。

学校に通うことによって、子どもはコミュニティのなかで積極的な役割を果たせなくなる。実際、資格をもつ専門家に子どもたちをゆだねることでコミュニティが破壊されていく。そして、子どもは全人格的な大人に育つことができない。(12)

一九七一年にはすでにイヴァン・イリイチが『脱学校社会』(*Deschooling Society*)のなかで、「学校は私たちのなかに深く食い込んでいるので、学校をなくしてほかの何かで置き換えることが想像できない」と、世界中で繰り広げられている終わりのない教育にまつわる悲劇の原因を考察している。

現在、子どもたちは完全に、家庭外の専門的な監督者のもとに置かれ、飼いならされている。これまでのどんな全体主義の社会も成しえなかったほどに。外部の監督者と教育者の手にゆだねられる完全なシステムに置かれた子どもたちには、親子の絆を深めたり日常生活のなかで教育を受けたりすることができない。スカンジナビア諸国やカナダが学校改革のなかで家族を基盤に据えたのは、ガットの次の教えが身に染みたからだろう。「学校制度に費やす費用を家庭内教育に振りかえれば、一石二鳥だ。家族関係を修復しつつ、子どもたちを治すことができる。(13)」

愛という現象を描写するのは、詩、芸術、哲学、宗教の領分であった。しかし、二一世紀の初めになって、幅広い科学の分野における研究対象となった。しかし、あまりにも学問が細分化されているため、愛のもっとも重要な部分が見過ごされている。（中略）千年にわたって愛の様々な要素が説明され讃えられてきた。（中略）奇妙なことに、愛することができるようになるのはなぜかを追求した者はいなかった。しかし、現在ではいくつかの科学的探究の成果によって、答が見えてきた。すべての研究が一致して指摘しているのは、人生の初期、とくに誕生直後の短い臨界期の経験が非常に重要だということである。

——ミシェル・オダン

第九章

家族が壊れるとき――あるいは失われた幸福を求めて

誕生の秘密

「心よ、新しい仕事だ、鼓動に備えよ！勇敢になれ、後悔はするな。臍《へそ》の緒からは見えなかったものを見るのだ。すべてのはじまりには魔法がひそんでいる。私たちを守り、生きていけるようにしてくれる魔法が」[1]。

妊娠と誕生、それに続く人生最初の数ヵ月という偉大な神秘ほど、このヘルマン・ヘッセの言葉が当てはまるものはない。しかし、悲しいことに、二〇世紀に入って以来、胎児の段階から社会の標準に合わせるように社会が発展してきたために、この魔法の時間を味わうことができる母親は（そして父親も）ほとんどいない。

フランス人の医師・研究者で、「おだやかな出産」の提唱者の一人であるミシェル・オダン（Michel

Odent）は、産業化された農業と、「産業化された妊娠出産」には驚くべき共通点があることを、根拠を示しながら指摘した。本書の著者である私は、妊娠出産が産業化される前に、人工中絶が産業化されたという事実を指摘しておきたい。公的統計ではドイツでは二〇一三年に一〇二、八〇〇件の人工中絶が行われた。オーストリアでは（おそらく政治的、宗教的理由で）公的に数字が記録されていないが、おそらく毎年二万から三万件の中絶が行われているようだ。(2)

福祉対象者への給付金のうち、子育て中の親への給付金の一部が廃止された二〇一〇年、「それなら私も中絶を選ぶ（Dann lieber abtreiben）」という見出しの記事がベルリーナー・ターゲスシュピーゲル紙に掲載された。実際、貧困層は増加し続けているが、彼らは無料で中絶手術が受けられる。ヨーロッパに次いでアメリカ、そしてロシアでの中絶件数が多い。公的な統計や推計によると、EU二八カ国において、年間三〇〇万の赤ん坊が中絶されている。こんにち、愛し合う幸せなカップルが生命の奇跡と向き合おうとするとき、妊娠したことの喜びは消え失せる。自信と勇気があり、禁欲的で、財政的にも自立していなければ、予想以上の困難に直面するだろう。とくに、最初の出産においては。

妊娠・出産をためらわせるような助言や質問が各方面から投げかけられる。「妊娠について指導を受けたら？」「出産予定日まで生まないつもり？」「ワクチン打たせるの？」「せっかく良い仕事に就いているのに、本当にやめてしまうの？」「専業主婦になるの？」「もうこんないい仕事には就けないよ」「母乳育児にするの？　添い寝するの？」「出産したらすぐに仕事に復帰しなきゃね！」「自然出産にする？　それとも帝王切開？」「子どものために貯蓄口座を開く？」こんな言葉には耳を貸さないことをお勧めする。

助言や質問の要点は、こうだ。母親になったら最後、人生が大きく変わる。楽しくてシンプルで気楽な生活は二度と帰ってこない。だから乳房にも身体にも未来にも保険をかけておけ、ということだ。おせっかいな助言や質問にはきりがない。イライラさせられることはあるが、妊娠と親になることの喜びを味わえることはほとんどない。

最初の妊娠のときに「おめでとう。親になるって、人生で一番大事ですばらしい経験だし、親になって家族を作ることは責任をともなうけど最高だね」とだけ言ってもらえる幸運な女性もいるけれど。

胎児が成長する間、ネガティブな発言を乗り越えたとしても、国家が産業化させてしまった出産のシステムに向き合わねばならない。オーストリアでは母子手帳が交付されるが、これは義務であり、もっていないと政府からの子ども給付金がもらえない。交付されたら最後、何度も産婦人科に通わなければならなくなる。

妊婦検診は、表向きには、妊婦と胎児の安全のためである。しかし、フランス人の産科医で出産の専門家であるミシェル・オダンは著書『農民と産科医』(*Im Einklang mit der Natur. Neue Ansätze der sanften Geburt*) でこう述べている。

単に身体が妊娠という変化にたいしてとる反応に、しばしば奇妙な病名が付けられる。胎児の糖代謝が変化すると「妊娠糖尿病」と言われたりする。胎盤がきちんと機能していて血液量がふえると血液が薄くなりヘモグロビン濃度が減るので「貧血」だと言われる。何度も産科医に通うと心配の種を植えつけられるので、妊婦の精神衛生には絶対に良くない。

オダンによれば、心配させられるとノセボ（反偽薬＝プラセボ効果の反対で、本来薬として効果をもたないものを服用しているのに、望まない有害事象が現れること）と呼ばれる反応を引き起こす。妊婦の精神的な状態が悪化し、家族にもその影響がおよぶ。

多くの国で行われている妊婦検診は一〇回を下らないことに注目しなければならない。つまり、妊娠について心配の種を植え付けられる機会が少なくとも一〇回はあるということだ。妊娠中、最大の幸福を味わえる女性は少ない。すべての女性は何らかの異常を指摘される。「高血圧あるいは低血圧」「貧血になってます」「血小板の値が低いので出血するかもしれない」「妊娠糖尿病です」「赤ちゃんが小さすぎる、あるいは大きすぎる」「胎盤が弱ってる」「まだ十八歳でしょう、十代だとリスクがありますね」「赤ちゃんの頭がまだ下になっていないから、頭から出てこられません」「血液検査の結果、赤ちゃんがダウン症の可能性があります」「葉酸を大事な時期に取らないと脊椎破裂の恐れがあります」「風疹のワクチンが済んでいませんね」「Ｒｈマイナスですね」「出産予定日をすぎたので陣痛促進剤を投与したほうがいい」等々。一体、こんな状況で誰が「ふつうの」妊娠期間を過ごすことができるだろうか。(3)

いや、異常を指摘されずに過ごせる妊婦などいない。少なくとも、二〇年間、数十の国際的研究により、妊娠と病院での出産のシステム化によって、妊娠中と出産時に合併症がふえることが分かってきている。

都市部では、一八世紀の終わりから、そして全体としても二〇世紀に近づく頃には、独立開業の助産師は主流医学によって隅に追いやられた。そして産科医が、出産、次いで妊娠を引き受けるようになり、すべての決断を下すことになった。結果として、出産が「問題」となった。「韓国では助産師はほぼいなくなり、高度医療設備を備えた病院で出産が行われるが、その四〇%もが帝王切開である。韓国における超音波検査の回数は世界トップだ」とオダンは言う。

相対的に助産師を多くし、産科医の数を比較的少なくしている国々では出生に関する統計がずっと良い傾向を示しているとオダンは言う。

人口九〇〇万人のスウェーデンには九千人の助産師がいる（人口三億三千万人の米国には資格のある助産師はたったの五千人しかいない）が、産科医の数は相対的に少ない。スウェーデンの出産の統計は西洋社会で一番好ましい。帝王切開の割合は一一%程度で二〇年間変化なく推移している。オランダでは助産師の八割が独立開業で、妊婦は通常助産師に出産の面倒を見てもらう。妊娠中、あるいは出産時に産科医に行くべきかどうか判断するのは助産師だが、産科医の下で働いているわけではない。陣痛がはじまると、病院で産むかどうか助産師と妊婦が決めるが、およそ三〇%が自宅出産を選ぶ（他の先進国では二〇%程度）。現在では（無痛分娩のための）硬膜外麻酔を受ける妊婦は五%以下で、帝王切開は一〇%程度と、西ヨーロッパでもっとも低い。

日本の助産師の数は多く、周産期における死亡率は一番低い。帝王切開の割合は相対的に低く、無痛分娩の割合はオランダよりも低い。国々を比較して分かることは、一般的に言って、産科医が緊急の場合だけ関わるようにすると出生時の合併症が減るということだ。(4)

だから、妊娠したら産科医や薬剤師のところへは行かず、経験を積んだ独立開業の助産師を訪ねるべきだ。費用が余計にかかっても、その数倍の利益がある。第一に、産科医は妊婦を「病人」として扱うが、助産師は妊娠を自然なことだと認識しており（過去何万年もそうだったが）、通常の状態として扱ってくれる。フランスの歴史家、ジャック・ジェリは『出産の神秘』のなかで、昔のひとびとは「宇宙の壮大な動きのなかに人間もおかれているのだから、人間の身体は侵犯できないと知っていた。身体の外部はもちろん、内部に介入するのはその卓越したシステムを侵犯することを意味した(5)」と述べている。

妊婦自身が選んだ独立開業の助産師と妊婦は信頼関係で結ばれ、恐怖の入り込む余地はない。ここには自律的な安産に必要な、いまでは忘れ去られた知恵が存在する。ジェリは次のように述べている。

すべては地元の村の助産師が信頼関係を築けるかどうかにかかっている。信頼関係によって、助産師には権威が与えられる。女性はこの「信頼」を何度も口にする。村の教会の神父がお気に入りの助産師に仕事を与えるため、経験を積んだ年老いた助産婦を引退させようとすると、「信頼」というキーワードを使って女性たちは抗議した。なぜなら「信頼は命令しない」からである。経験を積んだ助産師は妊婦を安心させるコツを知っており、何をなすべきか確信している。出産時に妊婦をなだめ勇気づけることができる。いつも有能とは限らないが、助産師は自身が何度も出産しているため、状況をよく知っている。だから、ある兆候

が何を意味するかが分かるのである。つまり、助産師は出産を手助けする賢い母親なのだ。(6)

私の妻が自宅で安産したあと、私たち夫婦は知人の妊娠期の経過と出産を観察するようになった。大体、出産一〇回につき、四、五回の帝王切開がある。例が限られているので、その割合がオーストリアとドイツの三五%より高いことをどうこういうつもりはない。ただし、私たち夫婦が知る妊婦のうち、「ハイリスク」妊婦ということで医療上の理由から帝王切開と判断されていたのは二人だけで、あとは自然出産をするために病院に行っている。

ところが、病院ではリスク要因を指摘され、半数近くの妊婦が帝王切開になった。自然出産ができなくなっており、妊婦自身が帝王切開を望む率が高まってはいるものの、帝王切開の割合がこんなに高い理由にはならない。

帝王切開が多いのは出産が産業化されたためだろうか。それともハイリスクの出産を引き受ける病院の産科医が、妊婦と胎児の状態を正しく診断できないためだろうか。ドイツ人の小児科医で著述家のヘルベルト・レンツ＝ポルスター(Herbert Renz-Polster)は『人間の子ども――種にふさわしい育て方をしよう』のなかで次のように書いている。

二〇世紀になるまで、妊娠と出産は医学の領域ではなかった。命を救う、すばらしい技術である帝王切開が、またたく間にもっともありふれた出産方法になった。「出産促進」のために、合成されたオキシトシン(子宮収縮を目的として分娩時に用いられるホルモン剤)が投与される。そして出産の痛みを和らげるため、異常のない出産にも硬膜外麻酔が使われるようになった。出産を医療化することで、文明の将来を見据えた長期的な思考ができない傾向がますます強くなっており、高度に医療化された出産を望まない女性を不安にさせている。帝王切開も硬膜外麻酔もオキシトシン点滴も可能になっているのに、なぜ一定数の女性が出産の苦しみにあえて耐えようとするのか、妊婦の気持ちが分からない多くの産科医には理解できない。（中略）いくつかの統計を見れば、産科医がもはや異常な出産に関わることを専門としていないことが分かる。

出産の産業化が一番進んでいる米国を見てみよう。三万六千人の産科医がおり、三六〇万人が毎年生まれている。つまり、一人の産科医が平均一〇〇人の赤ちゃんを取り上げていることになる。現在では産科医は、異常出産を専門としているわけではなく、基本的な医療ケアを行っているにすぎない。

産科医の経験不足は危険である。典型的な産科医は、双子の出産に、年に一回しか立ち会わない。肩甲難産（出産時に頭は出ているのに肩がひっかかって出られなくなること）に出会うのは五年に一度である。前置胎盤（胎盤が胎児が出るのを邪魔する位置にある）は一〇年に一度、子癇発作に出会うのは生涯に一度であろう。胎児が横位のため、帝王切開は、あまりに稀なケースなので教科書を見て行わなければならない。フランスにある我々の病院の産科病棟には六人の助産師がおり、医師の私は一年におおよそ千人の赤ん坊を担当している。治療の腕を保つためにはこれくらいの数が適切だと感じている。(7)

帝王切開の割合が高いことは、過去二〇年、メディアでたびたび取り上げられていて、特集が組まれたことも多々ある。驚くことに、メディアは帝王切開について産科医にコメントを求める。しかし公立病院の産科病棟でおもに働いているのは助産師なのである（助産師には異常が起こったらすぐに産科医を呼ぶ義務があるが）。本書を書くにあたって、病棟勤務および独立開業の経験を数十年積んだ助産師に聞き取りをしたのは、このアンバランスが理由の一つである。

産科医の帝王切開にたいするコメントには複雑な感情がかいま見える。帝王切開の増加を憂えてはいるものの、熟慮することなく帝王切開の手術を行なっている。計画された帝王切開が妊婦の基本的権利だと強調する一方で、帝王切開の出産時およびそれ以降の生涯におけるリスクには軽くしか触れない。

帝王切開が母子の絆に深刻な影響をもたらすことに触れる医師はいない。そして、医学的見地から、母子の命を救うために本当に帝王切開が必要となるのは二％だということを認める医師もいない。

女性の多くはいまでも自然出産をしようと思って陣痛室に運ばれる。ドイツの研究によると、九〇％が自然出産を望んでいるという(8)。病院以外の場所では「異常」は生じず、帝王切開が必要とされる事態とはならない。三〇～三五％の帝王切開率は、妊婦が子宮から子どもを切り出されることを喜んでいるからではない（メディアではそういう印象を与えることがあるが）。そして、帝王切開が赤ちゃんに与える影響が記事に取り上げられることも稀である。オダンは次のように述べる。

人がどのようにして生まれるかが、後の人間関係や攻撃性、言い換えると愛する能力に関係する。

他人や自分を愛することができない人の経歴を探ると、必ず出産時、あるいは出生後にリスク要因が生じていた事実にぶつかる。「愛する能力の限界」は、多様な障害における共通の要因である。さらに、難産率の高さは青少年の暴力犯罪の増加につながる、という研究者たちの指摘がある。これは、他人を愛する能力の限界が理由として考えられる。アドリアン・レイン（Adrian Raine）の権威ある研究によると、異常出産は、一八歳時点での暴力犯罪の確率を予測するリスク要因である。自分自身を愛することができない場合にも様々な問題が生じる。自己破壊の究極の行為は自殺である。青少年の自殺は現代社会の喫緊の課題であるが、これは新しい現象であり、西欧先進社会以外の文化圏にはほとんど見られない。

多くの先進国において、自殺は青少年の死因第一位である。オーストラリアの国立統計所によると、一五歳から二四歳のオーストラリア人男性の自殺率は一九六四年には一〇万人につき八・七人であったが、一九九七年には三〇・九人に増加した。いつ生まれたかによって、自殺の確率が決まると解釈できる。重要なことは、我々がもっているデータの中の青少年の自殺に関する研究によれば、出生の曜日もリスク要因の一つである。統計的に重要なリスク要因のひとつは、出生時に蘇生術を受けたことである。

スウェーデンのベルティル・ヤコブソン（Bertil Jacobson）の一連の研究では自殺方法を分析している。出生時に外傷を負っている人は、（崖から飛び降りたり線路に飛び込んだり自らを銃で撃つなどの）暴力的な方法で自殺する傾向にある。出生時に低酸素状態になった人は窒息という手段を取りやすい。もう少し穏やかな自傷行為、たとえば麻薬依存症なども大きな社会問題であるが、妊婦が出産のときに痛み止めを用いると、その赤ん坊は後年麻薬

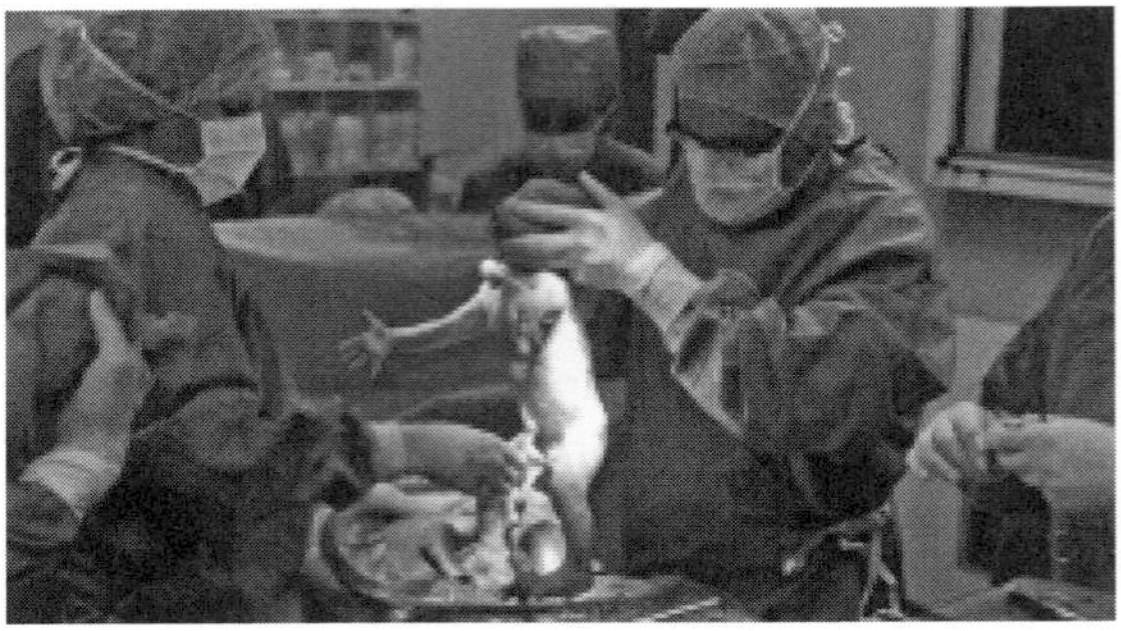

帝王切開
©dpa, Daniel Karmann

出産 2008-2010 年
AmandaGreavette, 油彩（自宅出産）

依存症になりやすい（米国やスウェーデンの研究による）。

拒食症も、愛する能力の欠如が原因だと理解できるが、とくに西洋社会によく見られる。出生時のリスク要因と拒食症にも関係があることが、スウェーデンでの女性を対象とした一〇年にわたる大規模研究で分かった。統計的にもっとも重要なリスク要因は頭血腫（出生時に産道を通るときにかかった圧力のため頭に血腫ができること）である。つまり、出産時に外的な力が加わり外傷が生じたことを意味する。[9]

帝王切開の割合が高いのは、出産が産業化されたからである。医療の介入なしに、自然に産道をくぐり抜けて誕生することは、発展途上国でさえますます少なくなっている。このことが子どもだけでなく、社会全体に大きな悪影響をおよぼすことは証明されている。

ライツ＝ポルスターは次のように述べる。

> 約二〇％の出産は、陣痛がはじまる前に陣痛促進剤を投与されてはじまっている。三一％は避妊用の薬剤を投与することで陣痛が促進される。三〇％は産道を広げるために会陰切開が施される。自然に陣痛がはじまってから、医療の介入なしで産むことができる母親は二〇人に一人である。助産師たちはこのような状況を憂えており、自然出産を世界遺産にするべきだと宣言している。[10]

世界中で過去二〇年間、産業化された出産、そして帝王切開の悪影響を示す科学的証拠が積み重ねられている。それなら、どうしてこの状況が変化しないのか。メディアでも憂慮されているのに、なぜ何も変わらないのか。

クーリエの記事「誕生時のトラウマ」を見てみよう。この記事ではＯＲＦ（オーストリア公共放送）のドキュメンタリー『私の傷、人生の傷』を取り上げているが、そのなかで監督のミリアム・ウンガー（Mirjam Unger）と心理学者のユディット・ラウニヒ（Judith Raunig）が帝王切開を経験した母親にインタビューを行っている。

一人の母親は、産科医が時計を見る度に感じたストレスについて語った。一時間のうちに自然出産しなければ手術だと言われていた。別の母親は、陣痛抑制剤と陣痛促進剤を交互に投与される、という経験をした。もう一人は緊急手術の際、肉屋の店先に吊り下げられた肉になった気がしたという。

このリポートでは、ドキュメンタリーに出ていた医師の発言も取り上げている。「医師の一人は、将来自然出産が例外になると予測した[11]」。

将来帝王切開だらけになるのに、自然出産について議論することに意味はあるのか。一つには社会が負担しなければならない費用の問題がある。しかしここでは、自分の体にたいする権利を行使して自ら帝王切開を望む女性を問題にしているのではない（赤ちゃんの権利はどうなのか、という問題は残るが）。

問題は、帝王切開が行われるのがおもに公立病院であるということだ。健康保険の会社からは、帝王切開に、二六〇〇ユーロが支払われるが、自然出産には一五〇〇ユーロしか支払われない。帝王切開の後に母親が生涯にわたる健康問題をかかえる場合の費用についても考えなければならない。また、ごくまれだとはいえ、帝王切開によって母親、子ども、あるいは母子両方が亡くなることもあるが、帝王切開に関する議論ではこのことには触れられない。産業化された出産に関わる専門家は、帝王切開の危険性を過小評価し、その必要性を正当化する。

一般紙でよく見かける類の記事の中から、もう一つ例をあげよう。「帝王切開が赤ちゃんに有害な理由」と題された記事（二〇一二年一一月一八日、ディ・ヴェルト紙）には、有名なベルリンのシャリテ大学病院の医師の発言のみが引用されている。その発言に重みがあるのは確かだが、赤ちゃんにとってのリスクにはほとんど触れられていない。新生児科医の一人は「予定日よりも二週間早く生まれると、学校で困難を感じる確率が二倍になるというスコットランドの研究がある」と述べている。多くの帝王切開は出産予定日の二週間前に行われる。この研究結果は教育に関する議論を沸騰させる可能性がある。義務教育を終えた子どもたちの成績が悪くなる一方なのは、過去二〇年間、帝王切開の割合がふえたからだろうか。

数学と科学技術と医学の研究結果がすべてを物語るわけではないが、積みあがった研究結果には注目しなければならない。政治家とメディアが協調して新しい研究結果を取り上げて家庭や保育園の必要性を訴えるたびに、我々は常識的な判断をしなければならない。ライツ＝ポルスターは著書『子ども時代は不可侵――なぜ両親は子育ての権利を取り戻す必要があるのか』において、次のように述べている。

因果関係は人生において毛玉のようにからみあっている。複雑なシステムのなかで人が生きていくいまの時代、科学的研究の結果は注意深く受けとめなければならない。車を運転する人が「研究用」と書かれた橋の上を走ることはないだろうし、建築家が「研究用」と指定した家に引っ越す人もいないであろう。このように、私たちは「科学的」研究の場合であっても、いきなり注意深さを捨ててしまうわけにはいかない。(12)

私たちが子どもを平準化された枠に押し込めようとしたり、出生時から義務教育期間にいたるまで型にはめたりしなければ、よりよい「結果」が得られる。

ディ・ヴェルト紙の記事である女性医師はこう述べている。

帝王切開の技術も改善され、全身麻酔を行わずに、脊髄付近に麻酔薬を注入ことができるようになりました。(中略)下半身のみが麻酔されている状態なので、赤ちゃんが出てきたら母親は抱きかかえることができるのです。つまり、子どもの誕生を経験できるわけです。出産を経験することができない、というのは過去の話です。自然出産の場合はオキシトシンというホルモンが母親の脳内に放出されて母子の絆が強まりますが、帝王切開では脳にオキシトシンの嵐が吹き荒れずとも母子の絆が作られるのです。

記事はこの後、「母子関係は帝王切開でも良好に形成される」と題されたセクションに続く。先ほどの引用に出てきた医師は「出産したすぐあとに子どもを母親に抱かせて肌を接触させて母乳を与えさせれば、自然出産だろうが帝王切開だろうが、母子関係の形成に変わりはありません」と言う。記事は「自然出産は多くの場合、母子にとってベストだが、帝王切開がますますふつうの出産方法になっている」[13]と続く。

自然出産が九八％の母子にとってベストの選択であることは、素晴らしく知的に発達したホモサピエンスの進化が物語っている。医学的には、帝王切開を必要とするのは一〜二％にすぎないのだから。記事ではＷＨＯが推奨する帝王切開率は一五％となっているが、それは、割合の高い国々にたいして比率を下げるよう推奨している数字でしかない。

ディ・ヴェルト紙の記事は帝王切開推進記事と考えた方がいいだろう。過去一五年間、その方向の記事が多かった。しかし、「リスクの低い手術」と題されたデア・シュタンダート紙の記事には、帝王切開のリスクが詳細に書かれている。フランクフルト・アム・マインにある大学附属婦人科クリニックの産科部長のフランク・ロウヴェン（Frank Louwen）は、ミュンヘンの産科医師会のメンバーでもある。彼は次のように述べている。

帝王切開が新生児に与える影響は長い間無視されてきた。帝王切開は、母親の死亡率や合併症発症率を高めることが知られているにもかかわらず、赤ちゃんが安全に生まれてくるという印象が与えられているため、新生児のためには、選択肢の一つと考えられてきた。（中略）帝王切開で出生した赤ちゃんは、適応障害や人工呼吸器が必要な合併症を発症する割合が急増する。（中略）帝王切開をすると、産後の子宮収縮や母乳の授乳もうまくいかない。（中略）痛みを感じると、母乳に必要なオキシトシンというホルモンが抑制されるので、帝王切開後、鎮痛剤を効果的に服用しなければならない。（中略）帝王切開で生まれた赤ちゃんは、喘息、アレルギー、糖尿病、セリアック病（グルテンにたいして起こる異常な免疫反応）の割合が高い。（中略）とくに重要なのは、その後の妊娠に与える影響である。帝王切開を繰り返すと胎盤癒着や嵌入胎盤の危険性が高まる。これらの場合、子宮摘出でしか命を救えないことがあり、どんなに注意深く手術しても、死亡例が出ることがある。[14]

尊敬すべき医師だ。正直に包み隠さず話してくれる医療の専門家がまだいたのだ。

しかし、いかに帝王切開のリスクが開示されたからといって、事態は何も変らない。妊娠初期に、計画出産による帝王切開を望むのは妊婦の三〜六%。少なくとも二五%の帝王切開は、出産が産業化されたために起こっている。

さて、妊婦が自己決定権を行使して、自身と健康な胎児を危険にさらす帝王切開を望む一方で、独立開業の助産師に出産を頼もうとする妊婦がいるのはなぜだろうか。

一九七二年、二五歳のシュラミス・ファイアストーン（Schulamith Firestone）は『性の弁証法』（*The Dialectic of Sex*）を出版し、世界的ベストセラーとなった。その中の「子ども時代を振り返る」という珠玉の章のなかで「子どもは学校に強制的に行かされる。自由意志に任されたら行くはずがない」[15]と書いているが、これは現在にも通用する。

もし胎児が生まれ方を選べるとしたら、医療介入のない、自然なお産を望むだろう。帝王切開が標準になっているとしても、どうして親の権利、女性の権利、または「大人の権利」が胎児の権利よりも優先されるのだろうか。

帝王切開だけではない。通常の産道から生む出産でも、病院で産む場合は、世界中で何万人もの母親が辛い思いをしている。何千年もの間、出産はすばらしい体験として記憶されてきたものだが、いまではトラウマになってしまう。病院では通常、母親は誰にも付き添われずに産むしかない。しかし、歴史上最初の助産師たちは自分自身が出産を経験した人たちで、出産に付き添い、妊婦の立場に立って思いやれる人たちであった。深い絆と喜びに満ちた聖母子像（聖母マリアと赤ちゃんのイエスの絵）は家族の肖像が現れるずっと前から西洋絵画のテーマであった。イエス・キリストも同時代の子どもたちと同じく、医療介入のない自然なお産で世に生まれ出た（馬小屋も家の一部だ）。

いずれにせよ、科学的に証明されている通りに、妊娠期間と出産を経た母子の絆が強いことを考えれば、トラウマになるような出来事も母子双方に影響し、長期間続くと考えられる。

なぜ、産業化された出産に関する専門家たちは、自宅出産のような、標準的ではない出産の形を支持しないのだろうか。NCT（イギリス国立出産トラスト）がインターネットで行った調査について オダンが触れている。質問は「妊娠中の異常が見られなかった方に訊きます。病院での出産と同等に良い選択肢として、自宅出産を示されましたか？」[16]というものだ。この質問に問題が凝縮されている。妊娠すると、リスクがあるかないかにかかわらず、国家の医療体制に組み込まれてしまうのだ。安全に子どもを産む方法は一つしかない、それは病院で産むことだ。妊婦は様々な表現でそう言い聞かされる。病院でなければ様々なリスクが母子に襲いかかる。産科医たちは最悪のシナリオを常に頭に叩き込んでくる。助産師と違って、産科医にはロビー団体がついているのだ。妊娠初期から義務教育が終わるまでの間、多くの家族が従うように言われてきたのは、しばしば、最悪のシナリオを避けるため、という口実のもとに、父権主義的な医療提供者と患者、あるいは国家と市民の関係だ。

早期にはじまる義務教育によって従順になった市民は、この一五年の間、政治のトップから指示され権威に従うことを要求されてきた。オーストリアの教育大臣（青少年の問題も担当している）が、二〇〇三年に公の場で「若者はパーティに行く暇があったら子どもをつくれ」と発言し、メディアでかなり批判を浴びた。先見の明を全く欠いた悲惨な家族政策が、長年オーストリア、ドイツ、その他の国々において行われていることを如実に示す失言だ。一九五七年、西ドイツのコンラート・アデナウアー（Konrad Adenauer）首相は「人はいつでも子供を授かるものだ」と言ったが、これは間違っている！　一〇万年以上におよぶホモサピエンスの歴史のなかには、突然文化が消え失せたかと思わせるような裂け目があった。だから、子孫がたくさんいるということは、当然のことではない。オダンによると、次の通りだ。

ホモサピエンスが行き詰まったのは、植物を栽培し動物を家畜化した一万年前のことである。「新石器革命」は中東、東南アジア、中国中央部、中央アメリカとアンデス山脈ではじまり、その他すべての地域に広がった。その時から人類の生存戦略は、自然を制御することであった。（中略）人間の潜在的な攻撃性を利用し、拡大することが、生存に有利となったのである。歴史上のターニングポイントにおいて、子孫を残すことが別の意味をもちはじめた。（中略）新石器革命の初めから、人の誕生に関わる真っ当な信仰や儀式をもつ集団が、生存にもっとも有利となった。（中略）人が愛する能力を得るためには、人生の初期に多くの経験を積むこと、とくに誕生時の経験が重要であることが理解されるようになった。愛情の輪をつなげていくためには、子どもがどのように誕生するかが重要であるため、誕生時に人間の文化がどのように関与するかが決定的な要素となった。つまり、ここが私たちのスタート地点なのだ。(中略)人類の将来を心配するのであれば、現在広がっている出産の産業化に終止符を打たねばならない。[17]

ドイツのロストクにあるマックス・プランク人口研究所の最近の研究からも、同様のことが言える。これはドイツの親たちの幸福度を調査したもので、重要な知見としては、最初の子どもが生まれた後に親が自分に人生に不満を覚えれば覚えるほど、二番目の子どもを作らなくなる、という結果が得られた。

母親、そして父親の学歴が高いほど、この傾向は強くなる。ミッコ・ミルスキタ(Mikko Myrskyta)は次のように書いている。

一般的に子どもの数は、最初の子どもが生まれた後に両親がどのような経験をするかで決まる。(中略)出生率の低下に悩む政策決定者は、子どもが生まれたときから若い夫婦にたいする援助を着実に行えばよい。[18]

家庭を作るときに、妊娠出産が自分や子どもの将来に困難をもたらすものだと認識する人が大多数であるなら、何も変化は起きないだろう。前述のような権威主義のなかでもがかなければいけないときはとくに困難を感じる。個人として信頼され、認められ、尊敬されることが必要なのに。著書『分かちがたい世界に参加する』（*Teilhaben an einer unteilbaren Welt*）のなかでノーベル賞を受賞したドイツの各物理学者でマックス・プランク研究所の元所長であるハンス・ペーター・デュル（Hans-Peter Dürr）は次のように述べている。

「倒れる木は、成長する森よりも大きな音を立てる」というチベットの古いことわざは、危機に瀕した世界で、生命と進化の創造的プロセスへの信頼を保つよう、いつも私を励ましてくれる。毎日の恐ろしいニュースや、もっとも騒々しい少数のひとびとに目を奪われるのではなく、この世界で日々、生命の存続を確かなものにしている無数のひとびとに目を向けるべきなのだ。森は静かに、しかし容赦なく成長している。何千年も生き延びてきた人類に愛と知恵を注ぎ、生命を保護していくことに貢献するのが我々の使命だ。[19]

この言葉を引用することは著者にとって非常に重要なことだった。そのため、巻末には、自信と勇気をもって世間とは異なった道や新たな道を歩んでいるひとびとについても報告することにした。本節「誕生の秘密」を締めくくるにあたって、ある知人の経験を共有したい。

知人の一六歳の娘さんが妊娠したとき、その娘さんは自分の（シングルマザーの）母親にも周囲の人にも妊娠の事実を知らせなかった。医者のところにも行かなかった。娘さんは本当に子どもが欲しかったので、出産時まで妊娠していることを悟られないようにした。そう考えてそう行動したのには相当な理由があったと思う。娘さんは出産まで毎日学校にも通った。

一七歳で出産を迎えたとき、赤ちゃんの誕生さえ隠そうとし、そしてそれに成功した。朝、シャワールームで一人で子どもを産んだのだ。何の問題もなかった。新生児を腕に抱いた彼女は、兄弟にハサミをもってくるように頼み、自分で臍《へそ》の緒を切った。医者も呼ばれてきた。赤ちゃんは正常に発達しており、満期で生まれ、母子ともに健康だった。

この例で分かる通り、このような現代においても、助言や指示や権威主義（善意にもとづくものかもしれないが）におびやかされずにいれば何でも達成できるのだ。オダンによれば、世界中の女性たちが、知人の娘さんのような資質をもち、何万年も続く進化を再度継続すべく静かな運動をしているという。

> 「支援者」「指導」「指示」「配偶者」がなければ出産はできないと信じ数々の言葉にも、彼女たちはひるまない。このような女性たちは自分の能力に自信をもち、安産するためには、医療体制や世間から離れているのが一番だと知っているのである。ひとびとはこれを、理解できない無責任な行動と考えるかもしれないが、彼女たちから学ぶべきことがある。出産は文化によって形作られてきたが、いまだに哺乳類としての基本的欲求をもっている女性たちがいるのだ。出産を自然に有機的に眺めると、陣痛に耐える女性の基本的なニーズに対応することが重要であり、周りの人間が何をするべきかなど、どうでもよいことだ。この時代に産科医あるいは助産師として働くひとびとは、こういった女性が何をしているかをよく観察した方がよいだろう[20]。

私たちは飛行機や電車のなかで自然出産を迎える女性についてのニュースをよく聞く。しかしそれはその場に居合わせて出産を手伝わざるを得なかったひとびとに関する報告であり、子どもを産んだ女性に関するものではない。言い換えると、これらのニュースには重要な情報が抜けている。女性たちはほぼ一人で子どもを産んでいて、安産で異常がなかったということだ。病院は、医療行為が必要なときにかぎらずは救いの神である。しかし妊娠は病気ではなく、一般的に言って出産にリスクはない。(21)

本書の根幹となる問いは次の通りだ。ドイツやオーストリア（そして他の諸国）の家族は自由で自信があり、自己決定を下すことができているのだろうか。ほとんど全員について、答えはノーだ。妊娠出産からして自己決定できていない。

産業化された社会からも、デジタル時代からも、人類は恩恵を受けている。しかし、アナログな世界観は、いまでも価値を失っていない。「上と下は等価である。内も外も等価である。魂と身体も等価である」（錬金術の七つの法則の一つ）。小宇宙の変化は全体におよぶ。助産師たちが自然出産を世界遺産に登録するよう要求しているのは、皮肉でも論争を呼ぶためでもない。この後の章で触れるように、「家族」でさえ、保存するためには世界遺産に登録しなければならないのかもしれない。

額縁の中の家族の肖像画

私たちの祖先は、いたるところに、自分たちの姿や文化、生活様式を、絵画の形で残している。

考古学の発掘対象となるものから中世にいたるまでの宗教画や世俗的な絵を見ると、あるものが欠落していることに気づく。家族の肖像だ。家族は社会におけるもっとも基本的な単位で、もっとも重要なものだと認識されてきた。六歳から七歳で子ども時代が終わると、私生活と公的な（職業に関する）生活の区別がなくなったものである。昔は家族がコミュニティの核となる単位で、コミュニティが宇宙の中心であり、神々に囲まれているという神秘的な世界観をもっていた。相互に面倒を見る社会であり、一つの宇宙にみなが属しており、独立して存在できるものはないというのが、ほぼすべての文化に共通する認識である。ホモサピエンスの歴史の九九%が、この全体的・包括的な世界観によって進化してきた。子どもがたくさんいることは神からの授かりものとして喜ばれたのだ。

家族は真の意味で分割できない単位として考えられていたため、家族を主題として肖像画を描く理由はなかった。家族は神聖なもの、少なくとも敬うべきものだと考えられていた。中世の世俗画においても、職業、なりわいをもつものとして人間を描いた。アリエスは『子ども時代の世紀』のなかで次のように書いている。

> 自分の絵を画家に描いてもらうときに、現代の人間は自分の職業が表面に出るように描いてくれとは指示しないだろう。中世の絵画に職業が分かるような形で肖像画が描かれているのは、ひとびとが職業に思い入れをもち、職業が私生活そのものであることを示している。

アリエスは、社会の発達を一二世紀以降の肖像画から辿っている。

ひとびとの仕事や職業を描いた美術品は、一二世紀以降のヨーロッパ社会で重要な役割を果たし続けた。主要な画題としては、農村で藁をまとめたり葡萄を収穫したりする農業の一場面や、食卓についていたり、狩猟したりする貴族の生活があった。初期の絵画は男性ばかりを描いており、女性はほとんど登場しなかった。女性は宮廷では詩で讃えられ、その詩を受けとる側として描かれている。中世における宮廷の詩や抒情詩（ドイツでのミンネザングなど）に触発されたテーマである。アリエスは次のように解説している。

初めて女性が絵画のなかに登場するのは、宮廷風恋愛（騎士道的愛）の対象として、あるいは邸宅の女主人としてである。（中略）農婦はもっとも頻繁に描かれる。（中略）一六世紀まで時代が下がると、領主の家族が農民を監督したり共にゲームを楽しんだりする様子が描かれるようになる。タペストリーには田舎の風景が描かれ、領主とその子どもたちが葡萄を摘んだり穀物の刈り取りを監督したりしている。そして妻子が室内あるいは屋外の男性の仕事に参加している様子、いっしょに生活している様子が描かれるようになった。これらは厳密には家族の肖像とは言えない。一五世紀までは、子どもが描かれることはなかった。[1]

ヘネシー&グリマーニ（Henessy & Grimani）が述べるように（アリエスの著書から引用）、一六世紀には時祷書（祈祷文や詩が書かれた中世装飾写本）のカレンダーに子どもが登場する。それ以降は様々な絵画に子どもが描かれるようになる。

子どもたちはスケートをしたり、大人たちの試合を真似したりしている（子どもの一人はシャルル五世と推測される）。ミュンヘンの時祷書には雪合戦している子どもたちが、Hortulus Animae（祈祷書）には、宮廷風恋愛の真似事をしたり、馬の代わりに樽に乗っかって馬上槍試合の真似事をしたり、スケートしたりしている子どもたちが描かれていた。こうしたカレンダーには、それまで見られなかった人物が描かれるようになったのだ。まず女性、隣人、友人同士、子ども。子どもは「家族」生活そのものではなかったかもしれないが、懐かしい、親しみのある題材として登場しており、それまでには見られなかった、家庭にたいする羨望が見られる。

この時代の絵画では日常生活と子どもっぽいふるまいに焦点が当てられた。一六世紀から一七世紀の絵画では、家族、そして私的生活と敬虔さ（教育と躾）が主な画題になりつつあった。「絵師が描く場面は、どこなのか場所がよく分からないものか、教会のような公共の空間か、屋外であった」。

さらに、それまではタブー視されていたテーマが描かれるようになる。家族が（自宅の）食卓についているシーン、出産（助産婦が産後の介助をしている）、自室で神の救いを求めて祈る人の死の床の苦しみ、などである。中世では私的な生活はテーマとして避けられていたが、一六、一七世紀の絵画においては余すところなくどんな領域も描かれている。感謝の祈りをささげる子ども、ゆりかごの中の赤ん坊を看護師が注意深く見守る様子、人形をもった女の子、大きい子どもたちが取っ組み合いをしている様子、若い女性がよじ登ってきた赤ん坊に乳をやる様子。

家族の肖像の数は急増したとアリエスは記す。

これらの家族の肖像画は、ヨーロッパ中に広がり、フラドル絵画、イタリア絵画、英国絵画やオランダ絵画にも登場する。（中略）一六、一七世紀には家族の肖像は、個人の肖像画と同じくらいによく見られるものとなった。肖像画は個人主義の発達を表していると言われることがある。そうかもしれない。しかし、家族という概念の発達はそれを上回る。（中略）家族は（画題としては）神や王と同じレベルにまで引き上げられた。

一六世紀から一八世紀にかけて突然家族に焦点が当たったことは、子ども時代（躾と教育）に関する新しい姿勢と軌を一にする。「中世においては一族の血統、名誉、団結を褒めたたえたものだが、キリスト教会はそういった世俗のひとびとの態度を不信なものとするか無視するのであった」とアリエスは続ける。

家庭生活は隠されるものではなくなり、（宗教的、イデオロギー的な）価値を与えられた。新しい家族に関する価値観は比類なき親子の絆にのみ端を発している。アリエスは次のように述べる。

この強力なコンセプトは、両親と子どもたちの愛に満ちた家族を中心に形成された。この価値観は子ども時代に関する概念と緊密にリンクしている。一族の血統の名誉や高潔さ、先祖から受け継いだ遺産、一族の名の永続性などは関心事ではなくなってきた。両親と子どもたちの特別な関係に焦点が当たるようになったのである。一七世紀、イエス・キリストの養父であるヨセフとイエスは似ていると考えられるようになり、それを理由にひとびとは家族の絆の重要性を説いた。エラスムスは、子どもが家族を結び付けるものであり、親と子が似ていることで固い絆が生じるのだ、という近代的な考え方をしていた。エラスムスの結婚に関する論文は一八世紀に復刊されたが、そこには「自然は、結ばれた二人の人間に一つの顔と一つの体を与えた。夫は妻の姿を子どもに見て取り、妻は夫の姿を子どもに見出す。祖父母、あるいは大叔父や大叔母の姿を見つけることもある。自然はなんと偉大な業を成し遂げたのだろうか」と書かれていた。子どもは両親を生き写したもので、感情を揺さぶるものだ。これがもっとも重要な点である。(2)

これは現在にも通じる。子どもが生まれるとすぐに、親たち（親戚、知人）は、子どもが誰に似ているかと考える。お母さんかな、それともお父さんかな？　おじいちゃんかおばあちゃんかもしれない。（宗教という）イデオロギーが浸透していた時代、人間は神の似姿だと考えられていた。子どもが親の似姿だと考えられたとしても不思議はない。

家族の地位が一六世紀から一八世紀にかけて向上したのは、現実の社会的発展の反映である。これには、子どもの養育、躾、教育の発見が関係している。

しかし家庭生活においては、子どもの育て方がとやかく言われることはなかった。「最初の期間は歯が生えそろうまでの幼年期であり、この期間は子供が生まれたときにはじまり、七歳まで続く」――この見解は、中世から現代にいたるまで、さまざまなタイプの歴史的資料（年代記、詩、知恵文学、小冊子など）において、さまざまなバリエーションで確認され、くりかえされている。

二〇〇七年、ドイツ、ライプツィヒのマックス・プランク進化人類学研究所は、現在のモロッコで見つかった一六万年前の人間の化石の歯の分析によって、子ども時代が現在と同じ長さであることを発見した。乳歯が生え変わるのは六歳から八歳であった。つまり、イデオロギーや経済的な興味や文化的価値観が変化しても、人間の進化の速度はあまり変わらないということだ。

一九世紀まで一〇万年以上の間、ホモサピエンスおよびその社会は常に進化してきた。この間、子どもをめぐる文化全体、つまり社会全体が、子どもが六、七歳になるまでは、子どもの世話と監護の唯一の担い手は両親と家族単位（親密な共同体）であることを、無条件かつ無制限に受け入れてきた。何万年もの間、家族が完全な自己決定権をもつことは、自然法として真剣に疑われることはなかった。そしてホモサピエンスが進化し、歴史が形成される原動力となったのである。

額縁の中の家族の肖像画には、部族長、村の長老、呪術医、王、施政者、神父や法的な権威は登場しない。離乳するまでは、子どもがどのように育つべきか、どのように躾けるべきか指示するものは誰もいないのである。一八世紀、あるいは一九世紀まで、家族という単位は最大限に尊重された。なぜなら人は経験から、あるいは直感的に、子どもが健康に発達し才能を開かせるのに必要な条件を知っていたからである。

多様性を内包する社会と文化においては、家族が尊重され自由であって初めて、子どもがたくさん生まれ、バランスが保たれ、団結できる。そして危機（経済的、災害、戦争など）の克服にとっても絶対の条件である。ギリシア・ローマ文化においては、キリスト教の反家族主義が入り込んだときに、家族に最初の亀裂が走った。その後、一八、一九世紀における（国家による）義務教育の開始、産業革命、二〇世紀の全体主義体制によって、家族は完全に破壊された。現在にいたるまで世界中でこの傾向は続いている。

何万年もの間一貫して、自己決定権をもつ家族の枠組みのなかでは、子どもは母親によって（ときにはほかの誰かに助けられて）産み落とされ、ハイハイする時期あるいは一歳まで母親に抱っこやおんぶをされて育った。アメリカの作家、民俗学者、心理学者であるジーン・リードロフ（Jean Liedloff）は著書『野生への旅——命の連続性を求めて』（*Continuum Concept: In Search of Happiness Lost*）のなかで次のように述べている。

命を得てから胎児はずっとどこにでも運ばれていく。へその緒が形成される前から胎児は活動的である。胎児はほとんどの時間を寝て過ごすが、それでも家族の声、周囲の人の動く音、予告なしでぶつかったり押されたり急停止したりすること、母親が仕事をしたり体勢を整えたりするたびに持ち上げられたり圧力を感じること、一日のリズム、皮膚の温度や感覚の変化、そして母親の胎内の安全で確実な場所にいる感覚に慣れていく。

胎内にいるかぎり、生理的欲求は感じない。人類という種から生得的に受け継いだものを次の世代に運んでいるだけだ。衝動が起きたときに飲み込んだり、排せつしたりする。それ以外の時間は、生きるということがどんな感じかを、学習している。(3)

過去数十年の数多くの研究から、抱っこやおんぶで運ばれていない赤ちゃんは、一時間から四時間、平均して二時間泣くことが分かっている。パプアニューギニアでは赤ん坊は常に運ばれているが、泣くのは一日平均五分である。(4)

小家族が描かれるようになった時代

聖家族 ルチオ・マッサリ、1569-1633
フィレンツェ、ウフィツィ美術館
洗濯をする聖家族。（聖なる）小家族を世俗化する最初の芸術的試みの一つ。

幸せな家族あるいは洗礼式から戻った家族
ルイス・ル・ナイン 1593-1648、ルーブル美術館©A.Dequier/M.Bard
• Photo by Getty Images • 写真提供：ゲッティ イメージズ • ©Getty Images

約四〇〇年後

フランツ・フォン・レンバッハ（1836-1904）と妻ロロ、娘たちマリオンとガブリエレ 1903年、ミュンヘン、レンバッハハウス・私立ギャラリー
これは裕福で最も尊敬を集めていたドイツ自我かとその家族の肖像画である。
このころムンクは遺作『叫び』を完成させていた。

アルルカンの家族、1905年 パブロ・ピカソ（1881-1973）個人蔵
400年以上にわたるヨーロッパの芸術作品の中で、数少ない親密な家族の肖像画の一つであり、子供に対する優しさが母親だけでなく父親からも表現されている。

離乳後期まで、幼児は「必要なとき」に運ばれたり、抱き上げられたりする。「必要なとき」というのは、ハイハイやよちよち歩きができる子どもが、「抱っこして」というサインを送るときである。その時は母親ないし見守る人が、ためらうことなく抱き上げるのである。リードロフは次のように説明する。

生まれつきもっている要求が完全に満たされるという体験をすることなく育った赤ちゃんは、無条件の正義という感覚をもつことは絶対にないだろう。しかし、これは人類の歴史の九九・九九％の期間、人がもっていた感覚である。乳幼児の時期に不快感や制約される感覚といった喪失感を経験すると、成長していく間はその感覚がつきまとう。本能の力に理屈は存在しない。(5)

ジーン・リードロフは「連続としての子ども」という用語を提唱した。ふとしたきっかけで、一九七〇年代初め、若い学生だったときに彼女は、ベネズエラのイェクワナ族のところに遠征隊の一員として行き、数年間をそこで過ごした。そこでの民俗学的研究と観察の結果を『野生への旅――命の連続性を求めて』という著書にまとめた。(6) 何千年ものあいだ、子どもが誕生すると、周りの大人はその子どもの目線に合わせて世話をし、その後、その子といっしょに生きていったものだ。この伝統はアフリカだけでなく、ヨーロッパを含む地球上すべての場所で、近代まで受け継がれていた。しかし、ヨーロッパでは子ども時代と子どもの躾という考え方が生まれたことで、そして教育制度や（一九世紀半ばに）乳母車が発明され大量生産されたことで、この伝統は断ち切られた。

そして種全体に悪影響がおよぶことになったのである。

常識を使って考えてみよう。もし赤ちゃんが大人に相手にされず、さげすまれて育ったなら、長じて他人をさげすまずにはいないだろう。放出された排気ガスの汚染がもっとも凝縮されている高さで運ぶ乳母車に、健康で繊細な幼子を入れて連れまわすことに、どんな益があると言うのか。赤ちゃんの視界には空が広がるばかりで、乳母車を動かす大人たちが頭上に覆いかぶさっている状態は、幼子にとってわくわくする環境とは言えないだろう。ヘルベルト・レンツ＝ポルスターは次のように書いている。

乳母車から放出される何百もの化学物質が赤ちゃんの脳の発達におよぼす悪影響について、どうしてこれだけ鈍感でいられるのか。卵の中のダイオキシンのレベルを制限するよう要求するくせに、なぜ赤ちゃんが何時間も過ごすプラスチックケースについて無関心でいられるのか。製造業者が市場から締め出されるからだろうか。(7)

いわゆる先進国の人間が行動の指針として頼り切っている科学が最近になってくりかえし出している研究結果によれば、どこかに置いておかれる赤ちゃんよりも、いつも抱っこされている赤ちゃんは、平均して（動き、身体、精神、知能、社会的スキルにおいて）より速く発達する。我々の祖先は馬鹿ではない。

我々が何千年も狩猟採集民族として生活してきたことは、西洋社会ではほとんど議論の俎上に上らない。狩猟採集民として、祖先は二、三日おきに移動をくりかえし、身に着けられるものしかもち運べなかった。トラックもなかったし、原始時代の母親たちは乳母車など使わなかった。赤ちゃんを運ぶと腰痛に悩まされるという反論が来ることがある。それならなぜ、「連続の概念」を具現して赤ちゃんを運んでいるアフリカの女性（や男性）には腰痛の問題がなく、姿勢良くしていられるのか。

アフリカの女性や先住民族の女性は、水汲みに行くときや料理をするときに二人の子どもを運んでいたりする。しかし彼女らの姿勢はまっすぐで、子どもたちも同様である。レンツ＝ポルスターは「自身も乳母車で運ばれて育ち、赤ちゃんを乳母車で運んでいる我々の世代に腰痛が蔓延しているのは不思議なことだ[8]」と述べている。

少子化に悩む先進国で出生率を上げなければならない事態には、深刻な理由がある。知的な面を含む、社会のバランスが崩れるからだ。リードロフは次のように考察している。

私たちは人生が辛いものだということを当然のことと考えており、少しでも幸福を感じるとラッキーだと思う。幸福を生得的な権利だとは思わないし、単なる平穏さや満足が幸福だとさえ考えている。イェクワナ族が日常としている真の喜びを味わえる人は、現代人のなかにはほとんどいない。（中略）「継続の感覚」が我々の人生を通じて機能していれば、私たちの興味を十分に満たしてくれるのだ。どのような知的刺激を与える装置もかなわないほどに。[9]

第二の進化における「連続の概念」は、子どもが自分からやめるまで母乳を与え続けることである。母乳を与える意義について、ヴィリー・マウラー（Willi Maurer）は著書の『人生最初の瞬間』（*Der erste Augenblick des Lebens*）で次のように述べている。

子どもがいらなくなるまで欲しがるだけ母乳を与えるということは、私たちの文化における平均的な授乳期間よりずっと長く母乳を与え続けること事である。そして母子関係がずっと密接になるということだ。キャサリン・デットワイラー（Katherine Dettwyler）とスチュアート・マクアダム（Stuart McAdam）は『母乳：生物文化的視点から』（*Breastfeeding: Biocultural Perspectives*）のなかで、六四の非先進国の文化を調べ、離乳時期が集中するのは三歳になる直前だということが分かった、と述べている。もっとも早いのは一歳直前で、もっとも遅いのは五歳半だった。WHOは六カ月まで母乳を与え、母子が望むかぎり、離乳食・通常食併用で二歳まで母乳を部分的に与え続けることを勧めている。[10]

第三の、人類における「連続の概念」は、赤ちゃんが誕生すると両親の近くで寝る、あるいは添い寝してもらう、ということである。一人きりで眠らされることはない。これは、自分からお乳をやめたり、離乳させられたりして、自分から一人で寝るようになるまで続く。何万年もの間、添い寝は六、七歳まで続いたものである。これは臼歯が生えそろう時期と重なる。レンツ＝ポルスターは次のように言う。

人類の子どもは、保護者と緊密であることで頼もしい庇護を得ることができた。人類は歴史の大半を狩猟採集民族として過ごしてきた。(中略)そのなかで幼い子どもが生き残る唯一の道は、知っている大人の近くにいて、すぐに注意を引ける状態に身を置くことだった。赤ん坊が一人で星空の下に寝かされていたとしたら、赤ん坊の死体が累々と積み重なっていたことだろう。ハイエナにもち去られたり、げっ歯類にかじられたり、夜間に低体温症になったりしたことだろう。だからこそ赤ん坊は、どこにでも抱っこやおんぶで連れまわされ、長期間頻繁に母乳を与えられ、いつもすぐに大人に泣き声に気づいてもらえる距離にいてもらったのだ。これはありふれた通常の日常生活であった。[11]

原始時代から現在までの間の九九・九%の期間、「幼いホモサピエンス」は主要な保護者に安定した愛着を覚え、ある程度自立するまでは一人で寝たりせず、いつもためらうことなく愛情を満たすことができる状況にいた。[12] 無条件の愛情という原始時代の体験は、出産のたびによみがえり、古代から続く絶対的な親密さを呼び起こした。レンツ＝ポルスターは次のようにも述べている。

このような本能があれば、我々の子どもたちも「古い」世界に住めるだろう。つまり、よく知った強い大人のそばにいて身を守ってもらえる感覚を持てる世界に。監視カメラがゆりかごに設置されていても、赤ちゃんはそれには気づかない。ドアには鍵がかかっているし、猛獣は動物園にしかいないから安全だと、どうして赤ん坊に分かるだろう。誕生してしばらくは、触覚、嗅覚といった感覚によってしか、安全を感じることができない。赤ちゃんモニターがあったとしても、三重窓で寒さが防げたとしても、進化の過程で獲得してきた感情的な安心感は得られない。[13]

我々の世界の赤ん坊はますます親密さを味わえなくなっている。だからこそ「カドル《抱擁》・パーティ（アメリカではじまった、ハグしあって身体的な親密さを経験するパーティ）」がここ一〇年ほどドイツ語圏の都市で広まっているわけだ。

カドル・パーティでは、他人同士がカジュアルな服を着て集まり、広げたマットの上で性的な意図なしに、時には何時間もハグしあう。「カドル（＝ハグ）」の専門家による指導が得られる有料のサービスである。

ドイツとオーストリアの大人の四〇％は単身世帯で、生身の人間との日常的なコンタクトがない。その代わり一世帯あたり平均二〇の電気機器がある。

この一六万年もの間、外形に関しても人類はずいぶん変化した。我々はもう木に登らないし、洞窟にも住まず、狩猟も採集も行わない。ネアンデルタール人はふんだんに時間を使えたが、我々は時計に従って生きている。進化によって大きな変化が起こり、ホモサピエンスの人生のあり方はとくに大きく変わった。しかし、歯が抜け変わるのが六歳であることは一六万年の間、不変なのだ。

ここで立ち止まって考える必要がある。ホモサピエンスの子ども時代の本質は、地球上のどこに住んでいても、どんな文化のなかに住んでいても、守られねばならない。我々の考え方や生き方ががんじがらめになっていたとしても、子ども時代は家族と親族によって守られねばならない。このことは人類の長い進化の歴史と、宗教史や政治史から明らかなのである。進化の継続が遮られたことで、我々はイデオロギーに簡単に操られるようになってしまった。とくに、子どもの育て方と教育に関わるイデオロギーに。

子育て指南は不要——愛と親子関係を育てよう！

動物園で熊といっしょに過ごしてみよう。私は子どもと動物園を歩き回るのを楽しんだものだが、その親たちも多くはそうだろう。ある動物園では檻の説明版に、中の動物の居住地域や天敵が、ほかの動物園よりも詳しく書かれていた。言い換えると、その動物がどのようにほかの動物に追いかけられて食べられてしまうかが書かれていた。

私の息子は好奇心旺盛で、なんでも知りたがった。それで私は説明を全部読んでやった。驚いたことに、一番の敵が人間だという動物が非常に多かったのだ！

ダーウィン、フロイトなどの主張を受け継いで一般的な教育システムのなかで広められた考え方は、自然は残酷で無慈悲であり、我々は生存競争が永遠に続く「共食い」の世界に住んでいるというものである。すべてが適者生存の仕組みになっていると信じこまされている。しかし進化の過程を見ると、このような教義《ドグマ》、あるいは神話はあっさりと崩れる。動物の世界を見てみよう。ほとんどの種では幼子に最大限の注意を払って育てる。子どもが自立する前に見知らぬ他者に預けるような種は存在しない。

しかし教育に関して凝り固まった考えをもっている強硬路線のひとびとは、子どもを放棄したり、食べてしまったりするようなごく珍しい種だけを取り上げて論じようとする。こんなことをする動物はそうそういない。もしそんな種ばかりならば、動物たちはとっくの昔に絶滅しているだろう。強硬路線を取ったために失敗したことを隠すために、極端な例が取り上げられているのではないか、と疑ってしまうほどだ。

過去の極端な気候変動（氷河期、火山の噴火、隕石の衝突など）のために、大規模な生物の絶滅が起こった。だが、そういった極端な例を除くと、現在、生物種の絶滅の規模は、史上最大である。原因は人類である。人類は自然にとっての最大の脅威となっただけでなく、人類自身の最大の敵になったのだ。何万年もの間、ホモサピエンスは（狩猟採集民族として）自分たちと環境を尊重して生きてきたというのに。

次に崩さなければならないのは、戦争、仲違い、口論が常に存在していたという神話だ。この見方からすると、ホモサピエンスは一万年前から四千年前にかけて徐々に袋小路に入り込み、狩猟採集民族であることをやめて、定住するようになった。科学史の観点では新石器革命（あるいは農業革命）は人類の歴史の大転換だとされている。自然を力で制圧することが、人類の基本的な生存戦略となった。ミシェル・オダンは『農夫と産科医』（*The Farmer and the Obstetrician*（独語訳は*Im Einklang mit der Natur*『自然との調和』））において次のように述べている。

（中略）千年ほどの間、人間の集団のなかで適者生存の選択が行われ、闘争的な集団が勝ち残ることになった。現在の我々は、闘争的な集団として生き残った者たちの子孫である。私たちが条件によっては愛する能力を発揮できず、愛する能力を発揮できる条件が分からず、もっと容易に愛するための行動が取れないのは、このためではないか。（中略）本物のホモサピエンスならば、自然を制御する現在の戦略が行きづまったときに、母なる地球を尊重する新しい生存戦略を発達させることができるだろう。(中略) そのためには個人個人が愛のエネルギーを使う方法を知らなければならない。[1]

しかし、ホモサピエンスが本格的に行きづまったのは、近代に入って、いわゆる「子ども時代の発見」と教育が広まってからである。ここ四〇〇年間にヨーロッパで起こった戦争、紛争、革命の数は、それ以前のヨーロッパで、いや、それどころか全ての大陸で起こった数を上回っている。歴史の授業でポエニ戦争やら過去何千年の間に活躍した何百人という将軍たちの名前を覚えさせて子どもたちを苦しめる代わりに、真逆の真実を教えたらどうか。人類の歴史の九九%においては闘争や戦争ではなく、思いやり、マインドフルネス、感謝、歓び、自分自身とコミュニティにたいする信頼、そして何より愛が進化の原動力となったのだ。何千年もの間、ホモサピエンスはこのようにして生きてきたし、いまでも「原始的な」先住民の社会ではひとびとはそのように生きている。一九六八年のスローガン「戦争するな、愛し合おう」は、人類史全体に当てはまる言葉である。子どもたちが、人類は(過去千年間の戦争によってではなく)愛によって進化してきたのだという上位概念のもとに教育されていくならば、出生率も上がろうというものだ!

ドイツ(そしてその他の国)の幼稚園のなかには五、六歳児に現代的な性教育を行うところがある。ジェンダー教育の主流の考え方に則り、コンドームをニンジンの上にかぶせたり、様々な性行為のあり方について教えられる。子どもたちは性に関して「何でもあり」だと教えられる一方、子孫を生み出すことをためらわせるようなメッセージが織り込まれている。このような矛盾が存在するのに、楽しく安心して子育てができる環境があると言えるのだろうか。

このような幼児を対象とした性教育は、出生率を下げるための持続可能な方法だと考えられる。オーストリアで女性相（二〇〇八年〜二〇一三年）と教育相（二〇一三年〜二〇一六年）を務めた（子どものいない）人物（ガブリエレ・ハイニシュ＝ホゼク）は、二〇一四年に「性教育をはじめるのに早すぎるということはない」と公の場で宣言した。幼稚園でも早すぎない、という意味だ。

エックハルト・フォン・ブラウンミュール（Ekkhard von Braunmühl）は早くも一九七五年に、著書『反教育学論――教育廃止の研究』（*Antipädagogik. Studien zur Abschaffung der Erziehung*）において、「教育の場では、ありとあらゆるつまらないことを教えるくせに、親になることについては教えない。これには驚きを隠せない」[2]と述べている。

二一世紀の現在、性行為と避妊のやり方以外に五、六歳児に教えるべきことはないのか？早期教育と教育政策に常識は通用しないのか？（政府による）性教育が五、六歳児に何の意味をもつのか？誰がこんな教育政策を決め、これが正しくベストだと言える資格をもっているのか？無意味なことを押kr4961dてくる、国家の政策的・イデオロギー的な「教育の専門家」から保護者と子どもたちが自由になるのはいつの日か？どうすれば、政府による子どもの躾と教育が、希望のない運命を辿る仕事だと分かるのだろうか？こんなものはホモサピエンスの歴史の九九・九％において存在していなかったのだ。

同様に、これまでの一〇万年間、六、七歳になるまで、子どもたちは教育されることがなかった。

愛、支援、信頼の三つだけが幼児に必要なものであり、六、七歳以降は大人への移行をはじめていたのだ。

キリスト教道徳主義者たちが教育を「発明」したとき、人類が人類自身の最大の敵になっただけでなく、大人が子どもたちの最大の敵になったのだ。愛、信頼、尊重、思いやりのなかで人と人との関係を築いていた人類は、この時から、子どもを育てる際に権力をふるい、指示を出し、罰することで巧妙に操り、権威に従順になれと教えるようになったのだ。

二〇世紀を通じて、子どもへの教育と教育的な躾がますます早くはじまるようになった。ホモサピエンスの進化は、六、七歳以下の幼い子供たちが教育と躾の対象とされた一八、一九世紀に停止した。それぞれの時代に人気のあるイデオロギーにより、よちよち歩きの幼児はおろか赤ちゃんの行動、そして両親の子どもにたいする姿勢までが詮索されるようになった。

リードロフが一九七〇年代に数年間イェクワナ族とジャングルで過ごした後に、米国に戻ったとき、ニューヨークタイムズ紙のインタビューにこのように答えている。「アメリカの女性たちは、見ず知らずの男が書いた子育て本の指示を読まないかぎり、子どもを育てる自信が持てないのです。先住民族の人たちにはこんなことはとても恥ずかしくて言えません」。胸を衝く言葉だ。当時も読者の心を揺さぶったが、現在でも変わりはないだろう。教育専門家が問題なのでも、親たちが自然に子どもを産んでまともに育てられないことが問題なのでもない。私たちが教育、躾、養育にたいして採るアプローチが間違っているだけなのだ。

デイヴィッド・クーパー（David Cooper）は著書『家族の終焉』（*The Death of the Family*）、のなかで、「子どもを育て上げるのではなく、踏みつぶしているように見える。教育も同様に、長所を伸ばさないようにしている」と書いている。[3] ハルトムート・フォン・ヘンティヒ（Hartmut von Hentig）も「教育学は『触れたものをすべて黄金に変えてしまう』ミダス王のようなものだ。教育学がからむとすべての体験が台無しになってしまう[4]」。

ヒトの子どもには個性があり、面白いほど不合理な存在だ。近年の教育は子どもの可能性を伸ばすどころか潰している。これは揺るぎのない事実だ。科学的な研究結果や歴史的なデータはさておくとして、子ども時代に自分の保護者に正しい育て方をされたと言える人はまずいないだろう。すべて正しい選択ができる親は過去も現在もいない。そしてそれは親の責任に帰するべきではない。

ここ三、四世紀、親たちは、子どもをうまく育てて教育しなければならないというプレッシャーを感じて子育てをしてきた。そして現在ではもっとその傾向が強い。教育はすでに袋小路に突入している。私たちは、子どもの育て方も教育も間違っていると感じているし、これまでのやり方をどの方向に考え直すべきかが分かってから、すでにずいぶん時が経っている。

「子育て研究家」たちは、ナチス（国家社会主義）時代に賞賛された。そしてその後も長い間、教育者たちや心理学者たちからも賞賛されている。教育と心理学について議論される際に、まず精神分析家の元祖、ジークムント・フロイトの名があげられる。レンツ＝ポルスターによれば、「フロイトは、幼児が命令されて『おまる』で排せつしなければ神経症になるという意見をもっていた。さあ、子どもたち、いまだよ！とね[5]」。フロイトは、母親が子どもに優しくしすぎると性的成熟が早まるとも主張した。これが馬鹿げていることは周知の事実だ。フロイトは大人になっても、日曜日に母親の家へ食事をしに行くたびに胃痙攣を起こしたような人物だ。フロイトが六七歳のときに母親は亡くなったが、葬式には行かなかった。フロイト自身が大きな母子関係の問題をかかえていたわけだ。

フロイトは確かに人間の心理について深い洞察を行い、理論を構築した（しかし存命中は、実験で彼の理論を確認することに激しく反対した）が、フロイトの主張には多くの間違いが見つかっている。ヴィルヘルム・ライヒ（Wilhelm Reich）（オーストリアの精神分析家）も同様に、科学的な見地から見て議論がつきない存在だが、彼は二〇世紀の混乱を未来の子どもたちが後始末しなければならないと半世紀前に予言していた。ライヒは、乳児を幸せな状態にしておくことに比べれば、ほかのすべては些細なことであるとも信じていた。[6] それから数十年後のいま、ライヒの予言は世界中の研究者に支持されているが、心理学者だけは認めようとしない。

学校卒業時によい「結果」を得たいのなら、一番の大元からはじめなければならない。妊娠、出産、そして赤ちゃんの最初の数年間からである。

著名なドイツ人の思想家で児童心理学者のミヒャエル・ヴィンターホフ（Michael Winterhoff）によれば、子どもの心理と発達は、両親との力の不均衡によって大きく影響を受ける。こんな話は心理学では目新しことではないし、我々もよく知っている。精神分析が提唱される前から、キリスト教会の道徳主義者たちやほとんどの教育者たちは、親がそうであるように、力の不均衡を利用して子どもに接していた。「教育というのは常に暴力的な人間関係、とくに（教師や両親といった）大人から子どもや少年少女にたいする暴力的な関係を内包してきた」[7] と、ヘルマン・ギーゼッケ（Hermann Giesecke）（ドイツの教育学者）は率直に述べている。

さらにヴィンターホフは、ドイツ人の子どもたちの七〇%には精神障害があると主張している。彼はまた他の著書において、教育学は教育や子育てについては役立つ学問ではなく、あるとすれば、それは心理学においてのみである。[8] 私は三人の子を育ててきたが、子どもの七〇%もが精神障害だとはとても思えない。次に紹介する一人の父親、レンツ＝ポルスターも同様の見解をもっている。

この数字には困惑する。西洋文化が崩壊しているのに、気づかなかったというのか。私には四人の子どもがおり、全部で五〇回は誕生パーティを開いたし、子どもの友だちの誕生パーティには一〇〇回ほど行った。多数の子どもクラブ、音楽教室、学校のイベントに参加し、たくさんの親子に出会った。小児科医として何千人もの子どもを診た。子どもたちはふつうだ。すばらしい子供、まあまあの子ども、そしてちょっと……という子どももいる。大人と同じだ。[9]

フロイトに戻ろう。彼の提唱した「きょうだい間の争い」についてジーン・リードロフは次のように述べる。

フロイトは、人は皆、きょうだいにたいする嫉妬心と憎しみに対処しなければならないと説いた。母親の奪い合いになるからである。しかし、フロイトは小さい頃の欲求が満たされて育った人を知らなかったのだ。イェクワナ族を知っていれば、競争して獲得するという概念を彼らがもたないことを発見しただろう。

だから、競争して獲得するという概念は人類に生得的なものではないのだ。母親の腕に抱かれて満足し、母親が自分から離れていくという経験をしていれば、新しい赤ちゃんが母親の腕に抱かれることに葛藤は生じない。自分の欲求がすべて満たされているとき、きょうだいにたいする競争心は芽生えない[10]。

ヴィンターホフは小児科医として、イェクワナ族の子どもも、原初的な人間のあり方を示す子ども（ヨーロッパにもまだいる）も、健康な精神をもつ子どもも診察したことがなかったのだろう。そうでなければ、七〇％の子どもが精神障害をもつなどと言うはずがない。教育学が教育や子どもの躾に関係がなく、心理的な治療にも関係ないという彼の議論にも賛成できかねる。

人道的に世の中を観察している親として、私が二一世紀に入ってからの子どもの育て方についての議論を注視していると、ある一つの目立った特徴に気づく。それは、子育てが「闘いの場」ととらえられていること、自称教育専門家がすべての子どもに対し一律に唯一の正しい方法で育てなければならないと言い張り、何かを決断するときに科学的な根拠（心理学や教育学）に則らなければならないと主張していることだ。

一九六〇年代から一九八〇年代にかけても同様の状態が、もっと科学的な形で存在したが、何も良い結果はもたらさなかった。「正しい子育て」など議論しても、分断が生じるだけで、相互理解は生まれない。フォン・ブラウンミュールは一九七五年に次のように反論している。

俯瞰した視点から状況を観察し、教育学や、子育ての教育学的アプローチという考え方を排して、悪夢から覚めることはとてもむずかしい。我々の文化において、ひとびとはルールに則って行動することしか知らず、現実の生活と義務や目的とを混同してしまうので、子どもは単に人に親切で仲良くしていれば十分だとは考えられない。[11]

なぜ教育学というものが何世紀にもわたってしつこく蔓延しているのか。イヴァン・イリイチは「（学校制度を含む）教育学は私たちの心理に深く食い込んでおり、そこから自由になれるとは誰も考えられない」と言っている。

ヴィンターホフのような人物の「子育て指南」がやっかいなのは、その人物の意見が正しく、一律にすべての子どもに、ある子育て法を適用しなければならないという考え方が根底にあるからである。「闘いの場」というレトリックも問題だ。ヴィンターホフは三冊の著書のなかでたびたび子どもたちを「暴君」と呼んでいる。[12] 暴君とは暴力的な統治者のことではないか。人類史上初めて、西洋の人間は小さい子どもからの脅威を受けていることになる。だから、赤ん坊の時から「手なずけて」おけば、暴君にならない、というわけだ。

ドイツで教育学者として活動しているベルンハルト・ビュプ（Bernhard Bueb）は、元教師で元校長だが、ベストセラーになった著書『躾礼賛』（*Lob der Disziplin*）のなかで、赤ん坊は泣かせておかねばならないと主張しているのだ！

赤ん坊には文化も洞察力もなく、躾もされていない。文化的な人間に育てるためには権威をもって服従させなければならない。両親の権威と権力に反抗するために赤ん坊が取れる手段は泣くことだけだ。赤ん坊が意味もなく泣くときは、落ち着いて対応し、両親の権威を知らしめねばならない。（中略）そうでなければ、将来ツケを払うはめになるだろう。[13]

こういった言説は一八世紀から一九世紀の教育学関連の文献（教育指南）に頻繁に見出すことができる。これらはドイツでは「黒教育学」と呼ばれているが、戦争に明け暮れた二〇世紀前半に人口に膾炙した。ビュップは、赤ん坊の本能的で自然な欲求を満たさずに、泣き続けさせるようにと指南するが、これは乳児にたいする心理的な暴力に他ならない。心理学者のエルヴィン・リンゲル（Erwin Ringel）は「子どもにたいする最悪の虐待は、親が愛情を注がないことだ」と断言する。[14]

二一世紀初頭にビュップ元校長が保護者に勧めたことは、一九二九年のアメリカの保護者向け記事にも同様の趣旨が書かれている。「赤ちゃんが泣いたら、不快に感じていないか確かめなさい。ゆすったり抱き上げたりしてはいけないし、決められた時間以外に乳を与えてはいけません。泣かせることは悪いことではありません。むしろ運動になるので良いことです。[15]」

このような子育てが蔓延していたのだから、ムンクの『叫び』のような作品が現れるのも無理はない。離婚した後、子どもがおもに父親から引き離されるのも、同様に子どもにたいする虐待である。

ビュプの主張がドイツのメディアで袋叩きにあわないのは不思議だ。それどころかベストセラー本になっている。[16] ヴィンターホフは、子どもは八、九歳になるまでは個性がないとさえ述べているのだ。[17] 文化もなければ個性もないなら、赤ん坊を放置して泣かせ続けることに問題はないだろう。そうなると次は体罰だ。ここ十年ほどの間に、幼児にたいしてさえ、体罰を与えることを容認する空気が出てきた。ここ何年も、オーストリアとドイツではほかの国と同様、深刻な乳幼児虐待が増加している。三歳以下の子どもにたいする性虐待もタブーではなくなって久しい。乳児は「静か」になるまで殴られ、時には内臓損傷のために死亡する。話題に上った虐待事件は、氷山の一角だ。

ドイツでは毎年二〇万人の児童が虐待されている。オーストリアでは毎年三千例が報告されているが、人口にたいする割合でいうとドイツよりも多い。ドイツでは毎日一人の子どもが殺されている計算になるが、これは他の先進国においても同様だろう。[18]

乳幼児虐待は増加する一方だが、主な加害者は驚いたことに父親ではなく、家族の知人やシングルマザーの新しいパートナーである。過去二〇年の行きすぎたフェミニズムにより、離婚した生物学上の父親は公民権を奪われたようなものである。子どもが深刻な虐待を受けている場合に政府機関に助けを求めても、何もしてもらえず、指をくわえて眺めているしかない。[19] アリス・ミラーは一九八〇年代に早くも要点を解説している。「大人を打ちのめすと拷問と呼ばれ、子どもを打ちのめすと躾と呼ばれる」。これは子どもとの関係が希薄になったからこそ生じていることだ。

教育は権力、訓練、従順が行動原理の「闘いの場」である。それはエイミー・チュアン著のベストセラー『タイガー・マザーの戦いの賛歌』でも主張されている。そのなかでチュアンは、自身の育児スタイルを「核戦争」と表現している。

大人は、才能にあふれて社会性をもった健康なホモサピエンスについて心配する必要はない。憂慮すべき唯一のことは、教育学のベストセラー本が登場したり、過剰な躾が、またもや、しかもこれほどまでに、「解放されている」先進国の女性たちにもてはやされるようになったことだ。

最後にもう一度、精神分析学の父フロイトの言説を振り返ろう。フロイトは、子どもにたいして独裁的な権力をふるってこそ、野獣を手なずけ従属させることができると信じた。[20] フロイトは、当時の典型的な子どもだった。彼の目には映らなかったのかもしれないが、一九世紀にはすでに大多数の子どもが学校教育と家庭教育の両方の「教育独裁」の下で育っていた。子どもの生活の全般にわたる躾がどのような国家体制を招いたか、知らぬ者はいないだろう。

一九四〇年から一九四三年にかけて、アウシュビッツ強制収容所の所長だったルドルフ・ヘス（Rudolf Höss）（ルドルフ・フランツ・フェルディナント・ヘス＝ナチ党副総裁のルドルフ・ヘスとは別人）は逮捕後、次のように述べている。

> 両親には、何人であっても、すべての大人、とくに年配者にたいして、敬意を払い尊敬するよう教えられた。どんな場面でも手助けするのが一番の義務だった。両親、教師、聖職者の依頼や命令にはすぐさま従うよう、常に言って聞かされた。つまりすべての大人に、私の父親の従僕であっても、誰かにそうしなくていいと言われても従った。大人の言うことは常に正しいという教育原理が私の習性となった。[21]

第三帝国のＳＳ（ナチス親衛隊）のリーダーであったハインリヒ・ヒムラー（Heinrich Himmler）は、一九四三年の（ポーランド）ポズナニでの演説のなかで、一八世紀および一九世紀のキリスト教社会におけるブルジョワ階級の教育の原則を一言で要約している。「だからこそ我々は、これまで以上に狂信的に、敬虔に、勇敢に、従順に、徹底して義務を果たしているのだ。」ヴィリー・ブラント（西ドイツ首相）と同世代でオーストリアの首相だったブルーノ・クライスキーの好んだ言葉は、「歴史を学べ！」であった。

古代ギリシアの都市国家スパルタでは、強い軍人を育てるために従順さを育てる訓練中心の教育を行ったことはよく知られている。乳児のときから乱暴に扱われた。その結果、確かにスパルタは強い兵士を育成し何度も戦争に勝った。しかし、古代においてスパルタほど短期間に消滅した文化はほかにない。スパルタが滅亡したのは軍事に偏ったからだけではなく、出生率が急激に低下したからである。女子も強くなるように育てられ、子どもをたくさん産むことを義務として押し付けられた。当然のようにひとびとの本能は反乱に向かい、子どもを産む女性が減ったのである。もう一つのスパルタ文化の教訓は、「男女平等」や「社会的」性別廃止の動きは、出生率を急激に長期間にわたって低下させ続けるということである。出生率を上げるためには、躾・抑圧・矯正を行わず、従順さを求めず、その代わりに「戦争するな、愛し合おう」というのがより有効なのだ。このことは、都市国家スパルタから近代の全体主義体制にいたるまで、何度も歴史が教えてきたことだ。

またしても、二つのことが、人気の国民的スポーツになっている。「正しい」教育（学校教育）と「正しい」子育てについて議論し、反論し、論争することである。レンツ＝ポルスターは次のように言う。

どこを見渡しても金太郎あめのように陳腐な決まり文句と安っぽいポピュリズムがあふれている。すなわち、子どもたちは問題だらけの世代であり、一方、親の子育ては、申し訳ないが、ほぼ失敗だった。（中略）確かなことは、子育ては空理空論を振りかざす者にとって格好の遊び場だ、という一点のみだ。彼らの発言は様々な理論に裏付けされていて、もっともらしく聞こえるが、彼らの持論はたがいに矛盾している。親たちは、子どもについて語られることの大部分が間違っているという、絶望的な事実に直面せざるを得ない。かりに善意による議論であっても、単なる噂話のレベルなのである。[22]

家族の価値をおとしめ無力化する「子育ての噂話」がはじまったのはナチスの時代ではない。ナチス党の心理学者で教育庁長官のヒルデガルト・ヘッツァー（Hildegard Hetzer）は「子育てについて学習してもいないのに子どもが育てられるなどと信じている状況を変えねばならない」[23]と宣言した。レンツ＝ポルスターは、ドイツ語教育論争と、親の子育て能力がくりかえし疑問視されることの帰結について、政治、メディア、心理学や教育学などの専門家の観点から、次のようにコメントしている。

ネット上のフォーラムで、ある二歳児の母親が「家で自分の子どもを教育できる自信がない」と書いていた。教育と子育てが専門家の仕事になってしまった。[24]

現在、私たちは、妊娠から義務教育終了まで、子どもと家族の問題は、完全かつ前例のないほど専門家たちの占有的領域となっており、ますます拡大する傾向にある。

社会が子どもを（子育ての経験もないのに）教育の専門家と自称するひとびとにゆだねる一方で、子どもへの躾を賛美したらどうなるだろうか。歴史のなかには、その結果を多数見つけることができる。アリエスの『〈子供〉の誕生　アンシャンレジーム期の子供と家族生活』やアリス・ミラーの『魂の殺人』（For Your Own Good）に詳細に述べられている。

これまで気づかれることがなかったか、あるいは真剣に議論されることがなかったが、ドイツのそう遠くない過去に照らしてみれば赤信号と言うべき現象は、おもにドイツ語圏の教育に関する公共メディア上の議論において、心理学者（とくに精神分析家）がここ一〇年である種の地位を取り戻したということである。ミヒャエル・ヴィンターホフや、オーストリアのマルティナ・ライボヴィチ＝ミュールベルガーのような「お偉い精神分析家」は、他の教育者や心理学者とは違って、活字メディアやテレビでのお喋りを楽しんでいる。彼らはトークショーに招かれるだけでなく、彼らの著書はほぼすべての主要新聞で書評されたり、議論されたりし、そしてしばしば、驚くなかれ、ベストセラーになる。

子どもをどう育てるか、という単純な問いにたいして、ジャーナリスト、そして残念なことに親たちは、無意識のうちにかもしれないが、ますます心理学者よりも、フロイトに端を発する精神分析家に頼るようになっている。一体子育てのどこに精神分析家が入り込む余地があるのか？　人類の歴史の九九・九％はこの種の専門家なしでやってきたというのに。

精神分析家で「子ども時代」の研究家、アリス・ミラーは著書の『才能ある子のドラマ』（*The*

Drama of the Gifted Child. The Search for the True Self）のなかで、次のように述べている。

精神分析家は自己愛性人格障害をもっているとしばしば言われる。我々の経験からそう推論できるだけではない。精神分析家として必要な才能を考慮すると、演繹的に確信できる。精神分析家として必要な感性、共感、集中力、患者にたいする反応の使い分け、アンテナの張り方は、精神分析家が幼い頃、周囲の大人が行っていたやり方である。（中略）絶望とそれゆえの怒りを無意識に閉じ込めていたなら、それらの感情と向き合うことができず、無意識のまま患者にたいして同じことを行ってしまう。（中略）患者が精神分析家の知識、概念、技術に適した材料を提供することができたら、精神分析家は満足し、理解し、患者の訴えを真剣に受け止めるだろう。このような方法で精神分析家は自分が子どもの頃受けてきたような無意識の操作を患者にたいして行うのだ。[25]

過去三〇年間、離婚した家庭の子どもを一方の親（九割は父親）から引き離すという子どもへの共感を欠いた非人道的な決断を下してきたのは、家庭裁判所の判事ではなく、裁判を担当する心理学者である。心理学者（近年はほとんどが女性）は、母親が親権を単独で獲得することを推奨する。少なくともそう文書に記して判事（最近はますます女性の割合が高まっている）に提出するのである。文書は通常四〇ページから一〇〇ページもあるが推測が基本で、一般的に判事は読まない。[26] 権威主義（あるいは全体主義）的体制のトップは心理学者たちを利用して、「正しい」子育て哲学を広める。二〇世紀には精神病棟で多くの虐待が行われたことも忘れてはならない。

要するに精神分析は、当初からずっと、政治的権威に対し、流布しているイデオロギーに適合した人間像と教育像を提供し続けてきたわけだ。ヴィンターホフやライボヴィチ＝ミュールベルガーといった精神分析家に共通しているのは、政治的要請に応えているだけなのに、子どもの教育の権威だと自認し、ほぼすべてのひとびと（両親、教育者、政治家）を批判するということである。同時に政治家は、人類のあるべき将来像について、支配層の考えに疑問を抱こうともせず、全員にたいする教育、すべてを統括する教育学、子どもを親から引き離す体制を支持する。メディアから送られてくるメッセージは、一八、一九世紀のブルジョワジーたちの姿勢そのものであり、幼いころから子どもの自由を制限してこそ社会の悪弊が正される、というものだ。これらは少なくとも子どもを操作することにつながる。

教育学と精神分析は良い意図をもっているかもしれないが、家族の価値を低め、力を弱めている。歴史家のユヴァル・ハラリは「ママとパパは、フロイトの法廷では無実の可能性が高い。ちょうどスターリンのショーとしての裁判の被告と同様に」と述べている。精神分析学がはじまって一〇〇年後の現在、アメリカでもヨーロッパでも神経症や自己愛性人格障害は増加の一途だ。

子ども自身の領域をどのように認めるかを議論する前に、（子どもの模範たるべき）大人がどのように他人の領域を侵犯しているかを議論するべきだろう。子どもに一体どんな模範を見せているのか振り返るべきだ。

大人そのものが、健康で才能にあふれ、社会性のある子どもたちの唯一の敵となっている。歴史から学べば、教育システムを崩壊させることで人間関係を築き直すことができるだろう。そのためにはまず家族、そして地域のコミュニティが必要である。歴史の九九・九％の期間は家族が社会の中心的単位だった。ひるがえって現在はどうか？　レンツ＝ポルスターは次のように言う。

あまりに長い間、子どもにだけ注目して判断し、あれこれ議論してきた。その間、子どもが育っている地域のコミュニティに目を向けてこなかった。子ども、若者、母親、家族がコミュニティに居場所をもっているだろうか。子どもは豊かさをもたらす存在のはずだが、なぜ、家族の財産を食いつぶす存在とされてしまったのだろう。なぜ、乳幼児ホットラインや学校内のクリニック、睡眠指導、言語療法士、理学療法士などのセラピストが子どもに必要なのだろうか。なぜ、教育を受けたひとびとを輩出すべき学校が、大人の社会に足を踏み入れることが容易でないひとびとをこれほど多く輩出しているのだろうか。子どもを邪魔なものと見る傾向が強まってはいないだろうか。同時に子どもの人生に障害物を増やしてはいないだろうか[27]。

家族、教育、実生活、社会的スキル

人類の歴史のなかで、部族社会、中世の拡大家族、近代のブルジョワ階級の家族、学校へ通わせることが規範となっている現在の家族、と変化してきたが、見過ごされているのは、子どもが社会的スキルを獲得し維持するための機会と可能性が失われてきているということである。

アリエスはここ千年の経過を以下のように素描している。

> 過去何千年もの間、中世の頃にも、子どもは実践の場で学習してきた。とくに以前は私的生活と職業的生活の間の境界があいまいだったので、職業以外のことも同時に学んだ。職人は、その技術・知識・実用的な経験・人間的価値を、（自分の子どもではなく）見習いをしている他人の子どもに家のなかで伝えた。（中略）学校制度は最初に中流階級に浸透した。（中略）学校に通う子供の数がふえ、クラス数がふえ、学校が道徳的な権威をもつようになったため、貴族階級も職人階級も、学校制度のなかに組み込まれる傾向が強まった。近代文明は学校制度を基盤として築かれ、就学期間を延ばすことでますます基盤を強化していった。[1]

アリエスが一九五〇年代に予測したことは現実となった。子どもが、日常の実生活から遠ざけられ、家族の元から引き離されている期間はますます延び、全日制の学校から幼稚園、保育園にまで拡大した。現在、ドイツ語圏では三歳以上の子どもの九〇%、とくに都市部などでは九九%が家族以外の監督者に預けられている。これはホモサピエンスに、これまで経験したことのない大きな影響をもたらすだろう。アリエスによれば、子どもは数世紀かけて、「宗教、言語、部族、性的区別、職人的技術などの知識に親しみ、『非公式の自然な徒弟関係』のなかで学ぶこと[2]」から次第に切り離されてきた。

すでにおよそ二〇〇年前から、多くの文献において、子どもが社会的スキルを欠いているということが注目され批判されてきた。これは学校で教えられるような性質のものではない。ましてや幼稚園や保育園で教えられるわけがない。同年齢の子どもたちだけが集う場所では無理なのである。過去二、三世紀かけて、子ども時代を一四、五歳まで延ばし、それをすべての子どもに当てはめるようになった。社会の指導者たちは「それぞれの家庭のそれぞれの子どもの発達に焦点を当て、家族全体について考えるということをしない。家族よりも子どもに大きな価値が置かれている(3)」。

一九八九年、国連の児童の権利に関する条約では、子どもの定義を一八歳までとするところまで進んでいる。一歳も一七歳も同じ子どもというわけだ。こういった法的な決め事が誰の得になるのか、よく考えてみた方がいいだろう。

同じ児童の権利に関する条約では、子どもは自由でいる権利があり、遊びや娯楽を楽しむ権利があるとしている。遅くとも三歳からはじまる義務教育で、週に三八時間、机に縛り付けられて、どうやって自由に遊び楽しむ時間がもてるというのだろうか。コンピューター・ゲームをするのが関の山だ。その代償は感情面の脆弱化だ。先進国のヨーロッパ、米国、中国は、精神的に幼い大きな子どもであふれている。

ヨーロッパのキリスト教国は近代の初めに「子ども時代」を発見し、宗教の名のもと、子どもたちから遊びと幸福を取り上げた。ほぼ同時期、もっとも厳格な宗教者たち、とくに清教徒たちが資本主義を発明した。それから四〇〇年後、ついに一九八〇年代に、奔放な資本主義が凱歌をあげ、真に幸せで純粋で遊びに満ちた子ども時代が「非暴力的に」終焉を迎えた。これは「教育と躾」の名のもとに行われたが、実際には資本主義経済に組み込まれたことを意味する。つまり、資本主義という、形を変えた宗教に吸収されたのだ。

近代における子ども時代の特徴は、家族が他人や学校に金を支払って子どもの面倒を見させる、そして子育ての専門家に口を出させるというものである。ところが、彼らは子どもとその将来にたいして責任を取らない。子どもたちには学校ではなく、「実生活」と家庭が必要である。教育ではなく人間関係が必要なのだ。ガットの『バカを作る学校――義務教育には秘密がある』から引用しよう。

ここで立ち止まって考えるべきだ。学校制度は機能しておらず、社会が分裂する要因を作り出している。どんなに手直しをしても学校は、教養と知識を身につけた人間を作ることはできない。我々の体験から分かる通り、教育と学校は相反する概念だ。（中略）実験をしてみればよい。子どもと家族が、最適の選択ができる存在であることを信頼せよ。教室ごとに年齢で区切って子どもたちを分断するな。小売店・施設・老人・家族など、コミュニティ全員が子どもの教育に関わるようにせよ。地域で解決策を模索し、集団ではなく、個々人の考えを尊重せよ。知識については心配しなくてよい。読み書き算数は、大人が努力すれば教えることができる。学校に行っても、その子どもがやる気にならないかぎり、こういった知識をすぐに得ることはできないのだから。（中略）教育者の資格は取り上げるべきだ。教員免許をもっている私のような教育の専門家は、詐欺的な教え方をせざるを得ない。教職課程を終えた資格者がどんなものか、学校を覗いてみれば分かる。教育にかかる税金を家庭に払い戻し、それぞれの家族が教師を選べるようにするべきだ。比較ができれば、よい買い物ができるというものだ。操作されていない完全に自由な市場で競争を奨励するべきだ。それでこそ社会は自然に改善していく。「教育とは何のためか」という問いに家族とコミュニティと個人は答えられるのだと信頼すべきだ。(4)

イヴァン・イリイチは「学校教育のおかげで、スキルをもった人間が減っていく」と述べている。人類の歴史の九九%において、人間の子供を、もっともよく、育て、教育してきたのは、家庭、商店、隣人関係、一人ひとりの人間、コミュニティ、そして村や町全体なのだ。しかも、この種の教育は、本当の子ども時代つまり六、七歳までが終わるまではじめられなかった。しかし最近は、教育期間が長くなり、学校を卒業する一八歳、一九歳になるまで社会での実体験から学ぶということができなくなっている。教育の専門家が推奨し、国家の教育機関が行う早期教育においては、子どもは教育者と感情的な絆を結ぶことができず社会的スキルも獲得できない。近年の（時として血塗られた）歴史から、これは明らかだろう。

子どもが感情的なスキルや社会的な能力を得ることができるのは、現実の生活、生きた経験からのみだ。地域コミュニティ、そして何と言っても家族という絆で結ばれた、子どもが模範とするひとびとが、こういったスキルを教えることができるのだ。ゲストリヒ、クラウゼ&ミッテルアウアーの『家族の歴史』（*Geschichte der Familie*）には「家族、団結、絆が社会を結び付けるものである。家族のなかで子どもが社会化することによって、もっともよく社会的行動を学ぶことができる」(5)とある。

ドイツやオーストリアでは、若者が社会的スキルをもっていないという批判がある。同時にかなり以前から家族というものが「元の形をとどめていない」と言われ、ビジネスの世界をはじめとする多くの分野のひとびとから、望ましくない状態だと認識されている。何とも皮肉な話ではないか。

このことについては、第二次世界大戦のころにはすでに多くの意見が出されている。青少年の感覚について、『神をもたない若者たち』(*Jugend ohne Gott*)という小説のなかで、オーストリア・ハンガリー人のオドン・フォン・ホルヴァート(Odon von Horvath)が記している。その要約(ドイツ語のWikipediaから)は以下のとおりである。

子どもたちは無気力で従うだけの存在として育てられる。ラジオから流れてくるプロパガンダを受け入れ、自分で考えようとしない。感情がなく冷淡で、自分の身のまわりのものごとにしか興味がなく、守られた内側から外の世界に飛び出そうとはしない。外部からの情報に従い、現在の社会状況について考えることもほとんどない。

ヘルマン・ヘッセはこの小説を評して、「モラルや価値観は、プチブルジョワ階級がその地位を保ち続けるためだけのものだ。正義という概念がなく、真実を語る勇気をもたない」ため、神をもたないのだ、と語っている。まさに現在の様相そのものだが、実際にはこの小説は、ナチスが政権を取ったあとの一九三〇年代の教師と生徒の様子を描写したものなのだ。

子どもと若者が社会的スキルを欠いているという強い批判がやまない中、子どもたちが育つ「グローバル化した村」ではどのようなスキルを大人が教えているのだろうか。

ポール・ホーケン（Paul Hawken）の『祝福を受けた不安：サステナビリティ革命の可能性』（*Blessed Unrest*）でも論じられているように、いま世界全体で毎週一五〇万人のひとびとが新たにスラム街の住民になっており、スラム街は拡大する一方だ。一日二ドル以下で生活しているひとびとは三〇億人もいる。[5] アメリカでは若者の有職率は一九四八年以来最低だ。スペインでは最近の若者の失業率は五〇％前後で推移し、ギリシア、イタリア、ポルトガルでも三五％から五〇％の間で推移している。ドイツやオーストリアでも過去一〇年間、高めの失業率だが、さらに上昇傾向にある。平和な社会に住んでいるというのに、まるで戦争の後のような状況になっている。人類の歴史のなかでこんにちほど、離婚家庭の子どもが父親に会えない時代はない。ドイツとオーストリアでは離婚家庭の子どものうち、おおむね一〇人に一人が父親に会えない。このような「父親のいない社会」は戦時下にしか存在しなかった。軍事的な戦争こそないが、どれだけ平和で人道的な社会だと私たちは言えるだろうか。ポール・ホーケンは『祝福を受けた不安』のなかで次のように述べる。

国連の平和維持活動に一ドルが投入される間に、二〇〇〇ドルが加盟国の戦争に使われている。（中略）一日に石油八、五〇〇万バレルが採掘され燃やされている。一日に空気中に吐き出される二酸化炭素は一億四千万トンである。（中略）一億人のひとびとがホームレスである。ウォルマートという一企業が雇用している人数が一八〇万人であることを考えてほしい。エクソンモービルは四〇〇億米ドルの利益を二〇〇六年に計上した。この金額で、一〇億人に永久に清潔な飲料水を供給するインフラを整えることができる。海洋に生息する大きなサイズの魚のうち九〇％がすでに消費された。ビル・ゲイツの邸宅の面積は二千平米でほぼ一億ドルの価値がある。それゆえ、軌道を外れてしまったこの不安定な世界で、ひとびとが自分には何の価値もないと感じるのも無理はない。(7)

社会学者のジャン・ジーグラーは次のように言う。

二〇〇一年、西洋の四九七人の億万長者の資産を合わせると一兆五〇〇〇億ドルだった。十年後の二〇一〇年、億万長者の数は一二一〇人に増加し、その資産合計は四兆五〇〇〇億ドルに膨れ上がった。これはドイツ一国のGDPを超えている。

二〇〇七年から二〇〇八年にかけての金融危機は無秩序な株式市場の投機によって惹き起こされた。そしてヨーロッパ、北米、日本など世界中の何百万ものひとびとの生活を破壊した。世界銀行によれば、この金融危機のせいで飢えに苦しんでいるひとびとの数は六九〇〇万人に上る。貧しい国々では犠牲者が多数出た。しかし数年後の二〇一三年、最富裕層の富は金融危機前の一・五倍に増加した。(8)

マックス・ホルクハイマー（Max Horkheimer）はこう言う。「人を見捨てて形成するのが資産だ」。

四五年間も続く学校改革の議論と同様だ。議論すればするほど、結果は悪くなっていく。私たちの住む世界は、タガが外れた不安定な世界だ。人間の正義も社会的均衡もなく、ここまで不平等な社会は、これまでのホモサピエンスの歴史において存在しなかった。たとえば、千年ほど前の皇帝とその臣民は、百年後も同じ社会的秩序が続くと確信できただろう。そしてその通りであった。

現在のアメリカとヨーロッパでは、ランチをとりながら、あるいはテレビのトークショーで、一〇年後、二〇年後に世界がどうなっているだろうか、最初に何が起こるか、といったことを話したりする。金融システムの崩壊、気候変動によるカタストロフィー、第三次世界大戦、大量移民、市民社会の崩壊、二〇世紀の全体主義がかわいらしく見えてしまう新しい全体主義、などなど、最後の審判に向けていくつものシナリオが考えられる。ホモサピエンスの「サピエンス」とは「知る」という意味だが、我々人間は何も知らない。現在の社会秩序が崩壊に向かっているときに、無駄だと知りつつ従来の学校制度に子どもたちを強制的に通わせている。恥ずかしげもなく、子どもたちに「わたしたちから学びなさい」などと言えるだろうか？　思考や行動の中心的概念を完全に欠いた世界を作っておきながら、いったいどんな社会的スキルを、私たちがもっていると言えるのだろうか？

オーストリア・ドイツの電子機器店チェーン、メディア・マルクト／サトゥルン（Media Markt/Saturn）のスローガンは「ケチはクール！」だったが、ケチな人間は社交的とはとても言えない。

このスローガンはテレビ・ラジオ、ポスターなどいたる所に露出し、子どもや若者が主なターゲットになった。現在のドイツは世界で四番目に豊かな国であるが、子どもの一〇人に一人が貧困のなかで生きている。

オーストリアの人口は八七〇〇万人だが、富裕層がふえている一方で、一〇〇万人ものひとびとが貧困すれすれのところで生きている。社会的である、ということが分かち合いの精神を意味するとするなら、この社会に社会的なところはない。

子どもたちは、「いじめっ子」だの社会的スキルがないだのと、よく責められたものだ。大人たちのせいで地球が、驚くほど短期間にどのような状態になったかを振り返ろう。二一世紀半ばまでに、使用可能な資源の半分は使いつくされるだろう。孫の世代にはどうなってしまうのか。

子どもたちは親を映す鏡ではなく、社会に警鐘を鳴らす存在なのだ。社会的スキルに乏しい大人たちがのさばっていることに警鐘を鳴らしているのである。

その一方で、人間的にも社会的にもきわめて有能な人物は、世間からほとんど注目されない。前出の『祝福された不安』のなかで著者のホーケンは、一〇〇万人から二〇〇万人の小規模組織のネットワークを通じた世界的な運動について調べた。世界が悪い方向に向かっているなかで、それに抗う何百万ものひとびとがいる。彼らは持続可能で、健全で公平な社会の構築ために必要な活動を、自発的に、上下関係やイデオロギーなしに行っている。彼らの活躍は政治やメディアでは取り上げられないが、持続的で寛容で協調的な人間関係はどうあるべきかを模索し、実際に実行しているのである。シリル・ディオンとメラニー・ローラント（Cyril Dion&Melanie Laurant）が監督したドキュメンタリー映画『明日』（*Tomorrow*）は、社会の崩壊や気候の暴走を待つだけでなく、創造的な解決策のために活動する世界中のたくさんのひとびとを映し出している。

壊れた家族の肖像画――貧困にあえぐ子どもと家族

過去数十年、目には見えにくい動きであったが、父性、母性に続いて家族の価値が低下し、力を失ってきた。ドイツ語圏では他の西洋の先進国よりもその度合いが激しい。

政治的に家族が軽視されるようになったのは一九五〇年代と一九六〇年代だ。誤った信念その一：人は必ず子どもを産む（K・アデナウアー首相）。その二：経済がうまくいっていれば、すべてがうまくいく。そのため、子どもを育み、世話し、支え、促進し、「面倒を見る」のは、もはや家族ではなく、経済となった。これは致命的な誤った考えであり、そこからの「回復」は困難なプロセスとなるだろう。歴史の九九・九パーセントにおいて人類は、健全で、支えられ、世話をされ、大切にされる家族が、持続可能な「経済」のためのもっとも中心的な前提条件のひとつであることを知っていたはずだ。

父性の価値は、複雑なやり方で激しく貶《おとし》められ無力化されてきた。「父親不在の社会」に関する学問的な研究はすでに山ほどある。事実上一九八〇年代から、「西欧」（そして人類全般）の歴史上最大の社会再編成が（最初は「静かに」）行われた。子育てと教育、つまり人間の子どもを育てること全体が、ほとんど女性の手に委ねられたのである。歴史的にも進化的にも、西欧では、どの文化や文明の時代にも記録されたことのないような、社会の女性化が起こった。父方だけでなく母方においても、進化と家族の連続性が完全に断ち切られたのである。結婚しているかどうかにかかわらず、五〇％から七〇％の親は、子どもが六、七歳になるころまでにパートナーと別れているか、別れる準備をはじめている。

ドイツ語圏においては、子どもが一〇歳になるまでに九〇％もの親が離婚する。この傾向は強まる一方で、子どもが親と切り離される年齢が低下してきている。二〇一〇年以降、ほとんどの子どもは、母親以外の女性の監督者に日々囲まれている。八〇％から九五％のドイツの子どもたちが日々接するのはすべて女性。保母さん、保育園・幼稚園・小学校の先生、学校の心理カウンセラー、言語療法士、職業訓練師、福祉官、家庭裁判所判事である。これはほとんどのＯＥＣＤ諸国（スカンジナビア諸国を除く）にも言えることで、人類史上初の事態だ。これこそが、保育と教育の成果が出ていない原因なのだろうか。フェミニストや女性政治家は、この分野にも性別割り当て制度（クオータ制）をとり入れようとはなぜ言わないのか。家族政策について物申してきたのが女性中心だったからだろうか。過去一五年の政治家や最高裁判事の発言を広く調べてみたが、父性の復権と強化に関する真剣で建設的な議論をした者は一人もいなかった。私が間違っていたら指摘をありがたく頂戴する。家族政策の専門家と裁判所が、三、四歳以上の子どもと関わる母性の現実をどうとらえているかについては、本書の最初の方で述べた。

家族政策も子育て全体も、もっぱら女性たちに委ねられている。教育と子育ての議論をするのがほぼ男性だという認識は古い。エイミー・チュア（法学者・弁護士。『タイガーマザー』という回顧録中で厳しい教育方針と子育ての失敗を振り返っている）とともに、中国から「教育の追い風」が吹いてきた。中国ではフェミニズムが激しく批判した男性性、躾、権力、非情は、いまや女性のなかに根付いた。子育ての権力が女性に集中したため、多くの父親は、二人目の子どもをもつことが不可能だと考えるようになる。大きな変革は子どもを蝕む。そして出生率も低下する。過去二〇年間、二カ月に一回、子どもの元を訪れるだけの父親には、「働き、支払い、口を出さない」ことが要求されるようになった。子どもの親権をめぐって長く争ったあげく、父性を欠いた社会が広がり、父性の価値は政治的にも法的にも貶められた。

過去三〇年フェミニストたちが、親権に母親業、家族、子ども、子ども時代について議論したのを聞いたことがあるだろうか。女性は母親でもあるはずだが。

政治分野におけるクオータ制の議論は、企業の取締役クラスや政府機構の上層部といった、権力を担うトップレベルの人事に性別割り当てを導入すべきだ、という議論になっている。しかし我々が向かうべき進化の方向は、そのようなクオータ制ではない。億万長者も男女同数にするというのか。イギリスのサッチャー首相もドイツのメルケル首相も、状況を改善したとは言えない。ＩＭＦの専務理事クリスティーヌ・ラガルドは、フランス財政大臣時代の「国家に損害をおよぼす怠慢」を理由に有罪となったが、免責された。実刑を宣告された多くの罪人からすると、夢のような結末である。

フランス王母だったカトリーヌ・ド・メディシス、オーストリア女大公マリア・テレジア、毛沢東の妻だった江青は歴史上もっとも酷薄な人物たちだ。戦争や紛争を起こしたからだけではない。

幼児殺しは、男性（父親）よりも女性（母親）に犯人が多いことは、数十年前から分かっている。近代は子どもと家族を社会の中心から追い出したが、それは性差別問題よりもずっと大きな問題である。

二一世紀初めごろから、政治的に母性も政治的な攻撃の対象となってきた。母性を貶めているのは、またもやフェミニズムである。すべての人が働くべきだ、父親も母親も子どもが一歳をすぎたら復職すべし、というのが昨今の政治的論調である。子どもの幸せは顧みられない。子どもの実の親よりも上手に子育てできると主張する（女性）専門家が社会にあふれている。それでいて、国家が運営する保育園のシステムから義務教育まで、すべてが不適切、あるいは時代遅れであるという事実は隠されたままだ。

二一世紀のヨーロッパでは、在任中に妊娠した女性大臣はほぼ例外なく、子どもが一歳になるまでに復職しており、そのたびにメディアで仰々しく取り上げられる。

育児休暇を切り上げる女性政治家の動機はさまざまであるが、確実に言えるのは、彼女たちは子どもを公立の保育園に預けたりせず、費用のかかる乳母を雇ったり家族を呼び寄せて、面倒を見てもらったりしているということだ。左派から右派まですべてのエリートの女性政治家が発するメッセージは、二一世紀の母親は遅くとも子どもが一歳になるまでに復職しろ、外部の人間に赤ん坊を預けて仕事できるようにしろ、というものだ。

ところで、スーパーのレジなどのパートで働く女性の五倍は稼いでいる女性政治家が、働く女性たちの給料を上げろと言うのを聞いたことがあるだろうか？　そうすれば、女性政治家たちの子どもと同様の保育や教育を受けられるのだが。スザンネ・ガルゾフスキ（Suzanne Garsoffsky）とブリータ・ゼンバッハ（Brita Sembach）が著した『すべてが可能だの嘘――家庭と仕事が両立しない理由』（*Die alles ist möglich Lüge. Wieso Familie und Beruf nicht zu vereinbaren sind*）には次のように書かれている。

すべての母親たちが仕事をするなら、ケアが必要な人はどうするのか。老人、病人、子どもたちにはケアが必要だ。政治とビジネスから出てくる答えは「他人」である。私たちは「ケアの外部委託」社会に住んでいる。愛する人たちの面倒を見てあげたいという自然な思い、「面倒見遺伝子」を投げ捨て、外部の他人に、自分がやるのと同じように面倒を見てくれるよう手配しなければならない、とされる社会である。言いかえると、いまだに子どもや両親の世話をしたいと望む女性は誰からも同情されず、困惑のなかにとり残される。(1)

同様に、過去一五年間、学校改革と子育て・教育の議論がなされるたびに、家族のことは周辺に追いやられ、価値のないものとされてきた。

低学年におけるいじめっ子や多動症の子ども、卒業しても学習が身に付いていない者に関しては、（公立の）学校制度が問題なのではないとされ、親に責任がかぶせられる。赤ん坊を適切に育てず、まともな（従順な）子どもを教育システムに送り込まなかったと責められるのだ。（公立の）学校制度と公的教育に関する議論のなかで、家族が無能で好ましくないと宣言されることがもっとも多いのはドイツ語圏だ。

数十年の間、社会の均衡ある発展のために必要な労働力の二〇％から三〇％は移民によってまかなわれており、その割合は増加する一方である。多文化を許容し民主的社会を維持するためには、移民は重要であり、これまでのホモサピエンスの歴史のなかでも移民は存在した。しかし、これまで長い間、政治家たちは自国の家族制度を弱め、周辺各国から子どもをもつ家族を招き入れてきたために、オーストリアとドイツでは移民がうまく社会に適合してきたにもかかわらず、難民が押し寄せると外国人嫌いの政治的な動きが活発になった。ドイツのペギーダ（ＰＥＧＩＤＡ＝西欧のイスラム化に反対する欧州愛国者、の頭文字をとったもの）や右派のポピュリスト政党（ＡｆＤ（ドイツのための選択肢）、オーストリアのＦＰÖ（オーストリア自由党））の勢いが増していて、政治の失敗が明らかになっているので、移民政策を従来通りに続けることには無理がある。ヨーロッパの市民たちは、どんな政治的な立場や世界観をとっていようと、政治の方向が間違っていると感じ、怒りの声を上げ、市民運動を行っている。メディアや政治の場では彼らの声は取り上げられず、単に極端な右翼あるいは左翼とレッテルを貼って、主張内容を吟味せずに片付けてしまう。このような市民運動は、家族を社会の背骨に据えること、つまり家族を本来の地位に戻すことを望む、子どものいる親たちの共感を得ている。クリスティーネ・バウアー＝イェリネク（Christine Bauer-Jelinek）とヨハネス・マイナース（Johannes Meiners）の二〇一四年の研究によると次の通りだ。

ドイツ語圏の各政党が、ジェンダーや家族政策についてそれぞれ異なる価値観をもっているにもかかわらず、同じイデオロギーを共有しているのは民主政治にとって懸念材料である。社会主義的な緑の党や左派の政党と同様、保守的な政党も（多少の差異はあれども）同じ要求をしている。

○男女ともフルタイムの雇用

○女性も男性も仕事と並行して（子育て以外に）行うべき家庭の仕事が過小評価されている。

○男女平等のフェミニズム（平等な権利ではなく質的な平等）

○質的平等のための政策の実施

○父権性の一方的な解釈（男性は加害者で女性は被害者）

○男女の給料の違いは不問

○政治のトップ層におけるクオータ制

○早期に子どもを保育園に預けることを奨励

○老人は施設に収容

○同性愛関係の法的平等性を、どの分野（養子縁組を含む）にも広め、異性愛者の優勢を覆す

○男性が女性よりも日常生活の諸問題解決の責任を負う

○女性の昇進割合を不相応に高くする

以上の提案がすべての政党からなされているため、これらのジェンダー政策に同意できない人は、どの政党に属していても声を上げられないという苦境に陥る。様々な意見が交わさ

れる、開かれた議論がない。この一方的なジェンダー政策により社会的問題から注意をそらされ、新自由主義経済に突き進むことの是非が議論の俎上に上らないのだ。(2)

単純に言えば、どのような立場の政党も過去一五年間、家族に関しては一つのことしか主張していない。保育園や長時間預かる幼稚園、学校の数を増やせ、ということだ。OECDも同じ主張をしている。

ドイツのAfD、オーストリアのFPÖといった右翼政党は、移民を止めろというだけで、家族と子どもの問題についてはこれと異なる考え方を示すことができない。子どもの貧困化が加速し、社会の高齢化が進めば、老人のケアをする人間は移民以外にいるのか、という問題が生じる。近い将来、老人の世話ができそうな若者は、ほかの職場にとられてしまうだろう。もっと魅力的な海外の国に出て行ってしまうかもしれない。

第一次世界大戦と第二次世界大戦の間の時期にアメリカが大きな経済力を獲得できた理由の一つは、若者たちと才能にあふれた創造的な「頭脳」が中央ヨーロッパからやってきた、あるいは来ざるを得なかった、ということだ。

二人以上の子どものいる家庭は社会において価値を認められているが、彼らに援助をすることが重要だということもまた科学的に支持されている。統計的に言って西洋諸国では、遅くとも三人目の出産時には貧困に陥る危険性がある。

家族を軽視する発言をする（多くは女性の）政治家にこう訊いてみたい。一九世紀以前の政治家、酋長、王など、あらゆる統治者が、先にあげたジェンダー政策のうちの一つでも主張したら、どうなっていたと思うか？ おそらく二四時間以内に統治者の座を追われたことだろう。いまでは、家族や親たちを貶め、批判し、これをコントロールするべきだという議論は、エリート政治家やベストセラー作家の言文から、パブでの友人との会話のなかにまで浸透している。しかも、我々はここ何十年も、貯金しろ、貯金しろと言われてきた。つまり家族を大切にするのではなく、銀行を大切にするように言われているのだ。億万長者や税金逃れをするひとびと同様、銀行も助ける価値はない。

家族は価値がないとされ、家族に支援もなく、家族政策に関する空論だらけの傲慢で不寛容な議論が満ちあふれ、親も子どもも軽蔑され指導下に置かれる。このような現在の状況下で、常識的な考えをもつカップルが子どもを作ろうとするだろうか？ 自己中心的な消費社会、経済的なパフォーマンスが評価される世のなかでは、子どもを作る意味がそもそもないのだ。

トーマス・ザッテルベルガーは長年ドイツの人的資源政策にかかわってきたが、彼は映画『アルファベット』のなかで「人生を経済的価値で測ろうとする傾向は最悪である(3)」と述べている。政界だけでなくビジネス界からも、経済的価値だけで家族を論じようとする者が出てくる。レンツ＝ポルスターは著書『人間の子ども――種にふさわしい子育てのための弁論』において次のように述べている。

二〇一一年の世界経済フォーラムのダボス会議でのこと。世界中から大物たちが世界的な課題を議論するためにアルプスの小さな町に集まってきた。議題の一つは先進国の将来についてであった。アリアンツ保険グループのCFO（最高財務責任者）パウル・アハライトナー（Paul Achleitner）は課題を次のように要約した。「我々ドイツ人は高齢化し、少子化している。福祉国家を長期的に運営していくためには、より多くの子ども、より多くの移民、より多くの女性労働者が必要だ」。この困難な課題を乗り切るために、女性、親、家族には多くの支援がされるだろうと思うかもしれない。実際はその反対のことが起きている。親たちは構造的に弱体化に追い込まれている。(4)

過去三〇年間、少子化が進み、人口減少に突入している。ヨーロッパ以外のほかの国でも同様だ。レンツ＝ポルスターは言う。

「子どもの貧困」と「少子化」はたがいに関連しており、我々の社会の二大問題だ。一九六〇年代のドイツでは現在の二倍の子どもが生まれていたが、貧困ラインより下の生活をしていた子どもは二％だった。

いまでは貧困の割合は数倍になった。年収一万五〇〇〇ユーロ以下の世帯で育つ子どもはドイツで五〇〇万人以上にのぼる。ヨーロッパ諸国を比較すれば、子どもの貧困が近代社会の副作用で、避けられない短所だとは言えないことが分かる。デンマークでは貧困家庭に育つ子どもの割合はドイツの四分の一である。ほかの北ヨーロッパ諸国やオランダでも、同様に子どもの貧困は少ない。そしてこれらの国々では出生率がより高いのだ。(5)

ヨーロッパでもっとも裕福なオーストリアとドイツでは、出生率が最低なのである。

子どもの数が減る一方で、ほかのヨーロッパ諸国と比べても多くの子どもが貧困のなかで暮らしている。これが破綻しているというのでなければ何だというのだ。政治家は、夫婦が子どもを持とうとする時期が遅れているだの、女性のキャリアと出産のタイミングがどうのこうのと議論しているが、苦い真実はこうだ。我々の社会は完全に破綻している。経済問題にのみ注目が集まっている。子どもを生み育てられる真の社会ではないのだ。(6)

子育ての最良の環境は保育園ではなく、家庭である。それがホモサピエンスの進化の結果だ。子どもが求めているのは、母親・父親（そしてきょうだい、祖父母、親戚）だからだ。家族は共同作業の場である。

オーストリア・ドイツ両国の子どもの貧困には二つの大きな理由がある。一つは経済最優先主義、もう一つは、ある特定のタイプのフェミニズムの流れである。二一世紀になってから、ある種のフェミニズムが、働く女性を称賛する方向に進んできたが、それはイデオロギー上だけの問題で、女性の賃金が低いことは問題にしない。そして母性、とくに専業主婦の母親を貶めてきた。

父親は法的に軽視されてきたが、今度は男女の闘いの場に父親が引っ張り出されてきた。そして女性対女性、母親対母親、「（外部に子育てを委託する）悪い母親」と「家庭的過保護な母親」の闘いが繰り広げられる。たがいの敵意はますますむき出しになっている。二〇一四年発行の作家アンゲリカ・ハーガー（Angelika Hager）の著書のサブタイトルは「レトロな女性(7)」で、幼児の面倒を見ている主婦を指す。フェミニズムに批判的なシャルル・アズナヴール（Charles Aznavour）は「女性の権利はふえたが、昔はもっと権力をもっていた」と言う。家族全体もそうだ。一〇万年の間、現在よりもずっと多くの賞賛と権力と支持を得ていた。

それでは、保育園と（政治的）フェミニズムに関する議論は一体何のためなのだろうか？取り上げない話題は何か。政治家は何を目的としているのか？　市民を敵に回して何を得ているのか？出産後、できるだけ早く職場復帰したい母親たちに最適のシステムを作ることがなぜ不可能だとみられているのか？　早く職場復帰したい女性たちはレベルの高い保育園や幼稚園を必要としている。同様に、他人に任せず、自分で幼い子どもたちの世話をしたい母親たちにも、たとえば養育費の支給などのもっとも適切なシステムを作る必要がある。そうすれば人類の歴史の九九・九九％と同様に、少なくとも両親のどちらかが家庭で、子どもが三歳になるまで育てることができる。

保育園で新たに子どもを受け入れると、子ども一人につき、一カ月一〇〇〇ユーロから一二〇〇ユーロの経費がかかる。国庫が空だから養育費を支給できないといいながら、保育園にこれだけ費やすなら、その分を子どもの世話をしている母親（および父親）に支給すればよいではないか。子どもの発達に最適な環境は何かという話をしているのだ。自分で子育てすることは多くの親たちの望みであり、幼い子どもの一〇〇％が親といたいのだ。まとはずれな政策は数多く、心配は尽きないが、この問題はわざと公的な議論から外されている。小さな赤ちゃんを保育園に預ける危険性についてはは本書ですでに述べた。

親たちは現下のシステムのなかで経済的に苦しいので、子どもを保育園に預ける以外の方法がとれない親の数はふえる一方だ。母親（と父親）は真の選択の自由を与えられるべきだ。保育園における子どもの経費、月一二〇〇ユーロが、家庭で子どもを育てる親たちに与えられないのはどういうわけなのか？

現代人は多くの女性作家が言うように、「平等偏執狂」になっているのだろうか？

ハンナ・アーレントは『全体主義の起源』のなかで、社会の大多数が政策に同意して同じ行動をとる場合、個人的な罪悪感は消失する、と述べている。ニュルンベルク裁判の被告は、おおむね、「私にはどうすることもできなかった。彼らを殺さなければ私が殺されていた。それに、皆がやっていた」と反論した。当時の政治による抑圧と強制を考えれば、この言い訳はもっともだ。皆が同じように行動し同じ目的に沿っているならば、正しいふるまいや個人の責任は不必要だ。[8]（富裕層を除く）すべての母親が早期から子どもを保育園に預けなければならないのであれば、「悪い母親」だの罪悪感だのは不必要な概念となる。大きくなった子どもに「預けるしかなかったのよ」と言いさえすればよいのだから。これがドイツ語圏の母親が子どもを預ける理由でなければいいのだが。

子育ての外部委託がいまや当たり前になりつつある理由の一つは、男性の働き手が不足していることだ。熟練した技術者が急激に不足してきているので、もはや移民によってどうにかできるレベルを超えている。オーストリアでは、政府による支援金として、父親にひと月四六〇〜六四〇ユーロが支払われる。これでは、生き延びることは不可能だ。多くの父親がアルコールに走り、ホームレスになったり、自殺したり、海外に逃亡したりする。この一点を取っても、政治と法律のシステムが、いかにひとびとの現実の生活を無視しているかが分かるだろう。

若者の生活も苦しくなっている。ＡＤＨＤ（注意欠如／多動症）・肥満・犯罪・薬物依存・不登校問題などは、女性よりも男性に多い問題である。助産師は皆知っていることだが、生物学的にいって男性の方が弱いのだ。統計的に言うと、お腹のなかにいる時も生まれ出てからも、女性よりも男性に問題が多く生じる。

男性の運動機能はより早く発達するが、母親べったりの期間は長い。子どもを何人か育てた母親はこのことをよく知っている。良い悪いではなく、単なる生物学的な違いだ。男の子も女の子も、他者からの「矯正」を受けずに放っておかれれば、ちゃんと学習して成長するのだ。[9]

心理学および教育学の多くの文献で証明されていることだが、「昔ながらの」学校教育の在り方は（とくに小学校の間は）、男性にとって不利なだけでなく、男性の心理的発達にはまったく適していない。だから、過去一五年間、全ての国で、ＰＩＳＡのような学力評価テストでは、常に男性の平均点の方が（女性より）低いのである。

ホモサピエンスという種は女性と男性に分かれているが、それぞれの性別が一様なわけではない。人間はそれぞれ、外見が異なるように、他人と少しずつ異なる遺伝子と脳の働きをもっている。私たちは違いと多様性によって知的に進化をしてきた。同一性のみでは進化しない。進化の法則と生物学的側面を一切無視して、すべての子どもを画一的な学校教育に放り込むことに血道を上げるのは一体なぜなのか？　権威（宗教だろうがイデオロギーだろうが）は自然に学ばず、理解も理由も求めないからだ。

発達心理学と神経生物学的観点からいえば、男子には男性の、大人・権威・監督者としての良い模範が必要である。そのため、保育園や幼稚園により多くの男性教員を配置するべきだと議論され推奨されてきた。しかし、実際に男性が保育園や幼稚園で働くと、女性の同僚にいじめられてしまう。(10)

子どもが父親にも母親と同じくらいに会えるよう、男女ともに努力することがなぜないのだろうか？　父親が、一番よい大人の男性の模範であるのに。両方の親と交互に住めるよう法的に整えることはできるはずだ。(11)ヨーロッパでは一〇歳くらいまでの子どもは、ほとんど母親のみの手によって育てられるが、それで十分な子どもはどのくらいいるのだろう？

もうずいぶんと長い間、ビジネス界だけでなく、どの政党も、家族・女性政策においては、遅くとも子どもが一歳になる頃には、育休から職場復帰をすることを求めている。なぜなら、有能でやる気があり、学歴が高く熟練していて健康な男性の働き手が減少しているからだ。それならばなぜ、労働市場における女性の価値は低いままで、多くの女性が低賃金の職種に就くのか？　子どもを意に沿わない保育園に預けざるを得ない母親たちは一体どれくらい稼いでいるのか。なんと、ひと月わずか一二〇〇ユーロである！　これは保育園の子ども一人にかかる経費と同額だ。親が家庭で子どもの面倒を見ていたらこんな金額さえもらえない。常識的で人道的な社会ではありえないことだし、フェミニズムにも関係のない事態だ。女性の近代的役割とも早期教育とも関係がない。単に強欲資本主義と新自由主義の結果、つまり経済原理のせいである。

政治家たちは、市民が選択の自由をもつことを恐れているのか？（一二〇〇ユーロの養育費をもらったり、無条件のベーシックインカムをもらったりして）子どもを三歳あるいはそれ以上になるまで、自分達のもとで面倒を見られる真の選択の自由を親たちがもったなら、どんな結果になるだろう。たぶん二〇％から二五％の親が家庭で自分の手で子育てするだろう。そして出生率も上がり、一人の女性につき一・五人の子どもが生まれるだろう。子どもは、もっと人類という種にふさわしいやり方で育てられ、社会性をもち、幸福になり、健康になるだろう。よりよい社会が築けるのだから、これは子どものいない人にとっても福音である。結局のところ、経済界（と、それに従う政治）のみが母親の早期復職を願っているのである。財政優先の労働搾取体制の経済システムは、低賃金労働者としての移民と女性（母親）にますます頼るようになっている。

レンツ＝ポルスターは著書『神聖な子ども時代』で次のように述べている。

欧州委員会副委員長のヴィヴィアーネ・レディング（Viviane Reding）は「ドイツおよびヨーロッパ全土の、職業訓練を受けた女性の能力を利用する時が来た。そうでなければ『経済が収縮』する。男性と同じように効率的に働いてこそ、女性は真の女性たりうるのだ[12]」と明白に述べている。

ほとんどすべての子どもが外部のいわゆる専門家に預けられているいま、「次の世代はもっとも低いコストで、最小の努力で訓練することができる。（中略）何万、何百万もの母親が、社会教育の実現によって、生産と自らの文化的向上を目指して解放される」。これはＯＥＣＤの代表、欧州委員会委員長の口から出た言葉であるが、もとを正せばソヴィエト共産党が一九二二年に発行した『共産主義のＡＢＣ（The ABC of Communism）』からの直接の引用である。[13]

子ども（そして人間全体）を支配することがテーマになると、二一世紀のヨーロッパとアメリカのすべての政党が手を結ぶ。左派だろうが、右派だろうが。

六歳までの子どもがいる母親の割合は、ドイツやオーストリアの人口の八％を占める。仕事の口が減っているのに、どうして人口比から見て非常に割合の低い母親たちが、強制的に労働市場に出ていかなければならないのだろうか。ブリギット・ケレ（Brigit Kelle）によると、「統計的に見て女性は、子どもが少なければ少ないほど、長く働き出世する。これがジレンマなのだ」[14]。前出の研究のなかで、バウアー＝イェレネクとマイナースは次のように要約する。

近年、「男性と女性を基盤としたパラダイム」という考え方は廃れる方向にある。つまり、男性性と女性性は人類の根本原理ではないとされるようになってきている。ポストフェミニストの脱構築の議論（ジェンダー主義と揶揄される）では、ジェンダーは、社会的・生物的側面から自由になって、選択できるようにするべきだとされる。あらゆる性的嗜好があらゆる分野で同等の権利を与えられ、可視化されることが要求される（たとえば同性婚や、同性カップルの養子縁組）。このような社会的変化を短い期間で達成するためには、イデオロギーによって多くの事柄が決められねばならない。男女平等を完全に推し進めると、母性や母乳育児が軽視される。「母子の絆」はもはや心理学でも取り扱われない。こんにちの科学論文では、赤ん坊は誕生直後から他人の手によっても完璧に育てられるので、生物学的な母親の重要性はないとされる。月経や更年期障害は男女の性差の議論のなかでは俎上に上らず、女性たちはそれぞれ個人の問題として、セラピーや薬剤投与、手術、卵子凍結などの手段によって、生産性の低下を防ぐべきだとされる。女性の自由と経済的自立という名のもとに、女性を守るための権利として勝ち取られてきた保護政策が、女性差別だとしてなくなっていく。たとえば育児休暇の短縮、禁止されていた深夜勤務や肉体的重労働の解禁などだ。家族のケア労働は経済的にもイデオロギー的にも価値を下げられる。これは女性たちを労働市場で永久に（そして安価に）こき使うための方策である。（中略）結果として、研究者たちとメディアは保育園などの充実を主張するばかりで、女性自身の、家族の世話をしたいという望みは顧みない。そのため出生率が低下するのである（女性一人あたり一・三人）[15]。

さらに良くない結果が生じている。ドイツでは（他の先進国も同様だが）、複数の子どもをもつ家庭はおもに二つの社会経済的なグループに限られる。経済的に豊かで子どもにお金をかけられる層と、子どもに時間をかけられる層（つまりキャリアの無い、職業的に非熟練の女性）である。労働市場は教養のある中流層を求めており、その層の人たちは子どもを産まなくなっているのだ[16]。ヨーロッパでは、アメリカで起こった社会的変化が一五年から二〇年遅れて起きている。

古い大陸ヨーロッパでは、子ども時代の消滅は、とっくの昔に現実となっていた。複数の子どもがいる家庭の数と中流階級における出生率の低下は、まず一九九〇年代のアメリカではじまった。

こんにちのアメリカでは中流階級は少数派となり、減少し続けている。先進国、いやすべての国のなかで、米国ほど貧富の差が激しい国はない。アメリカでは「貧困」の定義さえヨーロッパとは異なる。なにせ何百万人もが健康保険なしで生活しており、多くのホームレスのうち子どもが二五〇万人（二〇一四年）を占めているのだ！　予言者や文化的悲観論者でなくても、このまま事態が進めば、先行して米国で起こっている貧困の大問題や中流階級の消滅が、二〇年後のヨーロッパにおける苦い現実となることは容易に予測できるだろう。すでに進行している高齢化や、大量の移民の問題にも対処しなければならない。我々はここ何十年も、自国の家族制度を破壊しただけでなく、ほかの民族から彼らの文化を奪っている。

二〇一四年、ドイツは八一三〇万人の人口を擁し、一三歳以下の人口は八一〇万人だった。そのうち子どもが一人の世帯の数は四三〇万、二人の世帯二九〇万、三人以上の世帯は八六万七〇〇〇だった。

一人っ子の世帯は、多くのヨーロッパ諸国において多数派となり、三人以上の世帯は少数派である、家族全体の七・八％を占めるにすぎない！　三人以上の子どもがいる世帯は減少の一途をたどっている。反対に、億万長者もふえ、自動車とペットの数もふえた。ドイツでは、自動車の数は子供の数の四倍（四三八〇万台）、ペットの数は三倍（約三一〇〇万匹）である。ペット関連の売上高は四四億四〇〇〇ユーロである。その陰で、五人に一人が貧困ぎりぎりである。オーストリアも同様で、二〇一四年には、一人っ子世帯が四一万一〇〇〇、二人っ子世帯が二六万九〇〇〇、三人以上の子どもがいる世帯は八万一〇〇〇だった。生まれた子どもの七・五倍もの自動車が販売されている。(17)

二〇〇九年、ヨーロッパでは一九億羽の鶏が飼育され、肉や卵を生産した。世界中では二〇〇〇億羽の鶏、一五億頭の牛が飼育されている。ホモサピエンスの肉の消費量が急激に上昇したため、地球上で大型動物（体重数キロ以上の動物）が占める割合が不均衡になった。野生動物は一億トン、人間は三億トン、家畜は七億トンであった。このなかに子どもたちが占める重量は限られている。視界から消え去り、意識からも消え去った。残るのは静かな叫び声だけである。

ドイツでは、母親、父親、一四歳以下の子どもから成る家族（さまざまな家庭状況を含む）は、総人口の三〇％から三五％を占めているにすぎない！（どこの先進国も似たり寄ったりである）。二〇一四年、オーストリアの人口のうち二〇歳以下は二〇％、ドイツでは一八％だ。両国で一九六〇年代から一九七〇年代に生まれたベビーブーマーたちは、これから二〇年くらいのうちに引退し、高齢化する。日本ではすでに、高齢者向けのおむつの需要が赤ん坊向けのおむつよりも、需要が多いが、ヨーロッパの多くの国々でもすぐに、これが現実となるだろう。

現在の子どもと家族の貧困問題には多くの側面がある。アイスランドでは、両親ともに三年間の育児休暇がとれ、育休前の給料の八〇％が保証される。女性一人あたり二・二人という出生率はヨーロッパ最高である。八〇％から九〇％の父親が育児休暇をとっているが、これもほかの国には見られない率である。

アイスランドをはじめとする国々（スカンジナビア諸国以外も）では、ジェンダー平等のイデオロギーによって子育て政策や学校・教育改革は劣化していない。現在、（アメリカ、イギリス、フランスなど移民が多く流入している国を除く）西洋諸国のなかでは、スカンジナビア諸国とカナダだけが、一九六〇年以降一貫して出生率が女性一人あたり一・五人を上回っているが、今後変化する可能性はある。これらの国々では根本的な公立学校制度の改革を一九八〇年代に開始し、両親の関与sを増やした。また、両親（母親だけでなく父親も！）の価値を政治的に再確認し、両親がもっと社会活動に参加できるようにした。

これらの国々では根本的な問題点、「子どもを種にふさわしい方法で育てているか？」にたいする答えを模索しているように見えるが、いかがだろうか。

子どもが子どもだったとき、
腕をぶらぶらさせて歩きながら、
小川が川であったなら、
そして川が急流であったらと願い、
水たまりを海だったらな、
と願った。

子どもが子どもだったとき、
自分が子どもだとは知らず、
すべてに魂が宿り、
すべての魂は一つの魂の一部だった。

子どもが子どもだったとき、
何にたいしても先入観がなく、
習慣もなく、
あぐらをかいて座り、
急に走り出し、
髪の毛が逆立ったまま、
写真を撮るときに表情を作ったりしなかった。

子どもが子どもだったとき、
ほうれん草や豆やライスプディングに喉を詰まらせ、
蒸したカリフラワーにもせき込んでいたけれど、
いまは命令されなくても全部食べられるようになった。

子どもが子どもだったとき、
りんご、パンを食べるだけで十分だった。
それはいまも変わらない。

子どもが子どもだったとき、
初雪が待ち遠しくて…
いまでも同じように待ち遠しい。

——ペーター・ハントケ（『子ども時代の歌』からの抜粋）

第十章
人類という種にふさわしい子ども時代と家族の消滅

ヘルベルト・レンツ＝ポルスターは著書『人の子どもたち』に次のように書いている。

産卵鶏の飼育に関する規定の第13条によれば、養鶏場は少なくとも2・5平方メートルの面積を有し、産卵鶏がその種類と必要性に応じて適切に移動できる場所でなければならない、となっている。また、鶏という種にふさわしいやりかたで食べ、飲み、休み、砂浴びし、巣を見つけられるよう、適切な設備が必要だとしている。塀のこちら側の人間たちも、同じように環境を整えなければならないのではないだろうか。つまり、子どもが人類として、潜在的な能力を発達させるのにふさわしい環境とは何か、と問わねばならない。(1)

何十年にもわたるたゆまぬ環境保護・動物愛護運動の結果、動物の保護は法的にも整備され、社会全体の認識も変化した。しかし、西洋社会で絶滅の危険性が高いホモサピエンスの権利の保護はどうなっているだろう？　これは極論のための問いではない。これが正当な問いであるのは、少子化の観点からだけでなく、我々の子どもたちの精神的、肉体的な欠陥が問題になっているからだ。すでに、子どもたちはますます病弱になっている！　医師とセラピストの数が増加し、異常な振舞いが「目立つ」子どもを対象に、市場を拡大させようとしている。現在の「子ども時代」はその名にふさわしいものなのだろうか？　子どもにとって悪い影響が多い一方で、良い影響は少ないのではないか？　我々は子どもにたいして過保護あるいは過干渉ではないか？「子ども時代」は心理学でも教育学でも法律でも言及される概念だが、一体どう定義したらよいのだろう？　ドイツは子どもの福祉のために努力してきたのに、ドイツ国内では生きづらく居心地悪いと感じている子どもの数は、ますますふえている。

フィリップ・アリエスは、『〈子供〉の誕生　アンシャンレジーム期の子供と家族生活』の執筆にとりかかる前に、現在の「子ども時代」とはどんなものか、過去にはどういうものだったか、という問いを掲げた。同書のドイツ語版（一九七五年）に長い前書きを書いたハルトムート・フォン・ヘンティッヒは子ども時代を次のように定義している（とくに断りがない限り、本章の最後までの引用はヘンティッヒの前書きからのものである）。

こんにちの子ども時代はテレビ漬けの子ども時代である。世界は（大人たちが警告し恐れてきたように）小さい画面に映るもので、ばらばらの断片が現れたり消えたりし、わけのわからない混合体である。このように、ワクワクする世界、激しくて華やかでみじめな世界がテレビから垣間見えるので、自分自身がいる狭い世界は取るに足らないように思えてしまう。

マーシャル・マクルーハン（Marshall McLuhan）の観察によれば、メディア、つまり情報の媒体となるもののメッセージは、内容は二の次であり、どのように提供されるかが重要となる。[2]

過去四〇年はテレビ漬けの子ども時代だったが、いまではメディア漬けの子ども時代となった。テレビがプレイステーションに、そしてタブレット、スマートフォン、ノートブック・パソコンに置き換わった。過去一〇年で子どもたちがスクリーンを見つめる時間は三倍になった。三〇年前から、科学に裏付けされたメディア批判が行われ、二〇年前からは、メディアを見るととくに幼い子どもに悪影響が長期間続くという研究が根拠とともに多数示された。このような、メディアに関する批判がずっと行われているのに、なぜここ何十年も事態が変わらず、それどころか、より幼いうちからスクリーンを見させ、より長時間見させるようになっているのか？

こんにちの子ども時代は教育学による知育の子ども時代である。ますます多くの大人たちが、子どもたちにたいする行動や表現を、彼らが考える教育学の正しい理解のフィルターを通して選んでいる。大人たちは自発的に行動したり反応したり、自身の経験にもとづいて行動することもない。だから、子どもという人間にたいして共感的に判断することもできない。彼らにとって、子どもは取り扱いがむずかしい生き物なのだ。

ヘンティッヒが一九七五年に「教育学による知育の子ども時代」について言論を展開したころか

らいままで、何も変わっていない。変わったことと言えば、それは子どもへの干渉が「より多く」なったことぐらいだ。

人間の子どもについては、どんなことでも、何かふつうでないと思われることをすれば、必ず何かの病気の「症例」として扱われる。妊娠と出産時は「発達が適切でない」「ちゃんとねそべっていない」、母親にとっては「キャリアが中断する」「ガラスの天井」、学校では「問題行動」「問題のある生徒」、教育専門家にとっては「いじめっ子」「従順でない子」というレッテルが貼られる。ほかにもいろんなレッテルがある。子ども時代に、こんなにも教育学的に、また心理学的に過剰な評価がなされるようになったが、その結果は改善されているのか？ 現在の教育学的・心理学的議論においては、子ども時代はホモサピエンスとしての進化の休止期間である。子どもの長所を観察して伸ばすのではなく、子どものあら探しをするようなやり方は数世紀前から続いており、社会には良い影響がなく、むしろ問題が生じている。要するにそれは、人類という種に適したものではないのである。

こんにちの子ども時代は「学校漬けの子ども時代」だ。子ども時代は、家庭での生活以外では、学校での過ごし方によって決まってしまう。しかし、その学校は、子どもの成長にはあまり成功をおさめていない（つまり我々の期待値を下回るということだ）。学校漬けの子ども時代は、入学前からはじまる。遊びのように見えるが、実際は学校でやることの準備として学ばされる。幼稚園などの小学校前教育に通わなくても同じことだ。子ども時代への期待は、学校教育に絡んだものになる。人道的で良い意図のもとで進められる効率的なやり方に見えるかもしれない。しかし、それは学校が必要なものであれば、の話だ。学校とは、学ぶ内容、やり方、時間配分、行動の仕方があらかじめ決められていることを意味する。そして何よりも、人間関係が不自然だ。三〇人の同年齢の子どもにたいして大人ひとり。その大人は教育の専門家で、子どもにとって頼りになる重要な存在だが、その他のすべての人にとっては必要のない人間だ（その大人が教える教科も同様に不必要なのだが）。

ヘンティッヒの学校にたいする根本的な批判は、過去四〇年間に世界中の専門家によって書かれた何百冊もの書籍で詳しく論じられてきた。彼の考えは、長い時間を経て科学的に立証されてきた。それにもかかわらず、子どもが学校で過ごす時間は長くなっている。我々の公立の学校教育制度が徐々に劣化している。

ガットは『バカをつくる学校』で、次のように論じている。

崩れかけた学校の建物からは、子どもたちの疲れた様子が感じられる。校内暴力は、「教育」というものをやめろ、という叫びだ。アメリカでのレベルの低い会話を聞くと、我々市民が、学校の絶望的なまでの非効率さに裏切られてきたことが分かる。(3)

こんにちの子どもが現実の生活から切り離されて、子ども時代を通じて学ぶのは、進化し続けてきた人類の本来のあり方とはほど遠いことがらだ。数世紀前から（公立の）義務教育は社会の病巣であり、未来に禍根を残すものだった。平和で正義が存在し、人道的で健康な教養ある社会とコミュニティを持続するためには、邪魔な存在なのだ。競争ではなく、持続的な社会を求めている場合も、学校が一番の災いのもととなる。時代遅れの学校のシステムは、才能にあふれて健康で社会性をもった人間の子どもにとって最大の敵である。それにもかかわらず、とくに政治家は学校制度にしがみつく。そうすることにより、学校の悪い部分が増殖していくのである。

保育園での早期教育も全日制の学校（学校が無意味だと批判してもなお、皆が好む学校のスタイル）も、問題をさらに増大させている。多くの西洋諸国にとって、学校は近代社会の最大のパラドックスである。人類という種にはそぐわないシステムなのだ。

こんにちの子ども時代は「未来の子ども時代」である。いまの子どもが未来をフルに生きることはない。明日に向けて、他人が計画した世界に向けて、年度末の成績表に向けて、大学の平均成績評価（ＧＰＡ）に向けて、卒業後の職業と職場に向けて、生きている。いつも子どもは要求されることに応えようとするが、その要求自体が古臭く、現在において意味をもたない。

ここ数十年来、そのような「未来の子ども時代」を生きさせられている子どもがますますふえている。人生の「主体」として何万年もの間、子ども時代を楽しく過ごした人類は、もはや「客体」として大人が投影する存在であり、大人が、こうあるべきだとする概念を押し付けられる存在となった。子どもは自分の未来を自由に選ぶことができず、未来を形成することに参加することもできない。「未来の子ども時代」とは、さまざまな著述家が「明確な目的のある子ども時代」と呼ぶものと似通った概念である。しかし、これは人類の進化と歴史という視点とは異質なものだ。これまで人類は六、七歳までの子どもに、純粋で真正な子ども時代を許してきた。それが終わった後で、大人の世界に子どもを招き入れる。そこで子どもは過去（＝文化）、現在（＝職業）、よりよい未来のための努力と向き合うのである。こんにちの子ども時代は「偽ものの子ども時代」である。ドイツでは七〇〇万人の若者が、オーストリアでは七万人の若者が、ろくに読み書きができない。みな長期間の義務教育を終えた者たちだ。この事実は、今世紀の私たちが、これまでとは異なる道を歩むべきだということを示している。

こんにちの子ども時代は「子どもだけの子ども時代」である。ほぼ同じ年齢の子どもたちに囲まれ、自分たちを、教育の対象として子ども扱いする大人にしか接しない。同年齢の子どもばかりの教室に閉じ込められて過ごすため、このような同質性がいかに異様なことか、大人になっても気づかない。年上の子どもも年下の子どもも周りにいないことで、ほんの少しの年齢差にも変に敏感になる。

一九六〇年代と一九七〇年代には、ヘンティッヒ以外にも数十人の教育者と心理学者が、科学的な根拠にもとづき、同年齢によるグループ化の欠点について警告していた。しかし国家はそれを聞き入れただろうか？　何か対策が取られただろうか？　一九七〇年代半ば以降、子どもが保育園や幼稚園で同年齢のグループのなかで過ごす時間は三〇％から四〇％にふえ、この傾向は現在も続いている！　その一方で、社会的スキルが不十分だと子どもたちを責めるのだ。なんとも精神分裂病的である。人類という種に、同年齢だけの集団はふさわしくないのだ。

こんにち、私たちは子どもたちを、（長すぎる）子ども時代全体にわたって、（大きすぎる）集団のなかに、そして、あまりにも小さすぎる建物のなかに閉じ込めている。もし有機農業や畜産業の基準、原則、規制を、人間の子供たちが幼少期の大半を過ごす場所である国の教育施設にも適用するとしたら、おそらくその約五〇％は即刻閉鎖せざるを得なくなるだろう。動物が、種に適した扱いを受けるよう、ますます権利を拡大されているのに、人間の子どもにはその権利がないのだろうか。人道的でないことは確かだ。

こんにちの子ども時代は「都市の子ども時代」だ。購買と消費を活発に行い、限られた遊び場でしか遊べず、交通機関を使う子ども時代だ。焚火をすること、土を掘ること、枝につかまってぶらぶらすること、水をせき止めること、大きな動物を観察したり世話したり手懐けることなど、基本的な体験をすることができない（中略）自然のなかで何かが生まれたり朽ちていったりする様子を観察すること、使いやすくて必要な道具を自分で探したり作ってみること、単なる口喧嘩以上の深刻な対立をすること、のっぴきならない事柄について最終決断をすること――こういった体験は子どもたちから取り上げられている。大人からもだが。

大人は仕事をもち、自由になるお金があり、将来と子育てに腐心する。それ以上の冒険をする余裕はない。一方。子どもには、大人から押し付けられる規則や期待を予測するか、破壊的な感覚を味わうか、無茶苦茶にするか、の選択肢しかない。

ヘンティッヒが一九七五年に観察したことと現在とを比べると、何も変化はない。子どもが健康的な人間として成長するために必要不可欠な、直接の生きた体験をする機会は以前よりずっと減少した。レンツ＝ポルスターの観察もヘンティッヒの言説を補うものだ。「危機に瀕した子ども時代」は「室内の子ども時代」と呼ぶこともできるだろう。

幼稚園の子どもの三分の一はでんぐり返しができない。それを学ぶ機会がなかったからだ。イギリスの研究によると、一九七〇年代以降、子どもたちが外遊びできる空間は九〇％も減った。ドイツでは一九九〇年に六歳から一三歳の子どもの四分の三が毎日外遊びをしていたが、二〇〇三年までに半分以下に減った。いまの子どもたちが不器用で肥満体なのは当然のことだろう。戦時や産業革命の最盛期を除くと、子どもの場所は基本的に野外だった。外遊びがゆるされない子どもは、何かの罰を受けているものだとみなされた。こんにち、家を出るときには行き先を言う必要がある。子どもが最初に行けなくなったのは森だった。次に野原に行けなくなり、裏庭でも遊べなくなり、空き地も使えなくなった。大通りでも小道でも庭でも遊べなくなってしまった。そして時間も取り上げられた。一九八一年から一九九七年にかけて、アメリカの子どもの自由時間は四分の三に減ったという社会学者ジョン・サンドバーグ（John Sandberg）の研究がある。それでもアメリカの子どもは、上海の子どもに比べれば「野生児」と言っていいほど、ましな状況にある。ミヒャエル・エンデが小説『モモ』で子どもたちの時間泥棒について書いたが、これはおとぎ話ではなく本当のことだ。(4)

子どもにとって最大の敵、それは、子どもの時間を奪っている（ますます子どもを作らないようになっている）大人たちだ。レンツ＝ポルスターは次のように言う。

子どもたちの敵はふえ続けている。子どもが監督者なしで遊べる場所はきわめてまれだ（そしてインターネット空間に移行している）。現実世界では、子どもが行く場所はどこであれ、大人たちが待ち構えていて、規則、目的、指導、教育プログラム、評価、後押し、ご褒美が待っている。子どもにとって夢のような空間であるはずのアドベンチャーパークも、事前に予約している。子どもの遊びさえ、「遊びの教育学」（遊びも学なければならないものだと言っているような標語だ！）という名の規律に変えられてしまう。

人間は現実世界でもゲームプレイヤーである。子どもの自然の本能である遊びを初めて禁止したり規制したりしたのは、キリスト教会の道徳主義者と政府機関の教育者だった。レンツ＝ポルスターは次のように言う。

世界でもっとも権威の高い米国小児科学会でさえ警告を発している。通常は白血病や百日咳に関する情報を流す組織であるが、いてもたってもいられず、「子どもの遊びの役割」を支持する立場を表明し、遊びが少ないと子どもの基礎的な発達が見られないことを科学的に証明しようとしたのである。子どもたちは実際、遊びから何を得るのだろうか。

ベトナムの子どもたち
©Anna Aleksandrova

動物の観察から、適切に発育するために、幼いうちに遊ぶことが必要だと分かっている。子ネズミが遊ばせてもらえないと、大脳皮質が適切に発達せず、一生社会的行動が取れない。チンパンジーも同様で、母親たちは子どもができるだけ広いところで遊べるように気を使う。実際、束縛をほとんど受けずに育ったチンパンジーほど、のちに高い地位につける。(5)

不思議なことに、人間は、子どもの遊びに関しては、動物たちとは反対の立場を長年取り続けている。公立の保育園や教育機関は、子どもたちを束縛することにより、ごく少数の選ばれた人間が大衆を操作するのを容易にしている。(6) 次の引用もレンツ＝ポルスターからである。

動物の子どもは、人間の子どもほど遊びにエネルギーを使わない。複雑な発達を必要とする人間には、遊びが重要だということを示す研究は多くある。産業革命は、子どもがもっとも遊びを奪われていた時期であるが、それでも子どもたちは、工場の床で遊べる機会をうかがっていたものだ。(7)

産業革命も全体主義体制も成し遂げ得なかったことが、ここ数十年で成し遂げられた。精巧な学校と保育のシステムは、子どもが能力を最大限発揮できるよう発達するために必要なものを取り上げた。自由に、監督者なしで、評価や規則なしに、そして何よりも年齢の異なる子どもたちがいっしょになって遊ぶことを。レンツ＝ポルスターは次のように述べる。

発達に必要な力が枯渇したらどうなるか？　開業小児科医師会誌（*Verbandjournal der niedergelassenen Kinder- und Jugendärzte*）に掲載されたある研究によると、ドイツの子どもの二人に一人が就学期間に何らかのセラピーを受けている。六歳から一八歳の子どもの四人に一人が言語療法を、五人に一人が作業療法を、同じく五人に一人が理学療法を、一〇人に一人が心理セラピーを受けている。（中略）その上、自己主張ができるようになるのが望ましい発達だということで、大人、できれば専門家が必要だとされる（利権が絡んでいるのだろう）。ぎこちない動きをする子どもは、運動技能が発達していないと言われ、すぐさま理学療法士のもとに送られてしまう。[8]

何か目立ったところがある子どもは自動的に心理セラピストのもとに送られる。[9]『人の子どもたち』のなかでレンツ＝ポルスターは、「森の幼稚園に送ってほかの子どもといっしょに遊ばせてみるがいい。二、三か月で確実に問題は解決する。誰が子どもをセラピー漬けにしているのか[10]」と書いている。

エデュケーターズ・ニュースレター（Educators Newsletter）によると、健康に自信をもっている生徒の割合は、一年生のときには八〇％だが、一二年生（高校三年生）になると五％しかいない。ルノ（Luno）というニュースレターではこういった数字をあげて、「我々が知るかぎり、学校こそが最大の健康上のリスク」だと記している。[11]

子どもは、他人から監督され評価される長い就学期間を通じてどれだけ、早期介入のセラピストや学校専属のセラピストの世話になるのだろう。そのための費用が税金からどのくらい支出されているのか、知る必要があるだろう？　社会全体で支払っているのだから、いまセラピーを受けている子どもも、そのうち支払うことになるのだ。

卒業後の状況はさらに悪くなり、静かな叫びはますます大きくなっている。子ども時代は、過去とは比較にならないほど「管理された子ども時代」となった。何万年もの間、子どもは主体的に生きていたのに、ここ数世紀で大人たちの対象物となり、ポスト資本主義の社会では、ケアやセラピーを提供して生活費を得ている専門家にとって、金のなる木となっている。[12]非効率な子どもの養育と教育の制度を持続可能なものとするためには、健康的でより金のかからない方法を組織的に弱体化させる必要があった。弱体化のターゲットは子どもがたくさんいる家庭である。

大部分の子どもは、時間不足、愛情不足、注目されず、援助も不十分であり、感情的な欠乏感のなかで育っている。これらはすべて文化的なものであり、与えるのに費用はかからない。要するに多くの西洋の先進国では、多くの子どもが人間性を欠いた環境で育っており、それはイデオロギーによって先導されているのである。現在、ほとんどの子どもは、親がいないに等しい生活を送っている。

人間生活を完全にお金を中心の経済にしたため、生きるとは何か、家族というコミュニティが存在することの根本的な意味は何かということの基盤がなくなってしまった。現在の子ども時代と家族の在りようでは、子どもがもつ多様な能力を開花させることができないだろう。健康に育つことも幸せを感じることもできない。いや、ちょっと待て。これらは我々が真の子ども時代に一番必要だと考える資質ではなかったのか?

スザンネ・ガルソフスキ&ブリッタ・ゼムバッハの著書『すべてが可能だ、は嘘だ』では、次のように書かれている。

母親のための家族福利厚生団体(Müttergenesungswerk)は警告を発している。疲労や燃え尽き症候群のためにクリニックを訪れる母親の割合は二〇〇二年から二〇一二年の間に三〇%ふえた。

二〇一二年、フォアヴェルク家族研究によると、ドイツの家族の悩みは時間がないことで、親たちは、仕事と私的な生活を両立させることに精魂尽きかけている。

二〇一二年の研究(廃刊となったドイツフィナンシャルタイムズ紙)によると、五八%もの親たちが明らかにストレスと関連した健康被害を訴えている。(13)

これまで示した状況は先進国以外の国々にも広がっている。

イェスパー・ユールは数年前に、子どもだけでなく両親も具合を悪くしていると指摘している。彼の著書『子どもたちの所有者は誰だ? 国か、両親か、それとも子どもたち自身か?』はそのタイトルがすでに現在におけるもっとも重要な問いを投げかけている。ずっと前から続いていてますます視野狭窄に陥っている学校改革や保育の議論を終了させるためにも、この問いに真剣に答えねばならない。子どものいない人を含む、社会全体で次の問いにも答えてもらいたい。子どもたちは人類という種にふさわしい育てられ方をしているだろうか？　レンツ＝ポルスターの問いも真剣に考えてほしい。「子どもたちが自分から世界を発見することができる空間と時間はあるのか。どこで冒険をするのか。日常の生活空間のどこに、泥んこ遊びをしたり、服を汚したり、感情や体を開放したりできる場があるのか」(14)。

種にふさわしい自由が本物の自由だ。動物にとっても、人間にとっても。

数十年におよぶ活動、研究、報告により、科学界はやっと、動物が感情をもつ（ゆえに苦痛を感じる）生きもので、適切に尊重（種にふさわしいやり方で尊重）されなければならないと認めた。ニュージーランド政府はアニマル・ウェルフェア修正法案を二〇一五年五月に可決した。ニュージーランド政府は世界で初めて、動物は意識をもつと認めた。この法案は、動物には意識があり、畜産業などでは適切なやり方で動物の福祉を考慮しなければならないと定めた。羊の頭数が人口よりはるかに多い（四五〇万人にたいして三〇〇〇万頭）国にとって、この法案は革命的であった（その他の国々でも同様の法案が可決されてきている。）

いまこそ、人間の子どもにも目を向けるときが来た。子どもたちが種にふさわしいやり方で育つ権利、両親（妊娠から誕生後も）といっしょに過ごす権利、大人の利益ではなく子どもの要求を優先する権利を認めなければならない。少なくともトップ先進国（アメリカ、ドイツ、中国、日本など）では、子どもも親たちも、「子どもの福祉修正法案」が成立する日まで、まだずいぶん長く待たなければならないだろう。ほかの種と異なり、人類は「集団と権力」で動くからだ。豚や鶏はスマホをもたないので同じ種のほかの動物には影響されず、広告にも惑わされず、選挙にも行かない。親に捨てられたも同然の状態で早期教育を受けてきた子どもは、もっとも操作されやすい大人となる。そして教養レベルはまずまず、といったところだ。この事実については長年様々な刊行物で、科学的な研究として紹介されているので、政治家も知っていておかしくない。

アニマル・ウェルフェア修正法案において「種にふさわしい」在り方が動物にたいして議論されているのに、なぜ人間の子どもに関しては議論されないのか。科学的に見て、ホモサピエンスが動物であることに疑いはない。

歴史家のハラリは自身のホームページで「家畜や養鶏場の鶏は、進化論的にはサクセスストーリーかもしれないが、もっともみじめな生きものだ」と書いている。我々大人が子どもたちに用意しているのも似たような道だ。子どもの幸せを一番に考えたい親のみなさんには、本章で示された問いの答えを真剣に考えてもらいたい。

むかしむかしあるところに王さまがいた、
ある日、謁見の間に入っていくと、みながお辞儀をしたが、
一人だけお辞儀をしなかった。
その無礼な態度に腹をたてた王さまは、大声を出した。
「朕にお辞儀をしないとは何事だ！
お辞儀をしないことをゆるされているのは、神のみだ！
なにものも神より偉大ではないからだ。
お前は一体何さまだ！」
ぼろを着た見知らぬ人物は微笑んで言った。
「私がそのなにものです。」

——ペルシアの詩人（不詳）

過去には情報を遮ることによって検閲がなされた。
21世紀の検閲とは、ひとびとに無価値の情報を洪水のように与えることだ。
ひとびとは何に注意を払ってよいのかわからず、どうでもいいことを議論し合う。
古代において権力とは、情報を握ることだった。
現在において権力とは、無視すべき事柄が何かを知っていることだ。

——Y・N・ハラリ

第十一章

教育の「全体主義化」に反対する

クーリエ紙に掲載されたインタビューのなかで、若者に関する研究家のベルンハルト・ハインツルマイヤー（Bernhard Heinzlmaier）は次のように述べた。

オルテガ・イ・ガセットは百年前に、歴史のリズムによって青年期と老年期が交互にくりかえされていると指摘した。一九六〇年代、我々は闘争する若者世代を見た。現代は、古い世代が政治、ビジネス、芸術を手中に収めており、一方若者は喜んで古い世代と古い考え方に従っている。(1)

近代のはじまりに、トップダウン方式で上流階級のよぼよぼの老紳士たちが、教育と子ども時代を定義しはじめた。曰く、すべての大人が「正しいキリスト教徒」になるためには、子どものころから教育すればよいのではないか？　西洋社会におけるもっとも厳格で制約の多い子育てと教育の教義となる、人類史上初の新しい考えが生まれたのはこの時期である。それは「年老いた犬に新しい芸は仕込めない」という諺に要約される子ども時代にたいする考え方だ。社会にとって信じられないほど不運なことに、すべての個人と社会的集団は大混乱に巻き込まれることになった。哲学者も、教育学者も、心理学者も、全体主義体制の指導者も、政治家も。

キリスト教会の道徳主義者の時代から、いつも子どもと疎遠な環境にいる男性（現在では女性も）と公的機関が、子育てと教育の方針を固め、それぞれの子どもに何を適用するかを決める。宗教上の権威が子育ての教育上の方針を発明した。子育てはすぐに教育の領域に融合し、上記の紳士たちの独壇場となった。遅くとも一六、一七世紀から現在にいたるまで、子育てと教育はその時の（国家の）イデオロギーに振り回される風見鶏のような存在である。しかし歴史の教訓は、実際に子どもとの関わりをもたない人間たちや機構が「正しい」教育や子育てを説くときには、控えめに言っても何の役にも立たないことを示している。悪弊が浸透するまでに平均三世代かかるが、悪弊は子どもをもたない人を含めた社会全体に降りかかってくる。上流階級の高齢者たちは、政治や経済最優先のビジネス界の立場から、（国家運営の）早期教育と早期介入、保育園や幼稚園がどのように運営されるべきかに影響を与えてきた。これはドイツだけではない。マイクロソフトのような大企業やドイツ経営者連盟のような組織が、普段全く子どもと接点がないにもかかわらず、子どもにとっての正しい未来はどう作られるべきかを知っていると言い張るのである。裁判所も同様に、その権威を利用して「子どもにとっての最適の環境」を定義し、冷徹に何万人もの子どもを一方の親から引き離し、子どもたちにトラウマを与えるのである。医療の専門家（助産師よりも小児科医、そして産科医）も、母親たちが妊娠中と出産に際して何を考慮すべきかを押し付けてきた。どのグループのひとびとも、子どもにとって良かれと思って行動しているように見える。しかし、毎日子どもと接している親や学校の教員たちがこの問題に口を挟む隙があっただろうか。何かを選択できたことがあっただろうか。保育園・幼稚園・学校に行く以外の選択肢が子どもにあるだろうか。子どもが教育機関に滞在する時間は、通学時間を除いて週に三八時間にも上るにもかかわらず。

教育プログラムや教育に関する理念と定義を、自分の子どもがいない人を含む大人たちが作成するが、それらがどの子どもにも適切だと言える資格が誰にあるというのか。

ＳＴＥＭ（科学、技術、工学、数学）重視、ｅラーニング、メタ認知、幼稚園からの早期の性教育や（男女平等）ジェンダー教育などの（国家の）教育コンセプトは、すべてトップダウン方式で押し付けられてきたものである。子どもを観察して必要だから作り上げたのではなく、作り上げてから子どもに押し付けているのだ。ピラミッドのトップから底辺に、概念やイデオロギーが流れてくる。ゲルト・シェーファー（Gerd Schäfer）は「活動的で自己決定力のあるポストモダンの子どもは、このようなイデオロギーの洗礼を受けると、受動的で目の前に置かれた課題を共同作業する子どもに作り替えられる[2]と述べている（レンツ＝ポルスター『神聖な子ども時代』より）。

国家の保育・教育・育成においても、大衆と権力の仕組みが深く関わってくる。宗教だろうが、全体主義体制だろうが、新自由主義だろうが、修道会だろうが、子どもの大半を同じ狭い道へと進ませる教義をもつという点ではみな同じだ。進もうとする道の前には標識がある。トップダウン型の指示に従え、従順であれ、規律を守れ、子どもとは距離をとれ、という文言の標識が。人間関係、他者への思いやり、愛、自己決定、自由な空間は、このような教義のどこにも見当たらない。なぜ大都市の保育園から園が消えたのか？　なぜ母親だけでなく子どもまでもが「人的資源」と見なさなければならないのか？　「早期教育」という魔法の言葉は、利益の最大化という経済的な価値創造にしかつながらないのではないか？　シェーファーは次のように言う（レンツ＝ポルスターからの引用）。

もし、高品質の（つまり完全にふつうの）ケアと幼い子どもへの教育を行うために十分な人員を保育園に配置するとなると経費がかかりすぎるので、母親を働かせる財政的意味はなくなる。基本的に低い給料で保育士を雇い、不十分な数しか配置しないという状況でなければ利益が出ないのだ。人間関係は薄っぺらで壊れやすくなり、子どもにたいして不注意になってしまう。これでは人間という種にふさわしい子どものケアがなされるはずがない。(3)

世界中の科学者は、我々の遺伝的プログラムは少なくとも一〇万年の間は変化していないと言う。それならなぜ、我々の先祖は保育園・幼稚園・早期教育なしでやってこれたのか？　偉大な作家、建築家、発明家、学校設立者、エンジニアなどが多数登場してきたではないか。スタート地点から飛び出した者が、最初にゴールに到達するとは限らない。かけっこだけでなく、ホームスクーリングや学校に通わない子供が増加している、国際的な流れのなかでも確かめられている事実だ。八歳までは読み書きの点で劣っていた子どもたちが後年、大学ではトップレベルの学生になることはよくあることだ。[4] 学校に通わない子どもたちやホームスクーリングの子どもたちの思考力が、学校に通う子ども達の六倍から一〇倍優れているという事実を、立ち止まって考えるべきだ。フロイトの言葉を思い出そう。「平均的な大人の弱い精神にくらべて、子どもの輝くばかりの知性はどうだ！なんとも気落ちのする差だ」。

天然資源、食料、金融が人間の文化の基盤を占めるようになって、（公立）教育と子育ては、イデオロギーの支配する経済領域の問題となった。油断してはいけない。このまま事態が進めば、EUやOECDといった組織だけではなく、WTO（世界貿易機関）までが、親がどのように子どもを育て教育するべきかを定め、子どもの人生を決めるようになるのではないか。すでに、燃え尽きるまで働け、という指示が出ているのだ。[5]

マルクス主義にならって、「万国の親たちよ、団結せよ！」というのが我々の標語になるだろう。カール・マルクスは親密な家族とコミュニティのなかで育ち、一八、一九世紀の偉大な人物たちと同様、一二歳になるまで学校に通わなかった。五年で学校をやめ、その後は自分を形成するため、自分で勉強し、教えを受けるべき人に教えを乞うた。アインシュタインとは異なり、彼は学校体験をそれほど味わわずに済んだ。アインシュタインは「近代の教育指導法が、純粋な探求に関わる好奇心を完全に抑圧するに至っていないのは、まさに奇跡だ」と述べている。マルクスの資本論を批判することはできるが、彼に教育がないとは、誰にも言えないだろう。

二一世紀の未来予測家（資本主義を擁護する者も批判する者も含む）は、資本について論じる前に、家族のなかで子どもがどう社会化するか、に注目したほうがいい。二一世紀には予測家自身も家族のなかでの社会化から生まれてくるのだから。

保育園も小学校も、産業革命のときからずっと、ケア施設以外の何ものでもなかった。それらの施設を設立する動機は、イデオロギーや文化教育であり、父親と母親を低賃金で働かせようとする市場経済の側から政治・ビジネス的な要請に応えるものだ。

法的な観点からは、公立学校は「親代わり」の位置を占めているからこそ、子どもにたいして強大な権力をもっている。国によって違いはあるが、学校で子どもは、殴られたり、お尻を叩かれたり、ロッカーやカバンの中を検査されたりなどの酷い仕打ちを受けている。正しい倫理観をもつ親なら、子どもにこんなことはしない。共感力のある大人なら、友だちを失ったり、評判が悪くなったり、職を失ったりする可能性があるので、ほかの大人にたいしてこんなことをしようとはしない。世界に二〇〇超ある国々のうち、学校での体罰を禁止している国は三〇程度にすぎない。精神的な虐待に関しては、「民主的な」西洋諸国のなかで公的に議論されている国はたった一カ国だ。政治的な議題になっているかどうかにかかわらず、教育の名において子どもたちから自由、自尊心、自己決定権を取り上げることはただちに止めねばならない。

レンツ＝ポルスターが言うように、子ども時代は不可侵だ。このことを声高に求める時が来たのだ。しかし、子ども時代とは何か？

子ども時代は、すべての人がもっている、宝のように大切な個人的権利である。神聖で取り上げることのできない権利だ。子どもの時期は人生のほんの少しの部分だが、私たちの内面では、自分が子どもであったという事実、本物の子どもであったという事実は、わたしたちのなかに一生残る。(6)

法治国家などでなくても、一〇万年もの間、子ども時代は守られてきたのである。進化の過程と、文化と政治の歴史が示しているように、子ども時代を守れる立場の人間は、両親と自立した家族しかいない。

過去二、三百年間、「子ども時代」にたいする考え方は何度も変わった。その時々のイデオロギーに左右され、大人たちが妥協をくりかえした結果であった。その過程で、両親の子どもへの愛情や、家族の自律性は失われてしまった。「子ども時代」と「家族」の概念は法的な制度のもとであやふやなものになっている。

憲法上は、子ども時代は〇歳から一四歳までとなっている。一四歳までは両親がすべての責任をもつが、それ以降は大人として扱われ、どんな人生を歩むべきか自分で決めることができる。しかし、これは書面上の仮定でしかない。学校と家族に関する法律、とくに後者によって、両親の権威と決定権はほとんど剥ぎ取られてしまった。職業と経済の面で自立している親たち、言い換えるとアッパー・ミドル階級やプチ・エリート層に属する親たちは、その財政的な基盤のおかげで、法律による侵害を受けずに済む。

心理学における子ども時代の取り扱いは学派によって異なる。二〇世紀後半、とくに一九九〇年代からは、子どもの利益ともっとも関連の深い家族法の核心部分は、心理学者と精神分析の伝統によって決定されている。これは大きく間違った方向であり、出生率の低下の原因だと私は考える。教育学も学派によって子ども時代に関する考え方は様々で、月とスッポンほども異なることがある。医学、そして遺伝学の分野では、子どもはますます治験の対象となっている。妊娠・出産に医師が関わることは、生まれてくる赤ちゃんの利益になるどころか障害となることの方が多い。宗教、政治、イデオロギーが（子育てと教育を通じて）子ども時代に関われば関わるほど、居心地の悪いものになるのだ。

本節の最後に、ドイツのラインラント・ファルツ州の教育省長官の女性政治家の言葉を引用しよう。彼女は二〇一四年に「保育園が園児たちに提供するケアと同じケアを自分の子供に提供できる母親はいない」と公の場で言い切った。(7) 全体主義的な極論だ！　これは、国家社会主義と共産主義というヨーロッパの全体主義体制のスローガンそのものだ。大人数を一度に保育することの危険性や、質の低さを脇に置いておくとしてもだ。

あるドイツの幼稚園の先生が二〇一九年に私にこんなメールを送ってきた。

　私は幼稚園で三五年間働いてきました。あなたの著書がいかに的を射ていて重要なものか、ご自分でもお気づきでないかもしれません。現実について言えば、すべてはもっと悪い状況です。四ヵ月から子どもを預かる保育施設がありますが、その月齢では保育士が赤ちゃんを抱っこすることがはっきりと禁止されているのです。赤ちゃんが「母親と保育士を混同してしまう」からです。

保育施設によっては、一二人から一五人の赤ちゃんが床にずらっと並べられ、ぬいぐるみがところどころに置かれています。保育士は片側に座って見ているだけです。赤ちゃんは、泣いてもなだめられたりせず、隣の部屋に入れられて、静かになるまで一人で放置されます。おむつ替えの時に泣いても、同様の処置が取られます。施設長からの指示は明白で、そういう赤ちゃんは裸でタイルの床に寝かせ、静かになるまで待つ、というものです。辞めた保育士から匿名の告発がありますが、何の対応もされず変化はありません。(8)

こんにちの西洋諸国では、子どもにたいする教会の力は弱まった。それ以来、子どもたちの純真な心にたいする支配力は、「瓶の中の精霊」のように外に逃げ出し、いまも続いている。哲学、教育学、心理学、政治の分野から、そしてEUやOECD、多国籍企業などから、子ども時代に口を出すひとびとはいるが、彼らは本質的に、金融に支配された経済システムと新自由主義と利益の最大化の黒幕でしかない。

何万年もの間、主体的存在だった子どもは、近代になって対象物となり、二一世紀に入ってからは「人的資源」という商品扱いになった。ホモサピエンスはホモエコノミクス(経済のヒト)となった。そしてホモデウス(神のヒト)へと近づこうとしている。レンツ=ポルスターやハラリが言うように、我々は、そのことに「不安を覚える」だけでなく、親たちは自信と勇気をもって断固たる態度で立ち上がり、子どもを守らねばならない。変化を起こすのは私たちだ。子どもには、人類に適した幸せな子ども時代を過ごさせてやらねばならない。いままでと同じやり方がいいとか、昔はもっと悪かったとか、ほかに方法がないとか、そのためにはこの方策が必要だとか、他人に言われる筋合いはない！　私たち、すなわち家族が重要なのだ。何千年もコミュニティの中核に位置していて、子どもが（「本物の」）子ども時代を過ごせるように守ってきたのは家族だ。

親たちは子どもにたいする責任をともに自覚し、子どもについて決然と権利を主張しなければならない。子どもは自律的な存在である。子どもは親の所有物ではないし、ましてや国家のものでもない。「人的資源」や投機の対象ではない。イデオロギーや経済に操られる存在ではない。子どもはみなひとりひとりが独特で、多くの可能性を秘めているのだから、ありのままでいいのだ。ジェンダーについて教える必要はないし、子どもは保育園と義務教育のなかで均一化されたり、その時その時のイデオロギーに巻き込まれる必要はない。子どもは生産目標に向かって卵を産まされるメンドリではないのだ。子どもはすばらしい自立した個人である。二一世紀になっても、誕生後に子どもにとって不可欠なものは多くない。両親、本物の人間関係、共感してくれる存在、時間、信頼、愛情だけである。親たちは家父長的態度を捨て、大胆な決断を下さなければならない。親たちは子どもの教育を軽く考えているわけではないし、テロリストでもない。専門家に子どもを預けなければならない理由はないのだ。外部に子育てと教育を任せることは正しくないし、社会的でも人道的でもない。我々は新しい全体主義と極端な平等主義を受け入れてはならない。

過去二五年ほど、多くの社会的な、そして地球規模の問題の解決策について、西洋諸国の体制側の政治家が言うセリフは「この道しかない！」だ。英国首相マーガレット・サッチャーからはじまり、一九八〇年代以降のすべての政治家がこのセリフを口にしてきた。「イラク問題の解決は戦争しかない」「温暖化にはこれしかない」「銀行を救済するしかない」。この種のセリフは、ギリシア危機の金融支援でも、移民政策でも、義務教育でも聞かされ続けてきた。

この姿勢は社会全体の趨勢でもある。そしてこれは行きすぎた学校制度の賜物《たまもの》である。長期間の学校教育を通して社会化された我々が、唯一身に付けたものは、「正しい答えは一つ」「真実は一つ」「適切あるいは正しい基盤となる知識は一つ」という考え方である。これこそが幼児期から青年期まで、「外部」の権威、少なくとも愛情の通う関係でない人から、毎日投げかけられた考え方だからだ。親きょうだい、隣近所のコミュニティが子どもに教えてあげられるのは、子どもが経験できない（経験させてもらえない？）ことだけだが、実に限られている。もし子どもが多様性のあるコミュニティのなかで自由に幸せに育ち、基本的な欲求を満たせているなら、大きくなったら、自由で、皆が人間としての要求を満たせるコミュニティを形成しようとするだろう。フランス革命も産業革命もデジタル革命も、すべての人間に繁栄と自由をもたらすことはできなかった。世界をより人道的にすることもできなかった。子どもたちを、宗教、経済、あるいは教育の名のもとに縛り付けて育てても、何も変化しない。この教育制度の下で社会化され教育を受けるまでは、子どもは皆、はちきれんばかりの創造性をもっている。自然なやり方で自分自身の人生を生きていて、ほかの生き方を模索したりしない。大人たちがたった一つの真実を押し付け、例外を許さないというとんでもない態度で接するまでは。

こんにちの世界は人間によって形作られた。すべての個人は変わることができる。歴史家ウィリアム・L・ランガー（William L. Langer）は、人間の行動の指針や規制の策定が子どもたちに委ねられたことはないと指摘した。いまこそ、これまでの姿勢を変えて、子どもを中心に物事を考えるべきときだ。

第十二章
子育てと学校制度の急拡大

狂気とは、同じことをくりかえし繰り返し行い、異なった結果を求めようとすることだ。

――アルベルト・アインシュタイン

一九七二年、イヴァン・イリイチは『脱学校の社会』でこう書いている。

義務教育制度は社会を二極化する。国際的なカースト制度の下で世界の国々を階層化する。（中略）学校にまつわる明らかな逆説がある。学校教育に予算をつぎ込めばつぎ込むほど、国内外で力を失っていく。（中略）学校教育の整備は武器の整備と同じくらい破壊的だが、認識されにくい。世界中で、在籍者数やＧＮＰの増加率を上回るコストが学校教育にかけられている。親、教師、生徒が期待する以上の支出が、学校教育の整備のためになされている。

どこの国でもこのような状況下では、ノンスクール教育のための大規模な計画を立てても、やる気をくじかれ、財政的にもむずかしい。

イワン・イリイチが言及しなかったこと、あるいは詳しく説明しなかったことは、学校の外的な拡大、つまり「量的」な拡大だけでなく、学校自体の内的な拡大、つまり「質的」な拡大もあるという点だ。この両者は表裏一体であり、数世紀にわたって続いてきたプロセスであり、「放棄」モードの拡大と密接に相関している（これについては後で詳しく述べる）。

ヨーロッパにおける先鋭化の最初の段階は、学校の設立期と（最初の）拡大期に起こった。一六世紀ごろから一九世紀にかけての、学校制度にたいする数々の学生の反乱（と市民の抵抗）は、その目に見える結果である。学校と教育の拡大の第二段階は、全国的な義務教育の実施（一九世紀初め頃）からはじまった。ここでも、市民の激しい抵抗があった。第二段階の拡大の影響は壊滅的であり、すでに述べたとおりである。

現在、我々は第三の、そして最後の学校の拡大期にいる。それは二〇世紀後半にはじまったが、その破壊的な効果の全体像はいまだにつかめない。全日制の（託児所、幼稚園、）学校は、二四時間、親の注意や「実生活」から子どもを引き離さないかぎり、ほとんど成立不可能である。「下層階級」の親のためには、終日託児所に加え、シフト制で働く親のための「二四時間託児所」や、一部の大都市では、金銭的余裕のある親のための私立の「二四時間ウェルネス託児所」がすでに存在する。一九五〇年代から一九七〇年代にかけて、古い体制の子育てと教育に関して、欧米で熱い議論が沸き起こり、一九八〇年代には「社会の非学校化」が予想されたほどだった。抜本的な「学校改革」を実施し、一定の成功を収めた国もあった。しかし、これらの国々やほかのすべての西側諸国でも（学術的な厳しい批判にもかかわらず）、基本的に経済の名のもとに、すでに述べたような理由で、学校の授業時間が大幅に拡大された。同時に、（国際的な）学校改革論議が四〇年以上も続いている。学校を批判することが「人気スポーツ」となっている国もある。

学術的な研究や社会の不信にもかかわらず、政府と教育評論家は学校という制度にしがみついている。おおむね学習時間を増やす方向で議論がなされ、学校という制度を保持したうえで、何を「変えればいいいか」という話が続けられている。しかし、「専門家」、教師、親たちが考える「新しい」学校像はそれぞれ異なっている。

アメリカの心理学者ピーター・グレイは『遊びが学びに欠かせないわけ：自立した学び手を育てる』で、このような現象を次のように述べている。

> 教育産業に関わる人間は誰でも自分が「改革者」だと思っている。現在のシステムが機能していないことを自覚しているからだ。それは義務教育開始の時からずっと続いている。科目を選択する自由を増やしたり、試験の負担を軽くしたり、という方向に改革するように主張する人もいれば、その反対の方向、つまりカリキュラムを画一化しテストを厳格化するように主張する人もいる。これらのことは、多くの教育学の教授が書く本や論文に示されている。しかし、教育制度のなかにいる人間は誰一人として、義務教育制度が機能していないことを指摘しない。教育制度が機能しないのは、まさに義務教育だからであり、唯一の意

味のある改革は、子どもたちを義務教育の檻から解き放つことだからである。(1)

教育者と親たち(そしてもちろん生徒たち)を含む、すべての社会階層のほとんどのひとびとは、学校について、どういう意味があるのか包括的に理解することができないなかで、学校が元来何を目的にしていたのかが剥き出しになってきた。それは、自由に考え、自分で学ぼうとする人間を、評価し段階づけるという、非人道的な目的である。

人工的で長期間続く学校教育のなかで子ども時代を過ごすことにより、個人が強調され、自己愛症候群を大量生産する状況が生まれる。生まれながらにもっている個性と特異性は、教育学の名のもと、徹底的にはぎとられていく。ありのままの自分自身と、社会から押し付けられた、在るべき自分の間には深い溝があり、亀裂が広がって、私たちの人間関係をゆがめてしまう。そうして病気になったり、破壊的になったりするのだ。現在、インターネットやSNSにあふれている憎悪の声は、フランス革命や第二次世界大戦前にもよく聞かれたものだ。歴史の専門家ならその証拠を示せるだろう。

過去四〇年間、数々の研究成果が積み上げられてきた。それらと、ほんのちょっとの常識さえあれば、学校改革の進むべき方向は次のようなものになるはずだ。学校に完全な自治を与えること、そして、明確な目的をもって脱学校化することである。学校制度をゆるめることによって、社会の分断は少なくなるはずだ。そういう潮流のなかでは、親が子どもの教育について決めることができる。長い歴史のほとんどの期間、親が決定権をもっていたのだ。このように教育を変革するにあたっては、二つの前提がある。人間を信頼すること、そして人間にたいして責任をもつことだ。この二つのことが、教育と学校制度によって取り上げられてきたのだ。学校教育改革に関しては四〇年間も熱い議論が闘わされてきたが、子どもたちや大半の親たちの希望やニーズが聞き取り調査されたことはない。

この状況は人道的でも民主主義的でもなく、社会を脱学校化すれば変わるはずである。何世紀にもわたって、そして最近はとくに、学校が社会を分断してきたのだ。これが学校と社会に関する最大の逆説である。

第三段階にある、現在の学校の拡大化の主な問題点は以下の通りである。

●一部の国では、学校制度にたいする社会的プレッシャーは耐えられないレベルまで高まっている。（部分的）学校改革は短期間で決定され、目に見える成果を上げていない。

●義務教育修了時の「成果」を、もし人間としての能力を基準に測定したとしたら、学力テスト（PISAなど）による結果よりもみじめなものになるだろう。学校に通っている子どもたちには、攻撃性や暴力行為をはじめとする、身体的問題、心理的問題、障害などの問題が、ますます増加している。だれも学校制度そのものを問題にせず、学習に必要なものが欠けていたり不合格になったりする生徒に、責任を押し付けている。

●義務教育の「成果」が、PISAなどの学力診断テストに偏る傾向がますます強まっている。そして個人の評価をテストの点数に置き換える平準化がなされている。学力診断テストの評価を重視することにより、生徒の人間的な能力がますます減少している。

●教師、親、生徒が身体的にも心理的にも疲れ切っている。とくに、幼い子どもを対象とする保育園・幼稚園・小学校において顕著である。教育現場では喜びを得ることができないため、テレビ、ゲーム、SNS、麻薬、アルコール、買い物などで気を紛らしている。

●教育や養育を適切に行うために、幼稚園から高校まで、教員以外の支援スタッフ（心理士やセラピストなど）が必要とされている。政府が教育制度に支出する金額が増加しているのに加え、親が教育関係のために支払う金額もふえている。娯楽産業やコンピューター産業（電子ゲーム、タブレット端末、ノートパソコン、携帯電話）に加え、製薬業界もこの旧態依然とした考え方の勝者になりつつある。保育園・幼稚園・小学校と進むにつれ、教育制度のストレスに打ち勝つために処方される薬の数がふえる発達障害（注意欠陥・多動性障害）の薬リタリン、睡眠薬、抗うつ薬、胃腸薬など）からだ。

●教育機関が外部に業務委託することによって生じる赤字体質については、公に論じられることがない。教育制度から生徒が利益を得ることは少なく、もっぱら産業（エンターテインメント産業、デジタル産業、製薬産業）が利益を得ているだけである。個人個人はますます貧しくなっている一方、企業は利益をますます増加させている。企業の儲けが個人に反映されていくという、トリクルダウン仮説はまったく実現していない。ノーベル賞受賞経済学者のポール・クルーグマンは、二〇〇八年にこう述べた。「トリクルダウン効果が起こるのを三〇年間待っていたが、ついに起こらなかった」。同じ期間、何百万人もの子どもと親、そして教育者が、教育制度全体の改革を待ち望んでいたが、無駄だった。

●国連の世界人権宣言の第一六条で青年の男女は「婚姻し家庭を作る権利、婚姻に関する両性平等の権利、家庭が保護を受ける権利」を有するとされているにもかかわらず、ポスト資本主義的な「仕事の独裁」が両親を苦しめている。著書『近代のアンファン・テリブル』でペーター・スローターダイクは次のように説明している。

> 現代の「消費社会」は、いつも明確な「憲法」を発布する必要はないということが、ゲームの暗黙のルールのひとつとなっているようだ。現代の資本主義の推進者たちは、消費こそが、憲法で保障されているすべての決定的な人権よりも優先される権利であると主張する。消費は、所有する権利として、「憲法上の人権」に先立つ人権を体現している。それはハンナ・アーレントの言葉を借りれば、本来「権利をもつ権利」として表現されるべき願望的な動機である。(2)

●学校制度が肥大化し、親たちは外部の専門家に子どもを託した結果、余裕があるはずの親たちでさえ、子どもに注意を向けることがいかに重要か分からなくなっている。社会のほぼ全員が、学校以外の場所で子どもや学生を教育することができないと信じ込んでいるために、教育機関がケア施設と化している。学校制度、教育、学力審査結果の重視が過剰になればなるほど、教育者の側が疲弊し、離職率が高まる。十分に尊重されることなく、給料も低いので、(多くの国で)離職者がふえてしまうのだ。学校制度が肥大化するにつれ、教育者も不足し、(出生率が低下しているため)生徒も減っていく。同時に、技能をもつ人間も不足する。UNESCOによれば、数年後には全世界で六九〇〇万人の教師が不足する(とくにアフリカとアジアで)。一九六〇年代から一九七〇年代に生まれた教育者が一斉退職する二十年後、ヨーロッパの教師

不足がもっとも深刻になる。(3)

●学校そのものや「上を目指す」その成果主義が長年にわたって批判されてきたにもかかわらず、多くの国でひとびとが、保育園・幼稚園から大学にいたるまで、過剰な教育を受けるようになっている。公立学校の生徒の多くにとって教育内容のレベルは、高すぎるか低すぎるかのどちらかになっている。公立学校が「残りものの学校」のようになっている地域も多い。

●安全のためという名目で、子どもを長時間学校のなかに閉じ込めることにより、子どもが家庭と引き離される。三歳から一四歳までの子どもと真の意味で親密な接触を毎日行っている親の割合はどれほどだろうか。メディアは、一面的な歪んだ子どものイメージを形成してきた。子ども（生徒）は一般的に、取り扱いのむずかしい対象（「問題児」「いじめっ子」）として描かれる。このようなアプローチは目新しいものではなく、数世紀続いている。一七世紀の年代記の著者は「子どもの長所を見ず、欠点ばかり取り上げる道徳観が形成されつつある」と書いている。学校制度と教育の拡大化により、子どもたちと家族にたいする敵意が助長されている。

●これまでの二〇〇年間と同じように、ほんの一握りの親たちが子どもを公立学校に通わせず、私立学校に入れるか、ホームスクールやアンスクーリング（不登校）を選択している。国にもよるが、こういった子どもたちは全体の五%から三〇%を占める。一般的に言って、彼らは公立学校に通う子どもたちよりも教育レベルが高い。イデオロギー的な理由からか、教育学の教義が根強いからかは分からないが、この件に関する専門家の意見や研究結果に、政治家、メディア、大衆が耳を傾けることはない。同時に、西洋諸国の多くでは出生率が下がり続けている。中国、日本、ドイツなどにおいて見られるのは、国立・公立の学校にたいして社会が大きな期待をもち、教育の成果を出すことを強く要求すればするほど、卒業生のレベルが低くなる。それに加えて、多くの親は子どもを一人しかもちたがらず、アクセサリーのように見せびらかし、ステータスシンボルのように扱う。これは当の子どもにとっても社会にとっても悪い副作用をもたらす。学校制度が拡大化すると教育が拡大化し、出生率が下がる。

以上のような事情にもかかわらず、多くのコメンテーターが予測するように、心臓発作に似た「学校発作」（イェスパー・ユール）が学校システムを襲うまでは、幼少期からの大規模な義務教育は、おそらくほとんどの国で標準であり続けるだろう。社会のあらゆる場面で学校制度の発作がどのようにして起こるかについては、すでに文献が存在する（温暖化による未来予測と類似したものである）。

ペーター・スローターダイクによると、「現在の制度を何で置き換えるか、という問題を突き付けられたとき、もっとも多い反応は崩壊するのを待つ」(4)というものだと言う。

多くの教育評論家や人類の未来を心配しているひとびとは、これまで続いてきた近代の通常の義務教育学校が今世紀のうちに終焉を迎える、という見方に賛成するだろう。

もっとも望ましい未来は、階層や権力の偏りのない学校に通う生徒が、家庭とコミュニティに支えられ、自分を信じ、自ら学ぶようになることであろう。悲観論者は、政治的あるいは社会全体におよぶ危機（戦争など）により、先鋭化した学校制度が崩壊すると予測する。「全体主義的学校制度」がどう転ぶにせよ、未来へのカギを握るのは私たち一人一人である。しかし、学校制度そのものが社会の変化を阻害し、個人の責任意識をもぎ取っている。社会の脱学校化が早ければ早いほど、それは人類にとっても自然にとっても良いことなのだ。

人類が、行きすぎた自己中心性とエゴイズムから自然に介入することをやめれば、自然は自己制御力によって回復する。家族の中、多様な年齢の混在する環境、そして「実社会」といった良好な条件が整えば、人間の子どもはいともたやすく自ら学ぶものだ。歴史を振り返ってみても、何千人もの伝記を探っても、最近の数世紀だけに限ったとしても、人間が学校以外の場では学べないという証拠はない。学校教育と子育ての教育的アプローチは、人類史の一時期においては有効だったかもしれないが、ここ数世紀の間に、人類と人間のコミュニティの発展に破壊的な悪影響をもたらした。二一世紀におけるもっとも困難なチャレンジは、この学校教育と子育ての教育的アプローチから自由になることかもしれない。

ホモサピエンスの義務教育は近代の人工的な作り物で、想像上の秩序、発明された秩序にすぎない。

学校制度、とくに早期からの長期間にわたる学校制度は、神によって伝えられたものではない。教育の名のもとに、長期にわたって強制的に子どもを家族やコミュニティから引き離すように記している聖典はない。学校教育制度が自然の法則だという証拠もない。

それならば、エリート層はどのようにして、帝国の様々な民族、国家の様々な集団に、この想像上の秩序をかくも長い間信じ込ませてこられたのだろうか。

何千年もの間、エリート層は困難な努力をしてきたのだ。キリスト教がヨーロッパじゅうに広がるのに千年かかった。近代のはじまりの頃、キリスト教信仰が変化しはじめた。

クリストファー・コロンブスはインドではなく、それまでヨーロッパ人が知らなかったアメリカ大陸を発見した。しかし、もっとすごい発見、いや発明は、コロンブスが誕生する前のキリスト教会の指導者たちによる「子ども（最初は宗教的教義による）教育」であった。これは人類にたいする最大の犯罪の一つ、歴史上最大の詐欺の一つである。この瞬間から為政者たちは、「野蛮人」や「外国文化」を殲滅し、多様性のあるひとびとを宗教的にも思考や生活様式の点でも統合するのに、武器や大規模な軍勢をそれほど使わずに済むようになった。ここに至って、早期から教育を受けた者は、それが宗教的だろうがイデオロギー的だろうが、非常に危険で予測不可能で狡猾な存在となった。

歴史上の例を見てみよう。クリストファー・コロンブスはインドに到着しようとして、知らぬうちにカリブ海の島に到着した。そこで休みを取ってもよかったのだ。しかし死ぬまでコロンブスは、インドを発見したのだと信じ続けた。このコロンブスのカリブ海到達（一四九二年）から、コルテスのメキシコ到達（一五一九年）までに、スペイン人たちはカリブ海のほとんどの島を制圧した。彼らを善意と素朴な信頼をもって迎え入れたアステカやインカの人々を騙し、虐殺することによって。そしてその後、アメリカ大陸が発見された。

第二次世界大戦が終了するまで四〇〇〇年以上の間、地球上のすべての文化と民族は、アステカ人やインカ人と大同小異の運命をたどった。キリスト教徒、のちにはイデオロギー教育を受けた白人のヨーロッパ人がやってきて、虐殺をくりかえした。すべては、宗教、科学、経済、イデオロギーの名において、あるいは平和と自由の名において行ったことである。

イギリス人はとくに「効率的に」物事を推し進めた。一七七〇年にオーストラリアの東海岸にキャプテン・ジェームズ・クックが上陸した。当時、三〇万人から七〇万人の狩猟採集生活を送るアボリジナル（先住民族）が、二〇〇から六〇〇の部族、さらにいくつもの支部族に分かれて、平和に隣り合い、家族を中心としたコミュニティで暮らしていた。アボリジナルはオーストラリアに三万年から四万年間住んでおり、その間に急激な気候変動があったが、人口は何万年もほぼ変わっていなかった。しかしそれもヨーロッパ人が上陸する前までのことであった。[5] 不運なことにアボリジナルたちは、それまで一五〇〇年の間、ヨーロッパ人がほかの大陸でどんな大混乱を引き起こしてきたかを知らなかった。

いまではコロンブスの上陸前、数千年にわたって先住民が南北アメリカ大陸に住んでいたことが分かっている。その人口は、研究者たちの推測によれば、八千万人から一億二千万人である。[6] 貴族の航海士ジェームズ・クックが一七七〇年にオーストラリア大陸に到達してから三世代後、学校教育を受けたものも含めた「良い育ち」の白人は、アボリジナル（当時はホモサピエンスだとは思われていなかった）の人口を九〇％減少させた。

もちろん、多くのアメリカとオーストラリアの先住民が、船と船員によって運ばれた未知のウィルスによって死亡したのは事実だ。しかしほとんどの場合、冷血なヨーロッパ人によって殺されたのである。近代のはじめからヨーロッパ人は、キリスト教の教えを、そして後にはイデオロギーまみれの養育と学校教育を受けて、行くところ行くところで大虐殺をくりかえした。ヨーロッパ大陸においても大虐殺は起こった。こんなことは人類史上、類を見ない。

カトリックとプロテスタントの間で起こったもっとも悲惨な宗教戦争により、ヨーロッパは一六世紀から一七世紀にかけて瓦礫と化した。彼らはキリスト教徒のきょうだいたちを何十万人も殺戮した。

一五七二年八月二三日、聖バルテルミの夜の虐殺が起こった。フランス人のカトリック教徒は善行の名のもとに、神の人類にたいする愛を説くプロテスタント教徒のコミュニティを攻撃し、二四時間で五〇〇〇人から一万人を虐殺した。フランスからその知らせを受けたバチカンの教皇は狂喜乱舞し、祝祭を催し、ジョルジョ・ヴァザーリに命じ、バチカンの一つの部屋に虐殺のフレスコ画を描かせた（現在では観光客はこの部屋に入れない）。ローマ帝国時代に多神教徒に殺された総数よりも多くのキリスト教徒が、同じキリスト教徒によってこの二四時間以内に殺された。[7]

さて、こんにちまで、ヨーロッパの公立小学校は何を教えているだろうか。キリストの磔《はりつけ》からコンスタンティヌス皇帝のキリスト教改宗までの間に、多神教徒のローマ人による迫害で殺されたキリスト教徒は「たった」数千人だ。ハンムラビ王（紀元前一七九二年即位。メソポタミア）、コルネリウス・スキピオ（ポエニ戦争）、チンギス・ハーンなどが殺した人数は、一四九二年以降のヨーロッパ人に比べたら何でもない。

司書のマシュー・ホワイトは綿密な調査による巨大プロジェクトで、『二〇世紀の歴史地図』（*Historical Atlas of the 20*th *Century*）に、この世紀の極端に行きすぎた暴力行為を列挙した。その正確さは、歴史学の教授たちの認めるところとなり、インターネット上で激しい議論を巻き起こした。ホワイトは、ペルシア戦争からルワンダのツチ族虐殺までの二五〇〇年間に射程を広げて調査し、四億五、五〇〇万人の死者の血を調査した。

ヨーロッパのキリスト教徒および、独特のイデオロギー的な子育てと教育を受けたものほど多くの虐殺を行っている帝国や文化や宗教はほかにない（同じく唯一神教のイスラム教徒もかなわない）。

人類が定住をはじめた一万年～三千年前から現在にいたるまで、ホモサピエンスが戦争や他の暴力によって殺したすべての人間の約五〇%は、子育て放棄モードで育ち、早期から宗教教育や学校教育を受けた者によって殺戮されたのではないかと私は推計している。ヨーロッパを含め諸国の富が近い将来枯渇する可能性がある現在、この種の議論には意味がある。四〇年間にわたり、欧米の教育哲学の枠組みのなかで古臭い学校改革が議論されてきたが、もう氷山の一角が溶けはじめている。白人の男性（そして女性）に託された重責は、（早期）義務教育制度と教育そのものへの信仰を打ち捨てることである。(8)

義務教育が子育て放棄モードといっしょになると、とくに危険で予測不能になる。フランスは短期間のうちに封建制、絶対主義王政からフランス共和国（一七八九年）に移行した。自由、平等、博愛という新しいイデオロギーに二〇〇万人～四〇〇万人が命を投げ出した。四世代半の後、学校教育を受けた残酷なヒトラーが民主的に政権に就いた。学校教育を受けた大衆に国家社会主義を信じさせるのに一世代もかからなかった。単に貧困が世の中を覆うだけでよかったのである。衣食足りて礼節を知る。ドイツの詩人ブレヒトの有名な言葉にあるように、「まず食うこと、それから道徳」というわけだ。

マハトマ・ガンディーは徒歩で何日も歩き、人権のための闘いを三〇年続け、貧困を撲滅しようと努力し、当時は不可能に思えた大仕事をやり遂げた。非暴力、不服従をもって大英帝国からインドを独立に導いたのだ。ガンディーはあらゆる宗教の信者や世俗的な考え方の人も分け隔てなく尊重した。ガンディーも教育を受けているが、ヒンドゥー教徒として、強い家族・親族のコミュニティが存在し、コミュニティにたいする価値観と責任感が存在する時代に育った。しかしマハトマ・ガンディーには死後もノーベル平和賞が与えられることはなかった。

ハラリは正しい。歴史は公平ではない。私はそれに以下のことを付け加えたい。とくに平等でないのは、子育て放棄モードで育ち、学校教育を受けて社会化された人によって書かれた歴史なのだと。そういったひとびとは潜在的な危険性を秘めているだけでなく、態度やイデオロギーを簡単に変える。ある種のひとびとがパートナーを簡単に変えるように。たとえば、一九〇六年にライプツィヒに生まれ、一〇〇歳まで生きた女性は、帝国、国家社会主義、共産主義（東ドイツ）、民主主義（西ドイツ）という四つの異なる政治体制（そしてさらに多くのイデオロギー）を経験した。ヴィルヘルム二世、ヒトラー、レーニン、メルケルの写真が、彼女の家（あるいは彼女の両親の家）に飾られていたかもしれない。最晩年の二〇〇六年、彼女はかろうじて孫たちの写真を撮らずにすんだ。孫たちは、新しいジェンダー主流化のイデオロギーのもとで育ち、幼稚園で教育を受けたかもしれないからだ。

つまり、早期教育を授け、毎日メディアによる洗脳を続ければ、ホモサピエンスの子どもからどんな人間でも作れてしまう。兵士（母国を守る兵士、あるいはテロリスト）、平和主義者、ナチス、共産主義者、資本主義者、消費主義者、肉体労働者、ホワイトカラー労働者、愛国者、フランス人、アメリカ人、ドイツ人、イスラエル人、中国人……。そして一世代のうちに社会秩序も文化も、支配者の思い通りに塗り替えられるのである。

人類の進化は、想像上の産物ではなく、唯一の成熟した自然な秩序なのだ。地球上には七五億人のホモサピエンスが住んでいるが、全ての個人が唯一無二の存在である。いや、早期学校教育を受け、宗教、イデオロギー、あるいは文化に合わせて「標準化」される以前にはそうであった。

我々が自身に問わなければならない重要な問いは、未来の学校はどうなっているか、ではなく、全体主義体制下の学校と教育（保育園、幼稚園、学校）が子どもと人類に与える影響はどのようなものなのか、である。

現実や自然と引き離されて育ち、そのような学校教育を受けた子どもの心、理性、感情（直感や良心）が自分自身やコミュニティ（社会）、自然から乖離し、分離してしまう傾向にあることは明らかだ。学校教育と教育学の先鋭化が一八～一九世紀に起こらなければ、二〇世紀の全体主義体制（国家社会主義、スターリニズムなど）や現在の新自由主義の時代はなかっただろう（これはアリス・ミラーが国家社会主義とスターリニズムに関連してすでに指摘している）。

もし人類が、義務教育と教育による子育てという歴史上最大の間違いを犯さなかったとしたら、核分裂を発見しても、原子爆弾や原子力発電所を作ったりはしなかっただろう。早期義務教育は、従順だが無責任な人間を作り出す。原子爆弾や大量破壊兵器を使用するときに必要なのは、従順で人間的関係を断たれた者である。

権力者は戦争をはじめるよう命令したり、ときには自らはじめたりする。実際に戦うのは「臣民たち」である。千年前、王は馬にまたがり、戦争を率いた。対照的に、ここ数十年、学校教育を受けた、民主主義者だったりする政治家は、自分たちがはじめた戦争を離れたところから指揮し、ニュース番組で見物する。この共感力のなさも早期学校教育がもたらした結果である。

自殺したり他人を殺したりすることは、人類の遺伝子には組み込まれてはおらず、進化にも必要ではなかったことは、科学的に証明されて久しい。人類の歴史の九九％の期間、人類は狩猟採集民として、平和に、持続可能な状態で暮らしてきた。そして家族というコミュニティを中心に生きてきた。「多くの文化人類学者が指摘するように、狩猟採集民の社会が民主的社会の原型である」[9]。

このような自我中心（自己）意識が
ひとびとの間にますます広まるにつれて、
子どもたちが神話的意識のレベルにとどまる
ことができる期間は短くなっていった。
子どもたちは、ゆっくりと、自分自身はなにものか、
世界のなかでどのような役割と位置を与えられているのか、
それを認識する代わりに、
見せかけの自律性を得、自己中心的になる。
この現象は、いたるところに顔を出し、
西洋社会の安定にとって大きな危険性をもたらす。

——ゲラルト・ヒューター

第十三章
（無言の大きな）叫びとアルベルト・シュヴァイツァーの言葉

ノルウェー、オスロ。狩猟採集民である小さな一族や家族のコミュニティが、紀元前八千年頃に現在のノルウェーに入植しはじめた。ノルウェーは長い間、世界でもっとも豊かな国だった。また、国連の人間開発指数によれば、ノルウェーは世界でもっとも発展した国に分類されている。イギリスのエコノミスト誌はノルウェーを世界でもっとも民主的な国としている。ノーベル平和賞はノルウェーの首都オスロで授賞式が行われる。画家のエドヴァルド・ムンクもオスロ育ちである。一八六三年に生まれたムンクは幼少期をフランスとドイツで過ごし、一九一七年に芸術家としてオスロのエーケリーに邸宅を構えた。彼は第二次世界大戦が終わる一年前の一九四四年に亡くなった。第二次世界大戦に直接的あるいは間接的に巻き込まれた国は六〇カ国を数え、一億一〇〇〇万人が兵士として動員され、六〇〇〇万人～七〇〇〇万人が命を落としたと推計される。エドヴァルド・ムンクは表現主義の先駆者で、近代絵画でもっとも重要な画家の一人である。『叫び』は一八九三年～一九一〇年の間に四つのバージョンが描かれ、世界的に有名になった。

一四五二年～一五一九年、「近代」のはじまりに、彫刻家、建築家、エンジニア、解剖学者、自然哲学者でもあったもう一人の偉大な画家、レオナルド・ダ・ヴィンチは、人類史上もっとも重要で、賞賛された偉大な知識人の一人だ。一五世紀、ダ・ヴィンチが住んでいたイタリアから、芸術と精神の運動であるルネサンスと人道主義が北方に広がった。ルネサンス運動は、抽象的で、人間を遠ざけて罰を与える神の代わりに、人間自体とその潜在的可能性を、思考や行動の中心に据えたものであったが、中央ヨーロッパではその包括的な重要性は、一六世紀には失われていった。ほぼ同時期、代わりに勢力を強めつつあったのは、キリスト教会付属の学校である。これが「こんにちの」学校制度の原型であり、懲罰という考えが重要性をもった制度および施設の最初であった。大学には人道主義の土台が欠けていた。したがってヨーロッパにおける最後の偉大な博学者、ヨハン・ヴォルフガング・フォン・ゲーテが学校に行かず、家庭で教育を受けていたことは驚くにあたらない。家庭のなかで社会化した彼は、偉大な人文主義者でもあった。

ダ・ヴィンチから五〇〇年後、エドヴァルド・ムンクは『叫び』を描いた。彼自身が作品につけたドイツ語の題名は『自然の叫び』だった。「私は恐怖に震えながら立ちすくんでいた。自然の最大の叫びを感じたからだ」と、自身の日記に記している。『叫び』ほど、人間の疎外感の象徴となった絵画はほかにない。人間が自然と社会、自分自身から引き離され、個人がアイデンティティを失っている様が示されている。

第一次世界大戦と第二次世界大戦が起こる数十年前のムンクが生きた当時、ヨーロッパ各地では、「自然を忘れること」、強力な経済主義、「左」と「右」の二極化、そして何よりも、生活のほとんどすべての領域におけるイデオロギー化とともに、集団的な不安が静かに広がっていた。エドヴァルド・ムンクの知人であり、同時代の作家であるアウグスト・ストリンドベリは、「人間であることは、ヨーロッパ人であること以上のものだ」と書いている。芸術家と子どもたちは、昔もいまも社会の地震計なのだ。

二〇一一年七月二二日、ムンクが『叫び』を描いてから約一〇〇年後、オスロの北西三〇キロメートルの地点（ウトヤ島）で、恐怖に満ちた集団的な叫び声が起こった。アンネシュ・ベーリング・ブレイビクが一八歳以下の三二人を含む七七人を銃撃した。大部分は、学校に通う子どもたちとノルウェー労働党青年部のキャンプに参加していた若者だった。ウトヤ島の虐殺は第二次世界大戦後にヨーロッパで起こった最悪の大量殺人だった。

この事件のあと、ヨーロッパじゅうに波紋が広がり、メディアによる報道合戦となった。ブレイビクの狂気は「極右思想」「イスラム恐怖症」などのせいにされた。ブレイビクは拘束されたのち、ノルウェーの司法で最高の刑罰である禁錮二一年の刑を言い渡された。ここで大虐殺者の子ども時代を見てみよう。

ブレイビクは全くふつうの中流階級の家庭に生まれ、九九・九%の子どもと同じく健康で才能にあふれ、共感力のある子どもだった。母親は看護師、父親は会社役員だった。両親ともリベラル進歩主義の世界観をもっていた。一九七九年、ブレイビクが生まれて数カ月後、家族はロンドンに移住し、父親はノルウェー大使館に勤めはじめた。ブレイビクが一歳の時、両親が別居、一九八三年に正式に離婚した。

ブレイビクが育った一九八〇年代にはまだ多くの専門家が気づいていなかったかもしれないが、人生で魂と精神がもっとも影響を受ける時期が生後の最初の三年間だということは、何百もの科学論文で示されている。その数年後からは、民主的先進国の子どもたちは教育制度にからめとられてしまうからである。

彼は、赤ん坊のときに生まれた場所を離れ、その後両親の離婚を経験し、母親とともにオスロに戻ってきた。母親は、ブレイビクが二歳のとき、あまりにも手がかかる子どもだからと、社会福祉局に週末預かりを希望した。四歳のとき、今度は家族カウンセリングセンターに助けを求めた。ブレイビクと一歳半年上の姉、母親の三人は、観察のために子どもと青少年のための精神保健センターに数週間入所した。精神科医のペル・オラフ・ネスは子ども福祉局への書簡のなかで、「アンネシュ・ベーリング・ブレイビクは自己表現が苦手で、遊びの場でも受動的であり、楽しさや喜びという感情が欠落している」と記した。これらすべての症状からは、（大きなトラウマを受ける）分離を経験した子どもと診断できる。この精神科医はブレイビクを安定した養父母の家庭に預けるべきだと進言した。しかし、何の決定も下されず、明らかに過重な負担に苦しむシングルマザーの母親に育てられ続けた。

離婚した父親は子どもの発達状況について無知で、ブレイビクの親権を要請した。裁判所の判断はいつも通り、家族状況（両親の子育て能力と親権）を調査する、というもので、その間、ブレイビクは母親のもとに暮らすことになった。

その後、父親は親権の要請を取り下げた。担当の精神科医は二通目の書簡を子ども福祉局へ送り、「ネグレクトの度合いが高く、アンネシュは深刻な精神障害を被るリスクがあると以前に診断したが、今回も同じ結論である」と警告を発した。一九八四年初め、福祉課は訴訟後見人を付けることを申し出たが、母親は辞退し家庭裁判所も再度強く勧めることはしなかった。ブレイビクはその後も重責に苦しむ母親のもとで育ち、学校に通った。とくに理由はわからないが、ブレイビクは学校にもなじめなかったのではないかと推察される。

一五歳で「義務教育」を卒業したとき、子ども福祉局は再度ブレイビクの母親と面会した。ブレイビクはデンマーク滞在中にスプレー缶を大量に盗んだ罪で警察につかまった。この時期、ブレイビクは、グラフィティ（落書き）を家々の壁に書く同じ年ごろの仲間とつき合っていた。福祉局の職員は家族支援制度の対象ではないと判断したが、一連の騒ぎがもとで、ブレイビクと父親の関係は悪化し、彼は父親との接触を一切断つようになった。多くの父親と同様に、ブレイビクの父親もブレイビクの行動を咎め、「古いやり方」でブレイビクを「罰した」のかもしれない。そんなことをすれば、小さいときから傷つき続けているブレイビクの自尊心をさらに傷つけるだけなのだが。ブレイビクが父親との関係を断ったのは自衛のための策である。幼いころから彼に欠けていたのは、無条件の両親からの愛情であった。

学問的に確かめられている事実だが、男の子は成長するにしたがい、心理的発達や社会的発達の面で、父親の存在がますます重要になってくる。父親は男の子にとってもっとも重要な愛情の対象であると同時に、重要な模範となる。父親がいないと、コンピューターやメディアの世界のヒーロー、悪くすると極端な思想やテロリストが模範となってしまう。

その後のブレイビクの人生を要約するとざっと次の通りだ。高校をドロップアウトし、仕事に就いてもなかなかうまくいかなかった。犯罪の世界に足を踏み入れ、ノルウェーの極右ポピュリスト政党、進歩党の党員となり、様々な極右団体のインターネットフォーラムに参加した。子どものころから愛情と人間関係を奪われ続けたブレイビクは、何年も気づかれずに、オスロの政府庁舎への

攻撃とウトヤ島での殺戮の準備を進めていた。(1)

二〇一一年七月二二日の事件は、我々が生きるポストモダンと新自由主義の時代を象徴する事件であり、強烈なメタファーだ。西洋の、世俗化されてはいるが、キリスト教の罪悪感、贖罪、審判、非難の意識が残っている社会においては、犯罪者ブレイビクは終身刑に処されるべきだと考えるだろう。そうすることによって、大人たちに傷つけられた子どもをさらに苦しめることになるのだが。現在はこの選択肢しかないかもしれないが、それで殺された子どもたちが生き返るわけではない。類似の事件は引き続き起こり続けている。

この事件については、様々な公的機関（家庭裁判所、子ども福祉局）の犯したミスを見逃すことはできない。良かれと思って行ったことかもしれないが、状況を的確に判断することができず、間違った決断がなされ、おそらく家族にたいしてかける言葉も間違っていただろう。倫理的にはそれぞれの職員も責任が問われるだろう。ブレイビクの両親自体も、思慮が足りなかったり、（子ども時代の心の傷が理由で）共感力が不足していたりして、離婚後に間違った態度を取って子どもを傷つけたことを責められても仕方ない。

そして最後に、事件が起きた二〇一一年七月二二日以降、話題にされることも「議論」されることもなかったことだが、ブレイビクは、ほかの連続殺人犯たちと同じように、義務教育期間中ずっと公立の「教育制度」のなかにいた。彼は学校でも「目立ちたがり屋」で、同僚からいじめられ、事態を悪化させるためにていたのではないか？　私たちの（国立の）「教育システム」には、何よりも人間的な土台というものが本当に欠けているのではないだろうか？　この「教育制度」の下で騒乱を起こした人間はブレイビク以外にも多数いるのだ。北欧からフランス、ドイツ、オーストリアにいたるまで、ヨーロッパのほぼ全域で、右派ポピュリスト政党に投票した者の約半数が、二九歳以下の年齢層に属しているという事実は、ほとんど注目されていない。これらの若者たちは国家の義務教育を受けているし、大量殺人犯も同様だ。しかし、このような問題は、ムンクの時代から一〇〇年間変わらず、「左翼」「右翼」といった文脈でしか語られない。この問題は左だの右だのという問題ではなく、上の世代と下の世代との衝突の問題なのだ。経済、教育、家族の社会化など、社会のすべての部分において、ここ三〇年近く中庸が失われ、バランスを欠き、真の人間関係とは何かがわからなくなっている。

ブレイビクは大量殺人犯である。大量殺人という「現象」は一九六〇年代からぽつぽつ起こっていたが、一九九〇年代を境により頻繁に起こるようになった。これは教育制度が強まった「第三の段階」の時期であり、大量殺人がもっともよく発生するのは学校あるいは学校関連のイベントにおいてである。とくに米国、ドイツ、中国で多く発生している。頻度と深刻さにおいては米国が突出しているが、米国では若者でも武器を携帯できるので不思議ではない。頻度だけで見ると米国についでドイツ、その次は中国である。中国でのこの種の事件はほとんど報道されず、国家の規模からすると注目が必要だとは認識されていない。この三カ国を除くと、世界的に耳目を集める事件はほぼ発生していない。これが最近数十年の傾向である。

校内での暴力事件に関して言うと、米国とドイツが突出している。人口比率で見ると、学校での暴力事件と乱射事件においてはドイツがトップに躍り出る。[2]

本書のはじめにすでに述べたように、この一五〇年間を見ると、教育熱と子どもを管理する体制（教育面でも家庭内でも）がもっとも苛烈なのはドイツ、ここ二〇年ほどは中国、それからアジア諸国である。そして米国ほど、国家の普通学校システムが長年顧みられず、抑制のきかない資本主義の下、子供の教育が親の財政基盤だけに依拠している国はほかにない。同時に、（中流階級の）家庭における子どもの社会化がもっとも不十分なのは米国である。

ここ三〇年の米国、ドイツ、中国に共通している点は二つある。学校における暴力事件の頻発と、世界で優位を占めるための政治的闘争である。米国は世界の（軍事を含めた）「超大国」の地位を維持するため、ドイツはヨーロッパ一の経済力を維持するため、政治的闘争が起こっている。ペーター・スローターダイクは「歴史家のウィリアム・ブルムによれば大量破壊兵器の力によって、米国は軍事大国であり続けている」と言い、平和研究家のホーハン・ガルトゥング（Hohan Galtung）は、米国が軍とCIAによって殺戮してきた人数は一九四五年から二〇一〇年までの間だけで一、三〇〇万人から一、四〇〇万人になるという。[3]

中国は世界最大の経済（そして軍事）大国になろうとしている。政治家だけでなく、様々な権力をもったグループの共通の野望であろう。米国、ドイツ、中国はみな武器輸出大国であり、ドイツに至ってはこの一〇年で第三位に躍り出た。武器も富をもたらす。製造された兵器は輸出されると、どこかで殺人に使われ、最悪のケースでは少年兵士養成に使用される。[4]

人生の早い時期に親から「引き離され」、学校教育に入れられた子どもは、質問をしないこと、「権威」に従うことを学ぶ。そして、自分たちと相手方、合理性と人間性、黒人と白人、先進国と発展途上国といった区別をすることで、世界全体の調和という観念を放棄する。子どもにとって、幼いころに両親の別離を経験し、シングルマザーの母親か父親のどちらかを選ばなければならない、あるいは「良い」親か「悪い親」を選ばなければならないということは、大変な痛みをともなう。ブレイビクの場合は「社会主義」か「国家主義」かの分裂を味わった。

ノルウェー、オスロ出身のエドヴァルド・ムンクに話を戻そう。一八八九年から一九〇八年にかけてフランスやドイツに幾度も滞在し、そこからインスピレーション受けて有名な『叫び』を描いた。この絵は二〇世紀を象徴する絵画となった。

第二次世界大戦後にヨーロッパで起こった大量殺戮事件を、二一世紀を象徴するものとしてとらえ、我々に次のような警告を発していると解釈することもできる。それは、子どもから、子どもにとって大事なものを引き離すことをやめなければならない、そして近代の子ども時代、家族、教育にたいする態度を改めなければならない、という警告だ。一九五四年、アルベルト・シュヴァイツァーはノーベル賞授賞式のスピーチで重要なメッセージを発した。「ここに至っては良心に従い、本質的な事実を認めなければならない。我々は超人的になればなるほど非人間的になる、という事実を。」

社会と教育制度はすべての人間に
同じ狭い道を歩ませる。
いずれは皆、羊の群れの一員となる。
無垢だけれど冷淡だ。思うに、僕たちは皆
生まれたときは、なにか特別なものをもっている。
教え込まれる必要はない。
子どもが自由に潜在力を生かせるよう見守っていれば
自分で歩みはじめ、
想像以上にはるか遠くまで歩んでいくだろう。
現実世界は合理化と制度化が行きすぎて、
拘束服を着せられたみたいで……
ありのままではいられない。それが問題なんだ。
僕たちの内部に存在するもの、
創造性や想像力は、
彼らに剝ぎ取られてしまう。
彼らは僕たちを空っぽにして、
空いたところに何かを詰め込もうとする。

——パブロ・ピネダ(1)

第十四章

中心を失うことは、人間性を失うこと

一九世紀初頭以来、大西洋の両岸で、人間と自然の最大の破壊が、義務教育の導入という「結果」として起こっていることは明らかであり、私たちはそのことについて真剣に考えるべきだ。二つの世界大戦、原爆による破壊、自然の過剰な搾取と破壊、人間（と動物）を被験者とした残酷な医学実験が行われたことなど。こういった自己破壊的行為はおもに西洋社会で起こった。そしてそれは、長い期間継続的に、子どもを遅くとも六、七歳までに親や現実の生活から引き離した結果である。以前は宗教の名において子どもをコミュニティから引き離していたが、現在は世俗の権力者の命令により、「世俗的な」子育てと教育の名目で引き離される。

産業革命開始から一九世紀にかけて、西欧社会は子育てと幼いこどもたちの教育を制度化し、幼稚園を設立し、その後に保育園を設立したりした。幼児、そして赤ん坊までもが、家のなかではあるにしろ、教育によって子育てされるようになった。親たちが望んだというより、子育てのプロを自認する神父、教育学者、哲学者、心理学者などによって推進され、親たちはそれに従っただけである。ドゥモースの子育て放棄モードの概念を用いると、一九世紀から二〇世紀半ばは第二次子育て放棄モードの時代となろう。この段階においてはさらなる合理化が行われた。そして、それまで親密な家族のなかで育ち、学校に行かずに学習していた子どもたちは、社会の基準に合わせるように誘導された。

現在では我々は第三次子育て放棄モードに入っていると言ってよい。二〇世紀後半から子どもは完全に家族と現実の生活から切り離されるようになった。離婚家庭も広く見られるようになり（核家族が崩壊し分裂した）、子どもは幼くして施設に預けられるようになった（一歳からは保育園、三歳からは幼稚園）。かつてないレベルの人間性の破壊が起こっている。自殺も増加し（一五歳以下の子どもでさえ自殺する）、これまで世界のあらゆる地域で消費されていたよりも多くの薬物とアルコールが消費されるようになった。

マルセル・プルーストやドストエフスキーの文学に親しんだ人なら誰でも、近代の初めには自殺はかなり稀で、そういう話はほとんど人の口に上らなかったことを知っているだろう。プルーストもドストエフスキーも家族のなかで社会化し、一〇歳になるまで学校には通わなかった。一九世紀後半には、中流家庭においても、こういったケースはふつうではなくなっていた。彼らは近代の子ども時代を、二〇世紀の学問的な訓練を受けた心理学者や教育者よりも詳細で正直に記している。

こんにちにいたるまでもっとも有名な自殺であり、世界の文学に登場する最初の自殺のひとつは、ウィリアム・シェイクスピアの『ロミオとジュリエット』（一五九七年出版）に描かれたものだろう。胸が張り裂けるほど悲しい若いカップルの自殺は、我々に警告を発している。キリスト教国である西欧が、子どもの教育という新たな「発明」の魔法にかけられているときに、『ロミオとジュリエット』は登場した。

狩猟採集民の時代にも、別の部族のジュリエットに恋したロミオはいただろうし、ジュリエットが、親に決められた婚約者ではなくロミオに恋したこともあっただろう。しかし、彼らは自殺はしなかった。稀な例外だが、ルールあっての例外であることに変わりはない。断っておくが、私は幼い子どもや少年少女の強制結婚（まだ行われている地域もある）には反対である。[2] いまでは世界のほとんどの地域では恋愛や結婚の相手を自由に選ぶことができる（同性カップルも容認される）が、それでも若者のほとんどが不幸を味わい、自殺する者もいるのである。

二一世紀、平和な時代に生きる我々は、ローマ時代や秦王朝の時代よりも満足を味わい幸せになっただろうか？　紀元前七万年から一万年くらいまで続いたとされる狩猟採集民の文化に生まれた子どもたちよりも、ペルシャ帝国や一六世紀のイタリアの子どもたちよりも、二一世紀に生きる我々の子どもたちの方が幸せだろうか？　我々はいまこそこの重要な問いに答えねばならない。

原始的な先住民の社会では自殺がきわめて稀であることは、世界中の文化人類学者が指摘している。その反対に、先進国の居留地に住んでいる先住民の自殺率は平均を上回る。

家族のなかで、両親から（週に数時間などといったものではなく）無条件の支えを受け、実生活を通して社会化した子どもが、自分の命を断とうとするはずがない。そういう子どもはより健康で、より知的で、より多くのスキルを身に付けている。ドイツの詩人ジャン・パウル（Jean Paul）は「愛情に満ちた子ども時代を過ごした者は、半生を冷たい世界で過ごすことにも耐えられる」と言った。何百年も詩人や賢人が教えてくれていたことを、現在では科学が証明している。

自殺は一八世紀以降、文学のなかで取り上げられることがふえている（たとえば、ゲーテの『若きウェルテルの悩み』)が、それは文学の世界だけのことではない。この数十年、より幼いときから子育て放棄モードがはじまり、全国的に一貫した早期教育が整備されるにつれ、世界中で自殺する青少年も少なくなくなってきた。ハラリは次のように言う。

二〇〇〇年、戦争による死亡は三一万人を数え、暴力犯罪による死亡は五二万人であった。一人の犠牲者が出るごとに、その家族が崩壊し、友だちや親族が傷ついた人生を送ることになる。しかし、これら八三万人の犠牲者は全世界の死者、五、六〇〇万人の一・五%を占めるにすぎない。一〇万人が自動車事故で死亡(全死者の二・二五%)し、八一万五、〇〇〇人(一・四五%)が自殺した。

二〇〇二年の数字にはさらに驚かされる。五、七〇〇万人の死者のうち一七万二、〇〇〇人が戦争で、五六万九、〇〇〇人が暴力犯罪で死亡した(合計七四万一、〇〇〇人が人間の暴力による死者)。対照的に八七万三、〇〇〇人が自殺で亡くなっている。これは九・一一事件の一年後で、テロリズムと戦争について多く語られていたが、ふつうのひとびとはテロリストや兵士や麻薬業者に殺されるよりも、自死を選ぶ確率の方が高かったのだ。(3)

義務教育を終えた年齢の若者たちが、米国、ヨーロッパ、アジア各地で自殺している。なぜヨーロッパのジャーナリストはこの若者の死因第一位について報道しないのだろうか? 自分で調査するまでもなく、この恐ろしい事実を示す膨大な統計的データが目の前に積み上がっているというのに。自殺の増加と同時に、薬物やアルコールの過剰摂取による死亡も増加している。先住民が肺癌で死亡したケースは確認できていないのに、（偽善的な）禁煙運動が（アメリカではじまり）ヨーロッパに広がった（フィンランドなどでは自宅での喫煙も禁止すべしと発言する政治家がいる）。しかし、アルコール禁止を訴える政治家は一人もいない。現代においては早期義務教育と子育て放棄モードにより人類史上最大の健康リスクが生じているのだ。

第三次子育て放棄モードが席巻している西洋諸国では出生率が急減している。女性一人あたりの出生数が一を下回っている国もあるくらいだ（人口を維持するためには女性一人当たり最低二・〇六人産むことが必要だ）。子どもを産まなくなることは、自己破壊（あるいは自己卑下）の一種である。

人間の子どもは多様性のある自然な環境（年下や年上の遊び友だち、つまり、共生空間）から引き離されている。その結果、歴史上類を見ない身体的・精神的な病がはびこっている。子どもがここまで不健康だった時代はないのではないか。以前は成人の病気だったガンや糖尿病のような病気が子どもや青少年にふえている。親たち、そして小児科医たちが状況の深刻さに警告を発しはじめている。「米国の子どもの四三％、ヨーロッパの子どもの三分の一が、少なくとも一つの慢性病をかかえている。肥満と発達障害の子どもも考えに入れると、健康な子どもは少数派となる」と、ARTE（独仏共同出資のテレビ局）のドキュメンタリーのなかで、ベルト・エーガルトナー（Bert Ehgartner）が述べている。(4)

製薬業界の代理人、おもに医者たちは、ワクチンを打たなければ子どもは一生病気のリスクに付きまとわれると、脅し続けている。それならなぜ私たちの文化圏では、予防接種を受けず、幼い頃から家族に見守られてきた子どもたちの方が、そうでない子供たちよりも、平均してより丈夫で健康な生活を享受しているのだろうか？[5] 人間の子どもはすべて、同じスタート地点から人生をはじめる。健康で、才能にあふれ、社交性がある。自然放牧の家畜たちは家族と過ごし、自由に動き回り、制限なく仲間と遊んでいるのに、ホモサピエンスの子どもはなぜそれらを取り上げられているのか？

いまの子どもたちに現れている身体的・精神的病気は人類史上初の静かな革命である。繁栄のただなかにいる若いホモサピエンスたちは病気になることで現在の秩序に異を唱えているのだ。

我々の社会の子どもたちが病気であることに気づかないのは、それがコレラ・らい病・ペストといった、見た目に明らかな病ではないからだろう。しかし、もう一つ重要な理由がある。納税者である大衆は、自身あるいは親族が必要としないかぎり、政府運営の種々の施設、たとえば幼稚園、学校、刑務所、病院、精神病院、医療施設などにほぼ足を踏み入れないからだ。これらの施設は税金で運営されているにもかかわらず、関係者以外は締め出す。教育者という名の専門家に囲い込まれて施設で育てられた子どもの診断、治療、セラピーは、やはり隔離された施設のなかで専門家によってなされる。子どもと青少年の学力は（PISAなどを利用して）標準化し向上させようとするのに、子どもたちの身体的な状態をモニターし向上させようとはしない。子どもが医者に行く頻度、診断名、治療方針などの記録を取ろうとしない。すでに述べたように、第三次子育て放棄モードのなかで育った子どもは、かつてないほど自己中心的で、競争心が強く、他者に批判的で、嫉妬心や怒りが強く、暴徒化しやすく、自己愛性パーソナリティをもっている。そして他人の感情に無関心なだけではなく、環境破壊や人的資源の搾取にも無関心だ。貧富の差と、それがもたらす力関係の不均衡は人類史上最高レベルとなっている。これだけ社会の不平等が明らかなのに（富裕層と貧困層、私立の良い教育と公立の大衆教育）、ひとびとは従順に文明の欠陥にじっと耐えている。同様に、子どもたちは、親や実生活から切り離されてもなお、親に従順であれ、不満があっても耐えろ、と教えられる。子どもがこのような切り離された状態を望むはずがない。不満をもちながらも従順につき従うと、身体的あるいは精神的に病気になるか、攻撃的になる。集団的な不満のレベルが高まった際の最悪の事態は、歴史が我々に示すように、戦争にいたることである。我々はすでに我々の文化には必ず病気が存在するものだと認識してしまっている。病気を治す医療技術には注目するが、病気の根本原因には目を向けない。考え方が硬直化し、症状だけを治そうとする。

第三次子育て放棄モードと言える状態になったのは、二〇世紀後半以降のことだ。それは本当の意味での子ども時代が終了したことを意味し、自由に教育を受け自由に考える人類を完全に標準化しようとする試みを意味する。中心核が欠けており、全体主義的学校教育制度が導入されているのが、その目立った特徴である。

ドゥモースの『子ども時代の歴史』の冒頭にはこう書かれている。

子ども時代の歴史は悪夢そのもので、我々はようやくそこから目覚めようとしている。歴史をさかのぼればさかのぼるほど、子どもにたいするケアは不十分で、子どもたちが殺されたり、捨てられたり、なぐられたり、おびえさせられたり、性的虐待を受ける確率が高かった。

しかし私はこれには賛成しない。ドゥモースもまた時代の寵児であり、この点に関しては徹底的に間違っていた。過去数十年の研究結果からは、歴史をさかのぼればさかのぼるほど、親が子どもに対し愛情をもち尊重して接していたことが分かる。そして、部族や社会といったコミュニティは、家族と強く結びつき、家族という単位を中心に形成されてきたことが分かる。ドゥモースは過去の親子関係に関しては悲観的だったが（研究不足によるものだろう）、未来に関しては楽観的だ。彼は核家族に焦点を当て、二〇世紀が子ども支援モードに入ると信じていた。核家族だけを見ると、これは一部正しい。未来に関する予測についてドゥモースとフランスの歴史家フィリップ・アリエスは対立する。アリエスは核家族だけを取り上げる（社会から家族を切り離す）のであれば、子どもだけに焦点を当てることになるのではないかと懸念していた。同様に、学校教育期間が延長され、子どもが生き物すべてから切り離されるだろうと予測していた。ドゥモースも、そのような事態になれば、両親や社会が子ども支援モードにあっても、うまくいかないだろうと論じていた。

したがって我々は悪夢の子ども時代から完全に目覚めているとはとても言えない。その正反対だ。教育、子育て、経済、宗教、その他の教養やイデオロギーの名の下で悪夢が続いている。しかも世界中で、より強制的な形で。悪夢の子ども時代は、大人が子育て放棄モードに疑問をもち、それをやめるまで続かざるを得ない。昔のひとびとは、現在の我々よりも就学期間が短かかったにもかかわらず、すべての点において有能で目が開かれており、より多くの知識をもっていた。

ホモサピエンスの進化が愛と知性の方向に向かっていたのに、それが初めて退化した時期まで戻ろう。それは新石器時代、所有と繁栄がはじまったころである。次に人類が致命的な間違いを犯したのは、キリスト教が、より正確にはキリスト教会が発明した教育と義務教育が子育て放棄モードを導入した時期で、それはおおよそ一五世紀から一九世紀まで続く。ここで子どもは、家庭（家族コミュニティ）と日常生活（公的コミュニティ）から切り離されることになった。

　教育と学校制度はキリスト教会によって始められたが、約三百年前からは、世俗の権力が教育を独占している。いずれにおいても、教育を終えたすべての子どもが、約束通りの満たされた人生で成功する、という救済がなされたためしはない。

　救済の約束が果たされていないのに維持されているのは、次のような教育のドグマと近代の神話があるからである。

　一つ目は、読み書き算数といった文化的技能は（より早期に）学校に行かないと身に付かない、という神話である。もう一つの神話は一つ目の神話の前提なのだが、人間の子どもは自分から学ぼうとはしない、というものだ。

　次の二つの教育のドグマは矛盾したものであるばかりか、全く非人道的なものである。まず、人間の子どもの教育と社会化は、長期にわたる子ども時代を通じ、家族と現実世界から子どもを切り離すことでこそ可能だ、というものである。そして、義務教育を通じて自由を奪われて初めて、人間の子どもは長期の学校教育を終えた後の「実人生」を自由に生きる資格と能力が与えられる、というドグマである。

　人類の未来と存続を真剣に願うひとびとは、近代の教育文化を本当の意味で世俗化しようとするだろう。それでこそ教育は再度、思慮深く責任感のあるひとびとの手に取り戻せる。つまり、家族、そしてコミュニティ（社会）のひとびと、要するに、教育制度が固まる前に子どもの教育をうまく行っていたひとびとの手に取り戻せるのだ。

そして我々の間違いを正し、サルから人類へと進化してきた道の先を行き、人間性を求めるのなら、我々は共同体としての家族を取り戻す努力をしなければならない。真の子ども時代を通して家族が解体するのを止めなければならない。母親、そして父親が、誕生から長きにわたり、子どもを愛し支援しいっしょにいる必要がある。家族が我々の進化のために必要なのだ。両親は「完全」でなくても「聖なる」存在でなくてもよいが、他人のためだけに働いて子どもを軽んじる存在であってはならない。

ここ一五年間、ヨーロッパの家族政策で擦り切れるほど使われてきたスローガンは「仕事と家庭の両立」だ（矛盾と不誠実の塊だが）。これが意味しているのは、子どもは誕生直後から他人に預けられ、父親も母親もフルタイムで働くという、子どもを両親と現実の生活から完全に引き離す体制だ。しかし、「両立」とは両方が成り立つことを意味していたはずだ。

真の意味で仕事と家庭を両立させる気なら、幼い子どもと老人、私的生活と公的生活、仕事と教育、学校教育と現実社会の分断について考え直さなければならない。子どもの教育は閉じられた施設のなかでしかなされない、などと信じる我々は、いったいどこからこのような間違った考え方をしはじめたのだろうか。学校、教育、そしてとりわけ子育て放棄モードさえなければ、精神分析も実験的な閉じられた環境も存在しなかっただろう。人類史において、先祖はいつも直立していた。現在の我々は、耕すこともできず、直立姿勢を保つこともできない。

ホモサピエンスの進化が成功するかどうかは、子どもと、社会の中心に置かれた家族にかかっている、ということを、いまの世界は忘れている。

我々が社会の中核となる家族を失った代償は大きい。(6) ブレーズ・パスカルは父親の意思で学校に行かず、家庭で父親による教育を受けた。そして後に数学者・哲学者として非常に有名になり、一七世紀にはすでに次の警告を発していた。「中心を失うことは、人間性を失うことだ」と。

こんにち、子どもたちに欠けているのはセラピーではなく、
子どもを、成果によってではなく、
正当に評価する世界であり、人間関係である。
親が子どもを産むかどうかを決められるようになってから、
子どもの価値は非常に高まった。
子どもを持とうと決めた親たちは、子どもの成功を求める。
現在、子どもは宝石だ。
もし、きらめきも輝きもないのなら、
子どもをもつ価値などないのだ。

——レーモ・ラルゴ

何度もくりかえされていることだが、人類が力を増大させても、
個々の人間にとっては何の改善もなく、
他の生物にとっては計り知れない苦しみがもたらされる。

——ユヴァル・ノア・ハラリ

第十五章

不妊、人口過剰、そして未来の赤ちゃん

最近の（特にドイツ国内における）政治的「論戦」のなかで、左派から右派までがよく引用する流行り文句は、「西洋の没落」というオスヴァルト・シュペングラー（Oswald Spengler）のことばである。彼の『西洋の没落――世界史の形態学の素描〈第一巻〉形態と現実と』と『西洋の没落――世界史の形態学の素描〈第二巻〉世界史的展望』は、画期的だが誤解も多い著作である。シュペングラーは文化哲学者として初めて、これまでの歴史上「高度に発達した文明」が滅亡した原因が、長期におよぶ終末期を経て、自己破壊をするか、ひとびとが個人主義を過剰に強調し、個人として生きることのみを望み、子どもを産まなくなったことにあると指摘した。その例として『西洋の没落』では、西洋の三つの高度文明として、古代ギリシア・ローマ、オリエント、アラビアの文明があげられている。

上記三つ以外にも、過去におけるほとんどすべての高度文明は、判で押したように何十年も出生率が低い状態が続いたことが科学的に証明されている。その理由は複雑であり、それぞれの文化に

よって異なる。本書の最初の部分で触れたように、皇帝アウグスティヌスは、ローマ帝国全域で子どもをもたない人がふえたために人口が減少したので、家族制度改革を命じた。およそ一〇〇年前に書かれたシュペングラーの著作では、大都市を知的な社会生活の中心に据えた文化は、すべて地方の過疎化を経験し、そのため都市部でも地方でも出生率が低くなったことが指摘されている。『西洋の没落』には疑問点もあり、反論の余地も多くあるが、「都市とひとびと」の章で示されている知見は全体的に言って、時代を経たいまもなお当を得たものだと言える。

> 人間が根なし草のような存在になり、個人としての覚醒がより進んだことによって、長い間静かに広がっていたあの現象が、いま突然、歴史の明るい光のなかに姿を表し、文明という劇全体を終わらせる。文明化した人間の不妊という現象である。ここで論じていることは、近代科学が当然のこととして研究したような、ごく平凡に因果的に、たとえば生理学的に理解されうることではない。ここに存在するのは、死に向かう、すこぶる形而上学的な反転の動きである。コスモポリタン的都市の最後に残った人間は、個人としてはもっと生きたいと思うかもしれないが、集団としてはもはや生きたいとは思わない。一つの集団として存在するかぎり、死の恐怖が消えるからである。純粋の農民であれば家族と家名が失われることは恐怖であるが、都市住民の間ではそういった概念は失われる。血脈を継承させることは、家族の義務ではなくなり、家系の最後の人間であることを不運だとは思わなくなる。子どもは生まれなくなる。それは生物学的に不妊だからではなく、知的になりすぎると子どもをもつ理由がなくなるからだ。（中略）人生のすべての事柄に理由が必要な世のなかになると、人

生そのものにも理由が必要となる（傍点はM・H）（中略）すでにポリュビオスは、ギリシャにおける少子化現象をギリシャの破滅と嘆いたが、彼が書くよりずっと以前から大都市では一般的であり、ローマ時代にはおどろくほどの広がりを見せていた。最初は経済の悪化が原因とされるが、そのうちに何が原因かについて語られることもなくなった。原始社会の人間や農民ならば、子どもを産んでくれそうな女性、というのが結婚するときの男性側の視点となるが、仏教徒のインド、バビロニア、古代ローマ、そして現在の多くの都市においてはそれが基準ではなくなり、「人生の伴侶」という視点が生じる。「魂を高め合う共同生活」を目指し、男女とも自由であること、すぐれた知性をもち血脈を継続しようとする欲求から自由でいることが重要視される。そしてバーナード・ショーのような作家が、「女性が女性性を否認し、夫と子どもにたいする義務を否定し、社会と法と自分自身以外の全員にたいする義務を否定しなければ、自分自身から自由になることはできない」と言える段階に達する。

原始の女性、農村の女性は「母」であった。子ども時代を通じて女性があこがれてきたのは母になることだった。しかし、イプセンの戯曲中に描かれた同志、自由な女性が、北ヨーロッパからパリまで、都市文学におけるヒロインとして登場する。女性の頭にあるのは子どもではなく、魂の葛藤である。結婚は「相互理解」を経て達成される芸術品である。楽しみを奪われたくないというアメリカ人女性も、愛する人に去られるのではないかと憂うパリジェンヌも、イプセンの「自分自身に属する」女性も、子どもをもちたくないと考える点では同様である。（中略）ゲーテが『若きヴェルテルの悩み』で描いた子沢山の家族の尊い姿は、いまや田舎臭いものとなってしまった。イプセンの『愛の喜劇』で描かれたように、大都市の子沢山の父親はからかいの対象だった。

この段階になると、すべての文明は数世紀にわたる恐るべき過疎化の時代を迎える。文化・文明を築く人類のピラミッド全体が消滅する。まず国際都市が、次に地方都市が、そして最後には農村が、上から下へと解体されていく。都市人口を支えるために地方から優れた人材が流出していくが、人口減少の流れは食い止められない。（中略）まず地方都市が空になり、それから大都市が空になる。（中略）アショーカ王の居城パタリプトラは、玄奘が六三五年に旅したときには巨大な廃墟となっていた。コルテスが上陸した時期のマヤの大都市も同様だったはずだ。古代の歴史家ポリュビオスの時代からずっと、有名な都市が放棄されて、誰もいない通りに瓦礫が積み重なり、家畜が草を食み、柱や彫像がまばらに残る野外劇場が畑となった様子が記録され続けている。五世紀のローマには、一つの村ぐらいの人口しかいないものの、帝国の宮殿はまだ住める状態だった。

これが都市の歴史の結末である。原始的な物々交換の中心地だったところが文化的な都市となり、最終的に世界都市となる。職人たちの血と汗の賜物として都市が形成され、堂々とした進化を遂げ、発展した文明の中心として華々しい最後を飾り、最終的に自らを滅ぼすのである。(1)

これを読んで「いやいや、我々は消滅の危機にあるのではない。少子化よりも人口過剰のために地球の危機が訪れているのだ」と異を唱える向きもあるだろう。残念ながらこれは間違いだ。人口が多すぎるという言説が、三〇年以上も主要メディアとインターネットメディアで流されてきたが、これはかなり近視眼的と言わざるを得ない。
世界の人口は徐々に増加し、最終的には計り知れないほど増加するというのが、メディアなどで描かれる将来像だ。暗い未来予測は将来八〇億人、一〇〇億人、いや一二〇億人まで膨れ上がるというものだが、これらの数字は現在の人口だけをもとに予測したものである。これらの報道には利害が絡んでおり、米国から発信され、ヨーロッパの各機関を通じて数字を精査しないメディアによって流されているが、いつも間違っている。興味深いことに、これらの数字を広めているのは大富豪たちである。ジョン・D・ロックフェラー、ヘンリー・キッシンジャー、そしてIMFやWTOといった世界的な経済・金融機関などだ。
一九七四年、キッシンジャー報告書とも呼ばれる、「国家安全保障研究覚書200」という文書が公開された。当初は機密扱いだったこの文書には次のような文言がある。

「米国は、LDC（最後進国）の指導者たちが家族計画と人口安定化に向けた指導を行うよう、多国籍機関や二国間交渉を通じて、誘導しなければならない。大統領と国務長官が人口増加コントロールを最重要課題として扱う必要があり、とくにLDC諸国の指導者との接触において議題とすべきだ」。

米国以外の国の方がより集中的にターゲットになっている。一九七四年に開かれた第三世界人口会議においては、一三七カ国が人口増加を抑制することで一致した。世界中に人口爆発の恐怖が広がる中、政治的・経済的圧力のもと、国々は様々な方策を取って人口削減を目指した。たとえばドイツは、もっとも強くそして継続的に出生率を低下させるよう米国から要請され、一九七〇年代からヨーロッパ最低の出生率を示している。

オーストリアのような小国に現在の世界人口八〇億人を集めたとしても、一人当たり一平方メートルの土地を自由に動けるだけのスペースがある。映画 *Population Boom*（『人口ブーム』）は非常にすばらしい映画だ。この映画を製作したオーストリアのヴェルナー・ボーテは重要な疑問を投げかけている。「もし世界の人口が過剰だとしたら、誰が余分な人間なのだろうか」[2]と。

そこで、現在実際に起こっている（世界的な）出生率の低下と「高齢化」社会について事実を見てみよう。一九世紀の後半から、産業革命と学校制度整備と教育学的な子育て法が進められてきたが、同時にヨーロッパ大陸の多くの地域で出生率が低下した。この時期、とくに二〇世紀に入ってから、平均寿命が延び、乳幼児死亡率が急降下した。

一九世紀後半から一九七〇年代までに産業化した国や西洋諸国では乳幼児死亡率は三％〜五％に低下した。これは歴史上初めてのことである。二〇世紀初頭まで、世界の地域のなかには子どもが成人になる前に死亡する確率が三分の一のところがあった。栄養不足と病気の複合要因によるものだ[3]。

乳幼児死亡率の低下と平均寿命が長くなることにより、世界の人口は一九世紀から二〇世紀前半までに人口爆発と言える程度に増加した。しかし（世界中で）人口がふえ続け、平均寿命も延び続けているという主張は西洋で作られた神話であり、背後には多様な利害関係が絡んでいる[4]。

世界の多くの地域では農業が産業化され、食料供給が効率的になった。一九世紀から人口が増加した主な理由は、乳幼児死亡率がそれまでの二〇〜二五％から二〇世紀後半には三〜五％まで低下したことである。しかし乳幼児死亡率は当然一％以下にはならないので、世界の人口が増加し続けることはない。人口増加が継続するためには乳幼児死亡率が低く抑えられ続け、世界平均の出生率が女性一人当たり四人まで増加しなければならない。その反対に、世界の人口は二〇五〇年以降、戦争や自然災害がなくてもここ二〇〇年間で初めて減少すると予測される。

乳幼児死亡率が低下した理由は、栄養状態が改善したこと（家族全体）、医療ケアが多くの人に行きわたるようになったこと、科学知識が向上したこと（血液型など）、そして何よりも衛生状態がどの階層においても劇的に向上したことにある。それにもかかわらず、この間、西洋と先進諸国において出生率は上昇しなかった。メディアと政策シンクタンクは反対のことを広めているようだが。

二〇世紀初頭から一九三三年までのドイツの出生率は女性一人あたり一・八人であった。当時、この数字は脅威だと受け止められ、国家社会主義だけでなく、ひろく政治的に利用された。

ヨーロッパの多くの地域における政治イデオロギーの方向とメディアでの議論のあり方からすると、過去数世紀がそうだったように、家族、親、出産（そして「教育」）といったテーマは、いまももっぱらイデオロギーの色眼鏡で見られる。社会や文化にとって、失われた中庸を再びみつけることはきわめてむずかしい。そのための鍵は私たちが、子ども、家族、教育（一貫学校教育）にたいする自分たちの固定観念に疑問を投げかけるだけでなく、それを放棄することができるかにある。一九五〇年代から一九七〇年代に（ヨーロッパでは）短期間出生率が上がったが、私見では、これは社会の多くの人が希望をもっていたのが主因だ。大多数の人はこれから世界がより良くなり、価値ある未来が待っていると思っていたのだ。

最後に、この時代にはまだ避妊も中絶も簡単かつ安価にはできなかったという事情もある。人類の歴史がくりかえし示しているように、人は一度個人の自由を獲得すると、それを手放そうとはしなくなる。一九五〇年代から一九七〇年代にかけてのヨーロッパでは、親の完全な権利剥奪や国家によるパターナリズム――それによって出生率が上がるとはとても思えない――と呼べるようなものはまだ導入されていなかった。

そのため、一九世紀後半以降、欧米の医師たちは、「昔は」多くの赤ん坊が出産時に死亡したという神話を流布することによって子どもの出産を減らした。この神話は、歴史的事実にたいする無知、進歩にたいする盲信、競争的思考、その他の要因から生まれた。メディアにより、この神話は急速に世界中に広まった。一九五〇年代から一九八〇年代にかけて、歴史上初めてほとんどすべての女性が病院で「安全に」子どもを出産することになった。最初は米国、次にヨーロッパ、そして世界中で。一九八〇年代以降、事態はさらに悪化する。欧米（スカンジナビア諸国を除いて）と先進諸国では、帝王切開による出産はつねに三〇％から三五％である！　しかもこの間、医療技術やテクノロジーの「進歩」は目を見張るものであったにもかかわらず、である。これはまた、「直線的な革新」がもはや人類の生活条件を改善しないことを示している。

（スカンジナビア諸国を除いた）ヨーロッパでの自宅出産率は一九八〇年代以降常に二％程度である。この例は、神話がもつ力の大きさと、純粋に経済的な利害も絡んでいるこんにちのメディア報道によって、この神話をいかに絶え間なく長引かせられるかを示している。子どもは商品と化し、さまざまな分野の専門家集団が、そこに多様な収入源を見つけて、生活を成り立たせるようになった。教育（学）者、医者、心理学者、公務員などなど、彼らは、その「努力」にたいして報酬を受ける。しかしそれは、「他人」の子どもを相手にした仕事にたいしての報酬であって、自分の子どもを相手にしている親には報酬はない。

人為的に流布された、「かつては多くの子供が出生時に死亡していた」神話について注目すべきは、以下の事実である。一九世紀から一九六〇年代にかけて、乳幼児死亡率は二〇～二五％から五％以下に低下した。このときまでヨーロッパでは出産の九〇％は自宅で助産師の介助によって行われていた。したがって、「昔は」「多くの」赤ん坊が出産時に死んだというのは嘘っぱちである。ほかにも、この神話の嘘を証明する歴史的資料が近世以降多数あり、中世の資料さえあるのだ。

次に紹介する中世の資料は出産時の乳児死亡に関するものだが、中世は乳幼児死亡率が三〇％から時には六〇％と、人類史上もっとも高かったのでとくに興味深い。

イングランドの王妃、エリナー・オブ・カスティルは王位を継承する男子を望み、一二五五年から一二八四年にかけて一六人の子どもを産んだ。記録がすべて残っているが、一六人中、出産時に死亡した赤ちゃんは一人だけだった（一二五五年に生まれた女子）。それに、エリナー王妃には最高の助産師と医師がついていて、当時最高の医療的ケアを受けていたのだろう。エリナー王妃と夫のエドワード王は健康そのもので、遺伝的な病気を受け継いでいなかったことが研究から分かっている。しかし、一六人中一〇人（つまり六二％）が乳幼児期に死亡した。一一歳まで成長したのは六人、そのうち四〇歳以上まで生きたのはたったの三人（一九％）だった。エリナー王妃は流産も経験していたかもしれないが、その記録は無い。それでも、乳幼児死亡率が最高だったこの時期に、一六人中一人しか出産時に死亡していないのだ。その後、長く待ち望まれた男子、一六番目の子はエドワード二世となって玉座についたが、四三歳の時に妻のイザベラの命で殺された(5)。

もちろん、自宅での自然なお産は、母子ともに一定のリスクがある。しかし「出産時に多くの赤ん坊が死んだ」という神話が広まったことは、「養育と教育」の文化および教育行政の力がいかに強いかを示している。この神話はいまだに、学校の教科書や大学教育のなかにさえ見出せる。教科書の内容を決めているのは両親でも、さまざまな分野で活躍する利害関係のない研究者たちでもない（なぜなのか疑問だが）。しかも、世界中の医療機関（病院）での出産で亡くなった子どもと女性の数は、決して報告されない。病院にはこの記録があるはずだが。もし記録がないとしたら、人口動態を気にかけている政治家がなぜ記録を出せ、と言わないのか？

ここ数十年で成長したのは、「経済」と貧困（国によって多少の差はあれ）、億万長者の数、ゴミの量、消費、大都市と途方もない「メガシティ」だけなのだ。超巨大都市には農村と小さな町から人口が流れ込むが、ほとんどの都市においては、子どもの人口比率は減少傾向にある。子どもをもつ家族が住めるのはスラム街か都市の周辺にあるモノトーンなコンクリートの集合住宅だけである。そのような環境で育つ子どもの人生と寿命の見通しは暗い。一般的に、超巨大都市は人間の子どもが育つ空間として適切ではなかろう(6)。

上海を例にとろう。上海の子どもたちはＰＩＳＡでトップの成績をあげており、グローバル化した世界のシンボル的存在である。二〇一五年の上海の出生率は世界最低で、女性一人当たり〇・七人だった。似たような状況はアジアの大部分で見られる。ここ二〇年の傾向がこのまま続くなら、二一〇〇年までに中国の人口は五億人に減少する。現在の人口の約三分の一である。(7)

米国とヨーロッパの推移もこれとよく似ている。ここ一〇年の「白人男女」に関する傾向にかぎらず言えば、中国と似た運命をたどるだろう。ヨーロッパのホモサピエンスが子どもを産まなくなったのは、個人主義(現在でも神聖化されている)、男女とも仕事をすべきだというプレッシャー、新自由主義、全体主義化した学校制度と消費主義が原因である。

いずれにせよ、出生率は(過去三〇年間も!)人口維持の水準に達せず、移民を受け入れる以外に道はない。EU二八カ国の半分以上がこの問題に直面している。米国でも状況は似たり寄ったりで、二〇四〇年代までにヨーロッパ起源の白人の子孫は人口の半分になる。残りの半分はおもに中南米からの移民、その他はアジア、アフリカ大陸からの移民である。狩猟採集民時代はこのような人口の増減に関して頭を悩ませずに済んでいた。そのころは学校制度がなく、早期に親と引き離されることもなかったからだ。

この間、人類はCNNなどのニュース番組と何百ものテレビ局と活字メディアを作り上げた。自己愛的価値観、危機感、報道、ニュースの続報が入り乱れて流される。政治家の決断、経済成長、ハリケーン、性差別、有名人の四〇〇〇ユーロもするハンドバッグ、株式市場ニュース、贅沢なリムジン、地震、ゴミの埋め立て、整形手術、子どものスマホ、高級ジーンズなどなどが取り上げられ、コマーシャルがひっきりなしに入ってくる。地上に出現した奇妙な天国だ。繁栄ときらびやかさがもてはやされ、より貧しい国々のひとびとはヨーロッパや北アメリカに群がる。そしてすでに述べた人口減少のトレンドが増強されていく。

これまでの（古代ギリシアのような）発達した文明でも子育て放棄の風潮が出現したが、そのころのひとびとは、口伝えで物語ることができていた。象徴の力は十分にわきまえていたが（神々の彫像などを見れば明らか）、メディアは存在せず、ほかの国に贅沢品の絵をばらまくようなことはできなかった。したがって移民はやって来ず、文明は途絶えた。主流メディアが絶対に伝えないのは、米国の子どものうち二五〇万人がホームレスであること、ヨーロッパのほとんどの地域では二人に一人（！）が慢性疾患をかかえているということである。人類が平均寿命を延ばし、人口がふえ、より健康になり、より賢くなっているというのは、現代の神話にほかならない(8)。

子どもの貧困だけでなく、とくに高齢化社会がもたらす子どものいない層への影響についても、ほとんど語られていない。日本のような国では明白にその結果が見られる。そこではすでに、赤ちゃん用よりも高齢者用のおむつに多くのお金が使われている。

大人用おむつの話は面白く聞こえるかもしれない。しかし、ドイツで、一生懸命働いて税金を納めた退職者が生活のために空き缶を拾っている、といった事実には笑える要素はない。健全な家族生活が存在せず、社会的な仕事（本質的には家族に属するような仕事）を国家機関に丸投げするような文化では、子どもの貧困は容易に、高齢層まで続く貧困と結びつく。アフリカ大陸は二番目に広い大陸で人口も二番目に多い。このアフリカ大陸以外の地域では過去三〇年間出生率は下がり続けている。女性一人あたり二・五人の出生率が保たれているのは世界中でアフリカだけであり、女性一人あたり四・五人の出生率である。一九七〇年代に全世界の出生率が四・七人だったことは知っておくべきだ。つまり、過去二五年で全世界の出生率が半分になったということなのだ！　この間、裕福な北半球の富は、植民地時代から続くアフリカ大陸（とその他の地域）からの搾取によってもたらされていた。こういう文脈で「富める者は滅び、最貧困層は繁栄する」と映画『人口ブーム』は主張したのである。

これまでの人類の歴史のなかで、あらゆる民族や文化に例外なくあてはまる進化と言えるものがあるとするなら、乳幼児死亡率が三％以下に抑えられるようになったということである。これは、ヨーロッパ文明のおかげだとされているが、医師だけがそれをもたらしたのではないことははっきりさせておこう。

少子化について語る際、北半球のひとびとのなかに不妊症が広がる一方で、子どものいないライフスタイルを望む人がいることにも注目すべきだ。単に「人生計画」のなかに子どもを含めたくないひとびとがふえている。しかし、妊娠が不可能になっているひとびともふえ続けている。世界の先進国では、男性の精子の数が減り、女性の妊娠能力も低下している。同時に、仕事のキャリアを優先させて三五歳以上になるまで子どもをもつことを遅らせる女性も多い。しかし、卵子の活力は三五歳をすぎると低下し、生物学的な時計は止まってくれない。三五歳の時点で妊娠しにくくなっている女性が多いのだ。

しかし、私たちは不安に思わない。科学、技術、医療、医師、人工授精を信じ、それらが解決策をもたらすと考えているからだ。すでに世界中で四〇〇万人から五〇〇万人の赤ちゃんが人工授精によって生まれている。気持ちが暗くなる映画だが、『未来の赤ちゃん』（*Future Baby*）は、世界中でひっそりと行われている施術を報告している。以下は、オーストリアの日刊紙デア・シュタンダートの記事の一部である。

『未来の赤ちゃん』は、両親になる権利をなんとしても手に入れる経緯を描いているが、子どもの権利は置き去りになることがある。卵子の提供者を選択するやり方は、映画のキャストのオーディションに似ている。精子バンクには亡くなったドナーの精子もある。代理母は搾取されている。性別が選択され、デザインされたベビーが作られる。[9]

クーリエ紙のインタビューのなかで、マリア・アルラモフスキ監督は次のように述べている。

不妊治療には常に暗い側面があります。スタンフォード大学教授のハンス・グリーリのような科学者たちは、将来すべての赤ん坊が、実験室の受精によって生まれるようになり、髪と目の色を選んだり、遺伝病のリスクを最低にしたりと、選択できる方向で研究を進めています。（中略）不妊の女性がふえ、精子の質が低下し続けていることに関しては研究されません。その代わりに、人工授精した卵が代理母の子宮に定着するにはどうしたらいいかが研究されているのです。[10]

ハラルト・ヴェルツァーは著書『スマートな独裁』（*Die smarte Diktatur*）で次のように述べている。

こんにち、豊かな国の夫婦は貧しい国の女性の体を借りて人工受精卵を育てさせる。同性カップルの場合、妊娠から出産まで一貫したサービスを提供してもらう。フェミニズムの文脈で強制売春は常に批判の対象となっていたが、当然のことだろう。しかし、代理母業については、どうなのか？　女性が体を買われて使われるという点では同じではないだろうか。現在、インドでの代理母産業は二〇億ユーロの年間利益を生み出している。三五〇の不妊治療クリニックに二万五〇〇〇人の代理母が雇われているのだ。腎臓などの臓器が貧しい人から金持ちの患者に「シェア」されることもある。心臓が売買されているという話もある。その場合、提供者は殺されているということだ。心臓の値段が腎臓（七万五〇〇〇ユーロと言われている）の三倍するのも当然だろう。(11)

私たちの未来を人道的で住みよいものにするためには、妊娠と出産を西洋の現代医学、遺伝学、医師、資本に任せておいてはいけない。

ルーマニアのアドリアナ・イリエスクは二〇〇五年に六六歳で出産したと言われており、これが出産の最高年齢である。人工授精の卵子を妊娠し出産した。エリザと名付けられた女の赤ちゃんは、一・四五キロの未熟児で帝王切開で生まれた。六六歳での出産にはあらゆる医療分野の技術が動員された。

エリザには母乳は与えられず、祖父母も父親も、きょうだいもいない一人っ子として育った。精子提供者は匿名である。二〇一七年三月、この母子はメディアで再び採りあげられた。母親は七八歳になっており、娘は一二歳になっていた。母親は「働いている母親よりも多くの時間を娘と過ごせます」「私たちは仲良くやっています。この家庭に男性は必要ありませんね」と言い、娘が一八になるまでは生きていたいと言った。ドイツの新聞ディ・ヴェルト紙には内科医のフェッター医師とディートリヒ教授（両者はドイツ産科医学会の会員である）が一致して、高齢を理由に子どもをもつことを禁止してはならないと述べた。

まるで六六歳で出産することが自然なことであるかのような言い草だ。このような『未来の赤ちゃん』が禁止されたら、医療業界と医師たちが金ヅルを失うことは確実だが。もちろん医療業界が子どもをもちたい「人のため」に努力を重ねているわけではない。ディートリヒ教授はポロリと本音をこぼした。「こういった疑問符の付く仕事の背後にはエゴイズムが渦巻いていますね。」[12]

ここには多くの問題が提起されている。なぜ、（高齢の）女性に人工授精がゆるされ、（若い）母親が計画出産のために帝王切開することがゆるされるているのか？　なぜ、自然出産をした母親たちは夜間シフトを免除されないのか？　なぜ、大人たちはいつでもどんな権利でも認められるのに、子どもたちには何の権利もないのか（あるとしても紙の上だけなのはなぜなのか）？　人工授精で生まれた子どもたちには生物学的父親を知る権利はないのだろうか？　子どもの福祉と権利を議論する国々では、すべて大人たちの虚栄心、権利、イデオロギーを中心に物事が決められている。

国を越えた取引で子どもの権利がはく奪され、ニーズが無視されている。これは認めざるを得ない事実であり、あらゆる政治的立場やイデオロギーの人間が関わっている。資本主義者、共産主義者、多くの宗教、フェミニスト、左派から右派まで、緑の党、法曹界、科学技術業界（後略）

『未来の赤ちゃん』の育つ家庭が現実となった将来を冷静に思い描いてみよう。それは、子どもをモノ扱いし、大人たちの恐怖、エゴ、イデオロギーを投影する対象とする、不毛で冷たくて非人道的な家族になるだろう。

一八一八年、メアリー・シェリーは小説『フランケンシュタイン』を発表した。フランケンシュタインという名の科学者は人工的な生物という怪物を創り出すが、やがてそれは制御できなくなり、悲劇を巻き起こすという話である。この二〇〇年、『フランケンシュタイン』の物語は何度も語り直され、いくつものヴァージョンが派生した。フランケンシュタインの物語は、私たちの新しい科学神話の中心的な柱となった。一見すると、この物語は、もし人間が神のふりをして、生命を人工的に創り出そうとすれば、手酷い罰が待っているという教訓のように見える。しかし、実はもっと深い意味が隠されている。

フランケンシュタイン神話が示すのは、ホモサピエンスの最後の日が近づいているという事実だ。核戦争や大災害が起これば最後の日が訪れる。そうでない場合は科学技術の進歩により、体格も違えば、世界の認識の仕方や感情のもち方も異なる別種の生物によって、ホモサピエンスは置き換えられてしまうだろう。これを聞くと、ほとんどの人は面食らうだろう。(中略)科学者に、なぜ遺伝子の研究をするのか、なぜ脳をコンピューターにつなごうとするのか、なぜコンピューターに意識を持たせようとするのか、訊いてみるがよい。一〇回に一回は次のような答えが返ってくるだろう。「我々は病気を治し、ひとびとを救うために研究しています」と。コンピューターに意識を持たせるなどということは、身体的な病気を治すのとは比較にならない、途方もない話だ。しかし、先ほどの答えには誰も反論できないので、これが標準回答として定着している。(中略)しばらくすると、自分たちの欲求すら操作できるようになってしまうかもしれない。だから、考えなければならない問題は「どんなものになりたいか」ではなく、「何を欲求したいと思っているのか」であろう。この問いに驚かない人は、これまで何も考えてこなかった人と言えるだろう(13)。

この問いに答える前に、子ども時代について深く考察すべきだ。子ども時代のトラウマだけでなく妊娠・出産にまつわるトラウマもあるのだ。『フランケンシュタイン』の著者メアリー・シェリーが生まれる前、その母親は二度自殺未遂をしている。母親のメアリー・ウルストンクラフトは出産十一日後に亡くなった。彼女は一七九二年、女性の権利獲得運動の土台となる著作『女性の権利の擁護』を著している（とはいえ、彼女はフェミニストだったわけではない）。

『フランケンシュタイン』の著者、メアリー・シェリーは数人の子どもを産んだが、生き残ったのは一人だけである。メアリー・シェリーは一八五一年に、恐らく脳腫瘍が原因で五三歳で死亡した。鋭い観察眼をもったカール・マルクスは次のように記した。「ヘーゲルは、世界史上重要な出来事と人物は二度現れる、と述べている。しかし彼はこう付け加えるのを忘れた『それらは、一度目は悲劇として、二度目は喜劇として現れる』」。

メアリー・シェリーの『フランケンシュタイン』からブラム・ストーカーの『ドラキュラ伯爵』まで、人工授精から未来の赤ちゃんまで、この種のファルス（笑劇）にはいくつものヴァリエーションがある。このファルスの底流にあるのは次のことである。研究者や親やイデオロギー（宗教を含む）的な教育によってモノ化された子どもが、成長して今度は自分が子どもをモノ化するようになる、ということである。この連鎖を断ち切るのはむずかしいが、断ち切らねばならない。「イデオロギーの色眼鏡」を外すべきだ。そして、勇気をもって独自の人道的な道を進み成功した（！）ひとびとを見習わねばならない。

第三部　幸せな子ども時代、ロケット、愛、ヴィジョン

子どものころに見たかったこと、聞きたかったこと、
経験したかったことはたくさんある。
もし実際にそうしていたなら、私は全く違う人間になっていただろう。

——C・F・ヘッベル

第一六章

自由な家庭と幸せの回復

政府も政党も、両親から自分の子どもたちのために
代替教育を選ぶ権利を奪うことはできない。

——ノルウェー教育大臣キルスティン・クレメント

二〇〇八年は、ダグマー・ノイブロンナー著『自由な学習者たち、学校のない私たちの生活』が出版された年だ。

二〇〇九年には、アンドレ・シュテルン著『そして僕は学校に行かなかった——ある幸せな子どもの物語』が出版された。

そして二〇一一年は、デイナ・マーティン著『ラディカル・アンスクーリング——革命がはじまった』が世に出た。(1)

これら三冊の本は、それぞれドイツ、フランス、アメリカという異なる国の親たちによって書か

れたものだ。（これらはテーマ・内容が共通で）ほぼ同時期に出版された。この三冊は、何十年もの間ほとんど注目されることのなかった世界的なムーブメント、「ホーム・アンスクール運動」について報告したものだ。まず、アンドレ・シュテルンの本から。彼は、本のタイトルにあるように、自分の人生でもっとも特別なこと、つまり学校に行かなかったことを明かしている。アンドレの父アルノ・シュテルン（教育学者、美術教師）は九歳のとき、両親とともにナチス・ドイツから逃れ、最終的にフランスにたどり着き、そこで妻やアンドレの母ミシェルに出会った。アンドレと彼の母は、ドキュメンタリー映画『アルファベット』の主人公の一人である。

シュテルン家はアンドレを学校に通わせないことにした。まだホームスクーリングのネットワークもなく、世界的なムーブメントが話題にもなっていない時代である。両親とも自身の直感に従ったのだ。その動機については、息子アンドレの著書のなかに書かれている。

父親アルノ・シュテルンの言葉

『学校に行く前は、うちの子はよく絵を描いていた。でもいまは？（中略）ああ、子どもたちはもうそんなことをする気にならないし、なにしろ時間がない！』どれだけ多くの親たちがこんな台詞を口にしたか覚えきれないほどです。後悔というよりも、これがふつうでノーマルなのだと諦めているのです。

学校のはじまりは、子ども時代と学生という身分の境界線を越えること。私たちは、自分の子どもたちとの暮らし方が正しいのか、周りの人たちと同じようにしないのは間違っているのではないか、と自問したことはありません。私たち一人ひとりにとって、とても充実した出来事がたくさんありました！　あれこれと考える時間はありませんでした。しかし、私たちは、人生は奇跡であり、それには何の疑問もありませんでした。自分たちが描いた道を生きるのを疑うことも、困難なものだと思うこともありませんでした。

子どもとの生活の負担を減らすためには子どもを学校に引き渡した方が楽でしょう。でも、その結果は恐ろしいものです。暴力、騒々しさ、不安定さ、消極性、教育不足などなど、メリハリのない生活です。そして、親たちは敗北を認め、唯一の言い訳として、自分たちのしたことはほかの親たちもしていたことだ、と言います。

私たちの子ども、アンドレとエレオノールは、暴力的でもなく、問題児でもない。誰かと争って決着をつける必要もない。ライバルを排除して自分を正当化する必要もない。真の創造的精神の持ち主は、他人と自分を比較することはありません。

私たちの子どもたちにとって、幼い頃も、そして三〇年以上経ったいまも、人生のあらゆる瞬間が創造的です。世界は広く、期待に満ちています。」

母親のミシェル・シュテルンの言葉

「私はエコール・マテルネルという幼稚園の教師をしていました。しかしヒエラルキーのトップから言われることに従うことを厳格に要求されるこの制度になじめなかったので、カリキュラムの型にはめるような校則を自分の子どもに押し付けたくはなかったのです。

私にとっては、母性という言葉だけが重要なのです。この言葉は、機能ではなく、状態を表していると思うのです。融合した状態、つまり、子ども時代に特有の、現実の事柄を深く理解した状態です。

全く経験のなかったはじめの短い期間、私は用意された教育上の指示に従おうとしました。たとえば、子どもたちの創造性を目覚めさせるためというよりはむしろ、退屈させ、おとなしくさせるために、図形練習や、グループ形成を促すためのくだらない「仕掛け」にくりかえし取り組みました。しかし、何か違和感を感じ、子どもたちも明らかに退屈していました。一人一人の子どもたちの現実から切り離された存在として、押し付けがましく、彼らの役に立っていないように感じていました。(中略)

学校は、仕組みそのものが硬直しており、子どもがもともともっている貴重なエネルギーを浪費してしまうのです。幼年期は、その人間の人生が築かれる、自然でかけがえのない時期なのです。これを無駄に過ごさせる権利が私たちにあるのでしょうか?

アンドレの誕生を機に、私は学校を辞め、自分たちが生んだ子どもの幼年期の面倒を見るという、より緊急な責任に直面しました。

私は、自分の職業を熱烈に愛していました。それを独力で新たに考案しなければなりませんでした。教師という仕事を辞めるという決断をしたのは、母性という、私にとってはより神聖なものに思える任務を自分から奪いたくなかったからです。

言うまでもなく、学校のようなものは念頭にはありませんでした。私たちは進むべき道が何なのかを知っていました。学校も家庭教育も必要ないということを知っていたのです。これ以外のことは、すべてアンドレの本に書かれています（後略）」。

さて、アンドレ・シュテルンの（両親にとってだけでなく）興味深い著書『そして僕は学校に行かなかった――ある幸せな子どもの物語』から、数節を紹介しよう。

幼少期は、何もかもが楽しくてしかたなかった。ゲームやいろんな人と出会った日々を思い出すと、それはまるで広くて豊かな流れのように思える。確かに、ここに僕の基盤がある。僕は熱烈な好奇心をもった幸せな子どもだった。学校生徒の毎日の生活に入り込む、他人から与えられたパズルを解くのに時間やエネルギーを浪費するようなことはなかった。僕にとって、学ぶことと遊ぶことは同義語なのだ。こうして、僕は平和で調和のとれた日々を過ごした。

典型的な一週間のルーティンには、即興で工夫されたレッスンに加えて、毎週または週替わりで行う定期的なアクティビティがたくさん組み込まれていた。毎日のスケジュールはいっぱいだったけど、ストレスや競争心はなく、良い成績を取らなければならないというプレッシャーもなかった。（中略）毎週火曜日は、イギリス人の友だちと代数を学んだ。そして水曜日の夕方には、コンピュータ科学者の叔父と過ごし、代数学と当時のコンピュータ科学の両方を教えてもらった。

金曜日に、母や妹のエレオノールといっしょに、指編みなどの織物を作るためのワークショップに参加した。

火曜日には、友人の陶芸家フィリップが夜間教室を開いていて、僕は二人のいとこといっしょに参加した。粘土や釉薬という素材はもちろん金属とは全く違うものだが、そこで身近な世界に出会えたことが嬉しかった。従姉妹のデルフィーヌといっしょに、週に二回、ダンス教室にも通った。僕たち二人は、カラリパヤット（インドケララ州発祥の動物観察にもとづく武術とヒーリングアート）も習った。先生はケララ出身の青年で、僕たちが毎日バラタ・ナティアムという踊りを踊っている文化センターで知り合った人だった。

ジャーナリストからよく訊かれる「両親はあなたに自分で選択する自由を与えたのですか？」という質問にたいして、アンドレ・シュテルンはこう書いている。

> 僕の両親は、慣習に頼らず、自分の信念で選択した。そして、それは良いことだと思う。それは彼らの責任だ。たとえば、ファーストネームを決めたり、地雷原に家を建てないことを決めたり、すべての親が子どものために選択をする。そして、それはあるべき姿だ。このような選択の積み重ねが、子どもが育つ環境の色、匂い、味を決定する。そして地理的な緯度以上に、子どもの出自、家、安心感、子どもの頃の記憶、そして大人になってからの嗜好を決定する。僕の両親は、このような選択を自由意思で行った。そして、彼らの選択は誰かが決めた基準に従ったものではなかったので、やがて僕が違う選択をしたとしても、両親にとってそれはとくにショックなことではなかったと思う。
>
> 実際、僕は学校に行きたいと思ったことはない。「どんなものか見てみたい」とすら思わなかった。なぜか？　僕は幸せだったから、何も欠けたものはなかったから、生活のなかにいて、社会のなかにいて、自分が子どもではなく人間であると感じていられたから。そして、両親といっしょの暮らしの中の味や、匂いや、色など、選ぶことの一つに、僕たちを学校に

通わせないという、我が家ではあたりまえの決定があったからだ。だけど、ほかの子どもたちは、いつだってゲームを中断して宿題をしなければならず、僕が学校に通っていないと聞くや否や、「えー!?　いいな!」[2]（強調はM・H）と叫ぶのが常だった。

幸せな子ども時代を過ごしたアンドレは、音楽家、作曲家、ギター職人のマイスター、ジャーナリスト、作家となった。また、不登校問題の専門家として、長年にわたり国際的に人気のある講演者でもある。

学校に行かなかったアンドレは、非常に好感がもて、幅広い社会性をもち、複数の言語を流暢に話し、その振る舞いのひとつひとつが深い人間的世界観からくるものだ。

アルノとミシェルは、子どもの行動を批判したり、罰したり、報酬を与えたりすることなく、温かい共感をもって子どもの成長に寄り添った。彼らは、過去何世紀にもわたって蓄積されてきた教育のドグマ（そして誤り）をすべて拒否したのだ。

アンドレ・シュテルンは、人類の歴史の九九・九%においてふつうで典型的だった方法で育った。家族のなかで、リアルな（年齢の混じった）コミュニティのなかで、リアルな暮らしのなかで。彼は両親だけでなく、ほかの子どもたちやあらゆる年齢の大人たちからも学んだ。しかし、アンドレがのびのびとした子ども時代を過ごすことができた理由は、家族とその育て方だけではない。彼はフランスという国に育つ幸運に恵まれた。フランスでは、子どもに能力がない、学ぶ気がない、子どもが邪魔だ、親が頼りにならない、などという理由で親から子どもを人質として取りあげるようなことは、いまのところない。子どもと親は、（とくにドイツ語圏などのように）何をすべきかを教えられるのではなく、その前に、何を考えるべきかを教えられている。

『ラディカル・アンスクーリング』の著者であるディナ・マーティンはアメリカ人だ。アメリカではほとんどの州で、ドイツのような義務的な学校教育も、オーストリアのような教育の義務（「ホームスクーリング」の許可を得るための年に一度の国家試験）もなく、親の教育の自由が認められている。

マーティンは、現在四人の子どもをもつ幸せな母親であり、子どもたちは学校には通っていない。彼女は著述家であり、英国国教会のアンスクーリング運動や著作活動を通じて、マインドフルな子育てを提唱している。

ディナ・マーティンの著書から引用してみよう。

子どもたちは、無理に勉強させる必要はない。人生で成功し、幸せになるために必要なことを学ばせるのに、罰や成績で動機づける必要はない。A地点からB地点に行くために、私たちの文化圏の多くの子どもたちのように、決められた通りに行動させる必要はない。目を開いて、私たちが教育や子育てについてどれほど洗脳されているかを見てほしい。

私は、子どもには優しく話し、接するように努める。伝統的な子育ての多くは、ほとんどの親はそうとは自覚していないが、子どもにたいして批判的なニュアンスを含んでいる。あなたが子どもに優しくすると、子どもは他人にたいする優しさを学ぶ。あなたが子どもを罰したり、強圧的に接したりすると、子どもは他人やあなたにたいして意地悪になることを学ぶ。これはとてもシンプルなことだが、ほとんどの親には理解するのがとてもむずかしい。優しい心は優しい心を育てる。尊重する心は尊重する心を生み育てる。子どもたちは自ら経験することを学び、私たちはそれを真面目に几帳面に受けとる。これはとても簡単な関係だが、ほとんどの親にとっては、それでもまだ理解に苦しむようだ。

現代の子どもたちは、他人の思惑で生きている。これは悲しいことだ。子どもたちは、いまを生きている人間なのだ。私たちの文化では、子どもは常に未来の準備をしている者として見られている。いまを生きるのではなく、いずれちゃんと生きるために常に待ちの状態にある、と。

私たちの文化が、子どものなかに見出すものはすべて、大人になってからは称賛される。なぜ、子どもたちからそのような毒を抜くために薬物治療を行うのか？　それは、子どもたちと接する大人たちが生活で楽をするためだ。いま、世界中の子どもの九割が、「親や人とのつながりを感じない」、「何かが足りない」と感じている。もし、我々大人が子どもたちに要求する尊敬の念を、我々が子どもたちにたいしてもつようになればどうなるだろう？　罰は常に意地悪の表れであり、権力の行使は決して暴力的であってはならないということ、さらに、虐待のような暴力による権力の行使を大人から学べば、子どもたち自身もまた同じ行動をとるのだということを、もし我々が認識すれば、どうなるだろうか？

子どもたちの欲求は、彼らにはそれが必要だからだ。私は自分の子どもに、自分たちが住んでいる世界がどれほど美しいものかを知ってほしいと思う。それは、一歩一歩気をつけながら歩いていかなければならないような、悪くて怖いところではないことを知ってほしいのだ。何かを制限したり禁止したりすることは、潜在的な学習能力と成長を制限することになる。

　私たちは、子どもたちといっしょに自由と敬意のうちに生きることで、歴史を作り、意識を高めているのだ。(3)

アンスクーリング・ホームスクーリング（子どもを学校ではなく家庭で自由に教育する）運動は、本当に「歴史を作っている」のだろうか？　それとも、もしかしたら著者のこだわりや陶酔感による多少の誇張なのだろうか？

　人類の歴史をたどれば、ディナ・マーティンの言葉は多様な意味をもつ。アンスクーリング・ホームスクーリングという育て方は、過去数万年間続けられてきた方式としては唯一のものである。過去二〇年ほどについては、国際的なアンスクーリング運動は、意識的に、家庭や親が教えることを一切排除する方向に進化している。

　アンスクーラー・ホームスクーラーに関する研究結果を見れば明らかなように、学校に通わなくても教育は十分に可能であるということが証明されている。(4)

　ドイツは、学校のない生活が不可能であり、かつ政治的にも望まれていない西洋諸国の一つだ。およそ二〇年前からドイツは、アンスクーリング・ホームスクーリングの家庭に宣戦布告した。そのような家庭にたいしてはテロや嫌がらせを行い、従わない場合は、国外追放にさえしている。このように、高度産業国家であるドイツは、ナチス・ドイツが実践したことをいまも続けているのだ。というのも、義務教育を導入し、それまでの家庭教育の自由を廃止したのは国家社会主義党（ナチ党）だったからだ。ゲーテに代表される自由教育の精神は、実は非常に古くからあったものだ。『ファック・ユー・ゲーテ』は二〇一三年に公開されたドイツ語の長編映画のタイトルであり、教育の自由を求める家庭にたいする現在の国家の姿勢が描かれている。

ドイツの通信教育学校の校長であるゲオルク・プフリューガーは、ドイツ当局のアンスクーリング・ホームスクーリングの家庭への対応についてこう語っている。「海外の仕事仲間に、私が過去数十年来、外務省の委託を受けて海外で成功していることがドイツ国内では刑事罰に処される、という事実を告白すると、彼らの反応は一様に「馬鹿馬鹿しい！」だ」(5)。

ノルウェー議会での演説（二〇〇二年）で、ノルウェー教育省のキルスティン・クレメント大臣は、「政府も政党も、子どものために別の形の教育を選ぶ親の権利を奪うことはできない」と明確に述べている(6)。

ノルウェー人の彼女にとって、それは自由な代替（私立）学校、あるいはホームスクーリング・アンスクーリングを意味した。二一世紀に入り、欧米の民主体制の国家でも、人権、とくに子どもの権利は、普遍的な価値を失ってしまったようだ。

たとえば、イギリスのガーディアン紙は二〇〇八年、ドイツ人家族の海外脱出について、次のような見出しで報じている。「一九三八年に制定された、すべての子どもを国家が管理するための法律が、イギリスへの家族流出を引き起こした(7)」。

同じ頃、ドイツでは、ブレーメンのダグマーとティルマンのノイブロンナー夫妻をめぐる「ノイブロンナー事件」が世間の注目を浴びていた。

ノイブロンナー家は二人の子どもをもつ平均的な中流家庭で、宗教的原理主義者でもなければ、政治的に極左でも極右でもない。ドイツのメディアが、生活保護受給者やいじめられっ子、あるいは金持ちや有名人の子どもといった両極端ではなく、社会の背景に目を向けたのは新鮮なことであった。しかし、ノイブロンナー夫妻にたいする報道は、実質的に彼らが国家の敵であると宣言したに等しいものであった。ダグマー・ノイブロンナーの自伝的著書『自由学習者たち、学校のない私たちの生活』は、官僚制の不合理さ、集団的恐怖心理、法の恣意性について、そして何よりも、ドイツ（およびその他の地域）において家族や子どもが、政治や役所にとってだけでなく、どのような「価値」をもっているか、について教えてくれる。

　ノイブロンナー家は、前述のシュテルン家とマーティン家、そして世界中の何百万人もの親たちが熱望したのと同じ可能性を、自分たちの二人の子どもにも与えたいと考えただけだった。それは、喜び、尊敬、尊厳、教育の自由のある人生、言い換えれば、自由に自己決定できる家族、学校のない人生である。

　著者のシュテルン夫妻とマーティン夫妻が、未知の世界に踏み込んだことで、フランスと米国の読者をはじめ海外の読者から尊敬と評価を受けたのに対し、ノイブロンナー夫妻は、ドイツの官僚機構から軽蔑の拒絶と組織的攻撃を受けるばかりであった。しかし、ノイブロンナー夫妻は、ドイツ社会全体から多くの賛同を得ており、それは、ドイツでもようやく、真の教育の自由を求める運動が芽生えつつあることの証である。とはいえ、この運動の努力はいまのところ報われてはいない。戦後約七〇年の時を経て、ドイツは再び子ども連れの家族を、口座封鎖、親権剥奪の脅し、罰金などによって国外追放している。彼らは、ほかの家族やその子どもたちに危害を加えたり、法律に触れるような行いをしたわけでもないのだ。彼らは皆、一般に支配的な政治的教義（法律で明示的に規定されているわけでもない！）に従わないという理由だけで、屈辱を受け海外に逃亡（！）するのだ。その教義とは、どんなに費用がかかろうとも、また、たとえ彼らの子どもたちが公立学校に通う多くの子どもたちと同等かそれ以上に成長できるという証拠があろうとも、すべての子どもたちに義務教育を受けさせるというものである。これは、常識、理性、合理性、真の民主政治、国際人権規約に沿うものではなく、人道的世界観や教育と言えるものではない。

ダグマー・ノイブロンナー著『自由学習者たち』の「学校のない私たちの生活。私たちの子どもたちは拒否する」の章から、一節を紹介しよう。

> 毎朝が悪夢のようだった。長男のモーリッツを、学校へ行かせるために起こさなければならない時に味わった悲惨な気持ちは忘れられない。いまは二人の子どもがいる。諦めて落ち込んでいるモーリッツと、もっと怒りのエネルギーで反応するトーマスがいる。トーマスは、私たちが相談に行った担任の先生から出された宿題の山に悩まされていた。最初のうちは、集中力と忍耐力でなんとかこなしていたが、日を追うごとに、宿題が楽しくなくなっていった。好きなように遊んだり、本を読んだりする時間もなく、外の空気に触れることもできず、ほかの子どもたちが自分との接触を求めてくるのも煩わしく感じていた。（「お母さん、休み時間が一番嫌いなんだ！　こんにち、男の子が僕をイラクサの茂みに突き落としたんだ」――「それで、あなたはどうしたの？」――「やめろよ、って言ったよ。でも、すぐにまた同じことをしたんだ」）
>
> トーマスが朝、自転車に乗るのを拒むようになるまでに、それほど長くはかからなかった。

「もうあそこには行きたくない！　あそこで何をすればいいのかわからない！　教えてもらったことはもうできるのに、どうしてあそこで座ってないといけないんだ？　あそこは臭うんだよ。それに、もし僕ができないことを教えてくれるのなら、この家で自分でやった方がずっと早く覚えられると思う！　あそこは退屈でバカバカしくて、臭いで頭が痛くなるんだ！」

「力ずくで！」の章で、ノイブロンナーは次のように書いている。

　多くの親がそう思っているかどうかは分からないが、トーマスを無理やり車に乗せて学校まで連れて行くのは、辛くてできなかった。自転車に乗った怒れる子どもは非常に無防備で、頑固なトーマスが道をまちがえたり、途中で引き返したりしないかと心配になった。どう声をかけたらいいのか、戸惑った。しかし結局、トーマスが説明した通りのことが起きているのは確かだとわかった。（中略）

　夫のティルマンと私は何時間も話し合い、インターネットでほかのタイプの学校を探した。しかし、最終的には、学校のタイプや教師が問題なのではない、と感じた。私たちの子どもたちは、ほかの多くの子どもたちの騒音、不快な社会的行動に悩まされているだけなのだ。他人の命令で興味のないことをしなければならないことのプレッシャーや、実際に探求したいことに時間をつかえないことに苦しんでいたのだ。好きでもない場所にいなければならないこと、そしてなにより、もっと好きな場所、つまり自分の家から毎日追い出されることに苦しんでいた。私たちは、これはすべての子どもたちの運命なのだからしかたがないと思い込もうとした。しかし、実際には世界中の何百万人もの子どもたちが、学校もなく、家で生活していることを私たちは知っていた。

「専門家の助言」の章から。

私は学校のカウンセラーに電話して、私たちの問題を話した。彼女は理解を示してくれ、自分の子どもが通っているある私立学校を勧めてくれた。ほかの選択肢について問うと、国外に移住するほかない、という答えだった。さらに、この問題に責任をもつのは自分ではなく、心理・社会福祉サービスだとも言ってくれた。私たちはこれまで、子どもたちに病気のレッテルを貼られるのを避けるために、こうしたサービスに相談することを避けてきた。学校へ行くことを強要されなければ、まったく健康で問題はなかったのだから。このとき私たちは、矯正をしないことを決めていた。ドイツで多くの家族に会ったが、それはインターネットを通じてであり、リアルに会った人はまだいなかった。しかし、学校で経験する苦しみを子どもたちに与えないために、具体的な手段を講じている親がドイツに何百万人もいることを知るには十分であった。

「新しい友達」という章のなかで、著者はこう書いている。

ブレーメンで最初に出会った「フリー・ラーナー（自由学習者）」の一家、リナ&スティーブ・グローネフェルト夫妻と四人の子どもたちは、南アフリカから来た。父親はエアバス社の航空機技術者で、当時二歳から十一歳の子どもたちは、私たちの子どもたちの友達として最適だった。オーストリアの家族に感じたのと同じように、彼らはフレンドリーでオープン。思いやりがあり、モーリッツはすぐに二歳年上のロバートに感心して彼の真似をしはじめたほどだ。母親はドイツ語とドイツ文学を学び、教師とジャーナリストとしての訓練を受け、現在は四人の子どもたちといっしょに母乳育児カウンセラーとしてボランティア活動をしている。私たちはすぐに意気投合し、励ましと勇気、そして彼らが伝えてくれる豊富な情報が、子どもたちに自由に学ばせるのは害があるのでは、という不安を克服するのに大いに役立った。学校に行かない子どもたちは、無教養で反社会的なモンスターになるわけではなく、それどころか、驚くほど親切でおたがいを思いやり、はっきりとした興味と好奇心をもち、学校に通う子どもたちよりもはるかに多くの時間と活力を使って学べることを、彼らの子どもたちから、そしてすぐにほかの自由学習家庭から見ることができた。最初は、学校通いの子どもより少し控えめで内気な子どももいたが、やがてうちとけ、何よりも、多くの校庭で目にするような、自分たちの間で、自慢げで脅迫的な態度は見ることがなかった。この内気さがいかに健全で自然なものであるかは、その後、アタッチメント・リサーチ（絆の研究）の成果やゴードン・ノイフェルトの著書『子どもたちは、私たちを必要としている』（*Our Children Need Us*）を通じて知ることになる！

そして今度は心理・社会電話相談に連絡したところ、私の心配は杞憂に終わった。電話口の相談員が次のような話をしてくれたのだ。私たちの話が終わったあとに、私たちの子どもに会う必要はない、と彼は言った。義務教育はない方がいい子もいることを知っていた。彼は私に、子どもたちを自分に合わせないよう強く勧めた。彼の唯一の仕事は、子どもたちを再び「学校に行ける」ようにすることであり、それは明らかに私の望むところではなかった。私たちは海外、たとえばデンマークに行けばよい、と彼は言った。私は度肝を抜かれ、ショックを受け、同時に奮い立った。先生や校長先生との二度目の面談で、義務教育の免除申請は絶望的で、どうしてもというのなら海外に行くしかない、と言われていたからだ。

「私たちはみな気が変になってしまったのか？」の章から。

二〇〇六年一二月一二日、私はモーリッツを再びかかりつけの医者に連れて行った。すると、即座に「クリスマス休暇まで病欠」の処方を受け、「いまの状態ではモーリッツにとって学校は毒だ」と警告された。私はまだモーリッツの病状を心配するのは大げさで、杞憂であってほしいと思っていたので、この言葉は深く心に響いた。モーリッツは学校に入りたがらないので、診察室から家に一人で歩いて帰り、私は学校の秘書室に病欠の書類を提出するために立ち寄った。校長は私を見ると、すぐに自分の部屋に連れて行き、ドアを閉めた。彼女は、この診断が当然のごとく悪徳医師の好意によるものである考えているようだった。彼女は私に、病気なのはモーリッツではなく、家族としての私たち全員が明らかに非常に不安定で病的な状態にあり、緊急に「助け」が必要だとしつこく言ってきた。

私は、「カナダのように国から資金援助を受けている家庭や、アメリカのように議会から表彰されている家庭など、世界中で何百万というホームスクーリングの成功者がいるように、私たちも助けを必要としているのです」、と言いたいところだった。でも、悪いことに、私はモーリッツのことを考えると悲しくなって、つい涙を流してしまった。校長は、この私の涙を、校長の話自体によってというよりも、校長の言葉と医師の診察の食い違いによって私が精神的に病気になっていることの証拠と受けとめたようだ。

落ち着きをとりもどした私は、モーリッツとトーマスが学校での多くの規則による縛りに反発していることを彼説明しようとした。彼女は、自分は仕事で毎日一〇〇個もの規則の縛りを我慢している、子どもたちは一六歳になってからではなく、六歳でこれを学んだ方がよっぽどためになる、と答えた。

私は何も言えなかった。もし彼女が、制約に縛られた日常生活を次世代のためのすばらしいモデルだと考えているとするなら、私としてはこれ以上議論を続ける意味はない。まるで、一九七〇年代のクラウス・シュテークの痛烈な風刺ポスターのキャッチコピーのように「なぜ、私たちの子どもたちがもっといい思いをしなければならないのだ？」と言われているようだ。(8)

確かに、私たちの両親も、祖父母も、曽祖父母も、それぞれの運命に身を任せて生きたのだから、なぜ私たちの子どもたちだけがより良い思いをしなければならないのか。こんにち、私たちの幸福への能力の破壊は、妊娠・出産という早い段階からはじまり、子どもたちの義務教育が終わるまでには、ほぼ完成している。過去の歴史においては、家族と子どもたちにとってもっと良い時代がほんとうにあったのだ。

「経済危機」だと政治家やメディア、そして「専門家」はしきりに言うが、本当に問題なのは経済の危機よりも文化の危機であり、国家の民主体制、民主的文化こそが危機にあるのだ。

非常に多様でグローバルなアンスクーリング運動は、ディナ・マーティンが言うように、ある点において歴史を作っている。それは、深い意味で民主的でヒューマンな運動だという点においてである。「未来をつくる」運動と呼べるかもしれない。ジョン・テイラー・ガットによれば、ホームスクーリングの成功は、大きな可能性を秘めたもう一つの道を指し示している。米国では、ホームスクーリングやアンスクーリングを登録する義務すらない州もある。興味深いのは、多くの西洋諸国と同様に、米国でも義務教育終了後の若者の識字率の低下が問題になっていることだ。ガットは『ダミング・アス・ダウン』のなかで、マサチューセッツ州が義務教育を再開し、それまでの教育の自由を廃止したときに何が起こったかについて論じている。

マサチューセッツ州の上院議員が、自分の州は義務教育を導入する前の方がいまよりも識字率が高かったと、少し前に言っていた。学校はとっくに最大効率に達しているのだから、学校に「もっと」を求めると事態は改善するどころかかえって悪くなってしまう。確かに、これは一考の価値がある。

『自由学習者たち』のなかでダグマー・ノイブロンナーは、ロチェスター大学核化学科教授で、優れた教授法で様々な賞を受賞しているジェイ・ワイルの言葉を引用している。

中西部の主要大学の教授として、私は何千人もの学生たちと関わってきた。そのなかでもっとも優秀だったのは、大学院入学前にホームスクーリングで学んだ学生たちだった。（中略）大学で彼らと接した経験が、私がホームスクーリングに興味をもつようになった理由だ。（中略）家庭で教育を受けた学生の方が、公立学校で優秀な成績を収めた学生よりも、学業的にも社会的にも成熟していることを目の当たりにした。[10]

スイスのある調査では、学校、作業現場、研修施設に勤務するスタッフに、ホームスクーリングを受けた若者を教えた経験について尋ねた。調査項目「経歴、社会的能力、勤務態度」にたいする回答をまとめると、以下のようになる。

雇用主や教師の発言を見ると、ホームスクーラーはコミュニティ意識が低いという一般の説に反して、非常に肯定的な評価をしていることに驚かされるばかりである。事実はむしろ逆で、家庭で教育を受けた若者は、平均以上の成熟した社会性を身につけ、模範的な勤務態度を示すという特徴が見られる。また、「学業成績」についての調査でも、ホームスクーラーの成績は高く、トップクラスであることが証明されている。調査対象となったホームスクーラーの成績表は、ほぼすべて平均五～六点である（スイスでは六が最高点）。実際、学業成績が高い者ほど、ホームスクーリング歴が長いことが多い。このスイスのホームスクーリング調査において、さらに注目すべきは、「親の職業」についての調査結果である。その結果は、家庭で子どもを教育することは高学歴の親にしかできない、という世間一般の思い込みを覆すものだ。ホームスクーリングの子どもたちの親の六六%は高学歴ではなく、看護師、屋根職人、客室乗務員、看護助手、販売員、タイル張り職人、秘書、テーラー、運転指導員、大工などの仕事をしていることが判明した。また、親の職業でもっとも多いのが主婦であることも注目される。(11)

人の子どもが、もっとも深い絆のある人、頼っている人、そして公共のコミュニティから、早い時期に、しかも長期間引き離されることは、子どもの成長にとって最悪の事態の一つである。しかし、多くの人はそれを認めたがらない。フランスの哲学者、心理学者、歴史家のミシェル・フーコーは、一九六〇年代後半の著作でこう書いている。

「子どもを大人どうしの衝突から遠ざける」という文句のつけようのない目的をもった現代の教育学の全面的展開によって、大人になった人間のなかでは子どものころの生活と成人してからの生活との間の隔たりが一層顕著になるばかりである。つまり、子どもも時代に矛盾や衝突を経験させないことによって、子どもを、子ども時代と実生活との矛盾という特別に深刻な矛盾に晒すことになるのだ。(12)

私たちは、自分自身と子どもたちの未来のために、大胆になるだけでなく、何よりも誠実になる必要がある。保育園から小学校まで、国の教育機関の大半は事実上保育施設として機能している。

しかし、それでは聞こえが悪いので、私たちはそれらを教育機関と呼んでいる。

ますます多くのひとびとが「幸せな鶏」の卵や「幸せな牛」の牛乳、種にふさわしい動物の夫婦の営みから生まれる食品を求めるようになっているのに、なぜ子どもたちが、幸せで種にふさわしく健康に育つことを求める人がほとんどいないのか。なぜだろう？　それは、私たちが工場で営まれる農業の映像をくりかえし見せられてきたからなのだ。もし、すべての国営保育園に隠しカメラを設置し、数ヵ月間、子どもの送り迎えからのすべてを撮影し、その映像素材を分析して公開したとしたら、少なくとも五〇％の保育園は即刻閉鎖されるに違いない。同様に、ドイツやヨーロッパの一部の地域では、専業主婦や主夫のイメージも悪くなっているようだが、あえて言うなら、そのようなイメージも過去のものとなるだろう。政治は、子どもがせめて三歳になるまでは、少なくとも片方の親が子どもといっしょに家にいて、自分で子どもの世話をしたり付き添ったりできるように、財政的な枠組みの条件を早急に整えることになるだろう。実際は、三歳といわず、六、七歳までが理想なのだが。

映画『We Feed the World（ありあまるごちそう）』のような、工業的な畜産や食品製造に関するドキュメンタリーが世界中で反響を呼び、意識改革につながる以前から、我々は食品とともに多くの化学物質を摂取しているだけでなく、ストレスホルモンも摂取していることが知られていた。保育園児のコルチゾール（ストレスホルモン）濃度が上がっている（あるいは下がっている）ことは、二〇年近く前から科学的に証明されており、政治家たちも知っていることだ。しかし、そのことに「心が動かされる」人はほとんどいない。政治家はなおさらだ。ドイツとオーストリアはEUのなかでもっとも構造的に家族と子どもにたいして敵対的な国になっているが、ほかの国も似たり寄ったりだ。出生率や子どもたちの異常行動は、目に見える証拠だ。自己決定型の家族、幸福で楽しく、そして健康に育つ子どもたち、これらはこんにちでは希少で贅沢品だ。いまこそ、子どもたちや家族の多様な在り方、そして目指すべき「健康的」な在り方を、社会の中心に据えるべきときだ。太りすぎの子どもに関するテレビ番組やショーは、善意であるにせよ、間違った方向へ進んでいる。メディアで世間の関心を集めるべきは、「間違った教育を受けた」目立つ若者たちや、彼らにたいする「娯楽としてのセラピー」などではない。

何百万人もの親が、さまざまなインターネットのフォーラムやブログで、(幼稚園を含めて)「学校が多すぎる」こと、そしてそれが親と子の両方におよぼす破壊的な影響について訴えている。米国の心理学者で作家のピーター・グレイはこう述べている。

私は『サイコロジー・トゥディ(Psychology Today)』という雑誌で、遊びと学習についてのブログを書いているので、学校での子どもの経験について親から寄せられた悲しいコメントを読むことが多い。たとえば次のコメントは、「非常にレベルが高い」ことで評判の公立学校に通う児童の母親が書いたものだ。彼女の娘が通う学校は午前八時から午後三時までで、バスでの長い移動時間を除けば、三〇分の休み時間と昼食時間(午前一〇時四〇分から!)以外は休み時間なし。さらに、五歳児は毎晩、親の監視のもとで宿題をすることが義務付けられている。その宿題とは、算数や作文のような本格的なものだ。その結果について母親はこう言っている。『私の娘は、学校に行きはじめた時はとても楽しみで興奮していましたが、二、三日後には泣きながら幼稚園に戻りたいと言いだしました。でも、なんとかなだめて学校に通うようにはなったのですが、性格が極端に変わってしまいました。妹を怒鳴りつけ、赤ちゃん呼ばわりしてドアをバタンと閉めたり、私にまとわりついて、あれこれしてもらいたがったり。これが学校のせいであることはわかっています。（中略）話をしたほとんどすべての親が、自分の子どもについて、同じような、いや、もっと酷いことを話しています。これはどこの学校でもあり得ることなのでしょうか？　私自身、無力感とストレスを感じています。ほかの保護者と話すと、みんな「不平家」と呼ばれることを恐れています。それが、さらに子どもに悪影響をおよぼすことを恐れているのです。現在の教育システムには、私たちを黙らせる、ある文化があるのです！　私たちは、「この年齢の子どもにできることは何か」、「何をやらせなければならないのか」と、常に気になっているのです。私たちの子どもたちは、とりあえず「生き残る」ことはできるでしょう。とてもおかしいですね！　自分の子どもが学校で生き残ること以上のことをしてくれるのを望んでいました。花を咲かせるという選択肢はもうないようです。私は自分が、犯罪を目にしてショックのあまり立ちすくみ、それを防ぐために何もしないでいる目撃者になったような気がするのです！』

このような状況下で、信頼できる親の役割を果たすことは、不可能ではないにせよ、むずかしいことだ。義務教育や学校がどんどん刑務所のようになっていくなかで、国家は親にたいして、子どもとの信頼関係を築くのではなく、子どもに指示・命令することをほとんど強制している。親は、子どもを学校に適応させるために子どもと闘い、学校を子どもに少しでも適応させるために学校と戦わなければならないのだ。[13]

世界中の何百万人もの親子が絶望し、無力感に凍える思いをさせている教育とは一体どんな「教育」なのだろう？

ドイツの日刊紙に掲載された二四時間保育の記事にたいして、ある読者がネット上で「我々は動物の飼育から人間の飼育に移行した」と書き込んだ。ペーター・スローターダイクはかつて、ニーチェを引用して、「平等主義の流れは、人間が人間の最良のペットとなることを保証する」と述べた。[14] ハンナ・アーレントの言葉を借りれば、歴史や社会の目標としての絶対的なものの考え方は、必ずと言っていいほど非民主的な実践の正当化、ひいては完全な支配の形態につながるという。

数千年前、人間は定住するようになり、動植物を家畜化・栽培化するようになったと、少なくとも学校の教科書には書かれている。「家畜化＝domesticate」という言葉は、語源的にはラテン語で「家」を意味するdomusに由来している。しかし、それ以来、家のなかに閉じこもって生活しているのは誰なのだろうか？　人間だ。小麦をはじめとする植物種ではない。

近代に入るまでは、少なくとも子どもはまだ自由に行動することがゆるされていた。しかし、早期義務教育（小学校、幼稚園、保育園）の導入は、子どもの残酷な「家畜化」、つまり人類史上最大かつもっとも重大な不正行為とも言える「家畜化」にもつながった。実際、一九世紀からこんにちまでの間に世界では、人間と動物の最大規模の殺戮（後者は工業的畜産による）と、深刻な自然破壊（原生林の伐採、乱獲、海へのゴミ捨てと汚染、地球温暖化など）が行われた。

ホモサピエンスとは「知る人」という意味で、狩猟採集生活を送っていた私たちの祖先に当てはまる言葉である。

教育（学校教育）、教育学（指導・教育）、早期保育の導入以来、徐々に少子化が進んでいった。

我々は、文化として極端な不摂生をするようになりあらゆる面で、自分の子孫を十分かつ種にふさわしい方法で世話することができなくなり、そうする意欲さえなくしている。

ホームスクーリング・アンスクーリングの家庭の一つの特徴として、その大半が少なくとも二人の子どもをもつ多子世帯であることに、ほとんどすべての著者やコメンテーターが気づいていない。よく知られているように、これは社会が人口バランスを確保するために必要な一家族あたりの子どもの数であるが、私たちは長い間、それを実現できていないのである。

すでに述べたように、多くの西洋諸国では、平均して二人以上の子どもをもつ社会経済集団は、低所得者層、つまり貧困層と、それより数の少ない富裕層の二つしかない。しかし、もうひとつ、ごく少数ではあるが、十分な数の子孫を残している人たちがいる。彼らは、貧困層にも富裕層にも属さず、通常の学校制度とは別の道を歩んでいる。義務教育と家庭はたがいに排他的である。そして、家族のない社会では、ますます子どもが少なくなる。平凡に聞こえるかもしれないが、これは非常に長い間、事実であった。さらに深刻かつ明白な事情は、ほとんどの国でホームスクーリング・アンスクーリングの家庭が経済的な支援を受けていないことだ。私立学校に子どもを通わせている家庭や、子どものいない大人も同様だ。また、ホームスクーリング・アンスクーリングの家庭は、通常の学校に子どもを通わせている家庭よりも健康で幸せで、より幅広い教育を受けた子どもは地域社会に貢献している。つまり、ホームスクーリング・アンスクーリングの家庭は、表向きは誰もが求めているものを、まさに社会に提供しているのだ。にもかかわらず、とくにドイツ語圏の政府は、こうした家庭をターゲットにして、軽視し、差別し、偏見をもって扱っている。これは、私たちの社会の考え方や行動が、いかに非人道的で不公平で、心配になるほど矛盾に満ちたものになっているかを、あらためて示している。

一神教や絶対主義的なイデオロギーは、自然の摂理にとって最大の敵である。ホモサピエンスの進化のなかで、家族や親しい者の共同体は、常にそのような自然の秩序に属するものと考えられてきたのだが。

インテルメッツォ

少年時代のレオナルドとダヴィンチ・コード

知識は経験の子である

——レオナルド・ダ・ヴィンチ

「中世」といわゆる「近代」の交差点に、「西洋」のもっとも重要で偉大な知識人が誕生した。レオナルド・ダ・ヴィンチは一四五二年四月一五日、フィレンツェから三〇キロほど離れた、トスカーナの美しい小さな村に生まれた。母親のカテリーナは二二歳の農民の娘であり、二五歳の父親ピエロ・ダ・ヴィンチは、かなり裕福な家の出で、成功した公証人であった。

ダ・ヴィンチ家は、貴族でもなく、特別に裕福でもなく、高貴さには欠けるが、それなりの家柄と地位のある家系であった。彼らは、クアトロ・チェント時代（一五世紀）に羨望の的であった、「都市と別荘」の二重生活を送っていた。都市ではビジネスを、田舎では農業を営んでいた。ブドウ園や果樹園を管理するのと同じように、フィレンツェの人脈や有利な婚姻関係の開拓に努めた。[1]

都市と田舎《チッタ・エ・ヴィッラ》（città e villa）、活発な行動と瞑想、シンプルと多様性。おもに母親の家で過ごしたレオナルトの幼年期は、このように表現される。母と祖父母に見守られ、やがて異母兄弟や、義父母にも支えられながら、田舎で慎ましく育っていく。レオナルドの誕生から八カ月後、父親は、すでに婚約していたフィレンツェの裕福な公証人の娘アルビエラと結婚した。レオナルドの母親は、彼の誕生から約一年後に、村に住む窯業者と結婚した。西洋でもっとも偉大な博学の天才は、つぎはぎだらけの家庭で育ったのである。

誠実な「恋愛」のなかで生まれた子どもは生まれたときから父親に認知されている。これは当時としては異例のことであった。こんにちではパッチワーク家族は非常に多いが、幼いレオナルドは、母親と父親に無条件に受け入れられ、両方の義父母に無条件に（精神的に）支えられるという、当時としては非常に珍しく、現代の子どもたちにとっても非常に幸せな経験をした。祖父母だけでなく、叔父や叔母を含むすべての近親者と良好な関係にあった。なんという人間的豊かさだろう！

多くの（ネット上の）簡略な伝記にある、レオナルドが五歳頃にフィレンツェの父の家に移ったという説は、歴史的な資料によって検証されてはいない。レオナルドは、六〜七歳頃までの幼少期を、おもに田舎にある母親の家で過ごしている。しかし、馬車で1日ほどの距離にあるフィレンツェにいた父親とは、定期的に会っていたと考えるのが妥当であろう。幼いころから頭角を表していたレオナルドの才能を、父親が隠していたわけでは決してない。父親は、息子と母親の一家全体を経済的な支援していた可能性が高い。レオナルドは、田舎で慎ましく育ったが、決して貧しくはなかった。彼は、母親と父親の両方から、専ら家庭で教えを受けていた。純粋に家族という社会のなかで教育されたレオナルドは、読み書きを覚えたのも、こんにちの基準からすると比較的遅かった。その代わりに彼は、自然を探索することそして、何よりもまず、子どもであることをゆるされていた。幼いころから定期的に、レオナルドは音楽や絵画、彫刻に大きな興味を示した。

一三歳か遅くとも一四歳のとき、レオナルドはついにフィレンツェの父の家に移り住む。公証人であった父は、成功したメディチ家のひとびとを顧客にもつようになっていた。その仲介により、ルネサンス期のフィレンツェでもっとも重要な彫刻家の一人で、画家や金細工師としても活躍したアンドレア・デル・ヴェロッキオを紹介されたレオナルドは、一四歳のころから二〇歳のころまで、彼のもとで最初の修練時代を過ごした。

偉大なるレオナルドは、「最後の晩餐」や「モナリザ」などの名画を世に送り出しただけではない。彼はまた、才能ある彫刻家、解剖学者、科学者、建築家、機械工、医師、自然哲学者でもあり、つまりは、万能の学者でもあったのだ。西洋で最後の、そしてもっとも偉大な知識人の一人であった。ダ・ヴィンチは、文化的、経済的な多様性とヒューマニズムの豊かさが共存していた歴史的な時代に育った。彼は芸術家であると同時に科学者でもあり、当時の教会支配者の陰謀やダブル・スタンダードだけでなく、宗教的教条主義やイデオロギー全般をつねに軽蔑していた。ダ・ヴィンチは、六七歳で亡くなるまで、自分の信念に忠実であった。ガリレオ・ガリレイは七七歳で亡くなり、ミケランジェロは八八歳まで生きた。ダ・ヴィンチと同じく、彼らは託児所や幼稚園、早期教育、ワクチン、抗生物質、臓器移植、理学療法や心理療法を受けずに老年期を迎えた。

ダ・ヴィンチの謎は、さまざまな分野の研究者たちによってこんにちにいたるまで掘り下げられ、彼の書き残したものや作品は幾度となく分析・探求されてきた。この偉大な人物の秘密、真の「ダ・ヴィンチ・コード」は、家族の連続性という、ごくありふれた状況のなかにあるのかもしれない。

レオナルドは生まれたときから、おもに家族のなかで、実生活のなかで、社会性を身につけた。当然、保育園や幼稚園に通わされることはなかった。その代わり、父と母の両方から、適切な時期に、親としての十分な承認、サポート、親近感――これを愛と呼ぼう――を授けられた。乳幼児にとって、母親の職業や経済状況は、当然ながら、最初のうちは比較的重要ではない。SUVや高級リムジンで保育園に連れて行かれても、乳児の心の痛みは軽減されない。いずれにせよ、幼いレオナルドと、後の西洋最大の天才の母親は、農民の娘であった。少ない一次資料と豊富な二次資料から、幼いレオナルドは、きわめて慎重で、親切で愛情深く存在感のある母親に、生まれたときから見守られていたと考えてよいだろう。

一五世紀には、仕事とプライベートの領域の分離という考えは、乳児用ミルクと同じくらいに存在しないものだった。レオナルド坊やは、家の中か屋外で母親が、独り、あるいは助産婦や信頼できる人に手伝ってもらって、家庭出産で産んだと考えることができる。「工業化」された出産ではない。母乳で育てられただけでなく、そうしてもらいたいと思ったときに抱きしめてもらえ慰めてもらえたことは、容易に想像できる。

レオナルドの両親がなぜ結婚しなかったのかは、こんにちにいたるまで明確に説明されてはいない。おそらく、親密な恋愛が夫婦関係にいたらなかったのは、最終的には身分的なことが理由であったと思われる。レオナルド坊やは、ここ数十年来一般的になっている親権争いなどとは無縁であったはずだ。

以前から研究者たちは、少年が成長するにあたって、そのいわゆる心理社会的な発達に父親が果たす役割がいかに重要であるかを説いてきた。

現代のような反家族主義的な構図が現れる以前の一五世紀には、父親の関心や親密さも当然のこととされていた。父と母のもとで社会性を身につけた「小さな天才」レオナルドにとって、野外でさまざまな年齢の人たちに囲まれて思い切り遊ぶことは、当たり前のことであり、日常的なことであっただろう。また、玩具の安全基準や遊びの教育者も少なく、パソコンやタブレットに釘付けになることもなかった。

父親の家では、レオナルド坊やのもう一つの連続性が保たれていた。父親だけでなく、その妻（継母）や彼女の両親も非常に慈しみ深く、しっかりと支えてくれた。

ダ・ヴィンチの伝記作家たちは、何千ものスケッチや文章を残したこの偉大な巨匠が、幼少期や家族についてほとんど何も書いていないことに常に不満を抱いている。しかし、幸せな（そして人間という種に適切な）子ども時代を経験した男が、なぜそれを問題にする必要があろうか。特別に記すべきことは何もなかったのだから。ダ・ヴィンチは、国や都市、自然や芸術、謙虚さや多様性、そして何よりも有能なひとびと（彼の母や父を含む）を、明らかに適切な時期に、適切な手段で知ることができたのである。実際、この「正しい量」あるいは「正しい割合」こそが、こんにちでも賞賛される彼の偉大な作品の特徴である。あまり知られていないのは、レオナルド・ダ・ヴィンチが、常にオープンでとてもフレンドリーで思慮深い人物であったと、同時代のひとびとから言われていたことだ。これらの資質は、こんにちでも当時でも、偉大な人物や影響力のある人物にとっては決して自明なものではない。

ダン・ブラウンの話題のベストセラー小説『ダ・ヴィンチ・コード』は、ここで論じているような基本的なこととは全く違ったことをテーマにしている。ダン・ブラウンは、非常に虚構的でエキサイティングなスリラーのなかで、何世紀にもわたってさまざまなひとびとから問われてきたいくつかの疑問を探求している。たとえば、マグダラのマリアはイエスの信者であっただけでなく、彼の恋人、あるいは妻（伴侶）であったのか？　二人の間には、一千年以上も語り継がれている伝説にあるように、サラという名の子どもがいたのだろうか？

これらの疑問は興味深いものだが、聖書や歴史的・学術的な資料にもとづいて明確にイエス・ノーで答えることは、こんにちまでできていない。とはいえ、前述のような仮説を排除することはできず、可能であり、考えうることである。豊かな常識に恵まれていたダ・ヴィンチにとって、イエスに妻や恋人がいたのではないかと問うてもおかしくはない。そのようなシナリオは、結局のところ、彼が説き、生きた軌跡と矛盾するものではないだろう。彼は子どもも女性も大切にし、虐げられたひとびとの味方であり、物質的な豊かさは彼にとって重要ではなかった。必ずしもそれらのすべてが、後のキリスト教の代表者たちの行動に反映されたわけではないが。

とはいえ、仮にイエスがマグダラのマリアと実際に恋愛をしたのかどうかが判明したとしても、私たちが国内外で近い将来直面するであろう巨大な問題の解決にはならないだろう。それよりも、たとえば、なぜ現代人は、満足のいく恋愛関係や、より一般的な人間関係を築くことがむずかしいのか、という問いに答える方が、ホモサピエンスという種の存続にとってははるかに有益であろう。一神教的で独断的な宗教やイデオロギーは、この問題の解決には決して役に立たない。

ダ・ヴィンチの名画「最後の晩餐」で、イエスの右隣に座っているのは、弟子のヨハネではなく（妻の）マグダラのマリアなのか、という、ダン・ブラウンの小説で追求された疑問は、たとえ美術史家がこれを激しく否定したとしても、興味深く正当なものだろう。しかし、この疑問に正しく答えるためには、レオナルド本人に訊くしかない。そしてこの疑問にたいする答えは、この巨匠の大きな関心事、すなわち、人類が時を超えてつねに人道的な存在であり続けることには、ほとんど寄与することはないだろう。

ダ・ヴィンチの秘密や暗号を、西暦の第三の千年紀の初めに解読すると、次のようになる。ホモサピエンスの各成員は、猿から人間への進化の道をうまく進むために、いくつかの譲れないことを必要としている。生まれてから少なくとも永久歯が生えるまで（六、七歳）は、母親と父親、大家族による社会化と教育を行い、本物の子ども時代を過ごさせること。できれば標準的な義務教育や強制的な教育はせず、宗教教育や思想教育もせず、愛情と偏見なく無条件に受け入れられ、サポートされるという関係性をもって接すること、できるかぎり実生活で多様な人間の共同体に参加させること。

これは、教育学者による保育園や幼稚園での「早期教育」ではなく、こんにちも明日も世界中で生まれる、何千何万もの「小さな天才」たちにとってもきわめて有益なことだ。西洋でもっとも偉大なの知識人の伝記が教えてくれるのは、このことである。

レオナルドが全く学校に行かずに育ったということは、一五世紀のルネサンス・人文主義イタリアにおいては、決して珍しいことではなかった。裕福な父親のいるフィレンツェには（ラテン語の）学校があったが、幼いレオナルドは、その「ふさわしくない」出自を理由に拒否されたようである。父親が農民の娘カテリーナと真剣な恋愛をしたことは、才能ある少年にとって幸せなことであった。チャールズ・ニコルは、伝記『レオナルド・ダ・ヴィンチ——心の飛行』のなかで、ダ・ヴィンチが「知識を、あらかじめ存在する意見として他人から受けとるのではなく、観察と経験によって獲得した」と洞察している。レオナルドは「経験の弟子」であり、「大きな嘘より小さな確信という証拠の収集家である」[2]。これは、偉大な巨匠の言葉である。彼の頭の中は、規則、規制、エチケットといった雑多なものや、適切な教育や育ちの良さなどでは満たされておらず、「目の前の世界の見える証拠を、物事の核心につながる正確さと洞察力で見る」ことができたのである。レオナルドにとって「世界を理解するための重要な器官は、脳ではなく眼である」[3]。彼にとって眼は、自然を理解するための主要な手段であるだけでなく、人間の魂への窓でもあったのだ。

ダ・ヴィンチとほぼ同時代に活躍したのが、言わずと知れた西洋最大の劇作家であり詩人であるウィリアム・シェイクスピアである。彼は、人間の子どもにも当てはまることを次のように要約している。「成長するものは、そのときが来るまでは未熟だ」。ダ・ヴィンチが読み書きをはじめたのは八歳か九歳くらい、アルベルト・アインシュタインが言葉を話しはじめたのは三歳くらいのことだ。いまなら、このような子どもは、言語療法士や心理療法士、あるいはその両方に相談することになるだろう。たとえ現代人の多くが、ほかの「真実」「思想」「イデオロギー」を信奉していたとしても、である。ダ・ヴィンチはかつて、「真理は常に時間の娘にすぎない」と的確に表現した。もし、正しいことがくりかえし証明されている真実があるとすれば、それは、家族のなかでの社会化（教育）の重要性、母性と父性の連続性、分離ではなく、むしろ、つながりの重要性ということである。

レオナルド・ダ・ヴィンチは、つねに人類全体を念頭に置き、何事においても割合とバランスを極め、最高に革新的であった。彼は偉大な先見性を備えていた。

第一七章
家族、ブレイクスルー・イノベーション、そして「車輪の上のコンピューター」

誰でも生まれたときはオリジナルだ。でも、ほとんどがコピーとして死んでいく。
——エルヴィン・ヴァーゲンホーファー

J・T・ガットをはじめとする多くのひとびとによれば、学校教育と家庭は相互に排他的だという。このことは、集団的な学校教育と、真に広範に実現可能な教育、そして社会変革——イノベーション——が、相互に排他的であることを意味しているのだろうか？

イノベーションには、「リニア・イノベーション」と「ブレイクスルー・イノベーション」の二種類がある。リニア・イノベーションとは、「二重窓」が「三重窓」になることであり、窓は窓のままである。どんなにたくさんのアプリを開発しても、どんなにコンピューターのプロセッサを高速化・高性能化しても、携帯電話は携帯電話、コンピューターはコンピューターのままだ。映画の平凡な場面が2Dから3Dになっても面白くなるわけではない。

リニア・イノベーションは、日々生産され、懸命に宣伝されるが、その大部分は大量消費路線を維持するために行われており、人類全体にも、個人にも役立ってはいない。

ディーゼルエンジンやガソリンエンジンの燃費を、膨大な研究（資金）と努力でほんの少しだけ下げることに成功したとしても、（内燃）エンジンはエンジンであり続け、石油を消費し続け、汚染物質を発生させ続けるだろう。一〇年後、二〇年後に、月だけでなく、火星を歩く人類が数人いたとして、現代の喫緊の課題が解決されるかについては、十二分に疑問が残る。

ここ三〇年来、あらゆる方面において起こっているのは、リニア・イノベーションであり、それは前述のように、平凡なものになる傾向がある。

少数のひとびとが、より豊かになり、権力、財産、そして何よりもお金を、これまでのどの国王やローマ教皇よりも多く蓄えている。その一方で、貧困は歴史的な規模で増加し、武力紛争の数も増加し、娯楽や気晴らしへの欲求が高まっている。しかし、それと同時に、人間関係の質も低下している。メディアとエンターテインメント産業、とりわけソーシャルメディアは、二一世紀における「アヘン」になっている。

ドイツでは、親が子どもに話しかける時間は一日平均一〇～一二分程度にすぎない。小児科医のクリストフ・マイネッケによれば、パートナーどうしの会話はさらに少なく、夫婦間の会話は一日にわずか五分しかないという(1)。したがって、私たちの社会の集団的不安は、不満のリストの増加とともに、日々高まっている。

私たちの社会は、疲弊し、硬直化している。だからひとびとは、これまで全く考えられなかったことが起ることを切望している。そのような「何か」が起こるとしたら、それは「ブレイクスルー・イノベイション」と呼ばれるだろう。このようなイノベーションは、どんな文化や国の出身であろうと、どんな宗教や世界観をもっていようと、貧富の差があろうと、すべての人類、一人一人の人間の役に立つ。しかも、こうした技術革新は、当然のごとく、常に無料で、すべての人に提供されてきた。さらに、これらのイノベーションは、決して一人の発明や努力の結果ではなく、共同作業の結果である。人類史上の例をあげれば、直立歩行、火の使用、文字や計算などである。それが画期的なイノベーションだと認識されるのは、かなり後になってからであることが多いが、実際に認識されるようになれば、ひとびとの生活は永続的に良い方向に変化する。ただし、そのためには、大多数のひとびとが、政治家やその他のエリートによって操られないような社会的にも感情的にもしっかりしていることが条件である。

インターネットは、二〇世紀最大のブレイクスルー・イノベーションの一つだ。インターネットはすべてのひとびとの役に立つが、一部の国ではまだ自由に利用できず、無料ではなく、またほかの一部の国ではすでにさまざまな形で悪用されている。エドワード・スノーデンは、インターネットが少数のエリートたちによって悪用されていることを世に知らしめた。彼は、途轍もない勇気をもって、世界中の人間の自由を守るために大きな貢献をしたが、ノーベル平和賞はいまのところまだ彼に授与されてはいない。「人間は、逃げている時のみ、自由だ」とは、彼の言葉だ。

エリートによる悪用に加え、インターネットは一般の個人によっても悪用される。その多くは「匿名性」を利用したものだ。彼らはインターネットを、ヘイトスピーチや、フェイクニュースや、いじめのために使う。しかし、インターネットの発明者たちに、これらの負の側面の責任を負わせるわけにはいかない。なぜなら、責任感や優しさ、社会的・感情的スキルが欠如した社会では、どんなに画期的なイノベーションも、その普遍的な有用性を失ってしまうからだ。さらに言うなら、普遍的な有用性の追求は、主として近代における現象だと言える。昔の諸侯や王は、たとえば「車輪」を商品化し、使用を制限し、免許を与え、規制し、ましてや監視しようとは考えなかったであろう。しかし、これこそがホモサピエンスの子どもたちが長い間社会化されてきた規制なのだ。子どもは親のアパートや家で監視され（最初はベビーモニター）、監督者の監視のもと、車やスクールバスや地下鉄で保育園や幼稚園や学校に連れて行かれ（そこに子どもは閉じ込められ、一般社会から隔離される）、それらの施設ではまた別の監督者によって監視（教育）される。長引く子ども時代を通じて、子どもは病気のときを除いて、どんなことがあってもこれらの施設から出ることはゆるされるない。忘れてならないのは、現代の賢人・偉人たちだけでなく、「アナログ」な家庭環境で育った私たちの祖先も、何万年もの間、「上がそうなら、下も同じ」、「下がそうなら、上も同じ」、「すべては一体」の原則に従って、うまくやってきたということだ。

経済優先、デジタル化、工業化に還元されたこんにちの社会では、イノベーションは通常、工業技術製品や電子製品の文脈で語られる。本来、こうした製品は、ナイフや弓矢など、ホモサピエンスが何千年もかけて発明してきた道具がもとになっている。それにたいして、ブレイクスルー・イノベーションは、発明でもなければ道具でもない。それらは普遍的、文化的、人道的な性質をもち、全人類に奉仕するものだ。

人類のこれまでの進化のなかでもっとも重要なブレイクスルー・イノベーションは、私たちの祖先が直立歩行に成功したことと、ホモサピエンスが（すでに数万年前に）、こんにちでも使っている言語を使いだしたことだ。もっとも重要な文化的ブレイクスルー・イノベーションは、（紀元前三千年頃のシュメール人による）文字の発明と、それより古い数学の発明であろう。これらは何千年も前に、異なる地域や文化圏でそれぞれに発展したものだ。圧力も強制もなしで、もちろん、義務教育より何千年も前に。

人間の本質に関わるもっとも重要なブレイクスルー・イノベーションは、一九世紀、二〇世紀における子どもの死亡率の減少である（これについては、ほとんど言及されることがない）。これも、出身地域や宗教、国家を越えた、さまざまなひとびとの努力の積み重ねの結果である。何千年もの間、乳児死亡率は二五〜三〇％であった。

ここ数十年の科学的知見によると、ホモサピエンスが狩猟採集民として暮らしていたころは、もっと少なかったかもしれないという。おそらく正確な数字はわからないが、人類が定住するようになるまでは、病気は出現せず増殖することもなかったのは確かだ。

ホモサピエンスの基本的特性は、質の高いものを求め、生活環境を改善し、社会全体に奉仕し、利益をもたらすことだ。その努力の過程で、ホモサピエンスはくりかえし過ちを犯してきた。最近のことで言えば、義務教育の早期化を死に物狂いで推進したことだ。直立歩行、言語、文字、数学など、我々のライフスタイルにおけるブレイクスルー・イノベーションは、純粋に家族的な社会性をもつ文化圏で起こった。そのほかにも、車輪の発明、印刷術の発明、アインシュタインの相対性理論、そして最近ではインターネットなど、数多くのブレイクスルー・イノベーションが起きている。

こんにち、さまざまな科学分野の研究者や注意深い観察者たちが、人類の偉大な業績や発明、（ブレイクスルー）「イノベーション」の成功の「原因」が何であるかを説明しようとするとき、共創的プロセスと一貫性の感覚という言葉がよく出てくる。

競争ではなく、協力（知識や資源の交換）。つながり、信頼、自信、有意義感、関係性は、あらゆる成功の根底にある要素だ。これらは無償で、有機的で「健康的」かつリラックスした家族的社会形成のなかで自ずと育っていくものである。

決定的な要因は、そしてこれこそが「むずかしい」のだが、ブレイクスルー・イノベーション、つまり、新しく、予期せぬこと、考えられないようなことを現実のものにすることは、「教えること」も、教えられることも、計画することも、そして絶対に「プレッシャー」のもとで強制することもできない。それは、自ずと起こることであり、偶然によるものなのだ。準備された環境のなかで生まれることだと言うことができる。首尾一貫性、リラックス、マインドフルネス、歓び、熱意、そしておそらく幸福感。(2)

おそらく現在、もっとも偉大なビジョナリーの一人であり、ビジョンの実現という点では間違いなくもっとも才能のある一人が、南アフリカ共和国出身のイーロン・マスクだ。彼はオンライン決済システム「PayPal」の共同創業者であり、航空宇宙企業「スペースX」と電気自動車メーカー「テスラ・モーターズ」の代表でもある。両社は同時期にカリフォルニアでささやかなスタートを切った。スペース・エクスプロレーション・テクノロジーズ（スペースX）は二〇〇二年、ロサンゼルス郊外の古い倉庫ではじまった。「スペースXが設立された最初の数週間に、Dellのノートパソコンやプリンターを満載した車輛が、間に合わせの机となる折りたたみ式のテーブルとともに到着した。

マスクは荷台のあるところまで歩いて行き、ゲートを引き上げ、自分で機材をトラックから運び出した」。

この男は、火星に人類のコロニーを造ることだけを考えているようだ。

イーロン・マスクは、航空宇宙産業全体が「過去五〇年間、ほとんど発展していない」ことに気づいた。宇宙開発企業にはほとんど競争がなく、最大限の性能を備えた、きわめて高価な製品を開発する傾向にあった(3)。民間企業であるスペースXは、政府の請負業者にありがちな無駄やコスト超過を避けることができたし、避けたかった。マスクが鼓舞し説得して集めることができた有能でやる気のあるエンジニアのチームとともに、彼は一〇年（！）足らずで（政府による）宇宙旅行の歴史において前例のないことを達成した。二〇一〇年六月、自ら開発・製造したロケット「ファルコン9」で、民間企業として初めて地球を周回飛行することに成功したのだ。二〇一〇年一二月にはスペースX社は、宇宙カプセルをロケットで宇宙に運び、地球にもち帰り、海に着陸させて安全に回収できることも実証した。二〇一二年五月、このロケットはドラゴン・カプセルを宇宙に運び、国際宇宙ステーション（ISS）とのドッキングに成功した。現在までのところスペースX社は、これを達成した唯一の民間企業である。

「イーロンは宇宙ビジネスのあり方を変える」とNASAのキャロル・ストーカーは言う。「彼はコストを抑えながら、高い安全性を維持することに成功している。彼は、オープンなオフィス、集中的な対話、人間同士の交流など、テクノロジー産業の最良の面を採り入れただけなのだ[4]」。

世のなかに、イーロン・マスクのように宇宙旅行を事業とする者はほとんどいない。イーロン・マスクが、スペースXでの事業と並行して、彼の第二の会社であるテスラ・モーターズで約一〇年かけて成し遂げたことは、自動車工学の歴史において革命的とまでは言わないまでも、前例のないことである。自動車業界の歴史全体を永久に変えてしまうものかもしれない。何十年もの間、自動車業界では「ブレイクスルー・イノベーション」はおろか、ほとんど変化はなかった。それどころか、自動車メーカーは広告メッセージのなかで、いつも多かれ少なかれ同じことを語っていた：モデルAの何度目かのバージョンは少し大きくなり、トランクは牛乳パックを二〇個多く積めるようになり、スペースが広がり、一五馬力か五〇馬力、エンジン出力が大きくなり、カップホルダーが一つふえた。そして、「標準燃料消費量」も減り、「排出ガス」の値も下がった。現実には日常の運転では、ドライバーなら誰でも知っているように、軽油やガソリンの消費量は少なくとも一リットルや二リットルは多くなることがある。私たちは、何度もの気候変動に関する国際会議の失敗や、自動車ショーで「新型車」を発表するたびに、肌も露わな女性たちが車のまわりで踊り狂うことと同様に、これに慣れてしまっているのだ。一言で言えば何十年もの間、私たちは、より速くより快適でより高価でより大きくし、より多くの電子安全補助装置をつけることで、確実に気候変動による死に向かって走り続けてきた。

二〇一二年の半ば、イーロン・マスクは、時には自己満足に浸りながらも、いずれにせよ眠ったままの自動車業界の競争に「衝撃」を与えた。電気自動車のモデルSの納車がはじまったのだ。この車は一回の充電で約四八〇kmの走行が可能で（二〇一七年には時速一〇〇kmで五九四km）、急速充電ステーションで三〇〜四〇分以内に充電でき、ほとんどすべての高級リムジンや大半の二人乗りのハイパワー・スポーツカーよりも速く（ギアチェンジなしで）加速する（二・五〜五・八秒で〇〜一〇〇km加速）。スピードだけでなく、ハンドリング、輸送能力（五〜七人乗りで二つのラゲッジ・コンパートメントを装備）、安全性（軽量アルミニウム製）の点でも、テスラ・モデルSは、ほかのほとんどすべての（高級）リムジンやスポーツカーを大きく引き離している。納車から数カ月後、Motor Trend誌はモデルSをカー・オブ・ザ・イヤーに選出し、その数カ月後には「史上最高の評価一〇〇点満点中九九点、おそらく史上最高の車である」と評した。[5] それも電気自動車にたいしてだ。

二一世紀にはついに、CO2排出量ゼロで走行できるだけでなく、必要なときには非常に速く、エレガントに、静かに、そして快適に走行できるようになったのだ。車両には四年間、駆動ユニットとバッテリーには八年間の保証が付き、テスラの急速充電ステーションでは無料で充電でき、カーディーラーでの値引き交渉も過去のものとなった。筆者もその一人だが、このクルマを存分に運転する機会をもった者なら、イーロン・マスクのこの言葉に同意するだろう。「内燃エンジンを搭載した車を運転するのは過去のことだ」。モデルSの最初のオーナーの一人であり、ヒトゲノムを初めて解読した科学者として有名なクレイグ・ベンターはこう言う。「これは車輪のついたコンピューターだ[6]」。

自動車業界では一〇〇年近く前から考案され、数十年前から実現不可能とされてきたものが、いまや運転可能な現実となった。テスラ・モデルSや、コスト面で大衆に適した小型のモデル3は、おそらく「ブレイクスルー・イノベーション」として歴史に残ることはないだろう。しかし、イーロン・マスクがスペースXとテスラ・モーターズで成し遂げたことは、通常のリニアなイノベーションをはるかに超えるものであり、自動車自体は多かれ少なかれ、もはや誰にとっても必要な者ではない。南アフリカ出身のこの男は、文字通り世界を電化し、インスピレーションを与え、再び希望を与えたのだ。

「子どものころ、マンガを読みすぎたのかもしれない。マンガはなぜかいつも世界を救う話ばかり。世界をより良いところにするべきだと感じたんだ。なぜなら、その逆では意味がないから」とイーロン・マスクは言う。

上述のデジタル革命の男たちと同様、イーロン・マスクも多くのきょうだいに囲まれた裕福な家庭に育った。

一九七一年、南アフリカ北西部の大都市プレトリアで生まれたイーロンは、アパルトヘイト体制下で、もっとも血なまぐさく、もっとも不快な時期に育った。「ソウェト蜂起では、白人政府の命令にたいする抗議行動で何百人もの黒人学生が死亡したが、マスクはその数日後に四歳の誕生日を迎えた。（中略）黒人と白人、異なる部族の黒人同士の衝突があった。（中略）人類は救われなければならない。マスクは何度もこのことを心に誓った。しかしマスクは、南アフリカの差し迫った窮状だけに関心をもつのではなく、ほぼ最初から人類全体に焦点を当てていた」[7]。

「本当の」子ども時代（六〜七歳）、イーロンはあらゆる面で親きょうだいたちに支えられながら育った。母親のメイ・マスクは子どものころから数学と科学が好きで、モデルとしても働いていた（六〇歳をすぎてからも）。この母方のハルデマン家は、アメリカ独立戦争の最中にヨーロッパからニューヨークに移り住んだドイツ系スイス人の家計にルーツをもつ。一九五二年に、メイ・マスクの両親であるジョシュア・ハルデマンとウィン・ハルデマンは南アフリカに移住した。少なくとも祖父母からイーロンにいたるまで、この家族には二つの連続性がある。ひとつは冒険への渇望である。すでに祖父母たちからしてその冒険好きには限界がなかった。あるインタビューでイーロン・マスクは、リスクを取ることにたいする異常に高い意欲を、祖父から受け継いだのかもしれない、と得意げに話している。

「一九五二年、ジョシュアとウィンは飛行機で、アフリカ各地を経由してスコットランド、ノルウェーにいたる三五千km の旅に出た。ウィンはナビゲーターを務め、パイロット免許はもっていなかったが、時折操縦桿を握った。一九五四年、夫妻はこの旅を上回る四万八千km をオーストラリアまで往復した。新聞はそれを報じ、二人はアフリカからオーストラリアまで単発機で飛んだ唯一の民間パイロットとされている」[8]。

マスクの伝記作家は、母方の家系が子育てに関して、イーロンにいたるまで、ある方針を貫いていることを書いている。

「ハルデマン家は、子育てについて放任主義を貫き、それはイーロンの代まで続いている。子どもたちは自分の直感を信じて正しい振る舞い方を見出すと、ジョシュアは信じていたので、子どもたちに罰を与えることなどなかった」[9]。

イーロンの父エロール・マスクはエンジニアで、オフィスビル、ショッピングセンター、住宅地、空軍基地などの大規模プロジェクトに携わっていた。イーロンの誕生から一年ほど後に弟のキンバルが生まれ、まもなく妹のトスカが生まれた。イーロンは長年、弟と妹と非常に親密な関係を育んだ。弟のキンバル、いとこのラス、ライドン、ピーター・ライヴとともに、彼はしばしば冒険旅行に出かけた。

あるシーズン、彼らは近所でイースターエッグの訪問販売に挑戦した。とくに美味しくもない卵を、少年たちは裕福な隣人たちに二倍の値段で売った。イーロンはまた、自家製爆薬やロケットの実験でもリーダー的存在だった。アマチュアに人気のあるエステス・ロケット・キットは南アフリカでは手に入らなかったので、イーロンは自分で化学薬品を調合し、缶に充填した。『爆薬になるものがこんなにたくさんあるなんて、すごいことだ。硝酸と硫黄と木炭の組み合わせで、火薬が作れる。強酸と強塩基を組み合わせると、多くのエネルギーが放出される。塩素の粉末とブレーキ液の組み合わせは、なかなかのものだ。まだ指が全部揃っていてよかったよと、イーロンは振り返る。爆発物で遊んでいないとき、子どもたちは何枚もの服を重ね着し、保護ゴーグルをつけて、空気銃で撃ち合った。イーロンとキンバルは砂場でオフロードバイクのレースをしたが、ある日キンバルはバイクから振り落とされ、有刺鉄線のフェンスにぶつかった。（中略）少年たちのもっとも大胆な行動は、おそらくプレトリアからヨハネスブルグへの旅だろう。一九八〇年代、南アフリカは信じられないほど暴力的な国で、プレトリアとヨハネスブルグを結ぶ五五キロの列車の路線は、世界でもっとも危険な区間のひとつと考えられていた。キンバルはこの列車の旅を、彼とイーロンの人生経験のなかでもっとも重要なもののひとつにあげている。『南アフリカはのんきに暮らせる国ではなかった。その痕跡はたくさん残っている。本当にひどいものを見た。どれも僕たちのあまりふつうではない子ども時代の一部だった。生きるリスクにたいする見方を変えるようなクレージーな経験だった。南アフリカで育つと、仕事を見つけるのがむずかしいなんて考えることはないね。就職のことを考えるなんて、面白くもない』とイーロンは言う。(10)

イーロンは幸運にも本当の子ども時代を過ごした。両親とともに過ごし、遊びと冒険の多い多子家庭で育った。一九七〇年代の南アフリカでは、週三八時間の教室での授業などなかった。世界中どこであっても、子どもたちには不要なものだ。

イーロンは内向的（時には恍惚状態）で、好奇心旺盛で、本を貪り読んだ。弟のキンバルによればイーロンは、

一日に一〇時間も本を読むことも珍しくなかった。何度か、買い物に出かけたときに、家

族の者は、イーロンが行方不明になったことに気づいた。メイや僕が近くの本屋を探すと、どこか奥の隅で床に座って恍惚とした状態で本を読んでいるイーロンを見つけるのだ。イーロンは大きくなると、放課後の午後二時に一人で本屋に行き、両親が仕事から帰ってくる午後六時ごろまでそこにいた。SF、コミック、そしてノンフィクションを読みあさった。「店から追い出されることもあったけど、たいていは追い出されなかった」と彼は言っていた。彼のお気に入りの本には『ロード・オブ・ザ・リング』、アイザック・アシモフの『ファウンデーション』シリーズ、ロバート・ハインラインの『月は無慈悲な夜の女王』、『銀河ヒッチハイク・ガイド』などがある。「ある時点で、学校の図書館にも町の図書館にも僕のための本はなくなった」とイーロンは言った。「小学三年生か四年生のときかな。僕は司書に本を注文してもらおうとした。そこでブリタニカ百科事典を勧められて、読みはじめたんだ。とても役に立ったよ。知らないことは知らない。世のなかにはいろんなことがあるんだなって。」

実際、イーロンは百科事典を二回も読み、中身を完璧に吸収した。おかげで、あまり友達には恵まれなかったのだが。彼は写真のような記憶力をもっており、百科事典は彼をモノについての知識工場のようになった。そのため、典型的な知ったかぶりのように見えた。夕食の席で、トスカが地球から月までの距離を尋ねたことがある。するとイーロンは、軌道のもっとも近いところともっとも遠いところの正確な数字を即座に答えた。「トスカはいつも何か知りたいことがあったら、小さな天才に訊いてごらんと言っていたわ」とメイは言う。そして「私たちは彼に何でも訊くことができた。なにしろ何でも知っているのだから。ある晩、イーロンはきょうだいやいとこたちと外で遊んでいた。子どもたちのひとりが、暗闇が怖いと訴えると、イーロンは「暗闇とは光がないことだ」と説明したけど、怖がりの子どもにはあまり助けにはならなかったみたい」。少年時代、常に他人の言うことの間違いを正そうとする衝動と無作法な性格が、ほかの子どもたちから敬遠される原因となり、イーロンの孤独感は深まった。メイによれば「イーロンは、他人は自分の間違っているところを教えてもらいたいのだと固く信じていた。でも、子どもたちはそれが嫌い」なのだ。「彼らは『イーロン、もう君とは遊ばない』などと言うの。母親として、私はとても悲しくなった。キンバルとトスカは友達を連れてきたのに、イーロンは連れてこなかった。でも、あの子は独特なものをもっていた」[11]。

イーロンにとって子ども時代のもう一つの幸運は、「草」が茂るに任されたことである。家族のなかに、この子どもの才能(何人かの子どもには、その才能を早い時期に認められていた)をなんとか活かそうとする者は誰もいなかった。こんにちでは、そのような子どもは「学校オリンピック」に参加させられるか、心理学者に診てもらうか、最悪の場合はその両方になるだろう。イーロンは子どものころ、自分の世界に生きるのが好きで、しばしば周囲の現実世界に無頓着であったため、医師たちは、耳が悪いのではと疑い、(不必要にも)イーロンのアデノイドを切除した。学校というものはイーロンにとって本当に恐ろしいものだった。

ある日の午後、彼とキンバルはコンクリートの階段の上に座って食事をしていた。そのとき、ある少年がイーロンの後ろについて行こうと決めた。「僕は、ギャングに追いかけられていた。理由は全くわからなかったけど。僕はそいつから隠れていたんだ。あの朝、集会で偶然、この男とぶつかったんだけど、彼はそれを途方もない侮辱と思ったんだろう」。その少年はマスクの背後から忍び寄り、彼の頭を蹴り、階段から突き落とした。何人かがマスクの脇腹を蹴り、それから全員が彼の頭を地面に打ちつけた。「彼らは気の狂った野郎の集まりだった。僕は気を失ってしまった」とマスクは言う。キンバルは恐ろしさのあまり、イーロンの命の危険を感じた。彼は階段を駆け下りると、そこには血まみれで腫れ上がった顔のイーロンが横たわっていた。「まるでボクシングの試合から帰ってきたばかりのようだった」。キンバルは回想するようにそう語った。それからイーロンは病院に運ばれた。」学校に戻れたのは一週間ほどしてからだったとイーロンは言う。（二〇一三年の記者会見で、殴られたことが原因でのちに鼻の手術を受けたことを明かした）。三、四年間、マスクはいじめっ子たちに容赦なく追い詰められることに耐えなければならなかった。彼らは、イーロンが親友と思っていた少年を、イーロンとはもう仲良くしないと約束するまで殴り続けた。「それどころか彼らは、私が親友だと思っている彼に、私を隠れ家から誘い出すように命令し、そして私を殴った。すごく痛かったよ」とマスクは述懐する。この話をするとき、彼の目は潤み、声は震えていた。「なぜか彼らは私を恨んでいて、ずっと尾行していた。だから大人になるのがむずかしかった。数年間、休まるときがなかった。学校ではギャングに追いかけられ、家に帰れば恐怖のどん底だった。ノンストップの恐怖だった[12]」。

イーロンが八歳くらいのころ、両親の結婚生活は行き詰まり、それから一年も経たないうちに両親は**離婚**した。数年後、イーロンは父親と暮らしたいと思った。「父はなんだか悲しそうで、寂しそうだった。三人の子どもはみんな母といっしょに暮らし、父には一人もいなかった。それは不公平だと思った」。母親のメイはこう付け加えている。「私が作ってあげた幸せな家庭を、なぜイーロンが捨てようとするのか理解できませんでした。でも、イーロンには彼自身の考えがあったのです」。それからしばらくして、弟のキンバルも父親のもとに引っ越した。理由は、「息子なら父親といっしょに暮らしたいと思うのが当然さ」。

「本当の子ども時代」(冒険や遊びの共有)は二人の息子には残ったが、彼らは決して以前と同じように幸せな生活を送っていたわけではなかった。

表面的には、父の家での生活はすばらしいものに思えた。父は、イーロンが隅から隅まで読みたくなるような本もたくさんもっていたし、コンピュータやイーロンが欲しがるものを買うお金も十分にあった。父は子どもたちを何度も海外旅行に連れて行った。「とてつもなく楽しい時間だった。楽しい思い出がたくさんある」とキンバルは言う。父親のイロールはまた、その知性で子どもたちに感銘を与え、多くの実践的な知識を授けた。「彼は優秀なエンジニアだった」とイーロンは言う。「彼はあらゆる物の仕組みを知っていた」。キンバルも、エロールがエンジニアとして働いていた建設現場に遊びに行った。そこで、レンガの積み方、衛生設備の設置、電気配線の敷設などを学んだ。「楽しいときもあったけど……」とイーロンは言う。子どもたちは次第に、父親の気むずかしい性格と、子どもにとっては品位に欠く言動に悩まされるようになった。キンバルは、父親のエロールのことを「超現在的で、とても強烈」だったと語っている。イーロンとキンバルを座らせて、三〜四時間も説教するのが好きで、その間子どもたちは一言も口をきくことができなかった。彼は子どもたちに厳しく接することを楽しんでいるようで、子どもがしたがる気晴らしをさせないようにしていた。イーロンはときどき父親に、アメリカへの移住を仄めかし、将来はアメリカに住みたいとよく口にした。エロールは、そんな夢は捨てるようにイーロンを諭した。彼は家政婦を追い出し、イーロンに家事のすべてを命じた。アメリカ人の真似をすればどうなるか、これでわかるだろう、という教訓だった[14]」。

一七歳のとき、イーロン・マスクは迷うことなく祖国南アフリカに背を向けた。きっかけとなったのは、法改正によってメイ・マスクがカナダ国籍を子どもたちに継承できるようになったことだった。一九八八年イーロンは数個の荷物を手に、（引っ越した親戚を訪ねるために）初めてカナダに入国し、ユースホステルで寝泊まりした。

翌年、マスクはあちこちの町で変わった仕事を引き受けた。ヴァルデックという小さな町にあるいとこの農場の野菜を売り、穀物を箱が空になるまで売りまくった。そこで彼は一八歳の誕生日を、知り合ったばかりの家族と近所の見知らぬ人たちのためにケーキを作って祝った。その後、バンクーバーで、チェーンソーを使った樹木の伐採を学んだ。職業安定所で得た仕事は、もっとも困難なものだった。一番給料のいい仕事を頼んだところ、時給一八ドルで、製材所のボイラーを掃除する仕事だった。防護服を着て、やっと入れるような小さなトンネルを這っていかなければならない。それから、シャベルで砂や粘着性のあるもの、まだ赤く熱しているその他のゴミをすくい取り、入ってきたのと同じ穴からかき出さなければならない。逃げ場はない。トンネルの向こうにいるほかの誰かが、それを一輪車にかき集め続ける。三〇分以上そこにいると、あまりの暑さで死んでしまう。

イーロンは、その後のアメリカでのチャレンジや冒険と同じように、この仕事も難なくこなした。弟のキンバルも、資源保護と持続可能性（ソーラー・シティ）の分野で非常に熱心な「行動する人」になっていた(15)。

イーロン・マスクはNASAに恐怖を与えただけでなく、世界初の本当に「クールな」長距離用電気自動車を世に送り出した。しかし、それだけではない。テスラの目標は、近い将来、運転距離八〇〇kmの誰でも乗れる電気自動車を提供することだ。そうなればマスクは、何十年もの間、自動車業界では不可能とされてきたことの実現に完全に成功したことになる。グーグル共同創業者兼CEO（当時）のラリー・ペイジの言葉を引用しよう。

使いたくても使いきれず、いずれ寄付してしまうしかないほどの大金を持てば、自分の時間をろくでもないことのためではなく、何か良いことのために使うべきだ。そういう意味で私は、イーロンを非常にすばらしい例としてみている。彼は、自分がこの世界で何をすべきかを考えた。彼の答えは、より良い自動車を作り、地球温暖化に対処し、人間が地球以外の惑星でも暮らせるようにすることだった。（中略）彼は、本当の情熱さえあれば、他人がクレージーだと思うようなことでも成功させることができるということを世に示した最初の人物だ。だから人はイーロンを見てこう言うのだ。「彼は二度もやってのけた。単に運が良かっただけではないはずだ[16]」と。

マスクはいまやスーパーリッチの一人だ。前述の「デジタル革命」のほかの大物たちが、その間に大金を蓄え、（悲しいかな）もはやその使い道が分からなくなっているのとは対照的に、マスクは人類を救うことに真剣に取り組んでいる。先見性のあるマスクは、その分析と結論で友人や仲間、そして敵さえもくりかえし苛立たせたり驚かせたりするが、資源の浪費が甚だしい世界を、悪い意味でただ斜めに見ているわけではない。五児の父である彼は、ときおり「もっと子どもが欲しい」と口にする。このテーマについて、彼は物議を醸すスタンスをとっており、それをアニメのキャラクター、ビーバスとバットヘッドの作者の言葉を引いて説明している。

マイク・ジャッジは『イディオクラクシー（日本語版ＤＶＤタイトル『26世紀青年』）』で、インテリジェンスのある人間は、少なくともその知性が劣化することのないように注意すべきだ、と言った。「後ろ向きの破滅的な進化の道を歩むことは明らかに良いことではない。少なくとも現状を維持するべきだ。もし知性のあるひとびとの子どもの数が、世代が替わるごとに減っていくとすれば、それも悪いことだろう。ヨーロッパも日本もロシアも中国も、人口動態の衰退に向かっていると思う。実際、繁栄、教育、世俗化はすべて、出生率の低下につながっている。私は、知的な人だけが子どもを産むべきだと言っているのではない。少なくとも現状を維持し、人口増加につながる出生率の達成を図るべきである。実際、非常に知的な女性の多くは子どもを産まないか、産んでも一人しか産まない。本当にそれは、良くないことだ(17)」。

イーロン・マスクの伝記は、自動車メーカーのトップのみでなく、女性の家庭相にも読まれるべきだ。悲しいことに、現在、家庭相にふさわしい政治家がいるとは言えない。この現状を覆すために、私はこの大臣のポジションを、育児休暇、母乳育児、おむつ替えなどについて経験的に知っている女性(兼母親)と男性(兼父親)の二人一組で担当し、同時に大臣の給与を二等分することを提案する。その場合でも、二人の収入は現在の八〇%の家庭の所得の数倍にはなるだろう。

イーロン・マスクの偉大で前向きな業績も、家庭環境を通じて社会性を身につけ、純粋で幸せな子ども時代を過ごすことができたからこそ達成できたと思われる。標準化された「予備軍としての教育」ではなく、もっと「実生活」に参加すること。これはこんにちでもまだ面白く、冒険に満ち、多くを学ぶことができ、そして人間として成長する唯一の機会なのだ。

およそ一〇〇年前、マリア・モンテッソーリはこう言った。「私は、子どものころに両親の信頼のもとで育てられた人間が、より能力を発揮できる新しい社会が到来することは可能だと思う。」スウェーデンの革新的教育学者エレン・ケイは一〇〇年前に、『児童の世紀』でこう警告している。「家庭と（外での）仕事は両立しない！」。一九八六年、ドイツのポップスター、ヘルベルト・グレーネマイヤーは『Kinder an die Macht（子どもたちに権力を）』という歌を書いた。[18] 一〇〇年後の現実は真逆だ。事態はさらに悪化している。しかし、一〇〇年前に、子どもたちのがほとんど家族を失い、ますます「親なき社会」と呼ばれるようになったいまを誰が想像できただろうか。いまや、家庭と子どもたちを社会の中心に戻し、責めるのをやめ、代わりに彼らを支え、大切にするべきときが来た。子どもたちは（再び）より健康で幸せに成長するようになりあらゆる可能性を伸ばす「力」を手に入れるだろう。いずれ必要な「社会変革」や「画期的なイノベーション」は、ひとりでに起こる。私たちがすぐにでもできること、そして求められていることは、もう一度、子どもたちと友達になることだ。

私たちが子どもたちと（もう一度）和解したとき、初めて地球上に本当の平和が訪れるのだ。

手のひらの洞窟

アルゼンチンにある「手のひら洞窟」は、狩猟採集民が残した洞窟壁画のなかでももっとも感動的なもののひとつである。三〇〇〇年から九〇〇〇年前に描かれたものである。(詳しい絵はウィキペディアを参照)。

これらの絵で彼らは何を伝えたかったのか、私たちにはわからない。もしかしたら、「手を差し伸べよ」?

孤独という幻想は、現代の最もネガティブな神話の一つである。

――エルヴィン・ラズロ

エピローグ

人工衛星が私たちの青い惑星やほかの惑星を撮影して以来、私たちは地球がいかにユニークで多様性に富んでいるかということに驚嘆するようになった。

この自己調整有機体である地球の一部が、我々人間である。地球上のあらゆる文化、あらゆる国家、そしておそらくあらゆる社会は、自己調整する有機体として見ることができ、人間と同じように、免疫システムをもっている。この免疫システム、すなわち自己調整力と自己治癒力が機能不全に陥らず、あらゆる種類の生物が永続的なダメージを受けないようにするためには、最優先するべきことがひとつある。それは、私たちの行動や考え方のすべてにおいて、バランスと節度を保つことである。これは、すべての生きとし生けるものに当てはまることであり、社会全体や文化全体と同様に、個々の人間にも当てはまる。

早くは古代から、とりわけ西洋、ヨーロッパ文化においては、ひとびとは「一つのもの」を分割し、区別し、分離しはじめ、最終的には、「善と悪」「正と邪」「観想的人生と活動的人生」「内なる人間と外なる人間」「精神と物質」「(イデオロギー的に) 左と右」など、物事を二元論的に評価するようになった。この「分裂性」を追求する頑固で絶対的な厳密さが、西欧文化がもたらした前代未聞の規模の戦争と流血の原因だと言われてきた。

哲学者、詩人、数学者、天文学者、自然科学者、その他の思想家や研究者がこぞって、世界、自然、人間……そしてもちろん子どもの本質を記述し、説明し、極めようとしてきた。子どもの本質は最初は教会の利益のために追求され、その後、多くの哲学者、心理学者、教育学者によって追求された。しかし、子どもの本質を「つかみ取ろう」と競い合ったのは、決してこれらの大人たちだけではなかった。

しかし、（過去四〇年の間に起こった）家族制度の崩壊に先行して、別の何かが起っていたことに気づいた批評家、偉大な思想家、注意深い記録者は多くない。家族そのものやその価値、そして、社会の前提としてのその重要性は、ほぼすべての主要なオピニオンリーダーの思考から消え去っていた。家族の系譜は重要視されなくなり、子どもは「文章上の子ども」、つまり、知識人が言葉の上であれこれと弄ぶ対象となった。それまでの先進的な文明圏の歴史を研究し『西洋の没落』を著したオスヴァルト・シュペングラーは、中欧において、（ほぼ）全ての文明崩壊に専攻して家族制度への介入と子供の不足があったことを、正しく分析し記した最初の思想家の一人であった。その四〇年後、フランスの歴史家フィリップ・アリエスは、家族制度の崩壊につながった二つの出来事を指摘した。一つは、「学校教育が拡大されたこと」。もう一つは、「すべての子どもの成長に家族や家庭環境が果たす大きな役割を重視することなく、集団としての大人たちが個々の子どもの教育に権威主義的に取り組んだこと」である。

P・アリエスはまた、「（六、七歳以上の）長い子ども時代」という見方は現代のフィクションである、と正しく述べている。また、子どもは援助や養育や教育を必要とするものだ、という考えも同様だ。それらは教会、宮廷、そして最終的にはブルジョワ教育が、建前として考え出したものだ。その目的は、またもや、子どもたちが彼らの地位や世界観、人間観への依存を強め、社会に組み入れられることを遅らせることにあった。家族の連続性が中断されたことで、ひとびとは、イデオロギーやあらゆる形態の全体主義に影響されやすくなった。

もし我々が、子どものいない生活、腐敗と堕落、心身の病、（私たちもその一部である）自然にたいする際限のない搾取、貧富の差の拡大、教育の欠如、人間関係の貧困といった現代の病理的な症状をすべてを、本当に癒したいと願うのであれば、大人たち全体の中心的な関心ごとは必然的に、妊娠からはじまる家庭と子どもの幸福になるはずだ。そして、すべての生きとし生けるものへの敬意になるはずである。そのさいにもっとも重要なことは、子どもたちが自由にのびのびと成長するようにさせることだ。

大人たちの手あかにまみれていない子どもほど自律した者はなく、これほど価値から自由に考え、思考する者はなく、これほど好奇心にあふれ、同時にリラックスした者はなく、これほど決然としていながら、それでいて従順な者はなく、これほど歓びと悲しみの間をすばやく行き来する者はなく、これほど真なる者、これほど無二のものを求めるものはなく、これほど過去や未来、神と繋がっている者はなく、これほど博識で、これほど寛容で、これほど忠実な者はなく、これほど生き生きとした者はない。可能なかぎり最高の個人的成長を達成するためには、子どもは生まれたときから、思いやりのある両親、兄弟、祖父母、そして（善意の）共同体全体を必要としている。

現在、誰もが求めているように見える終日託児所、幼稚園、学校は、子どもたちの教育を維持することも、繁栄を維持することも、ましてや子どもを産まないという問題を解決することもできはしない。それらは、我々を、霊性を備えたあらゆるものと生けるもの、人間と自然から、さらに疎外するものだ。

過去数世紀、ヨーロッパの研究者や思想家たちはおもに、過去に消滅した「高度な文明」について考えてきた。たとえば中国、ペルシャ、そしてとりわけギリシャ／ローマの文明である。驚くべきことが発見され、後世に伝えられた。クリストファー・コロンブスのアメリカ大陸発見以来、我々ヨーロッパ人が（そのほとんどを）服従させ、搾取し、破壊してきた文化（とそれらが栄えた土地）、そして先住民族については、二〇世紀後半にいたるまで、一部のひとびとを除いて私たちは、ほとんど考えてこなかった。先住民文化、あるいは土着文化のことである。それらは、いわゆる「高度な文明」と呼ばれるものよりもはるかに長く生きながらえてきた。現在では、南米や北米の先住民（「インディオ」）は、西暦一五〇〇年ごろにヨーロッパ人に発見されるはるか数千年も前から、その土地に住んでいたことがわかっている。

ヨーロッパ人（おもにイギリス人）が征服」し植民地化する以前、オーストラリアには、それまでのすべての「高度な文明」を合わせたよりも長く、ほぼ平和に存続した先住民の文化があった。それはアボリジニの文化である。彼らは、ヨーロッパ以外でもっとも古い、現在まで系統の続く「現生人類」の代表的な存在であり、およそ三〜四万年前から続いている。

先祖たちが善意や悪意をもって行なったことについて、私たち（とくに我々の子どもたち）がとやかく言われる筋合いはない。しかし我々は、まだ世界中に残っている数少ない先住民族が、平和と尊厳と自決のもとに生きることを認めるべきであり、我々の貪欲さによって、彼らの最後の、そして小さな生息地を破壊すべきではない。我々はまた、これらのひとびとの生き方や考え方から学び、我々の遠い記憶を呼び起こすこともできるだろう。というのも、「遺伝的に、私たちはみな、もとは狩猟採集民だからだ。自然淘汰は何十万年もかけて、我々を現在のような在り方に環境に適応させてきた。人類学者は、狩猟採集生活という生き方を、我々の種がこれまでに生み出した唯一の安定した生き方であると的確に述べている」[1]。

私たちサピエンスは何万年もの間、そしてその歴史の九九・八％においてこのような生活様式で過ごしてきたのである。

この地球上のあらゆる先住民文化がそれぞれにみな多様であったことは事実だが、それらがどれも社会的共同体であることに変わりはない。その思考と行動の中心にあるのは、「私」（エゴイズム、利益追求など）ではなく、「私たち」、つまりコミュニティ全体の幸福である。

ひとびとはたがいに非常に友好的で、「高度に発達した」者たちならすぐに恐怖や不安に陥るような（日常的な）状況を、冷静さとユーモアで受け止めていた。先住民のコミュニティ、文化に恐れはなかった[2]。

全員に影響するような重要な決定は、「西洋」諸国のように多数決ではなく、全会一致で合意するまで徹底的に話し合われた。そのような決定は常に、地球は、私たちの子どもたち、そしてその子どもたちのために貸与されているにすぎないという思いのもとになされた。これから七世代後の子どもたちもまた、同じ生活環境、あるいはそれ以上に良い環境で生きることができるようにと。

このような考え方と行動には、共通項がある。それは、価値を共有し、物事を自分たちで決断することのできる家族というつながりの輪である。家族、そして子ども自身は、必要なときにはいつでも、できる範囲内で、善意のメンバーのサポートに頼ることができた。弓矢を射るなどの技術や、生きるためのスキルをマスターする能力は、家族以外の、そのときにもっとも適したコミュニティのメンバーか

教わった。しかし、すべての先住民、そしてすべての先住文化に共通していたのは、完全に乳離れし、永久歯が生えはじめるまで、つまり六、七歳になるまで、子どもが両親や親戚、そしてコミュニティの日常生活や「実生活」から切り離されることはなかったということだ。つまり人間は、自然には、我々を導き、人の人生に何が重要なのかを示す力があることを、無条件に信頼していたのである。そしてこの場合、子どもの永久歯は、人生最初の、そしてもっとも重要な段階の終わりを示す指標である。

私は「文化的悲観論者」ではないので、遅くとも今世紀末までには、我々が一体感をどのように定義し経験するかを含めて、私たちの文化は再び変化するだろうと深く信じている。そのように変容したコミュニティーでは、六歳未満の子どものための保育園や幼稚園はほとんど存在しなくなり、十歳未満の子どものための義務教育である集団初等教育もなくなる。(3) 家庭内での教育は、ニーズ重視の学校制度と平和的に共存することになる。人間の子どもは、(子どもの期間を経て、一人前の人間となった後、つまり六、七歳以降に) もう一度、現実の生活環境のなかで共同体によって、特定の能力のあるメンバーか、子どもが信頼と (現実の) 関係を築いたメンバーから教育を受けることになる。教育学者や心理学者という職業は、ほかの多くの職業とともに、「過去のもの」になるだろう。

二一世紀のうちに、学校に代わって個人が、自分の豊富な知識と経験を、無条件でコミュニティのほかのメンバーに伝授できる学びの場ができると、私は予見している。老人と若者、男と女、学校と公共の場、子ども時代と大人時代といった隔たりは、もはや存在しなくなるだろう。すべての人が、再び自分自身とコミュニティのすべてのメンバーを、生まれたときから信頼することができるようになるだろう。

このシナリオでは、スペインの不動産バブルの過程で新しく建設された団地やコンクリート都市全体がそうであったように、国の「介護施設」の大部分が空き家となる可能性がある。[4] 現在我々が経験していることは、大きな「教育バブル」のはじまりとも言えるし、イヴァン・イリイチが一九七二年の著書『脱学校社会』ですでに予見していたように、学校と教育のエスカレートとも言える。国立の学校に関しては、学校も教育も一般的に、幅広い多数派からは疑問視されなくなっている。

遅くともその時までは、子どものいない人や高齢者も含め、すべての人が真剣に自問しはじめるだろう。私たちの子どもたちはどこに行ってしまったのだろう？　変貌を遂げた真のコミュニティ（おそらく、現在高く評価されている市民社会）が、健全で力強い家族のための空間を再び作り出すだろう。この変革された社会は、宗教とイデオロギーから再び解放されるだろう。文化的価値や人間性、生命を維持しコミュニティを築く文化的資産が、家族制度なしに、標準化され工業化された大衆教育システムの助けを借りて、次の世代に受け継がれるという思い込みは、現代における最大の過ちのひとつである。

生きているもの、変化するもの、多様なもの、人間的なもの、そしてあらゆる変革と成果のはじまりは、社会の中心に位置する自己決定されたすばらしい家族だ。すべてのはじまりは、真の幸福な子ども時代なのである。

エンドロール

はじめに、真の子ども時代があった
子どもたちは六、七歳までそれを楽しんだ
子ども時代六・七

すべては以前から言われていることだ、
誰も耳を貸さないから、また同じことを言わなければならない。

——アンドレ・ジッド

現代の最大の問題のひとつは、多くの人が学校教育を受けているが、教養のある人がほとんどいないということである。

——トマス・モア（1478-1535）[2]

もし子どもたちが、初期の兆候に従って育てば、この世は天才ばかりのはずだ。

——J・W・フォン・ゲーテ

こんにちの学校は、若者のニーズにも、現代のニーズにも適っていない。

——マリア・モンテッソーリ

そうだ、学ぶことの多い年ごろの子どもを学校に行かせようとする大人たちは、頭がおかしいのだろうか？

——ヒマラヤの言葉

人間は人生のなかで、まず歩き方と話し方を学ぶ。そのあとで、じっと座って口を閉じる方法を学ぶ。

——マルセル・パニョル

一人の教師がすべての教科を教えることができないのなら、
一人の生徒がすべての教科を学べるわけがない。

——不詳

自分に寄せられた信頼ほど、人を強くするものはない。

——ポール・クローデル

このごろでは、ほとんどすべての子どもたちが学校へ行き、いろいろなことがお膳立てされているからだろう、彼らは、自分の考えを生み出すことができないように見える。

——アガサ・クリスティー

子どもに虹を見せている間、仕事は待ってくれる。
しかし、あなたが仕事をしている間、虹は待ってはくれない。

——中国のことわざ

誰もが天才である！
しかし、木登りの能力で魚を評価すれば、その魚は一生、自分は愚かだと信じて生きていくだろう。

——アルベルト・アインシュタイン

祖母は私に教育を受けさせたかった、だから学校には行かせなかった。

——マーガレット・ミード

なぜ私たちは、私たちの子どもを預ける人に、私たちのお金を預ける人よりも、はるかに少ないお金しか支払わないのでしょうか？

——ダニエル・ストローブ

子どものころ、母に言われた、「軍人になれば将軍になれる。修道士になればローマ法王になれる」。替わりに私は画家になり、ピカソになった。

——パブロ・ピカソ

僕たちは、学校に行かなかったからといってルールなしに生きてきたということではないんだ。なぜ多くのひとびとが、自由な人生とはルールや秩序のない人生だと思うのか、僕にはわからない。

——アンドレ・シュテルン

学校に行くと、大きくなったら何になりたいかと聞かれた。私は「幸せ」と書いた。彼らは私に、質問を理解していないと言った。そして私は、彼らは人生を理解していないと言った。

——ジョン・レノン

偉大な発見も進歩もない、この世に不幸な子どもがいるかぎり。

——アルベルト・アインシュタイン

子どもは自分が奇跡であることを知らなければならない。世界の初めから、そして世界の終わりまで、彼のような子どもはほかにいない。

——パウ「パブロ」・カザルス（1876-1973）(6)

注

第一部　二一世紀初頭の子どもと家庭——問われることのなかった問い

第一章　後編＝無言の悲鳴　私たちは、いつまで見て見ぬふりをするのか？

（1）“Komasaufen,” Der Spiegel, April 21, 2014.
https://www.spiegel.de/lebenundlernen/schule/komasaufen-jugendliche-trinken-alkohol-bis-zum-umfallen-a-963018.html

（2）“Jugendliche wollen das Komasaufen nicht lassen,” Welt Online, April 7, 2014.
https://www.welt.de/politik/deutschland/article126660275/Jugendliche-wollen-das-Komasaufen-nicht-lassen.html

（3）“Kriminelle Kids als Spielball der Behörden. Strafmündige. 5.694 unter 14 jährig angezeigt. Die. Jugendämter sind überfordert, Betreuer gesucht,” Kurier, November 22, 2014.

（4）“Die Täter aus dem Kinderzimmer,” Kurier, August 30, 2014.

（5）Birgit Seiser, “Harte Strafen für Mobbing via Internet,” Kurier, January 4, 2016.参照。サイバーモビングというトピックは、ヘンリー＝アレックス・ルービン監督の映画『ディスコネクト』（カリフォルニア州ロサンゼルス：LDエンターテインメント、2012年）のDVDだけでなく、多くの研究でも扱われている。

（6）Michael Winterhoff, *SOS Kinderseele* (münchen: Bertelsmann Verlag, 2013).

（7）“Alarmierend viele Azubis haben Depressionen,” Der Spiegel, June 28, 2017. https://www.spiegel.de/lebenundlernen/job/depressionen-bei-azubis-nehmen-drastisch-zu-a-1154873.html

（8）M. Winterhoff, *SOS Kinderseele*, 2013に引用。

（9）Yang Dongping in *Alphabet. Angst oder Liebe*, Erwin Wagenhofer 監督（Austria, 2013）. ヤン・ドンピンは北京工科大学教育学部の教授であり、学校・教育分野の政府立法に携わる国家組織「二一世紀の教育」の責任者でもある。特に中国の農村部における「教育の平等」を研究テーマとしている。

（10）二〇一五年五月の若年失業率（一五〜二四歳）：ギリシャ四九・七％、スペイン四九・三％、イタリア四一・五％、ポルトガル三三・三％、キプロス三四・四％、クロアチア四三・六％。欧州全体（ＥＵ二八）では、現在二〇・六％である。少なくとも欧州全体では上昇傾向にある。出典：２０１５年6月30日付ユーロスタット調べ。

（11）マティアス・クルパ ＤＩＥ ＺＥＩＴ（オンライン）,「ヨーロッパ内は、くそったれ！」、２０１２年6月7日

（12）Hans Kruppa, *Kaito: ein Märchenroman*, Knaur TB, 2004

（13）ミヒャエル・ヴィンターホフ著『SOS Kinderseele』（２０１３年）第一章のタイトル

第二章　前編＝家族・学校政策　あるいは子どもへの裏切り

（1）それでも、Lernwelt.at（学びの世界、オーストリア）やSchule-im-Auf-bruch.de（立ち上がる学校、ドイツ）のようないくつかの運動は、（一般の）学校において、ボトムアップで二一世紀の学習の変革を推進しようとしている。我々は、意欲的な政治家の出現を待つ必要はない。

（2）ＰＲＯＦＩＬ（オンライン版）：「新しい中学校。なぜ失敗しなければならなかったのか」、二〇一四年二月一〇日

（3）もし読者が、幸せな子どもたちや生徒たちの話を読むだけでなく、彼らの姿を観たり、彼らが考える成功した学校とは何か、（今日の）学校はどうあるべきかを聞きたければ、ドイツのドキュメンタリー映画『スクールズ・オブ・トラスト（Schools of Trust）』をお勧めする。そして、この後もまた二十年間も「学校論争」が終わるまで待ちたいと思わない全ての親と教師にも是非とも観てほしい。

『スクールズ・オブ・トラスト』は、ハンブルクの中学校教師クリストフ・シューマンと、元経営学部の学生トーマス・メラーによる映画である。二人は三大陸六カ国を旅し、二〇以上の革新的な学校を訪問した。二人の荷物には、カメラとスーツケースいっぱいの質問が含まれていた。子どもたちが楽しんで学ぶ学校はあるのだろうか？　子どもたちが幸せで、自然な好奇心を邪魔されることなく伸ばす自由があるような学びの場とはどのようなものだろうか？　子どもたちが自分らしくいられる場所を与えられたらどうなるだろうか？

六〇分ほどの時間があれば、誰でもこれらの疑問に対する答えを見つけることができる。幸せそうな教師たち、親たち、子どもたちの姿を見聞きできるだけでなく、科学者やビジョンを現実にした人たちの発言も数多くある。映画（本）『アルファベット』参照。

（4）国際的な調査によると、完全不登校の子どもたち（公立学校に通わず、不登校／ホームスクーリングをしている子どもたち）は、学校教育を受けている子どもたちよりも、社会的スキルが高く、一般教養が広く、民主政治への意識が高く、選挙に参加し、図書館を頻繁に訪れ、共感力が高く、生涯にわたって学習へのコミットメントを持ち続けている。『ノイブロンナー事件』、アルノ・シュテルン、そして国際的な不登校／ホームスクーリング運動については、後で詳しく説明する。

（5）これは、ピンク・フロイドのアルバム『ザ・ウォール』に収録されている「アナザー・ブリック・イン・ザ・ウォール」の一節である。一九七九年に発表されたこのロック／ポップ・アルバムは、音楽史を塗り替えた。引用された曲とアルバム全体は、間違いなくまた関連性がある！

（6）同様の「プロジェクト」は、ここオーストリアでも知人を通して知っている。

（7）M. Winterhoff: SOS *Kinderseele*, Bertelsmann Verlag, 2013

（8）Ibid.

（9）DIE PRESSE, Werte : 'Wels FPÖ wants to oblige children to read poetry', 10 March 2016. DIE PRESSE, Gedichtepflicht im Kindergarten: „krimineller Unsinn", 11 March 2016 and ORF (News), Scharfe Kritik an Welser Wertecodex, 11 March 2016参照。

（10）私の娘（二〇〇キロ離れたところにいる）は、このナンセンスな食事の強要に本当に苦しんでいたので、私は幼稚園の園長と話したいと思った。親権を持たない親として（オーストリアに限らず、別居している父親の九〇パーセントがそうであるように）、無理かもしれないとは思ったが、先生に電話をかけ個人面談を申し出た。自己紹介の後、彼女の最初の質問はこうだった：「親権はありますか？」私は正直に「いいえ」と答えた。それについて説明をする間も無く、「親権がないのでしたら、あなたと話すことはできません。」と彼女は言った。教育上のイデオロギーや経済的理由で子どもたちではなく、法的理由で生贄になる。どちらも同じことだ。二一世紀の幼稚園での「教育と「養育」をテーマにした事例は他にもある。二〇一七年一月、ドイツの複数のメディアが、給食を強制されている幼稚園についてレポートした。現在、多くの幼稚園で一般に行われていることが、「Die kleinen Giraffen（幼いキリンたち）」という幼稚園では、更なる暴力行為によって「より効率的に」行われた。三歳から六歳の子どもたちに強制的に食事を与えるために、子どもたちは椅子に縛りつけられた。この幼稚園の宣伝文句は、「私たちの幼稚園では、先生たちが自分で鍋を炊くので、食事はとてもおいしいのです」というある詩の一節だ。「体を鍛え、体力をつけることも必須なのです……」。この児童虐待の実態はある教育実習生によって発覚され、児童少年局に報らされた。児童虐待に関する疑惑は検察によって確認され、幼稚園は閉鎖された。二〇一六年六月、マインツの幼稚園で、子どもたちが数ヶ月にわたって他の子どもたちから殴打され、暴行、脅迫を受け、恐喝されていたという報告がなされた。これも当局によって確認され、幼稚園は（一時的に）閉鎖された。

幼稚園での「育成と教育」をめぐるもう一つの事件は、二〇一七年一月に世間に広く知られるようになり、ソーシャルメディア上で抗議の嵐を巻き起こした。ノルウェーの奥地で、ある幼稚園が三歳から六歳の子どもたちをトナカイの屠殺場に連れて行き、子どもたちに積極的に参加させた、という事件だ。この「教育上の」試みは、写真付きで記録されている。子どもたちは血まみれのトナカイの皮を雪の上を引き摺ったり、動物の頭を大きな弧を描いてゴミ箱に投げ入れたりした。園長による「教育上の」正当性の主張は、①「この遠足は、スカンジナビア北部の先住民であるサーミの生活を学ぶために企画された。」②「子どもたちをトナカイの屠殺に参加させるかどうかは、親たちに選択の自由が与えられていた。」③「この世界の多くの人々は、スーパーに肉を買いに行くだけで、その肉がどこから来るのか考えていない。（…）私たちは、このことを人生の早い段階で子供たちに教えることが重要だと考えている」（出典：FAZ、FOCUS、BILDなど）。この主張は間違っている！　この年齢（三歳から六歳、あるいはそれ以下）では、子どもは何かを「教えられるべきではないし、教えることもできない。」

ジェンダーの社会における主流化であれ、強制的な食事であれ、性教育であれ、宗教教育であれ（中略）、この世界のあらゆる文化的領域では、（本来の）子ども時代、つまり六〜七歳までの間に、子どもたちが何を合理的かつ分別を持って教えられるかという認識が、ますます薄れてきており、場合によっては完全に失われているように思われる。本書で詳しく説明されているように、サピエンスが進化に成功してきた秘密は、何万年もの間、私たちの祖先が小さなホモサピエンスを（本当の）子ども時代にあらゆるものから守り、遠ざけてきたという事実にあるのだ。

（11）Andreas Salcher: *Der Talentierte Schüler und seine Feinde*, Ecowin, 2008.

（12）Alice Miller: *Das Drama des begabten Kindes und die Suche nach dem wahren Selbst*, Suhrkamp, 1983.

（13）保護者の話によると、（ウィーンの）多くの託児所では、一歳半から三歳までの幼児一〇人を一人の教師が担当している。教師は幼児発達心理学の特別な訓練を受けていないこともあり、保育士がこの年齢の子どもに「正しく」対応するのに必要なスキルを持っているかどうかもチェックされていない。オーストリア（および他の国）の託児所における実際の保育比率に関する公式の数字は、現在のところない。

（14）ウーテ・ブリュールがテレジア・ヘルプストとのインタビューで語った。クーリエ紙「託児所の大人数。心理学者テレジア・ヘルプストがスタッフ不足と親へのプレッシャーを批判」二〇一四年八月二七日

（15）両親の報告は、二〇一四年八月二七日付クーリエ紙の上記引用記事の同じページに掲載されている。

（16）SPIEGEL：'Klein-Kind Betreuung: Rechtsanspruch auf Krippenplatz bedroht', 12. Juli 2012.

（17）Ibid.：保育の比率に関する国際的な研究は若干異なる。ドイツ語圏乳幼児健康協会（GAIMH）は、三歳未満児の託児について、「一：三よりも一：二に近い」保育比率で、六〜八人の少人数の年齢混合グループを推奨している。年齢混合グループが有益かどうかについては、研究によって意見が分かれている。保育者の数が一定であることが一貫して求められている。二〇一四年現在、ドイツとオーストリア（およびその他の国）のほとんどの託児所は、この要件も上記の保育比率も満たしていない。推計によると、ドイツでは保育士一人に対して幼児が平均六〜八人である。

（18）FOCUS (online), Report: 'Verrat an der Familie', 6. Oktober 2014

（19）SPIEGEL (online): ,Kita-Betreuung: Klein-Kinder haben eine 38-Stunden-Woche', 16. Sep-tember 2015

（20）,Die Verzweckung der Kindheit', in: Wagenhofer: *Erwin und Kriech-baum, Sabine und Stern, André, Alphabet. Angst oder Liebe*, Ecowin, 2013.

（21）Birgit Kelle: in: *The European, Margot Honeckers ganzer Stolz*, 8. Juli 2015.

（22）M. Winterhoff: *SOS Kinderseele*, 2013.

（23）スカンジナビア諸国やカナダなどで、近年、あらゆる面で学校改革が継続的に行われているのとは対照的だ。

（24）'Die Verzweckung der Kindheit', in: Wagenhofer/Kriechbaum/Stern: *Alphabet. Angst oder Liebe*, 2013.

（25）学校だけでなく、いくつかの法律用語：「(学校) 教育を受ける権利」、「学校法」、「義務教育」、「国家カリキュラムと教科専門科目の決定」、「義務教育」、「法定幼稚園義務」、「託児所入所の法的資格」、「親権法」、「家族法」、「子どもの最善の利益」などの法律用語。いずれにせよ、すべての子どもに同じように適用されるべきものを決定するのは、常に大人（「専門家」）である。

（26）前著『Ich will zu dir!（お父さんと暮らしたい）』――引き離された子供たち、母親の毒殺、国家テロ、Liberi&Mundo,2020

（27）J.T. Gatto:『バカを作る学校』*Verdummt noch mal (Dumbing us down). Der unsichtbare Lehrplan oder Was Kinder in der Schule wirklich lernen*, Genius Verlag, 2009

（28）リヒャルト・ダーヴィド・プレヒト（『アンナと幼稚園と愛しき神様』所収）やティロ・ザラティンは、すべての子どもに幼稚園を義務化するよう繰り返し訴えている。

（29）Jesper Juul: *Wem gehören unsere Kinder? Dem Staat, den Eltern, oder sich Selbst?*, Beltz,2012

第三章　核心部＝子供と家族の無価値化と疎外

（1）国家社会主義者が政権を握るまで、ドイツには「家庭教育」という合法的な選択肢もあった。これは、親自身が組織することも、家庭教師に依頼することもできた。「家庭教育」の可能性は、ナチス以前からドイツだけでなく、ヨーロッパのすべての国に存在し、今でも存在している。しかし、ここ数十年のホームスクーリング／不登校運動は、後述する一八〜一九世紀の「ブルジョワ」的な家庭教育とはもはやあまり共通点がない。

（2）Richard David Precht, *Anna, die Schule und der liebe Gott*（2013）参照。数年前、オーストリアでは就学前最後の年である「義務教育年限」が法律で導入された。この法律では、両親の申し出により、義務教育である幼稚園の就園を免除することができると規定されているが、オーストリアの多くの親はこのことを知らない。この義務教育年限は、主に移民の子供たちのために導入された。

（3）Klaus Schleicher(ed.): *Elternmitsprache und Elternbildung* Düsseldorf, Wchwann, 1973 にて引用。

（4）R. D. Precht: *Anna, die Schule und der liebe Gott*, 2013, Kindergartenpflicht の章を参照。

（5）J. Juul: *Wem gehören unsere Kinder?*, Beltz, 2012 においてユールが書いているように、私たちは間もなく「高齢者、子ども、若者のための独立した居住区を作ることになるだろう。」

（6）二〇〇〇年に入って以来、ヨーロッパでは、程度の差こそあれ、いたるところで学校改革に関する集中的な議論が行われてきた。アメリカでは、ジョン・テイラー・ガットの著書『バカを作る学校』*Dumbing Us Down*（New Society's Publishers, 1991）（『バカを作る学校——義務教育には秘密がある』、高尾菜つこ訳、成甲書房、二〇〇六年）から始まった。J・T・ガットは三〇年以上教師を務め、「ニューヨーク州最優秀教師」として何度も表彰された。*Dumbing us down* は、彼が書いた教師としての「辞表」である。私たちの（旧態依然とした）学校制度をこれほど鋭く的確に批判している本は稀だ。また、学校自体に目に見える理由や原因がないにもかかわらず、学校がわが子を悪い方向に変えようとしていると感じている親たちにも、薦めたい本である。

（7）ここでは典拠を示さないことにする。引用のひとつひとつが別の政治家（大臣）のものであり、その名前を挙げないのは、私自身が彼らの集団的劣化に加担したくないからである。さらに決定的な理由として、本書では（他の著者の文章を引用する場合を除き）一般的に政治家の名前を挙げることを控えている。過去一五年間に女性政治家が家族／教育／リモートケアというテーマで行ったほとんどすべての発言は、党派に関係なく（緑の党、社会民主党から保守政党まで）、内容的にはほんのわずかしか違わない。それらは本質的に同じであり、したがって交換可能だ。かつて、あらゆる戦争は言葉の戦争から始まった。民主体制における政治の使命は、すべての人々に敬意と感謝を示すことだろう。

（8）様々な女性政治家の「発言」のひとつは、オーストリアの長年の女性・家族問題担当大臣、そして二〇一六年五月までは教育大臣（！）であった女性のものである。彼女は長年にわたり、父親と「伝統的」家族を蔑視する発言を繰り返してきた。彼女には子供がいない。

（9）Christine Bauer-Jelinek: *Der Falsche Feind: Schuld sind nicht die Männer*（『間違った敵』：悪いのは男性ではない）Ecowin, 2012. 著者自身一九六〇年代から七〇年代の女性（ウーマン・リブ）運動で活躍し、心理療法士であり、有名なビジネス・コーチとして女性と男性のカウンセリングを行っている。『間違った敵』は、フェミニズムとの「決別の書」ではなく、過去一五年間の政治的な「万能のフェミニズム」が、いかに社会の結束を脅かすものとなったかを鋭く指摘している。

（10）Thorsten Denkler in: *SZ*, 'Getrennt heißt nicht alleinerziehend（離婚は片親を意味しない）', '20. April 2015.「両親が離婚した子供たち」および、離婚が子供たち、親たち、ひいては社会全体に及ぼす影響というテーマに関して、SZ（南ドイツ新聞）に一読の価値のある（そして長文の）記事がある。ラース・ランゲナウのジャンネット・ハーゲンへのインタビュー記事：SZ, 'Die Mütterhoheit gehört vom Thron gestoßen'（地に落ちた母親の威厳）, 8. Dezember 2015. ジャネット・ハーゲンは「離婚児」であり、彼女の心の傷と、ほとんどすべての離婚児に起こる心の傷について本を書いた。「父親のいない社会」とその社会全体への影響というテーマで最も重要な本のひとつである。Jeanette Hagen: *Die verletzte Tochter: Wie Vaterentbehrung das Leben prägt*, Munich: Scorpio Verlag, 2015.

（11）Birgit Kelle: *Dann mach doch die Bluse zu -Ein Aufschrei gegen den Gleichheitswahn*, Adeo Verlag, 2013.; 'Von Eltern und anderen Erziehungs-Dilettanten'の章より引用。

（12）第二次世界大戦後、我々ヨーロッパ（特に中欧）人がその社会発展に追随する傾向にあるアメリカでは、すでに「年金生活者の町」が現実のものとなっている。（裕福な）年金生活者のための人工的なバンガロー・タウンでは、子どもは歓迎されない。孫は2週間に一度、決まった時間にしか祖父母を（短期間）訪ねることが許されない。孫たちがプールやゴルフ場などのある敷地に立ち入ることが許されるのは、ごく限られた範囲内で、決められた「面会時間」の間だけである。例えば、インターネットの「Kern-City」を参照されたい。これをアメリカの「行き過ぎ」と非難することもできよう。しかし構造としては、私たちヨーロッパは長い間この道を歩んできたことも確かだ。「子どもと家族＝望ましくないもの」、「家族が政治に直接関わることから疎外し、切り捨て、罰則化すること」について、このセクションで挙げた例は、残念ながら、氷山の一角にすぎない。

(13) Christine Bauer-Jelinek: *Der Falsche Feind*, 2012.

(14) SPIEGEL (online), 'Deutsche wollen am wenigsten Kinder', 20. November 2013. この記事は、ヨーロッパとの比較に関するものだ。EU圏内では、ドイツはここ数十年出生率が最低である。国際的な「ランキング」は二〇一二年のものである。過去一〇年間、各国の順位はわずかな変動しかなかった。出生率は基本的にしばらく停滞または低下している。近年、出生率が再びわずかに上昇しているのはアフリカ大陸だけである。しかし、内戦、飢饉、病気（乳幼児死亡率の高さ）により、出生数の増加は視野に入っていない。ハンブルグ国際経済研究所の調査によると、二〇一三年の出生率はドイツが世界で最も低く、次いで日本だった。特に以下を参照：SPIEGEL（2015. 6. 1）「驚くべき統計：突然、世界で最も低い出生率に」

(15) ドイツではこの一〇年間、公共の場とメディアによる幅広い議論のおかげで、状況は改善傾向にある。さまざまな科学分野の専門家が、子どもにとって父親がいかに重要であるかを強調しなければならないのは衝撃的だ。子どもの法制度化と、（科学的根拠のない）母親の第一義的重要性の過大評価（親離れの後）は、すべての西洋の法治社会で同じような展開になる傾向がある。以下もまた、家族（と子どものニーズ）からの疎外がいかに大きいかを示している。オーストリアでは数年前から、別居中の親の祖父母も、別居中の孫のために裁判所命令の面会交流権を申請することが「認められている」。裁判所の慣例では、二週間に一度、祖父母のための午後の時間を設けている。ただし、それが「子どもの最善の利益」に適うという条件付きである。これは、家族の現状を考えると恥ずべきことだと言える。

(16) マルガレーテ・ドゥーリン ZEIT紙記事、「遠隔の愛。フランスにおける早期育児は代償を伴う。女性はますます子供たちから疎外されていると感じている」、2013. 9. 5。さらに興味深い記事として、ジュヌヴィエーヴ・ヘッセ：SPIEGEL誌, フランスの母親たち：母乳育児への抗議, 26. October 2013.

アートは、「ホットな」社会問題、倦怠感、望ましくない出来事などを、凝縮された象徴的な形で要約する媒体であったし、いまもそうである。二〇〇六年、フランスではオムニバス形式の映画『Paris, je taime』が公開された。（この長編映画のために、一八人の国際的な映画監督がパリを題材にした約一〇分間の作品を撮影した。私にとって最も感動的な作品は、ウォルター・サレス監督の短編映画『Loin du 16e』である。筋書きを簡単に説明すると、パリ郊外で若い母親アンナが朝早く起きる。愛情をこめて赤ん坊を抱き上げ、地下鉄で長距離を移動し、託児所に赤ん坊を預ける。ベビーベッドで泣いている赤ちゃんに、優しくスペインの童謡を歌う。その後、バスと地下鉄を乗り継いでパリの裕福な地区に行き、乳母として働く別荘に入る。その家の裕福な母親は、いくつかの簡単な指示をして家を出る。アンナは長い廊下を歩いて部屋に入る。そこで彼女はベビーベッドにかがみ込み、赤ん坊（映画には登場しない）にスペインの童謡を歌う。その童謡は、アンナが一時間ほど前、別れを告げるときにベビーベッドで自分の赤ちゃんに歌ったものと同じ歌だ。同じように優しく歌う。フランスでは、「ベビーベッドの習慣」が長い間疑問視されてきた。この映画のように「詩的」なタッチではないが。

（17）以下では、SECCYD研究とNICHD研究の両方に言及した論文『Effects of early childhood group care on development and health of children（幼児期の集団保育が子どもの発達と健康に及ぼす影響）』から、再度、より詳細に引用する。「子どもたちが施設で過ごした時間（累積）が長いほど、後に非社会的行動が多くなった（教師によるアンケート項目：例えば、口論、喧嘩、器物破損、自慢、嘘、いじめ、下品な言動、残酷さ、不服従、頻繁に大声を出すなど）。これらの変化は時間の経過とともに安定しており、驚くことに集団監督の質とは無関係であった。

「子どもたちが施設で過ごした時間（累積）が長いほど、後に非社会的行動が多くなった（教師によるアンケート項目：例えば、口論、喧嘩、器物破損、自慢、嘘、いじめ、下品な言動、残酷さ、不服従、頻繁に大声を出すなど）。これらの変化は時間の経過とともに安定しており、驚くことに集団監督の質とは無関係であった。一五歳になった青少年では、より衝動的で危険な行動（アルコール、喫煙、薬物、武器の使用、盗み、破壊行為）へと変化した。ストレスレベルを調査した結果、次のことが明らかになった。生理的なコルチゾールのプロファイルは、朝は高水準で、夕方にかけて明らかに低下するが、集団保育の子どもには見られないことが多い。終日保育の場合、最大八〇％の子どもが、一日のうちにコルチゾール値が上昇するという逆転現象さえ見られる。質の高い保育は、この影響を緩和することはできるが、なくすことはできない。メタ分析によると、調査対象の子どもが幼ければ幼いほど、日々のコルチゾールのプロファイルが顕著になることが示された。ウィーンの託児所研究では、特に二歳未満の子どもたちのストレスホルモンプロファイルが著しく好ましくない変化を示した。したがって、設備の整った託児所であっても、一般的には家庭環境のストレス緩衝効果に取って代わることはできない。（中略）ストレスに関連した免疫系の抑制は、病原体への暴露の増加と相まって、早期集団保育の子どもたちの感染症（中耳炎、上気道感染症、胃腸炎）の罹患率の上昇につながる。ストレス処理の機能不全は、代謝の変化にもつながる。米国の研究では、早期集団保育とその後の肥満との間に相関関係があることが判明した。マンハイム縦断研究では、幼児期にストレスにさらされた若年成人において、冠動脈性心疾患の危険因子であるHDLコレステロールとアポリポ蛋白質A1の有意な低下が認められた。もう一つのストレス感受性疾患である神経性皮膚炎は、六歳までの早期保育で有意に発生頻度が高くなる。就学前の慢性頭痛に関する研究では、多変量解析の結果、集団保育への終日参加が唯一の有意な危険因子であることが判明した。（中略）人口全体では、うつ病の継続的な増加（現在の有病率は最大二〇％）があり、発症年齢がますます早まっている。超早期集団保育の広範な導入は、こうした傾向をさらに強める可能性が高い。—子どもが生まれてから5年間は、経済的支援を得た子育ての時間を通じて親の教育を促進すべきである（「親を支援する」）。二保育の質、特に託児所は高い基準を満たすべきである（「保育の質の向上」）。〇～三歳児が保育園で過ごす時間をできるだけ短くする（「子どもが保育園で過ごす時間を減らす」）。DGSPJはすでに、幼児保育の質を向上させる姿勢を打ち出している。ドイツの集団保育所では、低水準（一／三）から中水準（二／三）が主流である。必要な高い質は二％の施設にしか見られない。カナダの大規模な調査によると、低から中程度の質の早期保育と親の雇用の組み合わせは、子どもだけでなく親にも悪影響を及ぼす。（現在の託児所拡大計画は、主に経済的側面から決定されており、健康面はほとんど無視されている。しかし、健全な発達のためには、子どもは両親の愛情と時間を必要とする。記事全文は Kinderärztliche Praxis 82 (2011) No.5 (www.kin-deraerztliche-praxis.de) 米国の研究だけでなく、カナダの長期研究でも、早期外部保育や託児所と肥満との間に有意な相関関係があることが立証されている。カナダでは、「幼稚園」は五歳、早くても四歳からしか始まらず、義務教育（実際には義務教育）が始まる六歳まで続く。幼稚園はどちらかというとプレスクールのようなもので、子どもたちは一日に数時間しかそこで過ごすことが「許されていない。」カナダにも保育園はあるが、アメリカやヨーロッパほど多くはない。イギリス、フランス、カナダの科学者たちが、一歳から四歳までの一六四〇人の子どもたちを一〇年間にわたって追跡調査した。家族関係や経済的なデータに加え、研究者たちは、デイケアに通ったり親戚の家に預けられたりする子供と、日中主に家庭で両親の世話を受けている子供とを区別した。長年にわたり、体重、身長、脂肪組織なども国際基準（IDTF）に従って定期的に測定された。その結果は驚くべきものであった。研究期間終了時、「託児所・保育園児」であった子どもたちは、家庭で育てられた子どもたちよりも、太りすぎの子どもや肥満の子どもの割合が五〇％も高かったのである。研究者らは、母親の肥満、収入、食事、授乳、労働時間などの既知のリスクを除外した。研究：Marie-Claude Geoffroy et. al, Childcare and Overweight or Obesity over 10 years of Follow-Up. The Journal of Pediatrics, 8. November 2012.

（18）二〇一三年、Bonnie Ware: *5 Dinge, die Sterbende am meisten bereuen*（『死を迎えた人のほとんどが後悔する五つのこと』）が出版され、ベストセラーになった。その理由は、タイトルによるところが大きい。読者も批評家も、実際の主題である著者と死を迎えた人々との会話が後回しになっていることに最初から気づいていたのだ。この七年間、「終末期」や「死」をテーマにしたドキュメンタリーが紙媒体や、とりわけテレビで数多く放映された。安楽死、死への幇助、ホスピスでの生活といった用語は、大多数にとってなじみのあるものだ。死を間近に控えた人たちからの報告のほとんどすべてで顕著なのは、何がおろそかにされたのか、何が省略されたのか、間違った決断の問題で主に悩まされているということだ。第一に、自分の子どもについてである。

（19）J. T. Gatto: *Verdummt noch mal!*, 2009.

(20) Ibid.

(21) In: KURIER, ‚Jungen vergeht Lust auf Kinder', 10. Juli 2013

(22) In: SPIEGEL (online), Kinderarmut in Deutschland, 9. Jänner 2014

(23) ドイツがギリシャに対して「緊縮政策」を執拗に続けていることを受けて、乳幼児死亡率をめぐるメディアにおける論調は、各方面ともこの問題を軽視している。基本的に、乳幼児死亡率（一歳まで）と小児死亡率（五歳まで）は区別される。両者の原因は時に異なる。また、公式統計は（それなりに正確ではあるが）推計値であることが多い。これは決してドイツのギリシャに対する「緊縮政策」を正当化するためのものではない。しかし、後述するように、他の多くの「豊かな社会」の子どもたちや家庭もまた、どんどん悪化しているのである。

(24) Peter Sloterdijk, *Die schrecklichen Kinder der Neuzeit*, Suhrkamp, 2014.

(25) Barbara v. Meibom, 'Vom Ich zum Du zum Wir?', in: G. Hüther/C. Spannbauer (Herausge-ber): *Connectedness. Warum wir ein neues Weltbild brauchen*, Hans Huber Verlag, 2012.

(26) J. T. Gatto, *Verdammt noch mal!*, 2009.

(27) 歴史家のユヴァル・ノア・ハラリは、この言葉を次のように定義している。「親密な共同体とは、互いをよく知り、生存のために依存し合う人々の集団である。」

(28) In: SPIEGEL (online), ‚Korruption im Gesundheitswesen: Kassen-Detektive jagen betrügerische Ärzte', 23. Dezember 2013.

(29) Bericht der Statistik Austria, *Die Kosten der Pflege und Betreuung. Ein Ausblick auf 2030*, 29. Juni 2011.

(30) 「ウロボロス」はギリシャ語で「自己喰種」と訳される。

(31) Y. N. Harari: *Eine kurze Geschichte der Menschheit*, 2013;『サピエンス全史』上・下、柴田裕之訳、河出書房新社、2017.

(32) 『易経』は、中国古典の中で最も古い書物である。その起源は紀元前三千年まで遡ると推定されている。

(33) G. Hüther/C. Spannbauer: 'Ein Plädoyer der Verbundenheit', in: G. Hüther/C. Spannbauer (Herausgeber): *Connectedness. Warum wir ein anderes Weltbild brauchen*, 2012.

(34) この三〇年間で、過去数世紀で最大の社会的「再編成」が行われた。平時において（!）、子どもたちが第二の親（通常は父親）とこれほど接触しなくなったことはかつてなかった。さらに、この二〇年間に「最終的に定着した」長いプロセスの中で、一〇歳頃までの子どもの養育も教育も、すべて女性の手に委ねられることになった。大半の子どもは母親が面倒を見るか、父親と別居している。八〇%以上が女性、つまり保育所、幼稚園、小学校で働く女性の権威者である。ここ数十年、教育学、心理学、そして神経生物学の分野の著者や科学者たちは、このことが子どもの全体的な発達に悪影響を及ぼすことを指摘してきた。子どもには、女性／母親の役割モデルと男性／父親の役割モデルという、両方の役割モデルと同一視の機会が必要なのだ。女児にとって、父親との対等な接触は、生後最初の数年間と思春期に特に重要である。父親と良好で定期的な接触がある（母親と同等であるべき）男児は、父親との関係に問題があり、接触がほとんどない、あるいは全くない男児に比べて、学習意欲が高く、後に依存行動（アルコール、薬物）に走りにくく、健康で、精神が安定しており、攻撃的でなく、犯罪に走らない。

(35) 参考文献に挙げたドイツの神経生物学者、ゲラルト・ヒューター教授の著作も参照のこと。この科学者は、人間の脳の複雑さと「脳の奇跡」を一般的に理解しやすい言葉で説明することに成功している。

(36) 一九五四年一一月四日、オスロでのアルベルト・シュバイツァーのノーベル賞授賞式のスピーチより。

第二部　子どもと家庭の歴史を辿る

第四章　ナイチンゲール、線虫、あるいは家族の中で進化するヒト

(1) ウィリアム・シェイクスピアは最も有名な恋愛劇の一つ『ロミオとジュリエット』の中でナイチンゲールを小道具として使った。この劇は一五九七年にロンドンで上演されたが、親同士のいさかいが子どもの魂を閉じ込める最大の檻であるということを描き、痛ましい家族像を現した劇でもある。

(2) G. Hüther: "Initial programmierbare Konstruktion: Gehirne von Vögeln, Beutel- und Säugetiere," in *Bedienungsanleitung für ein menschliches Gehirn* (Göttingen: Vandenhoeck & Ru-precht, 2010).

(3) Ibid.

(4) Ibid.

(5) G. Hüther: "Zeitlebens programmierbare Konstruktion: Gehirne von Menschen," in *Bedienungsanleitung für ein menschliches Gehirn*, …

(6) Balthasar Gracián (1647), *Hand-Orakel und Kunst der Weltklugheit*. Übertr. von Arthur Schopenhauer (Zurich: 1993)

(7) G. Hüther: "Zeitlebens programmierbare Konstruktion: Gehirne von Menschen," in *Bedien-ungsanleitung für ein menschliches Gehirn*, …

(8) Ibid.

(9) Hans-Peter Dürr: "Teilhaben an einer unteilbaren Welt. Das ganzheitliche Weltbild der Quantenphysik," in

Hüther and Spannbauer (Ed.), *Connectedness. Warum wir ein anderes Welt-bild brauchen*, …
（10） Yuval Noa Harari: *A Brief History of Humankind*, …
（11） Gestrich, Krause and Mitterauer: *Geschichte der Familie*, …
（12） Ibid.
（13） Ibid.
（14） Andreas Pollak: "'Die meisten unserer jungen Leute sind funktionelle Analphabeten.' Interview: Was tun mit 72 000 jungen Österreichern, die kaum lesen und schreiben können? Kritische Töne vom Sozialexperten Andreas Pollak," September 28, 2014.
（15） „Projekt A-Z, Alphabetisierungsprojekt," (Vienna: Sozialministerium) www.projekt-a-z.at
（16） Gestrich, Krause and Mitterauer: *Geschichte der Familie*, …

第五章　「教えること」から指導へ

（1） マリア・モンテッソーリ（一八七〇－一九五二）は最も知られた教育改革者である。近年、Rebecca and Mauricio Wildが「非指示」教育運動を設立し、教育法改善と学校改革に影響を及ぼし続けている。ドイツにおける(Freie) Aktive Schule（(自由）アクティヴ学校）は、エクアドルでワイルド夫妻が設立したフリー・スクールであるペスタを目標にしている。過去一五年間、デンマークの教育者・文筆家・家族セラピスト・コンフリクトカウンセラーのイェスパー・ユール（Jesper Juul）も様々な教育法・教育改革の理念を訴え、ヨーロッパにおける学校改革（自由で民主的）と、改革教育学の教授法や概念化に対するさまざまなアプローチに大きな影響を与えた。ユールの力点は、しかし、学校より家族と親と社会的なアプローチに置かれている。本書でも彼の考え方や洞察を数多く紹介する。
（2） G. Hüther in Wagenhofer, Kriechbaum and Stern:*Alphabet*, …
（3） G. Hüther: *Was wir sind und was wir sein könnten. Ein neurobiologischer Mutmacher*, (Frankfurt on the Main: S. Fischer Verlag, 2011).
（4） Ibid.
（5） Ibid.
（6） Ibid.

第六章　「善い人」、そのロールモデルと子どもの「現実の人生」における社会化

（1）「赤ちゃんテスト」については、Wagenhofer, Kriechbaum und Stern, *Alphabet. Angst oder Liebe* の「良き人間になるために生まれた」から「犬が犬を食べる社会」までの各章に詳細は記述がある。

（2）Ibid.

（3）Naomi Klein,: *Die Entscheidung. Kapitalismus vs. Klima* (Stuttgart: Fischer Verlag, 2015)のいくつかの研究から引用．基となった研究は英語で書かれ二〇一四年に発行された以下の著作である。*This Changes Everything. Capitalism vs. The Climate.*

（4）Peter Gray,: *Free to Learn: Why Unleashing the Instinct to Play Will Make Our Children Happier, More Self-Reliant, and Better Students for Life* (New York: Basic Books, 2013)より引用。この著書の中で著者はSara Konrathや他の研究者の長期にわたる研究結果が示す自己愛と共感性の欠如について、引用元を詳細に記し引用している。

（5）"Ich möchte ein Marienkäfer sein," interview with Michael Douglas in *Kurier*, July 19, 2015.

（6）G. Hüther, *Was wir sind und was wir sein könnten*, …

（7）P. Gray, *Free to Learn*, … において引用。

（8）英語版*Centuries of Childhood. A Social History of Family Life.* (New York: Vintage, 1965)であるが、オリジナルの仏語版は一九六〇年出版の*L'enfant el la vie familiale jous l'ancien régime.*である。独語版はPhilippe Ariès, *Geschichte der Kindheit* (Munich: Carl Hanser Verlag, 1975).『〈子供〉の誕生　アンシャンレジーム期の子供と家族生活』、みすず書房、一九八〇年)

　アリエスの一連の著作はヨーロッパにおける子供時代の歴史についてのもので、多くの研究者の目を開かせ、さらなる歴史研究や科学的研究につながった。子ども時代と家族の形態が昔はどのようなものであったか、そしてそのイメージがここ二世紀ほどで様変わりしたことを述べており、すべての人々にお勧めしたい。本書でもこのあと、アリエスの著作から多数引用していく。

（9）Ph. Ariès: *Centuries of Childhood*, …

（10）Ibid.

（11）Ibid.

（12）Ibid.

（13）Ibid.

（14）子どもが（子どもらしい）遊びをしている絵画のテーマはいたるところに見つかる。アメリカの心理学者ピーター・グレイは著書『自由に学ぶ（原題：*Free to Learn*, 二〇一三年）』の中で自身の数十年にわたる素晴らしい業績をまとめている。グレイは遊びを以下のようにまとめている。「（1）遊びは自ら選び自ら目的を決めるもの、（2）遊びは目的より経過を楽しむもの、（3）遊びには身体的な制約からではなく、遊び手の精神的なものから生まれる構造とルールが存在する、（4）遊びは概念的には現実の生活から離れていて想像力に満ちたもの、（5）遊びは活動的で注意力が必要だがストレスを感じないもの、である」。大人の指示なしで、自由に異年齢の子ども達が遊ぶことが重要なのは、問題解決能力を育てるためだ。これは究極の自由、つまりしなければならないことではなく、したいことをする、ということである。遊びにより自己制御を学び、本物であるが遊びでもあり、想像力をかきたてる。（中略）アインシュタインが相対性理論を思いついたのは、遊び半分のモードのときであった。子どもを学校で遊ばせないでおいて、机上の学問を学び創造的であれと要求するのは犯罪的だ。（中略）大人がいない空間で遊んでいるとき、子ども達は自己決定し、問題解決し、ルールを作ってそれを守り、他のこどもとうまくやり、平等に接して上下関係を作らない。」

　遊びにより民主的にふるまうこと、論理的で雄弁であること、そして何より他者に共感することが身につく。どんなトラウマでも、乗り越える助けにもなる。遊んでいるとき、自分の身体的および精神的能力を試すことができ、健康的な自己評価や自信につながる。簡単に言えば、遊びはヒトの子どもにとって、健康的な社会化や精神的な成長に不可欠なのである。（グレイの著書『自由に学ぶ』から引用。

（15）Ph. Ariès: *Centuries of Childhood*, …

（16）ハンア・アーレントの『全体主義の起源』、みすず書房、一九九七年。*Elemente und Ursprünge totaler Herrschaft. Antisemitismus, Im-perialismus, totale Herrschaft* (Munich: Piper, 1986). を参照のこと。原典は英語で一九五一年に発行された、*The Origins of Totalitarianism.* (New York: Schocken Books, 1951)である。

（17）Ibid.

（18）"Eineinhalb Planeten sind nicht genug, Living Planet Report. Bestandsaufnahme des WWF über den Zustand des Planeten: Wir nehmen uns mehr, als da ist," *Kurier*, October 1, 2014.

第七章　「子ども時代」の発見について

（1）Peter Sloterdijk: *Die schrecklichen Kinder der Neuzeit* (Frankfurt on the Main: Suhrkamp, 2014).

（2）Ibid.

（3） Ibid.
（4） Ibid. 以下も参照のこと。Pierre Legendre,:*Die Kinder des Textes. Über die Elternfunktion des Staates,* (Vienna/Berlin: Turia & Kant, 2011) あるいは Albrecht Koschorke,:*Die heilige Familie und ihre Folgen* (Stuttgart: Fischer Verlag, 2001).
（5） Koschorke: *Die heilige Familie und ihre Folgen,* …
（6） Ph. Ariès: *Centuries of Childhood*, …
（7） Ph. Ariès: *Centuries of Childhood*, … において引用。
（8） Ph. Ariès, *Centuries of Childhood*, …
（9） Ivan Illich: *Entschulung der Gesellschaft*, 6th ed. (Munich: C. H. Beck, 2013). オリジナル英語版：*Deschooling Society* (New York: Harper & Row, 1971). ドイツ語初版：(Munich: Kösel Verlag, 1972).
（10） Ph. Ariès: *Centuries of Childhood*, … において引用。
（11） *Centuries of Childhood*, … において引用。
（12） *Centuries of Childhood*, …において引用。
（13） *The Disappearance of Childhood* by Neil Postman.参照。

第八章　真の子ども時代の喪失：近代における学校教育小史

学校教育と（本来の）目的

（1） Neil Postman: *Keine Götter mehr. Das Ende der Erziehung* (Berlin: Berlin Verlag, 1995). *The End of Education* (New York: Knopf Verlag, 1995).
（2） Erich Fromm: *Haben oder Sein*, (Munich: dtv, 1979).
（3） Eckehard von Braunmühl: *Antipädagogik. Studien zur Abschaffung der Erziehung* (Weinheim & Basel: Beltz Verlag, 1975). からの引用。
（4） HentigによるPh. Ariès: *Centuries of Childhood,* …のための前書き。
（5） Ph. Ariès: *Centuries of Childhood*, … 以下は "Part Two, Scholastic Life." において引用。
（6） Ibid.
（7） Ibid.
（8） Ibid.

（9）Ph. Ariès: *Centuries of Childhood*, … において引用。

（10）Ph. Ariès: *Centuries of Childhood*, … において引用。

（11）Ph. Ariès,:*Centuries of Childhood*, …において引用。

（12）Ibid.

（13）Ibid.

（14）Ibid.

（15）Ibid.

（16）Ph. Ariès: *Centuries of Childhood*, … において引用。

（17）Ph. Ariès: *Centuries of Childhood*, …において引用。

（18）Ph. Ariès: *Centuries of Childhood*, …において引用。

（19）Ph. Ariès: *Centuries of Childhood*, …において引用。

（20）Ibid.

（21）Ibid.

（22）Lloyd deMause (Ed.): *Hört ihr die Kinder weinen. Eine psychogenetische Geschichte der Kindheit* (Frankfurt on the Main: Suhrkamp, 1977).（原典は英語で一九七四年に 'The History of Childhood（『子ども時代の歴史』）' という題名で発行された。）Lloyd deMauseはアメリカ人の社会科学者で、心理歴史学の創始者の一人である。『子ども時代の歴史』は一九七四年に発行され、他の著者による九編の論文とともに、膨大な文献が含まれるため、『子ども時代に関する研究のための重要な書籍である。歴史を踏まえて出された彼の結論や主張は今日でも議論を巻き起こす内容だ。筆者としては、中でも古代と先史時代の親子関係に関しては、人類の進化の研究や人類学の見地から見て支持できるものではない。後述参照。

従順で行儀のよい子どもの誕生

（1）Ph. Ariès: *Centuries of Childhood*, …

（2）Georg Hönigsberger: *Verwaltete Kindheit. Der österreichische Heimskandal* (Berndorf: Kral, 2014). ドイツやオーストリアでは養護施設で育つ子どもはもういないだろうと考える人もいるだろうが、そうではない。Weltの記事によると、親元を離れて政府の養育を受けている子どもの数は最近倍増した。ドイツでは二〇一四年には四万八千人以上の子どもたちが養護施設に収容された。二〇〇六年に成人で収容されたのは二六、〇〇〇人である。ドイツ経済研究所（ＩＷ）の論文によると、こういう養護施設を運営する費用は年間九億ユーロである。ＩＷによると施設が適切に運営されているか、スタッフが有能で親切かはチェックされることはない。"Jugendamt schickt immer mehr Kinder in Heime – Träger machen Milliardenumsatz," *Epoch Times*, Dezember 28, 2015 を参照のこと。

（3）Ph. Ariès: *Centuries of Childhood*, …

（4）Ibid.: 何世紀にもわたり、規律と服従がすべての社会階級に行きわたり高く評価されていなかったなら、国家社会主義体制の下でも、自分たちの民族が優秀だと信じさせ、さらに大虐殺をさせることはできなかっただろう。キリスト教会は国家社会主義を容認したが、それはキリスト教会そのものが人々を規律に服従あるいは屈従させる性質を持っていたからである。ハンナ・アーレントの古典的著作『全体主義の起源』をぜひ一読されたい。

（5）両方ともアリエスが『子ども時代の世紀』の中で引用したもの。国家社会主義や全体主義はいきなり出現したわけではない。教育と教育論が果たした役割についてはアリス・ミラーの『魂の殺人』（新曜社、山下公子訳）（*For Your Own Good* (Am Anfang war Erziehung)）に詳しい。

（6）Immanuel Kant: *Ausgewählte Schriften zur Pädagogik und ihrer Begründung*, Ed. Hans Groothoff (Paderborn: Schönnigh, 1982).

（7）イェスパー・ユールは、著書『Schulinfarkt（学校発作）』以外でも、自己認識と自信の間には決定的な違いがあることについて説明している。「自己認識とは、自分が何者であるかを知ることです。自分自身をどれくらい理解しているか、何を感じているか、自分をどう扱うか。自信は自分が出来ること、達成できること、どれだけ上手にできるか、にかかわります。（中略）子どもたちは褒められても批判されても自信を身に着けることはできません。褒められたり罰を受けたりすることは行動の評価であり、自信の形成の妨げとなります。他方、子どもや若者が、自己認識を自然にできるように大人が手助けすると、彼らは人間まるごとを受け入れてもらいたいと思うようになるでしょう。それは若い人々をよく見て受容することです。『楽しんでるね』『怒ってるようだね』『学校で何かあったの？』などと声をかけることは、子どもに何が起こっているかを知ろうとすることです。（中略）子どもたちは自分たちが見守られているという感覚を持ち、価値観なしに自分の感情を解き放つことができる。そうすると自分がなにものか、という自己認識ができるようになります。子どもが自分自身をどのように扱うかは、大人にどう接してもらったかによって決まります。」Jesper Juul, *Schulinfarkt* (Munich: Kösel Verlag, 2013).

（8）Ibid.

（9）Horst-Eberhard Richter: *Lernziel Solidarität*, (Reinbeck: Rowohlt, 1974).

(10) Juul: *Schulinfarkt*, …

(11) 一五～二九歳の二三%は「ひどく殴られた」経験があるが、五〇歳以上では五六%だった。精神的暴力の結果は恐ろしいもので、一五～二九歳では七八%が「楽しみを奪われ」、六三%が「大声で叱られ」ている。三〇代でもほぼ同様だが、五〇歳以上のグループではそれぞれ一〇%以上低い。一九六〇年代から七〇年代にかけて体罰が法的に禁止されても、精神的暴力に置き換わっただけなのである。罰を与える事に関しては何も変化はない。一五～二九歳の三三%、三〇代の二九%、五〇歳以上の二四%は「沈黙」による罰を何日も受け続けたという。研究では若い世代では精神的暴力を受けているものが急激に増えていることが確認できた。

(12) Ph. Ariès: *Centuries of Childhood*, …

(13) Juul.:*Schulinfarkt*, …

(14) Ibid.

(15) Ibid.

(16) Ibid.

(17) このことは子ども福祉サービスや家庭裁判所のような、子どもの教育と福祉のための公的機関の多くにも当てはまる。

(18) Juul, *Schulinfarkt*, …

(19) ゲーテ、モーツアルト、ラッセルといった一八世紀から一九世紀の偉大な人物は家庭教師についていた。それは教養のある中流階級にとって、古い権威主義的な学校のシステムは価値が無くなっていたからであって、子どもの才能を見抜いていたからではない。この文脈で現在まで続く教育改革が始まった。しかし二〇世紀において、ホームスクーリングは一八世紀ほど一般的ではない。現在の教育改革運動では、子どもをなるべく実社会の中で学ばせ、どんな時でも、どんな場所でも、より多くのことを身につけられるようにすることを目標にしている。

(20) Ivan Illich: *Entschulung der Gesellschaft*, …

(21) 質の高い教育のために、各家庭が金銭的負担をすべきではない。義務教育に関しては特にそうだ。過去一五年間で設立された私立学校は幼稚園や小学校が多かったが、都市部の中流家庭のみが子どもを通わせることができた。入学のため地方から上京した家庭は高い生活費のために貧しくなり、その他の家庭も一〇歳までに年間四万ユーロ程度支出するため、貧しくなってしまう。そうして中流家庭が減少する。この極端な例はアメリカにおいて顕著であり、中流層が非常に薄くなっている。子どものうつ病も増え、銃撃事件も後を絶たない。

(22) Juul.:*Schulinfarkt*, …

（23）Ibid.

（24）ドキュメンタリー映画『アルファベット』の中で、ケン・ロビンソン卿はこう報告している：「型にはまらない人間の思考について、最近素晴らしい研究がなされた。型にはまらない人間の思考は創造性とは違う。しかし、創造性の重要な要件ではある。それは、ある問題に対する多くの可能な答えを見つける能力であり、またある問題を解釈する多くの方法であり、直線的あるいは一次元以上のレベルでものを考える能力である。約一、五〇〇人の被験者がテストを受けた。テストは、ある一定の点数を取れば、型にはまらない思考を持つ天才とみなすように、あらかじめ定められていた。一、五〇〇人の被験者のうち、型破りな思考の天才のレベルに達したのは何人だったのだろうか？三～五歳：九八％が「天才」のレベルに達した。長期間の研究であるため、同一の子供たちが五年後にテストを受けた。八～一〇歳では三二％が「天才」のレベルに達した。さらに五年後の一三歳から一五歳では、一〇パーセントが「天才」のレベルに達した。対照研究として、二五歳以上の二〇万人が同じテストを受けた。その結果、「天才」のレベルに達したのはわずか二パーセントだった。これは二つのことを示している。ひとつは、私たちは誰でもこの能力を持っているということ、もうひとつは、ほとんどの場合、この能力は枯れてしまうということである。彼らが成長するにつれ、彼らの身に多くのことが起こるからだ。しかし、最も重要なことのひとつは、彼らが学校教育を受けたことだと思われる。彼らは一〇年間学校に通い、そこでは、答えはひとつしかないと教えられたはずだ。教師が必ずしもそう望んでいるわけではないが、学校とはそういう場所なのだ。それが教育システムの本質的な部分である」。この発見は、とりわけJ・T・ガットがその著書『Dumbing Us Down』で指摘していることと本質的に同じである。

（25）今ではドイツの政治家の中には、幼稚園を義務化、あるいは生後一年から保育園を義務化しようとする動きがある。

（26）Juul: *Schulinfarkt*, … の中で引用。

（27）Ibid.

早期集団教育と民主政治

（1）二〇一五年時点では、アメリカでホームスクーリングや不登校によって学校で教育を受けていない子どもは二〇〇万人におよぶ。オンライン教育もホームスクーリングも部分的に国からの支援を受けているので、国の教育制度に属しているとみなされている。従って、学校に通わない子どもの数は実際はより多いかもしれない。イングランドでは一六〇万人、フランスでは二万から二万五千人、オーストリアでは二千人、スペインとイタリアでは三千人から四千人が学校に通っていない。

（2）J.T. Gatto: *Dumbing Us Down*, …

（3）P. Gray: *Free to Learn*, …。より詳しくは、Roy Lowe (Ed.) *History of Education: Major Themes. Vol. II. Education in its social context.* (London and New York: Routledge Flamer). に収録されているSam Bowles and Herb Gintisによる "The origins of mass public education" を参照。

（4）Illich: *Entschulung der Gesellschaft*, …

（5）Ibid.

教育の自由を再び！

（1）Juul: *Schulinfarkt*, …

（2）Ibid.

（3）以下の文献に子どもの発達と社会全体のために遊びの重要性が示されている。

Herbert Renz-Polster und Gerald Hüther, *Wie Kinder heute wachsen*… (Weinheim: Beltz, 2013)。外遊びの必要性については、以下の文献を参照のこと。Gabriele Pohl, *Kindheit – aufs Spiel gesetzt: Vom Wert des Spielens für die Entwicklung des Kindes*, 4th ed. (Munich: Springer, 2014). Gray: *Free to Learn* も推奨する。

（4）Manfred Spitzer: *Vorsicht Bildschirm! Elektronische Medien, Gehirnentwicklung, Gesundheit und Gesellschaft* (München, dtv, 2006). 子どもの成長に及ぼす電子メディアの悪影響について詳細に述べている。次の文献も参照されたい。Neil Postman: *The End of Education*, 1995; *Amusing Ourselves to Death*, 1985; *The Disappearance of Childhood*, 1982, Manfred Spitzer: *Vorsicht Bildschirm!, Digitale Demenz. Wie wir unsere Kinder um den Verstand bringen*, (München: Droemer, 2012)

（5）子どもが絵を自由に書くことの重要性については、以下の文献も参照のこと。Arno Stern: *Wie man Kinderbilder nicht betrachten soll* (München: Zabert Sandmann, 2012).

（6）Hüther und Hauser: *Jedes Kind ist hoch begabt*, …

（7）一八〇二年に最初に鉄道を開発推進したのはリチャード・トレヴィシック（Richard Trevithick）である。彼の父親はスティーブンソンの父親同様、炭鉱で働いていた。スティーブンソンと異なり、トレヴィシックは学校に入学したが、体育と数学の他には興味を持てなかった。教師からの評価はさんざんなものであった。退屈するだけの学校に通って時間を無駄にしていなかったら、彼もスティーブンソン同様、大きな成功を収めたかもしれない。
（8）Hüther und Hauser: *Jedes Kind ist hoch begabt*, …
（9）Ibid.
（10）Juul: *Schulinfarkt*, …
（11）Juul: *Schulinfarkt*, …
（12）J.T. Gatto: *Dumbing Us Down*, …
（13）J.T. Gatto: *Dumbing Us Down*, …

第九章　壊れた家族の肖像――あるいは失われた幸福を求めて

誕生の秘密

（1）ヘッセが国家社会主義政党から亡命中に書き、ノーベル賞を受賞した『ガラス玉演戯（*Das Glasperlenspiel.*）』からの引用。
（2）"Jährlich 20.000 bis 30.000 Abtreibungen in Österreich," *Der Standard*, July 11, 2013.
（3）M. Odent: *Im Einklang mit der Natur. Neue Ansätze der sanften Geburt* (Düsseldorf und Zürich: Patmos, 2004).（二〇〇二年に英語で出版された原作のタイトルはThe *Farmer and the Obstetrician*）ここで注目すべきは、オーストリアの独立助産師協会が長年、産前検診は婦人科医ではなく、より幅広い能力を持つ助産師が担当すべきだと要求していることだ。しかし、これは現行のEU法に反しているにもかかわらず、立法府によって拒否されている。ドイツでは（ヨーロッパのほとんどの国々と同様に）、妊婦検診を医師または助産師のどちらによって受けるかは自由に選択できる。オーストリアでも、助産師は妊婦検診を行うための訓練を受けている。しかし、オーストリアでは育児手当は医師の診察を受けたという証明、つまり医師の診断書と紐付けされている。そのため、母子手帳（妊婦の検査や注意事項を記録するもの）に医師の診察ではなく検診の記載がある場合、助産師によるサービスを指していると解釈され、結果としてその母親は育児手当を失うことになる。つまり、オーストリアでは、育児手当は直接的に助産師による妊婦ケアを排除するものではないが、間接的には排除している。これは本質的には、助産師の職業選択の自由に対する容認できない制限であり、欧州連合（EU）で定着してしまっている。
（4）Ibid. 現在の帝王切開の割合は以下の通りである。トルコ四三%、メキシコ五〇%、中国四六～五〇%、タイとベトナム三四～三八%、米国三四%、ドイツとオーストリア三〇～三四%。ここ三〇年間ほど、三人に一人の子どもが帝王切開で生まれている。ラテンアメリカやアジア諸国ではもっと割合が多く、九〇%近い国もある。新興国ではこの割合がここ二〇年ほどで急増した。スカンジナビア諸国は西ヨーロッパの中で最も帝王切開の割合が少ない。

(5) Jacques Gélis: *Das Geheimnis der Geburt. Rituale, Volksglaube, Überlieferung* (Freiburg: Herder Verlag, 1992).

(6) Ibid.

(7) M. Odent: *Im Einklang mit der Natur*, …

(8) Herbert Renz-Polster, *Menschenkinder. Plädoyer für eine artgerechte Erziehung* (München: Kösel, 2011)からの引用。

(9) M. Odent: *Im Einklang mit der Natur*, … 。その他の出生時のおける異状がもたらす弊害については以下も参照のこと。Willi Maurer, *Der erste Augenblick des Lebens. Der Einfluss der Geburt auf die Heilung von Mensch und Erde* (Klein Jasedow: Drachen Verlag, 2009).

(10) H. Renz-Polster: *Menschenkinder*, …

(11) "Die Geburt als Trauma": *Kurier*, November 25, 2014.

(12) H. Renz-Polster: *Die Kindheit ist unantastbar. Warum Eltern ihr Recht auf Erziehung zurückfordern müssen* (Weinheim: Beltz, 2014).

(13) "So riskant ist ein Kaiserschnitt für das Baby", *Welt*, November 18, 2012.
https://www.welt.de/gesundheit/article111210814/So-riskant-ist-ein-Kaiserschnitt-fuer-das-Baby.html

帝王切開に関する多くのメディア報道で目を引くのは、ジャーナリストが医師に対して、主張や調査結果の根拠となるもの、例えば、どの科学的研究や経験値に基づいているのかを尋ねることはほとんどないという点だ。それとは対照的に、彼らは他のグループの人々に対してはより批判的な質問をする傾向がある。出生直後のいわゆる刷り込みが起こる時期の重要性について詳しく知りたい読者は、ミシェル・オダンの著書に加えて、ヴィリー・マウラー著*Der erste Augenblick des Lebens*（『生命の最初の瞬間』）を読むことをお勧めする。

(14) "Kaiserschnitt: Nur scheinbar ein risikoarmer Eingriff…", *Der Standard*, Oktober 11, 2012. https://www.derstandard.at/story/1348285702984/kaiserschnitt-nur-ein-scheinbar-risikoarmer-eingriff

ウィーンのイグナツ・ゼンメルヴァイス・クリニックの元主任医師であるアルフレッド・ロッケンシャウプ教授も、今日の産科医療を厳しく批判している。彼は、帝王切開率は一%前後が適当であると考えている。これは、一九六五年から一九八五年まで彼が経営していたセンメルヴェイス・クリニックで維持されていた割合であり、その間、同クリニックでは合計約四万二千人の出産をおこなった。これくらいの割合は、同クリニックがストレスのない環境だと言えるだろう。

(15) *Down with Childhood* by Jane Wegscheider in "Nieder mit der Kindheit", *AUF – Eine Frauenzeitschrift*, Oktober 1, 1974.

(16) M. Odent, *Im Einklang mit der Natur. Neue Ansätze der sanften Geburt*, …

(17) Ibid.

(18) マックスプランク研究所のホームページ、二〇一五年八月一五日の研究より。
https://www.demogr.mpg.de/de/news_events_6123/news_pressemitteilungen_4630/presse/macht_das_erste_kind_ungluecklich_kommen_seltener_geschwister_4209/

(19) Hans-Peter Dürr : "Teilhaben an einer unteilbaren Welt," in Hüther and Spannbauer, *Connectedness. Warum wir ein neues Weltbild brauchen*, …

(20) M. Odent: *Im Einklang mit der Natur. Neue Ansätze der sanften Geburt*, …

額縁の中の家族の肖像

(1) Ph. Ariès: *Centuries of Childhood*, … – as well as all other following citations until endnote 2

(2) Ph. Ariès: *Centuries of Childhood*, …

(3) Jean Liedloff: *The Continuum Concept*, Knopf, p. 977.

(4) Anja Manns and Anne Christine Schrader: "Ins Leben tragen. Entwicklung und Wirkung des Tragens von Kleinstkindern unter sozialmedizinischer und psychosozialer Aspekte", in *Bei-träge zur Ethno-Medizin* (Ed. C. E. Gottschalk-Batschkus and J. Schuler) (Berlin: VWB-Verlag, 1995).

(5) J. Liedloff: *The Continuum Concept*, …

(6) J. Liedloff: *The Continuum Concept*, …

リードロフがイェクワナ族の中で得た最も重要な観察は、彼らが互いに穏やかに接し、どんな活動も喜びをもって行っていることだった。子どもたちは躾と言えるものを受けていないのに、とても健康で子どもたち同士で争ったりせず、自立しているが従順で押さなくても他人を助けようとしていたことは驚くべきことだった。イェクワナ族には指導や罰といったものが存在しなかった。リードロフによって心理学、人類学、民族学が影響を受けただけでなく、教育学も改革の方向で影響を受けた。彼女の最大の貢献は赤ちゃんを抱っこやおんぶで運ぶという人類の記憶を呼び起こしたことである

(7) H. Renz-Polster: *Menschenkinder*, …

(8) bid.

(9) J. Liedloff: *The Continuum Concept*, …

(10) W. Maurer: *Der erste Augenblick des Lebens*, …

大昔には、母親が授乳できない、あるいは授乳を妨げられる状況に置かれた場合（おそらくは非常にまれなケースであったと思われるが）、ほかの母親がその赤ちゃんに乳をあげていた。しかし、ここ数世紀の間に、自然な出産過程に人の手が徐々に介入するケースが増え、授乳に関する問題も増加した。過去数世紀の歴史的資料によると、母親が授乳できない場合に赤ちゃんに授乳するのが、乳母の役割であったことがわかっている。それは生存に関わる問題でもあった。マウラーは著書の中で、牛乳で育てられたトーマス・プラッターの伝記を引用している。当時、牛乳は貧困層にとって唯一の選択肢であった。しかし、これは例外的なケースであった可能性が高い。一般的に、過去数万年もの間、母親は子どもが離乳するまでは、必要なときに、できるだけ長く母乳を与えることができた。一般的に、過去一〇〇年間にわたって、母乳育児の問題は、妊娠・出産の過程で医療介入が導入されたのと同じ程度に増えている。

数千年にわたって当然のこととされてきた母乳育児が、ここ数十年の間に欧米諸国ではイデオロギー上の戦場と化している。欧米諸国（そして、貧しい国々も）では、人工乳児用食品で多額の利益が上げられているという事実は、とくに説明する必要はないだろう。また、早期からの外部からのケアと（長期にわたる）母乳育児は、両立しないものだ。数十におよぶ国際的な研究や調査結果が、かなり以前から、母乳育児（長期にわたる）を受けた子どもの方が、母乳育児を受けなかった子どもよりも平均して健康であることを証明している。

また、母乳育児が母親自身の健康増進にもつながることを証明する研究結果も数多く存在する。母乳育児は、欧米諸国では女性のがんの中で最も多い乳がんのリスクを低減する。一九七〇年以降、乳がんの症例数は二倍に増加しており、その傾向は今も続いている。早期発見や治療方法の改善により死亡率は低下してはいるが。

また、母乳育児の別の側面として、ここ二〇年ほど科学的な関心がますます高まっているのは、母乳育児が母子間の絆を深めるという点だ。簡単に言えば、人間も生物であり、進化の（素晴らしい）結果なのだ。動物の授乳の必要性について疑問を持つ者はおらず、その是非を議論する者もいない。

(11) H. Renz-Polster: *Menschenkinder*, …

(12) もちろん、親以外の人が幼い子どもの面倒を見ることもあったが、信頼できる人が、よく見知った環境の中で面倒を見ていた。ここが現在と異なる点である。人類は私生活と公的生活を区別せず、仕事と家族も区別せずに何万年も過ごしてきた。区別されるようになったのはブルジョア、中流階級の核家族が勃興し消えていった近代初め、一八世紀以降のことである。
Ph. Ariès: *Centuries of Childhood*, … も参照のこと。

(13) H. Renz-Polster: *Menschenkinder*, …

子育て指南は不要ー愛と親子関係を育てよう

(1) M. Odent: *Im Einklang mit der Natur. Neue Ansätze der sanften Geburt*, …
現在、Y・N・ハラリのような歴史家は「新石器革命」を「農業革命」と呼んでいる。

(2) Ekkehard von Braunmühl: *Antipädagogik. Studien zur Abschaffung der Erziehung*, …

(3) David Cooper: *Der Tod der Familie* (Reinbek: Rowohlt, 1972).

(4) Hartmut von Hentig: *Schule als Erfahrungsraum* (Stuttgart: Klett, 1973).

(5) H. Renz-Polster: *Menschenkinder*, …

(6) M. Odent: *Im Einklang mit der Natur. Neue Ansätze der sanften Geburt*, … からの引用。

(7) Hermann Giesecke: *Einführung in die Pädagogik* (Munich: Juventa, 1969).

(8) "Erziehung: 'Mütter müssen Schallplatten werden…'", *Stern Online*, May 21, 2008. https://www.stern.de/gesellschaft/erziehung--muetter-muessen-zur-schallplatte-werden--3859486.html and "Erziehung: 'Sie laufen uns aus dem Ruder'", *Spiegel Online*, March 30, 2009. https://www.spiegel.de/spiegel/a-616055.html

(9) H. Renz-Polster: *Menschenkinder*, …

(10) J. Liedloff: *Auf der Suche nach dem verlorenen Glück*, …

(11) Ekkehard von Braunmühl,:*Antipädagogik. Studien zur Abschaffung der Erziehung*, …

(12) M. Winterhoff,:*Warum unsere Kinder Tyrannen werden. oder: Die Abschaffung der Kindheit*, 2028; *Tyrannen müssen nicht sein: Warum Erziehung nicht reicht – Auswege*, 2009; *Persönlichkeit statt Tyrannen. oder: Wie junge Menschen in Leben und Beruf ankommen*, 2010.

(13) H.Renz-Polster: *Menschenkinder*, … からの引用。

(14) Erwin Ringel: *Die ersten Jahre entscheiden. Bewegen statt erziehen* (Vienna: Jungbrunnen-Verlag, 2010) (9th ed.).

(15) "Infant Care", *US Department of Labor* (Washington: United States Government Printing Office, 1929).

(16) ビュプの本が出版された後の数年間、ドイツでは権力と従順と罰を用いた教育としつけに疑問を呈する本が何冊か出版されたが、メディアは注目しなかった。

（17）H. Renz-Polster: *Menschenkinder,* … からの引用。

（18）Michael Tsokos and Saskia Guddat: *Deutschland misshandelt seine Kinder* (Munich: Droemer, 2014) も参照のこと。

二〇一五年三月一六日付のチロル・ターゲスツァイトゥング紙に掲載された「クラーゲンフルトで赤ちゃん死亡。虐待の深刻化」と題された記事では、筆者が二〇〇七年から二〇一五年にかけてオーストリアで起こった乳幼児への深刻な虐待について論じている。被害者の最年少は生後三週間の乳児、最年長は三歳児で、虐待のケースは九件あった。虐待は、ほぼ常態化した揺さぶられっ子症候群から数か月にわたる虐待、殴打、ドア枠に押しつける行為、生後二か月の乳児に対する五〇センチの鉄棒を使った虐待など、深刻なものであった。「予後不良のびまん性脳障害」や「多発性骨折」は、深刻な性的虐待と同様に一般的であった。ここで取り上げた事例のうち四件は、病院で死亡が確認された。これらの事例は通常、病院からの報告によって明らかになる。ここで取り上げた九件の事例では、加害者は被害者の母親（一件）、父親（二件）、友人・パートナー・継父（六件）であった。ここで取り上げた九件は、メディアによって報告された事例のみである。しかし、深刻な児童虐待の報告は年間約三〇〇〇件に上る。

さらに、小児性愛や、より一般的に（幼い）子どもに対する性的虐待は、先住民の間ではまったく知られておらず、おそらくは、狩猟採集者であった私たちの歴史のすべてを通じて、つまり、家族の連続性の中で私たちが以前に生きていた生活様式の九九パーセント以上において知られていなかった。

周知の通り、小児性愛という用語は古代ギリシャに由来し、基本的には思春期の少年に対する大人の男性の欲望を指していた。キリスト教の普及や家族の断絶や崩壊の増加に伴い、教育や育児放棄、そして特に出生時や出生後の刷り込み（母子間の絆）における（医学の）介入により、精神疾患はより多く、より多様になってきた。二〇世紀後半以降、児童への性的虐待は徐々に低年齢化し、乳児にまで及ぶようになり、その頻度も高まっている。

ウィリー・マウラーは著書*Der erste Augenblick des Lebens* の中で、ペドフィリア（小児性愛者）が自分の娘や息子、あるいは他人の子どもに対して性的暴力を振るう理由について、次のように説明している。「ペドフィリアは、外見は穏やかで親しみやすい人物であることが多いが、子どもとの情緒的・肉体的な親密さを求めている。しかし、基本的には、幼少期に得られなかった母親の愛情を求めているのだ。彼は大人を避ける。それは、未解決の幼少期の歴史や母親との辛い距離感を思い出させ、彼に恐怖を抱かせるからだ。愛と親密さを求めている彼は、欠けている母性愛を求めている子どもたちと出会おうとする。小児性愛者は、自分の強迫観念を正当化し、子どもたちに便宜を図っている、あるいは子どもたちと出会うことに恐怖を感じないため、真の愛を見つけたと誤って信じている。彼の攻撃的な憎悪は、あまりに深く抑圧されるため、無害な愛情表現を求めるように装い、善良な仮面を被って疑われることはほとんどない。

公然と暴力を振るう小児性愛者にも、レイプ犯と同じ力が働いているが、小児性愛者の方が、彼にとって恐怖の対象となりにくい子どもに対してその力を発揮する点が異なる。児童強姦犯は、無防備な子どもに対して、無意識のうちに計画を実行に移す。それは、憎悪と拒絶、そして肉体と感覚的な敵意に満ちた幼少期の母親の仮面を、全力で破壊しようとするものだ。幼少期に肉体や感情の面で耐えなければならなかったことと同じくらい、子供を傷つけ、無力化していると感じると、その欲望が駆り立てられる。

これは、今日ますます広がりを見せている児童ポルノや児童レイプの背景として、ほとんど語られることのない真実だ。

児童ポルノのグローバル市場は、専門家によると七兆ドル（約六八〇兆円）に上ると推定されており、これは文明社会の善良な仮面の内に隠された男性の憎悪の大きさを示す、想像を絶する数字である。スイス在住のある証人はテレビのインタビューで、「一万二千フラン（約一四〇万円）で、一歳から一二歳までの自分の選んだ子どもを買い、冒涜し、拷問して死に至らしめることができる」と証言した。

(19) Michael Hüter: *Ich will zu Dir! Trennungskinder, Muttervergiftung, Staats-terror* を参照。

(20) Helmut Dahmer: *Libido und Gesellschaft* (Frankfurt on the Main: Suhrkamp, 1973). も参照のこと。

Alice Miller: *Am Anfang war Erziehung* (Frankfurt on the Main: Suhrkamp, 1983). からの引用。

(21) Alice Miller, *Am Anfang war Erziehung* (Frankfurt on the Main: Suhrkamp, 1983). からの引用。歴史上悪名高い全体主義国家の指導者、暴力犯罪者、詐欺師などの子ども時代を掘り返すと、必ずと言ってよいほど子ども時代のトラウマ（身体的あるいは心理的）に行き当たる。ヒトラーは父親から身体的虐待を受け、学校でもいじめられて一年留年した。スターリンは生後数カ月のきょうだいを亡くし、一人っ子としてアルコール依存症の父親に殴られて育った。父親がいないことも深刻な影響を及ぼす。サダム・フセインにも父親がおらず、母親は自殺未遂をし、フセインを中絶しようとした。ナポレオン二世は出産時に鉗子で挟まれて引き出され、仮死状態で生まれた。出産時の外傷がある悪人は数多い。

(22) H. Renz-Polster: *Menschenkinder*, …

(23) H. Renz-Polster: *Menschenkinder*, … からの引用。

(24) H. Renz-Polster: *Die Kindheit ist unantastbar. Warum Eltern ihr Recht auf Erziehung zurück-fordern müssen*, …

(25) A. Miller: *Das Drama des begabten Kindes und die Suche nach dem wahren selbst* (Frankfurt am Main: Suhrkamp Verlag, 1983).

(26) 裁判における心理学的報告書に関しては以下を参照。Michael Hüter,:*Ich will zu dir!* … または、二〇一一年一〇月二六日にZDF　Zoomで放送されたテレビドキュメンタリー*Kampf ums Kind – Wenn Gutachten Familien zerstören*（子供を巡る争い——鑑定が家族を破壊するとき）、二〇一四年一〇月一三日にWDRで放送された*Mut gegen Macht. Wenn Gerichtsgutachten Familien zerstören*（権力に立ち向かう勇気。鑑定が家族を破壊するとき）。

（27）H. Renz-Polster: *Die Kindheit ist unantastbar*, …

家族、教育、実生活、社会的スキル

（1）Ph. Ariès: *Centuries of Childhood*, …

（2）Ibid.

（3）J.T. Gatto: *Dumbing Us Down*, …

（4）Gestrich, Krause and Mitterauer: *Geschichte der Familie*, …

（5）私は本書を学生の時に読んでいる。ウィキペディアの要約は正確で的を射ているため、ここで引用した。

（6）Hawken: *Wir sind der Wandel*, …

（7）Jean Ziegler: *Ändere die Welt! Warum wir die kannibalische Weltordnung stürzen müssen* (Munich: C. Bertelsmann, 2015).

（8）Paul Hawkenは一九四六年生まれの環境活動家、起業家、ジャーナリスト、作家である。二〇歳の時に持続可能性という概念に興味を持ち、産業界に環境保護の観点をもたらすべく活動している。起業家としては太陽光パネルの会社を含むいくつかの企業を経営し、政府や多国籍企業のコンサルタントとして活動している。

壊れた家族の肖像画ー貧困にあえぐ子どもと家族

（1）Susanne Garsoffsky and Britta Sembach: *Die alles ist möglich Lüge. Wieso Familie und Beruf nicht zu vereinbaren sind* (Munich: Pantheon, 2014). 近年では、介護社会（Betreuungs-gesellschaft）という用語がますます多くの著述家によって使用されるようになってきた。ここ数年、世界中で初めて、ユニバーサル・ベーシックインカムがビジネスや政治の世界を含めて、広く議論されるようになってきた。私は、早急に必要とされている子育て手当の脱イデオロギー化に、これは絶対に必要だと考える。事実、過去一〇年間にわたるヨーロッパ全域でのさまざまな調査によると、大多数の母親は少なくとも子どもが三歳になるまでは、自分自身で我が子を世話し、付き添っていたいと願っている。しかし、この期間にふさわしい子育て手当が存在しないため、実際にそうできる親はごくわずかだ。（同様に、国際的な調査によると、母親としての役割に価値を見いだせなくなっている母親が増えている。）そのため、ますます多くの母親が働かざるを得ない状況に追い込まれる一方で、子どもにとって過酷で人間的にも適切とはいえない、早期からの保育やその他の外部保育施設が、長期的な外部性も含めて、納税者に莫大な費用を負担させている。ベーシックインカムは、ほぼすべての西側諸国で今や最大の争点のひとつとなっている「少子化と子どもの貧困」にも、高い確率で良い影響をもたらすであろう。さらに、学校の自治と教育の自由を促進することにもつながるだろう。

（２）Christine Bauer-Jelinek und Johannes Meiners: "Die Teilhabe von Frauen und Männern am Geschlechterdiskurs und an der Neugestaltung der Geschlechterrollen. Entstehung und Einfluss von Feminismus und Maskulismus", *Club of Vienna*, 2015.
　http://staging.clubofvienna.org/wp-content/uploads/2019/12/Langfassung-Feminimus- Maskulismus2.pdf

（３）Thomas SattelbergerはErwin Wagenhofer監督の映画『アルファベット』の主要登場人物の一人である。

（４）H. Renz-Polster: *Menschenkinder*, …

（５）Ibid.

（６）H. Renz-Polster, *Menschenkinder*, …

（７）Angelika Hager, *Schneewittchen-Fieber. Warum der Feminismus auf die Schnauze gefallen ist und uns. das Retro-Weibchen beschert hat* (Wien: Kremayr & Scheriau, 2014).

（８）ハンナ・アーレントの著作『イェルサレムのアイヒマン』を下敷きにしたMargarethe von Trotta 監督の映画『ハンナ・アーレント』が参考になるだろう。

（９）G. Hüther: *Männer. Das Schwache Geschlecht und sein Gehirn* (Göttingen: Vandenhoeck & Ruprecht, 2009)も参照のこと。

（10）ドイツのテレビ局ＲＴＬで２０１４年２月19日に放送された"Männliche Vorbilder: Darum fehlen sie. Jungs in der Kita…,"を参照のこと.

（11）多くの研究では交互に両親の家に住むことが子どもの発達に最も適切だとしている。

（12）H. Renz-Polster: *Die Kindheit ist unantastbar*, … のなかで引用されている。

（13）二〇一五年七月初め、ＯＥＣＤの副事務局長のStefan Kapfererが提出したオーストリアのＯＥＣＤ経済レポートによると、女性が子育てのために長く家庭にいすぎだという。子育てを二年以上してから復職しても、パートタイム雇用が関の山だそうだ。オーストリアでは二〇・八％、ドイツでは一六・五％の子どものいる家庭がフルタイムの共働きで、子どもを保育施設に預けている親はフランスで四一・四%、スウェーデンでは四一%だとのこと。だが子どもへの睡眠薬と抗うつ薬の処方が最も高いのがこれらの国々であることには目をつぶっている。

(14) Kelle: *Dann mach doch die Bluse zu. Ein Aufschrei gegen den Gleichheitswahn*, …

(15) Christine Bauer-Jelinek and Johannes Meiners: “Die Teilhabe von Frauen und Männern am. Geschlechterdiskurs und an der Neugestaltung der Geschlechterrollen. Entstehung und Einfluss von Feminismus und Maskulismus,” Club of Vienna, 2015.
http://www.clubofvienna.org/?project=geschlechtergerechtigkeit

(16) H. Renz-Polster: *Menschenkinder*, …

(17) 子ども五人に一人が貧困ラインというデータはBertelsmann FoundationによるInstitute für Arbeitsmarkt- und Berufsforschung (Institute for Employment Research, IAB) の研究による。
“Jedes fünfte Kind ist armutsgefährdet,” *Zeit online*, May 10, 2015.
https://www.zeit.de/zustimmung?url=https%3A%2F%2Fwww.zeit.de%2Fgesellschaft%2Ffamilie%2F2015-05%2Fbertelsmann-studie-kinderarmutを参照。その他、連邦統計局の公的データを引用。

第十章　人類という種にふさわしい子ども時代と家族の消滅

(1) H. Renz-Polster: *Menschenkinder*, …

(2) Hartmut von Hentig in Ariès: *Centuries of Childhood*, …

(3) J.T. Gatto: *Dumbing Us Down*, …

(4) H. Renz-Polster: *Menschenkinder*, …

(5) H. Renz-Polster.:*Menschenkinder*, …

(6) 我々の教育システムは政治やビジネスの場の反映でもある。エリートの大半は公立の学校ではなく、私立のエリート用の学校に通っている。大学も同様で、学費の高い有名大学を卒業すると多くの分野で優位に立てる。自由に学び、教育機関に拘束されなかった人たちは高いスキルを持ち、重要視される。良い教育が受けられるかどうかは、親の学歴よりも親の財産によるところが大きい。

(7) ヘルベルト・レンツ＝ポルスター著『人間の子』、二〇一一年。社会学者で歴史家のジョージ・アイゼン著『死の影の中で遊ぶ、ホロコーストの子どもたち』(*Spelen im Schatten des Todes, Kinder im Holocaust*, München und Zürich: Piper, 2011) という素晴らしい本がある。ミュンヘンおよびチューリッヒ：パイパー、一九九三年。

ホロコーストにおける（ユダヤ人の）子どもたちについてのこの本は、子供時代研究全般にとっても重要な文献。ユールは『学校発作』の中で心理セラピーの効果は持続性がなく、通常数年しか続かないという研究に言及している。特に幼い子どもの場合がそうである。しかし、心理士の代表者が政府を動かし、学校に心理士が配置されているこの状況では、そういった研究が世の中に知られることはない。私見では、米国の心理学者ピーター・グレイの著書『自由に学ぶ』は、子どもの遊びとその重要性について論じたものであり、人間としての子ども自身と社会の両面から、最も包括的で興味深く感動的な文献である。ピーター・グレイは自身の観察に加え、教育、心理学、人類学など、ほぼ一世紀にわたる諸研究の成果について報告している。子どもの自由な遊びの重要性を疑う読者のために、『自由に学ぶ』からもう一つ引用しよう。

「遊びの減少と情緒的・社会的発達が制限されることの相関関係を示す論証に加えて、この相関関係の実勢的証拠もある。もちろん、私たちは、意図的に子どもから遊びの機会をすべて奪うような長期にわたる実験は行っていない。しかし、そのような実験は動物に対しては行われている。例えば、ある実験では、アカゲザルを母親とだけ一緒に育て、その後、母親や仲間と一緒に育ったサルと比較した。母親は子供たちと様々な形で交流するが、一緒に遊ぶことはない。そのため、最初のグループのサルたちは成長過程で遊びを経験することができなかった。当然のことながら、離乳したばかりのサルたちは、研究において多くの点で異常が見られた。彼らは過剰な不安と攻撃性を示した。見慣れない環境に置かれると、普通のサルであれば多少の不安を感じるような状況でも、これらのサルは大きな恐怖を感じ、時間が経つにつれ、普通のサルであれば環境に適応していくはずの時期に、環境に適応できなくなった。同年代のサルと一緒の場所に置かれると、他の動物の社会的シグナルや誘いかけに適切に反応することができなかった。例えば、仲間が毛づくろいしようとすると、友好的な申し出を受け入れる代わりに攻撃的に身を守ろうとする。また、他のサルがいる前では、攻撃性を和らげる適切なシグナルを示すことができず、そのため通常のサルよりも頻繁に攻撃された。

同様の実験がラットでも行われ、同様の結果が得られている。同年齢の遊び相手がいない環境で育ったラットは、さまざまな行動テストにおいて、異常に高いレベルの不安と攻撃性を示した。ある一連の実験では、仲間と接触することなく育てられた若いラットの一群を、一日一時間、遊び好きな仲間と交流させる一方、別の群はアンフェタミンを投与して遊び心を奪った仲間と1日一時間交流させた。アンフェタミンは、他の社会的行動を妨げることなく、若いラットの遊びの本能をブロックする。その結果、仲間と遊ぶ機会があったラットは、同じ時間を遊びのない仲間と過ごしたラットよりも、成体になってからずっと正常な行動をとるようになった。遊びの最中に起こる相互作用は、正常な情緒的および社会的発達に不可欠である。別の実験では、遊びを奪われたネズミは脳の発達に異常なパターンを示した。遊びをしないと、衝動や感情のコントロールに重要な役割を果たすことが知られている脳の前頭葉をつなぐ神経経路が十分に発達しない。

仲間と自由に遊ぶことができない状況で、科学的な目的のために若いサルやラットを飼育することは残酷であるように思えるかもしれない。しかし、これが残酷であるならば、表向きは子供たちの保護と教育のためという名目で、子どもたちを他の子どもたちとの自由な遊びから遠ざけるという、私たちが現在行っている「普通の」行為についてはどうだろうか？これは実に残酷であり、危険なことだ。」（ピーター・グレイ著『自由な学び。遊びを通して成功する自由な学び』二〇一五年、「共感性の衰退とナルシシズムの台頭」の章より）

（8）H. Renz-Polster: *Menschenkinder*, …

（9）『学校発作』の中で、イェスパー・ユールは、心理療法の効果はほとんど持続せず、通常は数年間しか続かないことを示す研究結果に言及している。これは子供や青少年にはさらに当てはまる。このような研究結果は、学校心理療法士の増員を求める声が（彼らの職業代表者から）ますます高まっている国々では公表されていない。

（10）H. Renz-Polster: Menschenkinder. Plädoyer für eine artgerechte Erziehung, 2011.
これに関連して、"Ich bin keine Basteltante"（「私は手作りおばさんではない」）, Zeit, May 13, 2015. も参照のこと。二〇一五年五月にドイツで幼稚園の教員たちによるストライキがあり、酷い労働環境と低い給料について改善を訴えた。このZeit紙の記事には、三五年間幼稚園で働いている教員の主張が掲載されている。現在、子どもは両親といる時間よりも幼稚園にいる時間が長い。そして一九八〇年代、一九九〇年代よりもずっと多くの子どもが問題行動をとる。一九七〇年代にも問題行動をとる子どもはいたが、一九八〇年代から増加し、最近の一五年間では手に負えない数になっている。

（11）Grace Llewellyn: *Das Teenager Befreiungs Handbuch. Glücklich und erfolgreich ohne Schule* (expanded new edition), Genius Verlag, 2014 からの引用。原著は英語版でThe Teenage Liberation Handbookという題で一九九一年と一九九八年に発行された。

（12）Zeit紙によると、オーストリアの親たちは一億四〇〇〇万ユーロを個人的に教育的指導に払っている。個人教師ではなく、多くの教育機関が繁栄しているが、それは機能不全の学校制度が継続しているからである。

（13）S. GarsoffskyとB. Sembach著*The lie that anything is possible. Why family and career cannot be reconciled*（2014）を参照。「分かち合われる幸福」というテーマについては、ピーター・グレイが著書『Free to Learn』で言及している別の米国の研究がある。

（14）H. Renz-Polster: *Die Kindheit ist unantastbar*, …

(1) Bernhard Heinzlmaier: "Null Bock auf den Rebell. Angepasste Fredericks schleichen an die Spitze," 2.21. 2015、*Kurier*紙のインタビュー。

(2) Gerd Schäfer, cited in H. Renz-Polster, *Die Kindheit ist unantastbar*, …

(3) Ibid.

(4) ホームスクーリングや不登校の子ども達に関しては、Clara Bellar監督による映画、*Being and Becoming*, directed by Clara Bellar (France, 2014) も参照のこと。

(5) IMF、WTOといった国際機関が全体主義の新しい形態をとっていることについては、Paul Hawken, *Blessed Unrest*, … を参照のこと。

(6) H. Renz-Polster, *Die Kindheit ist unantastbar*, …

(7) "Widerstand formiert sich: Wissenschaftler erheben Vorwürfe," *Focus Online*, October 2, 2014.
https://www.focus.de/familie/erziehung/zwangsmassnahme-koalition-der-willigen-widerstand-formiert-sich-wissenschaftler-erheben-vorwuerfe_id_4174299.html

(8) このメールは私におくられてきたものの一部である。私の映画、Initiative Childhood 6.7ではもっと詳細に紹介している。ホームページも参照のこと。https://www.michael-hueter.org

第十二章　学校と教育の急拡大

(1) P. Gray: *Free to Learn*, …

(2) "World Teachers Day 2016: Almost 69 million teachers needed to reach Sustainable Development Goal

(3) " UNESCO Institute for Statistics, October 3, 2016.
https://www.uis.unesco.org/Education/Pages/world-teachers-day-2016-EN.aspx
次のドキュメンタリーも参考のこと。Schooling the world. The white man's last burden, directed by Carol Black (USA, 2010) and Alphabet. Angst oder Liebe, directed by Erwin Wagenhofer (Austria, 2013).

(4) P. Sloterdijk: Die schrecklichen Kinder der Neuzeit, …

(5) アボリジナルの現在の生活については以下のドキュメンタリー映画を参照。10 Kanus, 150 Sperre und 3 Frauen directed by Rolf de Heer (Australia, 2006).

(6) 文化教育の良い例を挙げよう。ヨーロッパで子どもが読む本や教科書にはインディアンが馬の背に乗っている絵が描いてある。一四九二年以前は実際はアメリカ両大陸に馬はいなかった。

（7）これはRudyard Kiplingの有名な詩、The White Man's Burden のオマージュである。「世界を教育する」というトピックに関しては、次の二本の映画、Schooling the world, … とAlphabet, … をお勧めする。

（8）P. Gray, *Free to Learn*, …

第十三章　（無言の大きな）叫びとアルベルト・シュヴァイツァーの言葉

（1）https://www.de.wikipedia.org/wiki/Liste_von_Gewaltexzessen_an_Schulen ブレイビクの二〇一一年七月の襲撃について、詳しくは以下のウィキペディアのページを参照のこと。www.de.wikipedia.org/wiki/Anders_Behring_Breivik

（2）参考となるホームページは以下の通りである。タリバンなど原理主義のテロリストによる大量殺人が有名だが、実際はこれらの事件が起こり始めたのは西洋社会である。//www.scienceblogs.de/plazeboalarm/index.php/eine_weltkarte-der-amoklaufe/ https://www.de.wikipedia.org/wiki/Amoklauf_an_einer_Schule

（3）P. Sloterdijk: *Die schrecklichen Kinder der Neuzeit*, …
次の文献も参照のこと。William Blum: *Die Zerstörung der Hoffnung. Bewaffnete Interventionen der USA und des CIA seit dem 2. Weltkrieg*, (Frankfurt on the Main: Zambon, 2008) and Heiner Müllmann: *Die Natur der Kulturen. Entwurf einer kulturgenetischen Theorie* (Paderborn: Wilhelm Fink Verlag, 2011).

（4）国連の報告書によると、世界全体の少年兵士の数は二五万人から三〇万人で推移している。世界の軍事費は一九九九年に一兆ドルだったものが、二〇一二年には一兆七五〇〇億ドルに膨れ上がり、増加傾向が続いている。

第十四章　中心を失うことは、人間性を失うこと

（1）パブロ・ピネダはスペイン人の教師であり俳優である。彼はヨーロッパで初めてダウン症（二一トリソミー）患者として大学を卒業した。彼は主演男優として映画『Yo, tambien』（英語：Me Too）に出演し、二〇〇九年のサン・セバスティアン映画祭で最優秀男優賞を受賞した。映画『Alphabet』では彼は主要な登場人物の一人を演じ、既存の学校制度と一面的な人間のとらえ方に疑問を呈している。

（2）この点と先住民の人生についてはマーティン・バトラーとベントレー・ディーン監督の映画『Tanna』（二〇一六年）を参照されたい。

（3）OECDが定期的に発表する統計も参考のこと。一五年ほどの間、OECDは世界の年間自殺者数を八万人から八万五〇〇〇人と推計してきたが、実際の数はもっと多い。事故死として片づけられることが多く、宗教やイデオロギー的な理由で正確な統計を取らない国もあるからである。

PISA（学力診断テスト）でトップの成績を収めているフィンランドと韓国は世界で最も自殺率が高い国だ。逆にオランダでは自殺率が低いが、この国は助産師の数と自宅出産数が最も高く、出生率も高い。スペイン、イタリア、ギリシアといった家族中心の国々の自殺率が低いのと対照的に、早期に子育て放棄モードに入るフランス、ベルギー、オーストリア、中国、ドイツ、米国では自殺率が高い。過去の時代における軍事戦争の代償は、主に子供たちが繰り返し支払ってきた。それは、先進工業国の経済戦争の代償を何十年にもわたって子供たちが支払ってきたのと同じである。より詳細な情報および出典は、Harari著『文明の簡潔な歴史』を参照のこと。『ホモ・デウス』の中で、ハラリは次のように報告している。「ペルー、グアテマラ、フィリピン、アルバニアといった貧困と政治的不安定に苦しむ発展途上国では、毎年一〇万人におよそ一人の割合で自殺者が発生している。一方、スイス、フランス、日本、ニュージーランドといった裕福で平和な国々では、毎年一〇万人あたり二五人が自ら命を絶っている。一九八五年、ほとんどの韓国人は貧しく、教育も受けず、伝統に縛られた生活を送っており、独裁者の下で暮らしていた。今日、韓国は経済大国となり、国民は世界でも最も教育水準の高い国民となり、安定した比較的自由な民主的体制を享受している。しかし、一九八五年には一〇万人あたり約九人の韓国人が自殺していたのにたいし、現在では年間自殺率は三倍以上に増加し、一〇万人あたり三〇人となっている。付け加えると、韓国はフィンランドと同様、PISA（OECD生徒の学習到達度調査）で上位にランクインする「PISA諸国」の一つである。ここで、ハラリがリタリンなどの学童用刺激剤について述べている部分を引用しよう。「二〇一一年には、三五〇万人のアメリカの子供たちがADHD（注意欠陥多動性障害）の治療薬を服用していた。イギリスでは、一九九七年の九万二〇〇〇人から二〇一二年には七八万六〇〇〇人に増加した。」この本には、このような情報が他にも数多く紹介されている。ドイツや、教育的なプレッシャーが強く、PISAの基準を満たしているとされるその他の国々でも、学校に通う児童におけるリタリン使用の増加率はほぼ同様である。特に子供たちにおける「生化学的な幸福と成功の追求」を各国がどのように容認しているのかは興味深い。リタリンの使用が児童の間で法外に増加していることにたいして、社会や政治からの抵抗はまったく見られない。時折メディアで報道されることはあっても。一方、政治的な観点から見ると安定性や経済成長を損なう薬物乱用（ハードドラッグなど）は禁止されている。「二〇〇九年には、米国の連邦刑務所の受刑者の半数が麻薬が原因で収監され、イタリアの受刑者の38％が麻薬関連の犯罪で有罪判決を受け、英国の受刑者の五五％が麻薬の使用または売買に関連して犯罪を犯したと報告している。

二〇〇一年の報告書では、オーストラリアの受刑者の六二%が収監された犯罪を犯した際に麻薬の影響下にあったことが判明している。」（中略）つまり、国家は良い操作と悪い操作を区別しているということだ。リタリンで子供たちを鎮静化させることは、特に抗生物質をはじめとする他の薬の法外な増加と並んで、問題ないと見なされ、しばしば望ましいこととされている。これらの国々では、後に若者の（ハード）ドラッグの乱用や自殺率が最も高い割合になる傾向にあるが、誰も気にしないようだ。

（4）次の映画も参照のこと。Bert Ehgartner: "Alte Freunde neue Feinde: Was unsere Kinder krank macht," *Arte documentary*.『古い友人、新しい敵：何が私たちの子供を病気にさせるか』、January 6, 2015. 多くの人々に是非勧めたいこのドキュメンタリー映画は、多くの西洋諸国やいわゆる先進国で子供たちがますます病弱になっている理由を探求している。アレルギー、喘息、糖尿病、自閉症、ＡＤＨＤ、肥満など、さまざまな（慢性を含む）疾患の増加は、すでに前例のないほど蔓延している。この映画では、二〇年間増加の一途をたどっている数多くの心理発達障害や行動上の問題についてはほとんど触れられていないが、それらの恐ろしい身体的兆候に加えて、それらの問題も確実に存在している。これらの数多くの（慢性）疾患の原因を追求する中で、国際的な研究者たちはある一つの事実にたどり着いた。人間の（子供の）免疫システムは、誕生時あるいは生後2年以内に機能不全に陥ったり、深刻な刺激を受けたりしていることが多いということだ。（帝王切開や、子供への早期かつ多数の予防接種も、このドキュメンタリー映画のテーマとなっている。）どうやら、私たちは考え方や生き方において、生まれた瞬間から多くの間違いを犯しているようだ。

　この映画からいくつか引用する。「治療法のない慢性疾患に子供たちがかかるリスクがこれほど高かったことは、歴史上かつてない。」／「帝王切開はアレルギー疾患や喘息のリスクを高め、1型糖尿病のリスクは三〇パーセント増加する。」／「人間の免疫システムは、もはや存在しない環境に合わせて調整されている。」「一九八〇年代以降、ドイツにおけるメチルフェニデート（リタリンとも呼ばれる）の使用量は、年間三四kgから現在では年間約一八〇〇kgに増加した。これは一日あたり六〇〇〇万回分の投与量に相当します。（リタリンは、ＡＤＨＤと診断された子供たちに投与される）／「問題は、システムを変えるべきかどうかを問うのではなく、子供たちをシステムに適合させることが本当に正しいことなのかということだ。特に男の子の中には、別の学校が必要な子供もいるのではないだろうか？」／「推奨される予防接種の数は、一九八〇年代から二倍以上も増加している。ニッチなビジネスであった予防接種は、今では製薬業界の利益を生み出す市場となっている。」「医学の偉大な成果である抗生物質や予防接種について、その稀な副作用を客観的にテストするという慣行（この映画で示されているように）は、まだあまり確立されていないようだ。」寄生虫学者である科学者のマリア・ヤズダントサクシュは、このドキュメンタリー映画を次のような言葉で締めくくっている。「あらゆる危険を回避しようとすると、的を外してしまいます。最も重要なリスクに限定すべきです。そうでないと、微生物叢を破壊してしまいます。一歩下がって、大きな病気と闘うことに焦点を絞り、その他の病気は可能な限り放置する方がはるかに良いでしょう。木々が空に向かって成長するには風が必要です。成長中に試練を経験できないのであれば、最初の嵐で倒れてしまいます。免疫システムも同じです。時として挑戦を受けなければ、適切に機能しません。私たちはそのバランスを取り戻す必要があります。そして、すべてを過剰に安全で清潔なものにするのはやめてください。」

（5）

なぜ西洋先進国の子どもたちに病気の子が増えているのかについては、脚注4に挙げたドキュメンタリー映画を参照のこと。私の三人の子どもたちが予防接種を受けていないのは、最初の子どもから始まり、直感と自己理解の結果であった。三人とも幼少期を通じて非常に健康だった。三人の子どもの親として、長い間多くの子供たちや家族と知り合うことになる。私の子どもたちが、知人たちの間で予防接種を受けた子どもたちよりもずっと健康であることに気づくまでは、いわゆる予防接種に批判的な書籍を深く掘り下げて調べることはなかった。例えば、私の子どもたちは、乳幼児にありがちな中耳炎に罹ることは一度もなかった。もし、先進国において、最初の予防接種から六歳までの間、予防接種を受けた子どもと全く受けなかった子どもが、一般開業医や小児科医をどのくらいの頻度で受診しているかを正確に記録したとしたら、興味深い結果が出るだろう。しかし、そのような研究は決して行われないだろう。病気を商売のネタにしている人たちが多すぎるからだ。ゲアハルト・ブーフヴァルト著『予防接種——恐怖を商売に』というタイトルがすべてを物語っている。「大半のワクチンはアレルゲンの混合液であり、その中で最も多く使用されている保存料である水銀含有チメロサールがトップに位置している。」「予防接種がアレルギーブームの原因？（*Natürlich* 1999. 11. p. 47）

「情報通であると考える騙されやすい人々は、利益追求者の共犯者となります。一方で、例えば、ワクチン接種キャンペーンではなく、常に社会や衛生状態の改善、そして免疫システムの強化が、伝染病の終息につながったことを証明する研究を信頼する意識の高い人々は、子供たちにワクチン接種を受けさせないことで他人の命を危険にさらしていると非難されます。この非難は、基本的には予防接種を義務化しようとする政府によって用いられるものです。この方法では、国や個人が突然人質に取られるような状況に陥る可能性があるのです。例えば米国では、医療行為が原因で引き起こされる疾患が死因の上位を占めているという保守的な推定値があるにもかかわらずです。近年の公式統計を含むより最近の研究では、医療行為が原因で引き起こされる疾患が最も一般的な死因であり、三〇万人以上が死亡していると報告されています。さらに、処方薬の有害な影響により、毎年一二万人が死亡しています。」ウィリー・マウラー著『人生の最初の瞬間』を参照。

（6）

美術史家のHans Sedlmayrによる以下の文化哲学に関する文献も参照のこと。*Verlust der Mitte. Die bildende*

Kunst des 19. und 20. Jahrhunderts als Symptom und Symbol der Zeit, (Vienna: Otto Müller Verlag, 1948). 11th ed. 1998)

第十五章　不妊、人工過剰、そして未来の赤ちゃん

（1）Oswald Spengler: Der Untergang des Abendlandes. Umrisse einer Morphologie der Weltgeschichte, 17th ed. (Munich: dtv, 2006) (the first edition 1918, 1922)（『西洋の没落――世界史の形態学の素描〈第一巻〉形態と現実と』と『西洋の没落――世界史の形態学の素描〈第二巻〉世界史的展望』、村松正俊訳一九七一年五月書房）

（2）*Population Boom. 7 Milliarden Überbevölkerung? Wer von uns ist zuviel?* directed by Werner Boote (Austria, 2013).

（3）科学者の推定によると、狩猟採集民族の社会では近代まで二〇％から二七％の赤ちゃんが一歳になる前に死亡したという。一四歳までには半数が死亡していた可能性がある。中世は最も乳幼児死亡率が高く、二人に一人が一四歳になるまでに死亡した。古代ギリシアと古代ローマでは、乳幼児死亡率が二〇～三〇％に達し、イデオロギー的な理由（思想や生活様式）で何十年も出生率が低下したことに悩んだ。

（4）製薬企業は平均寿命が延びることによって最も利益を得る。原資は国の税金である。税金を上げ続けられないため、国家の借金が増え続けている。日本が良い例だ。平均寿命は高く、出生率は何十年も他のほとんどの国よりも低い。そして国家の借金は他のどの先進国よりも多い。二〇一六年、日本の債務はＧＤＰの二三〇％だった。経済が不安定なギリシアでさえ一七〇％、米国は一〇〇％

（5）Michael Prestwich: *Edward I* (Berkley: University of California Press, 1988).

（6）スラム街に住む子ども達についてはドキュメンタリー映画、Hanna Polak監督の*Something better to come*, directed (Denmark/Poland, 2014)を参照のこと。ロシア、モスクワのヨーロッパ最大のごみ集積場に住むユラを一四年間追った映画。

（7）中国では一九六〇年代に出生数が最大になり、女性一人につき六・一六人の出生率まで上昇した。政府は一人っ子政策をはじめとする集中的な人口コントロール政策を取ったが、一九八〇年代半ばでも女性一人あたり二・八人までしか出生率は減らなかった。しかし一九八〇年代後半に中国が資本主義世界に門戸を開いてから、出生率は急減し、二〇〇一年に女性一人あたり一・五一人になり、十年ほど低水準のままだ。二〇〇六年以降、中国はＰＩＳＡで高得点を出し続けている。最近、二人っ子政策を取るなど、中国の政治家も危機感を表明し始めた。しかしそれで出生率が向上するほど甘くはない。

（8）人類のはじまりについて、現在の研究結果から次のような事がかなり確かと言える。（すべての引用はハラリの『サピエンス全史』より。）「二〇〇万年前から一万年までの期間、世界には同時に七種類の人類がいた。」現在に至るまで、なぜホモ・サピエンスだけが繁栄したのか、確かのことはわからない。直立歩行をするようになって両手が自由になったという事実は確かだ。「両手を使って様々なことができるようになり、神経組織が発達し細かい筋肉の動きが可能となった。特に洗練された道具が使えるようになった。」

しかし欠点もあった。骨盤が狭くなり、子どもがより未熟な状態で生まれるようになった。しかし、直立歩行にはマイナス面もある。直立歩行には、より狭い腰と、それにより狭い産道が必要となる。つまり、長い進化の過程で、子供たちはどんどん早く生まれるようになったのだ。他の動物種と比較すると、人間の乳児は明らかに未熟児だ。重要な器官が未発達であるため、私たちは「未完成」の状態で生まれてくる。子馬は生まれて間もなく自分の足で立ち、子猫は生後数週間のうちに周囲を探検し始める。人間は、この未熟な状態で生まれるという状況を、その並外れた能力のおかげで生き延びている一方で、多くの困難にも直面している。ホモサピエンスの男児を育てるには、両親や親戚、近隣の人々から絶え間なく長期間にわたる愛情、関心、支援が必要である。子供を教育（支援）するには、村全体（親密なコミュニティ）の協力が必要である。したがって、進化は強固な社会関係を築く能力をもつ者を優遇してきた（第一章参照）。この母と子の強い絆と親族の社会的能力は、今日科学者が認知革命と呼ぶものの一部の原因となっている。これは紀元前約一〇万～三万年の間に起こった。また、この期間に、私たちはまったく新しい形態のコミュニケーション、すなわち言語を習得した。私たちの遺伝子、解剖学、言語、脳といった、現在の私たちを形作るものは、数万年もの間、わずかな変化を除いてはほとんど変化していない。この長い、そして強力な「人間化」のプロセスは、ホモサピエンスが定住するようになる何千年も前の狩猟採集生活の時代に起こり、文化的な発展と並行して、理想的とは言えない発展が次々と起こりました。私たちの祖先が「単純」であったとか、あるいは今日の人類よりも知能が劣っていたなどと考える人は、完全に間違っている。狩猟採集社会は、なによりもその多様性（儀式、思考、生活様式）と高い社会能力によって特徴づけられる。グループの全員（離乳後期以降の子供も含む）が、石のナイフの作り方、食料の探し方、破れた衣服の繕い方、罠の仕掛け方、蛇に咬まれた場合や空腹のライオンへの対処法などを学んだ。

採集者は、動物や植物、物体で構成される周囲の世界だけでなく、自身の身体や感覚といった内なる世界も極めていた。彼らは草むらの中でわずかな動きにも耳を澄ませ、そこに蛇が潜んでいないかを確認した。また、果物や蜂の巣、鳥の巣を見つけるために、木々の葉を注意深く観察した。彼らは最小限の労力と音で動き、最も機敏かつ効率的な座り方、歩き方、走り方を知っていた。彼らは、身体を多様かつ絶え間なく使うことで、マラソンランナーのように鍛えられていた。彼らは、現代人が何年もかけてヨガや太極拳を練習しても到達できないほどの身体の器用さを備えていた。狩猟採集者の生活様式は地域によって、また季節によって大きく異なっていたが、全体的には、彼らの足跡を追う農民、羊飼い、労働者、事務員などの大半よりも快適で充実した生活を送っていたようだ。現代の裕福な社会では人々は平均週四〇〜四五時間働き、発展途上国では週六〇時間、あるいは八〇時間も働くというのに、最も過酷な環境で暮らす狩猟採集民、例えばカラハリ砂漠に住む人々は、平均週三五〜四五時間しか働かない。狩猟採集民が飢えや栄養失調から逃れ、定住生活を送る子孫よりも健康でいられた成功の秘訣のひとつは、多様な食生活であった。また、感染症にかかることもあまりなかった。「農業社会や工業化社会を悩ませた感染症（天然痘、麻疹、結核など）のほとんどは家畜が感染源であり、農業革命後に初めて人間に感染するようになったのだ。古代の狩猟採集民は犬を飼育していただけで、これらの疫病とは無縁であった。さらに、農業社会や工業化社会のほとんどの人々は、密集した不衛生な恒久的な居住地に住んでおり、感染症の温床となっていた。採集者は小規模な集団で移動していたため、伝染病の流行を防ぐことはできなかった。」これは、未就学児が「教育」や「経済」の名のもとに毎日八時間も閉じ込められている子供たちよりも、あらゆる面で平均してずっと健康である理由のひとつである。もうひとつの理由は、未就学児は自然と（屋外で）よく動くということである。

狩猟採集民の子どもたちは、単に健康だっただけでなく、おそらくは、その後の数千年間、そして現在に至るまで（ごく短期間を除いて）の子供たちよりも平均的に見て幸せで満足していたであろう。「野生の捕食者サピエンス」の人口動態は極めて安定していた。子どもたちは何年も母乳で育てられており、その間は妊娠の可能性が低くなることが知られている。現在の知識水準から推測すると、おそらく寿命もより長く、乳児死亡率もホモサピエンスが家畜化を始めた後の数千年間よりもはるかに低かったであろう。しかし、ホモサピエンスが最大の難題に直面し始めたのは、数世紀前に、六〜七歳までの本物の幼少期を「家畜化」し始めたときだった。

（9）"Die Zukunft der Babys, das Ende der Welt", *Der Standard*, March 20, 2016.

（10）"Alptraum Wunschbaby – die Geschäfte mit dem Kinderwunsch", *Kurier*, April 16, 2016.

（11）Harald Welzer: *Die smarte Diktatur. Der Angriff auf unsere Freiheit* (Frankfurt on the Main: Fischer Verlag, 2016).

（12）"Mutter zu werden war immer mehr mein Traum", die *Welt*, January 20, 2005.

（13）Y. N. Harari: *A Brief History of Humankind*, Vintage Books, 2015（『サピエンス全史』、柴田裕之、二〇一六年、河出書房新社）、「超ホモ・サピエンスの時代へ」の章（第二〇章）からの引用。この章でハラリは、バイオテクノロジー、サイボーグ技術（サイボーグとは、有機的な部分と非有機的な部分で構成される存在のこと）、動物や人間の非有機的な生命について、すでに世界中で、特にアメリカで実験され、作り出されているものを要約している。Y. H. Harari: *Homo Deus*: A brief History of Tomorrow, Harper Perennial, 2018（『ホモ・デウス：テクノロジーとサイエンスの未来　上・下』、柴田裕之、河出書房新社、二〇一八年）も参照のこと。

第三部　幸せな子ども時代、ロケット、愛、ヴィジョン

第一六章　自由な家庭と幸せの回復

（1）Dayna Martin: *Radical Unschooling – A revolution Has Begun*, 2009.

（2）アルノ・シュテルン、ミシェル・シュテルンによる文章、アンドレ・シュテルンによる引用文（僕は学校に通ったことがない）、ドキュメンタリー映画『Alphabet』のほか、さまざまなTVチャンネルでアンドレに関するビデオやレポートが放映されている。

（3）D. Martin: *Die Freie Familie … oder die Freiheit über Leben und Lernen selbst zu bestimmen*, Tologo Verlag, 2011

（4）ホームスクーリング／不登校に関する研究結果の一部は、すでに本文中で述べている。ジョン・テイラー・ガットもその著書の中で、ホームスクーリングの研究結果に（間接的に）言及している。ダグマー・ノイブロンナー（Dagmar Neubronner）も自著*Die Freilerner*（『自由学習者』）の中でいくつかの研究を引用している。現在、ホームスクーリング／アンスクーリングに関する数十の研究の大半は英語で発表されており、ドイツ語にはまだ翻訳されていない。「意外なことに、いくつかの研究で、フリースクーリングは特定の社会経済的要因の潜在的な悪影響を相殺するのに役立つことがわかった。高学歴の親を持つ子どもたちは、他のフリースクーラーよりも学力テストで高得点を取ったが、ホームスクーラーは親の低学歴による問題を緩和するようだ。つまり、公立学校は、低学歴の親の子どもたちを、親自身による養育よりも劣った教育をしているようだ。ある研究によれば、高卒資格のない母親から家庭教育を受けた生徒は、公立学校で学んだ同程度の教育レベルの家庭の生徒よりも55ポイント成績が良かった。」Dagmar Neubronnerä *Die Freilerner*, 2008参照。ホームスクーリング／アンスクーリングの子どもたちは、その「可能性」を伸ばし、学ぶために、親が教育者や高学歴である必要はない。私自身、高学歴の親を持たないホームスクーリング／アンスクーリングの家庭を少なからず知っている。子どもたちは一般的に、学校教育を受けた子どもたちの平均年齢とは比較にならないほど社会性が高く、思考力も優れている。

アンスクーリング／ホームスクーリングに関するいくつかの研究と調査結果：

http://gaither.wordpress.com/2013/03/01/joseph-murphy-reviews-gaither-and-kunz-mans-comprehensive-survey-of-the-research/;

http://www.psychologytoday.com/blog/freedom-learn/201406/survey-grown-unschoolers-i-overview-findings;
http://majorsmatter.net/schools/Readings/Collom%20EUS2005.pdf;
http://icher.org/blog/?p=1297#more-1297;
www.unschooling.de、www.homeschooling.de、www.educazionepara-ntale.org、www.pro-lernen.ch（およびその他の国際的なホームスクーリング／アンスクーリングのプラットフォーム）は、このテーマに関する研究や調査結果を定期的に発表している。ホームスクーリングに関する科学的出版物、研究結果、国内外の研究の最も包括的なコレクションとリストは、ＮＨＥＲＩ（National Home Education Research Institute）のホームページで見ることができる。私の考えでは、特にドイツ語圏におけるホームスクーリング／アンスクーリングに関する議論が、平凡なもの、偏見、純粋なイデオロギーに特徴づけられる主な理由は、これまでほとんど根拠のある科学的結果がドイツ語に翻訳されていないという事実と関係がある。現在、ドイツ語に翻訳されている国際的な、主にアメリカやカナダの研究結果や研究については、www.netzwerk-bildungsfreiheit.deを参照されたい。www.homeschooling.de には、ホームスクーリング／アンスクーリングと教育の自由に関する国内、ヨーロッパ、国際的なプラットフォーム、団体、組織へのリンクが豊富に集められている。

（5）Dagmar Neubronner: *Die Freilerner*, Genius Verlag, 2008

（6）同書

（7）同書。オーストリアとドイツ（「ノイブロンナー事件」を除く）の「自由な学習者家族」（ホームスクーラー／アンスクーラー）に関する報道について、「メディア批評」してみよう。過去一〇年間の活字メディアによる報道の大部分は、両国とも同じ傾向を示している。例として、二〇一〇年五月二二日付の『ＤＩＥ ＺＥＩＴ』の記事と、二〇一五年三月九日付のオーストリアの雑誌『ＰＲＯＦＩＬ』の記事の2つを詳しく見てみよう。「自由な学習者」ホームスクーラー／アンスクーラー）の話題になると、タブロイド紙から特集ページまで、（ほとんど）すべての報道が同じ方向に向かう傾向がある。このような子どもたちは自分の子どもだけでなく、社会全体にとって危険な存在なのだ。ほとんど例外なく、ジャーナリストは自分で調べたり、専門的な文献や研究などを参照したりしない。ジャーナリストの発言から、選ばれた「専門家」の発言までが、テンプレート、仄めかし、決まり文句、場合によっては差別、そして「古臭い」決まり文句以外の何ものでもない。

二〇一五年三月九日付のＰＲＯＦＩＬの記事：自由な学習者が登校拒否。果たしてうまくいくのか?!文末の疑問符と感嘆符が、記事の冒頭から明らかだ。この疑問はレトリックに過ぎず、うまくいくはずがない（!）、と決めつけている。それに続くサブタイトルは、記事の中央に太字で大きく表示されている。宿題。子どもたちを学校から遠ざけているのは、統合を望まないイスラム教徒だけではない。自由学習者たちも、学校や厳しいカリキュラムをあまりよく思っていない。（中略）専門家は、過度な自己実現への要求と社会的不適合を警告している。

引用された「専門家」の誰も「社会的怠慢」という言葉を使っていないことを別にすれば、報告書のタイトル（そしてそこだけ）には「統合する気がないイスラム教徒」が含まれている。これは明らかであり、関連づけるべきである：不登校／ホームスクーラーのグループも恐れるべきである。彼らは子どもたちにとっても、社会にとっても危険な存在なのだ。

『PROFIL』のようなルポルタージュ誌のジャーナリストであれば、「統合する気がないイスラム教徒」（一体それは何なのか？）が、二〇一五年のオーストリアやドイツで、子どもたちを家庭で教えず、自分たちの（私立の）学校や州立の学校に通わせていることを実際に知っているはずだ。しかし、この記事は事実についてではなく、偏見と敵対的なステレオタイプについて書かれている。

さて、このジャーナリストが長々と話すことを許している「専門家」についてである。例えば、ウィーン大学教育学研究所のシュテファン・ホップマンは、アメリカに二五〇万人いるホームスクーラーの「大部分」は「宗教的な理由」で不登校になっていると主張している。事実と数字は示されていない。宗教的動機」とは何か？事実は次のとおりだ。アメリカのホームスクーラーの家庭の三六％が、ホームスクーリングを選んだ理由として、宗教上あるいは道徳上の指導に懸念があることをあげている（米国教育省、二〇〇八年）。

さまざまな調査によると、米国の不登校の子どもたちは、おそらく一〇〜二〇％程度であろう。いずれにせよ、上記の自由学習者たちは、アメリカだけでなく、ホームスクーリング／アンスクーリングのグループ全体の中で最も急速に成長しているグループである。ドイツ語圏では、「純粋な」アンスクーラーは（現在）多く見積もっても二五％程度である。しかし、その数は着実に増えており、ホームスクーリングとアンスクーリングの間で、さまざまな学習形態が実践されている。「宗教上の理由」でホームスクーリングを実践している親の割合は、大西洋の両岸では明らかに少数派である（ヨーロッパではなおさらである）。しかし、「教育科学者」であれば、二五〇万人の不登校の子どもたちが、ホームスクールとアンスクールに分かれていることを何よりも知っているはずである。そして、なぜドイツ語圏の活字メディアは、たいていアメリカを比較対象として報道するのだろうか？　ホームスクールとアンスクールは、アメリカの「現象」ではなく、ヨーロッパの「現象」なのだ。過去の有名な代表例はヨハン・ヴォルフガング・フォン・ゲーテであり、現在ヨーロッパで最も有名な不登校の人物はアンドレ・シュテルンである。彼はフランス人だ。このジャーナリストはアメリカについてこうも書いている。「ホームスクーラーだった人たちのその後の進路に関する研究はほとんどない。二〇〇九年にアメリカで行われた大規模な調査では、ホームスクーラーの学業成績は普通学級の生徒を上回ったが、その多くは「社会的に必ずしも普通ではない」という汚名を背負って生きてきた。このジャーナリストは、実際にどの研究に言及しているのだろうか?言及されていない。「多くの」とはどの程度で、「社会的に普通ではない」とは何なのか？　おそらく英語で書かれた研究にそう書いてあるのだろうか？　ドイツ語圏の何万人という（義務教育の九年の後の）構造的文盲や、多くのいわゆるＡＤＨＤや何千人という学校での「精神異常」児はどうなのだろうか？　彼らもまた「社会的異常者」なのだろうか？　少なくとも読者は、不登校の子どもたちの方が一般的に「学業」において後々優れていることを知る。

もう一人の「専門家」、ケルン大学の「教育哲学者」であるマティアス・ブルヒャルトの発言も注目に値する。「学校の素晴らしさは、個人学習と集団学習、好みと義務のバランスである。」このような発言は、特に私にひとつの疑問を投げかける。この大学教授は、過去一五年間に平均的な（州立）小学校の内部を覗いて見たことがあるのだろうか？　Ｍ・ブルヒャルトは教育学の世界観を厳密に定義している。「教育学の目標は自由であり、その必要な手段のひとつが強制である。」教育学」とは、もちろん州立学校の教育学のことであり、さまざまな形態の改革的教育学のことではない。そして、（義務教育終了後に）毎年何万人もの構造的文盲が生まれることが、ドイツにおける「自由」の証しなのかどうかは疑問である（むしろ強制のひとつである）。

次に、二〇一〇年四月二二日付の『ＺＥＩＴ』の記事である。『ＰＲＯＦＩＬ』の記事とは質的には異なるが、方向性は同じである。それは、「在宅勤務：主婦の流儀」というタイトルから明らかだ。このタイトルについて、ある読者は『ＤＩＥ ＺＥＩＴ』への投稿で次のように書いている。『ＺＥＩＴ』の記事は趣味が悪い。このようなタイトルがなくても成り立つはずだ。肯定的な点は、ホームスクーリングとアンスクーリングが存在することを明確に強調している点だ。記事はドイツの状況には焦点を当てず（禁止されているから）、オーストリアのホームスクーリング／アンスクーリングの親について書いている。記者によれば、オーストリア教育省は家庭で教えられている子どもたちの正確な数字を把握していないという。これは正しくない。保護者は「登録」し、年に一度、公立学校の「審査」（外部試験）に出席しなければならない。過去一〇年間、毎年約一、八〇〇人の不登校児がいる。これはオーストリアの学齢児童の約〇・二%に相当し、その親はアンスクーリングで学ぶことを決めている。『ＺＥＩＴ』の記事でも、決まり文句は同じだ。「教育学者たちは、ホームスクーリングを受けた子どもたちは同世代の子どもたちと同程度に学ぶが、社会的スキルの発達は劣っている。」このような見方は、実態を見れば偏見に過ぎないことは明らかだが、『ＺＥＩＴ』紙上では、州の教育当局の代表者も支持している。ウィーン氏教育委員会の学校心理学主任は、次のように「警告」している。「自由学習者が経験を積む機会を奪われる危険性がある。」この心理学者は次のことを知らないのだろうか。ドイツ語圏のみでなく、国際的な学校批判の中心的問題は、生徒が自分で体験することによって学ぶことが少なすぎるということだ。

『ZEIT』の記事は、国内外で大きな議論を呼んでいる「義務教育」に固執する理由について、ドイツの「国家権力」の主な主張にも言及している。『ZEIT』の記事は、国内外で大きな議論を呼んでいる「義務教育」に固執する理由について、ドイツの「国家権力」の主な主張にも言及している。「連邦憲法裁判所は二〇〇三年、子どもの福祉を保障できるのは公立学校だけだという判決を下した。」これについて、何千人もの親たちと共に、私も問いたい。子供の福祉と教育がどのような関係にあるのか？「児童福祉」とは、ウィキペディアによれば、以下のように定義されている。「教育を受けるために必要な子供の認知的、知的能力の豊かな発達は、ドイツの判例あるいは青少年福祉事務所でも、子どもの福祉の一部とは見なされていない。」

では、連邦司法裁判所とウィキペディアのどちらが間違っているのだろうか？後者は、「子どもの福祉」を定義するための中心的な基準と根拠を挙げている。一、絆の原則（家族）、二、支援の原則Ⅰ：養育、世話、供給、三、支援の原則Ⅱ：教育、四、継続性の原則。連邦憲法裁判所の「子どもの福祉を保証できるのは公立学校だけである」という発言は、ある事実とも矛盾している。毎年何万人もの生徒が、はっきり言ってしまえば、読み書きができないまま学校を去り、多くは社会性に欠け、ある者は心理的問題を抱え、非常に多くの者が自尊心を傷つけられている。

ドイツ語圏で国家が教育の唯一の保証人であると主張するのであれば、落ちこぼれの生徒に対する責任も負わなければならない。そして、ドイツもオーストリアも、他の国も、まさにその責任を負うわけではない。国際的に著名な紛争カウンセラーであり家族セラピストであるイェスパー・ユールの言う通り、ヨーロッパのどこの国も、失敗した生徒（子ども）の責任を生徒本人や親に押し付けてはいない。連邦憲法裁判所もまた、二一世紀になってもなお、ヨーロッパで唯一無二の厳格な義務教育を問題視していることを隠さない。「判決によれば、一般市民は、宗教的あるいは世界観に動機づけられた平行する社会の出現を阻止することに相当な関心を持っている。」と『ZEIT』紙は書いている。またもや社会一般の疑念が持ち出されている。（厳格な）宗教団体は、自分たちの価値観を子どもたちに教えるために、ドイツでもずっと以前から、自分たちの私立学校を持っている。他の「世界観による動機」を持つ親のグループも、何十年もの間、自分たちの学校を運営してきた。ヴァルドルフ学校、バイリンガル学校、教育改革学校、民主主義的学校などである。これらも「平行社会」ではないのか？そもそも、「平行社会」とは何なのか、教えてもらいたいものだ。政治家だけでなく、（特にドイツでは）作家の中でも、正確な説明や定義もなく、この言葉を使いたがるものが少なくない。この新しい「魔法の言葉」の背後に、何があるのだろう？

さらに、議論のために次のような疑問を投げかけさせてほしい。「従来の」国立学校の大半が「平行社会」を作り出しているのではないのか？そこでは、子どもは大人の世界からも、年上の仲間からも、年下の仲間からも、そして「現実の生活」からも厳しく切り離されている。まるごと（長い）子ども時代だ。何を恐れてドイツ（絶対的に）やオーストリア／スイス（相対的に）の人々は、教育の自由を断固として阻止し、私立学校に通う余裕のある、あるいはそれを望む特級階級にのみ自由教育を認めるのか？　なぜ再び、人間的で平和的なマイノリティの家族を魅せしめにし、暴虐に扱い、国外退去させ、あるいは義務教育を強制するのか？　この非人道的な行為は一体誰のためになるのか？

（8）Dagmar Neubronner: *Die Freilerner. Unser Leben ohne Schule*, Genius Verla, 2008からの引用。

「ノイブロンナー事件」をご存じない読者のために。この四人家族は、強制的に何年も海外で過ごした。彼らは、当局が課した恐怖と義務教育には従わなかった。海外に逃亡した他の多くの家庭・不登校家族と同じように。ドイツのこれまでの法的状況は、これらの家族に対して寛容な対応ができるはずだ。今日、一家は再びドイツで暮らしている。二人の息子、モーリッツとトーマスはドイツの学校卒業資格を取得し、一人は学校に行かずにアビトゥーア（大学受験資格）に平均一・四の好成績で合格している。

（9）J.T. Gatto: *Verdummt noch Mal!*, 2009.

（10）D. Neubronner: *Die Freilerner. Unser Leben ohne Schule*, 2008.

（11）*Privatunterricht und Sozialisation. Ein Widerspruch? Eine schweizweite Erhebung über privat gebildete Schulabgänger und deren berufliche Laufbahn*. Bildung zu Hause. ch, 2010. www.bildungszuhause.ch/uploads/media/Nationale_Studien_BzH_2010_01.pdf

大企業に限らず中小企業も、学校の成績や就学態度からは応募者の仕事に関する能力とは関係ないことは、ずっと以前から認識している。例えば、ドイツ鉄道は、二〇一七年現在、社内研修生の唯一の応募要件として成績表や優秀な成績、証明書を要求しなくなったドイツ初の、それも国営企業であり、このことを募集の重要事項として公にしている。'Für Arbeitgeber sind Schulnoten inzwischen egal', die Welt, August 31, 2013; 'Zeugnis? Egal', Süddeutsche Zeitung, July 15, 2013.参照。

（12）Michel Foucault: *Psychologie und Geisteskrankheit* , Frankfurt am Main: Edition Suhrkamp, 1968.

（13）P. Gray: *Befreit Lernen*, 2015

（14）P. Sloterdijk: *Die schrecklichen Kinder der Neuzeit*, 2014

インテルメッツォ　少年時代のレオナルドとダヴィンチ・コード

（1）Charles Nicholl, *Leonardo da Vinci. The Flights of the mind*, Penguin Books, 2005

（2） Ibid.

（3） Ibid. 何千枚もの手書きのスケッチや資料があるにもかかわらず、レオナルドは幼少期や家族、私生活についてほとんど何も語っていない。私の考えでは、ダ・ヴィンチの幼年期と生涯について最も詳細かつ憶測のない伝記は、チャールズ・ニコルのものである。

第十七章　家族、ブレイクスルー・イノベーション、「車輪の上のコンピューター」、そしてケルン・コンサート

（1） Christoph Meinecke, "Werden unsere Kinder unglücklicher?" https://www.spielundzukunft.de/de-de/de_DE/content/blog-5014504/christoph-meinecke-werden-unsere-kinder-ungluecklicher-8980

才能と知能の発達というテーマについて少しコメントする。以前から知られていることだが、三～五歳児は一日に四〇〇もの質問をする。知識への渇望や学ぶ喜びは、幼児特有ものであり、通常、年齢とともに減少していくものである。しかし、それは年齢のせいではなく、時代遅れの学校制度がもたらした結果なのである。より長い期間、家庭の中で社会性を身につけた子供たちや、不登校の子供たち（親が指図をしたり、自分の判断を押し付けることをしない限りにおいて）は、知識欲や学ぶ喜びを子供時代が終わっても持ち続けるのが普通である。しかし、親が（平均して）一日に一〇分～一二分しか子どもに話しかけない場合、とりわけ、誰もが「働かなければならない」、あるいは「働きたい」という事情のために、子どもの自然な知識欲は、教師が二〇人の子どもの面倒を見なければならない教育システムと同じように、ほとんど満たされないことになる。

本書では、私たち一人ひとりが生まれながらにして持っている才能ある子どもたちについて多くを語ってきた。しかし、標準化された知能テストのＩＱ一三〇（以上）、言い換えれば平均をはるかに上回る知的才能を持つ子供も（全体の）二～三％存在する。このような非常に才能に恵まれた持つ子供たちも、以前から科学者たちの関心を集めてきた。今日でも、才能の原因を明確に定義することはできない。科学者たちは、遺伝的要因や社会的環境が才能を誘発する可能性が高いという点では常に意見が一致している。この二〇年間で、社会経済的な状況が、才能、そして一般的な知能の発達の主な要因であることが明らかになってきた。社会経済的状況とは、生まれてから子供時代の全期間、言い換えれば、家庭環境が子供の知能の発達に決定的な役割を果たす時期である生後六～七年目までの子供の置かれた状況を包むと理解されている。以下は、長期的かつ複数の研究によって十分に検証された知能研究の結果である。すなわち、母乳による育児は子どもの知能発達に良い影響を与える。これには、抱っこや身体的なスキンシップ全般が含まれる。例えば、（赤ちゃん用）ベッドではなく両親のベッ

ドで過ごすなど。一連の研究によると、一般的に下層階級の子どもは中流階級の子どもの親よりも知能が低い。高い能力を持つ子供（ＩＱ一三〇以上）は、平均以上の所得を持つ家庭の出身であることが多い。しかし、経済的な側面は、言うなれば指標、前提条件にすぎない。また、多くの研究が、二つのことが知能の発達に極めて有益であることを示している。一つは言語環境である。生まれたときから親がたくさんコミュニケーションをとっていた子どもは、ほとんどコミュニケーションがなかった子どもよりも平均して知能が高いことが判明している。非言語的なコミュニケーションもあり、これは特に赤ちゃんには大切なことである。具体的には、赤ちゃんに優しい笑顔で視線を返すことは非常に有益である。また、新生児の視力は生後一秒から非常にぼやけていることが科学的に証明されている。最初の二ヵ月は、視界は二〇〜二五センチ程度の近距離に限られる。赤ちゃんが「日の光」である両親や愛着のある人物を完全にはっきりと見ることができるようになるのは、八ヵ月目くらいからである。だから、母親がベビーカーの中で泣いている赤ちゃんに向かって「ここにいるよ、私のかわいい子」と呼びかけ、おしゃぶりを赤ちゃんの口に戻すときにベビーカーを揺すったりしても、赤ちゃんにとってはほとんど意味がない。一九世紀頃までの何万年もの間、あらゆる文化圏の母親が（やはり直感的に）、誕生から生後一年頃まで常に「目の高さ」で赤ちゃんを抱っこしていたという事実は、絆を深めるだけでなく、コミュニケーションや知性をも促進した。ご存知のように、我々は長い間、木に登っていない。抱っこされていない赤ちゃんは母親の声を認識できるが、抱っこされた赤ちゃんは母親の声を聞き、匂いを嗅ぎ、見ることができる。簡単に言えば、赤ちゃんは三次元的に成長するのだ。

　知能の発達を示すもう一つの指標は、有名人の伝記を数多く読めば驚くことではないが、子育てのスタイルである。温厚で愛情深く、リベラルで民主的、指図をせず信頼できる親子の環境で育った赤ちゃんと子どもは、親が懲罰的、権威主義的、侮辱的な振る舞いをする子どもに比べ、知能が著しく高い。このような（単純化された）指図する行動は、大多数の国立幼稚園や、とりわけ普通の学校（そして多くの家庭）において、いまだに見られるケースである。

　知能の発達のもうひとつの指標は栄養状態である。幼児期の栄養不良もまた、知能の発達を妨げる要因である。赤ちゃんは、母乳による育児によって栄養不足にも栄養過多にもなることはない。米国で始まった体重過多の乳幼児という新しい現象も、おそらく今日ますます多くの乳幼児がさらされているストレスによるものだろう。幼児期のストレスは知能をほとんど促進しない。

　要約すると、リラックスした家庭での社会化は知能の発達にも有益である。ウィキペディアには、知的才能という言葉に関する適切な記述があり、知能研究全般を含む文献への個々の言及もある。https://en.wikipedia.org/wiki/Intellectual_giftedness。また、このテーマに関する専門文献にも言及されている。

（2）「準備された環境」という言葉は、マリア・モンテッソーリに由来する。彼女の考えでは、子どもは環境に適応すべきではなく、環境は解放的であるべきで、型にはめるものであってはならない。

（3-14） Ashlee Vance, *Elon Musk. Tesla, SpaceX and the Quest to Forge a Fantastic Future*, (New York: HarperCollins Publishers, 2015).

さらに、これは電気自動車だけでなく、スマートフォンやほとんどすべての現代技術に影響することだが、リチウムイオン電池にはコバルトという金属が必要である。コバルトの60％はコンゴ産で、非人道的な環境で採掘されている。一般的に、電気自動車であれ、ガソリン車であれ、ディーゼル車であれ、誰もが本当に「自分の」車を「必要として」いるのだろうか？　欧米では、六歳にもなればすべての子どもにスマートフォンが「必要」なのだろうか？

（15） Ibid. 及び、たとえば以下を参照：FAZ(17. April 2016)：「テスラの兄はやり手」

（16） Ibid.

（17） Ibid.

（27） 私は、ロジャー・ウォーターズ（ピンク・フロイド）の有名な歌の台詞、"Hey, teacher, leave us kids alone"（ねえ、先生、僕たち子どもにかまわないでよ）を、"Hey, teacher, psychologist and politicians, leave us kids alone"（ねえ、先生、心理学者、政治家、僕たち子供にかまわないでよ）、と拡大解釈すべきではないかと思っている。

エピローグ

（1） アメリカの心理学者ピーター・グレイは、ここ数十年の（人類学者による）研究の状況、特に土着共同体における子ども時代についてまとめている。狩猟採集民の子どもたちの遊びいっぱいの生活」の章からいくつか引用すると、「世界中に見られる狩猟採集社会は、多くの点で互いに異なっている。（中略）物理的な生息地も、言語も、儀式も、芸術様式も異なる。しかし、アフリカであれ、アジアであれ、南米であれ、その他の地域であれ、そのような違いがあるにもかかわらず、ある基本的な点では驚くほど似ている。社会構造も、価値観も、子育ての仕方も似ている。このような類似性から、研究者たちは「狩猟採集民文化」と単数形で呼んでいる。（中略）リサーチを行なったほぼすべての研究者が述べているように、彼らの核となる社会的価値観は、自律（個人の自由）、共有、平等である。しかし、狩猟採集民は、こうした価値観に対して、我々よりもはるかに深く理解し重要視している。狩猟採集民の自律意識は非常に強く、互いに何をすべきかを指図することを控える。相手の自由を邪魔していると思われないように、お互いに勝手なアドバイスをすることさえ控える。子どもたちを含め、一人ひとりの人間は、他人の自由を妨げたり、社会的タブーを犯したりしない限り、毎日自由に自分の選択をしている。しかし、彼らの自主性には、私有財産を蓄積する権利や、他人に借金を負わせる権利は含まれていない。なぜなら、それは彼らの第二の価値観である「分かち合い」に反するからである。(中略)彼らは食料品や物資をグループ内の全員と、さらには他のグループのメンバーとも分かち合う。狩猟採集民が厳しい環境の中で長い間生き延びることができたのは、このような共有の習慣があったからである。(中略)あるキャンプから別のキャンプへ移動するタイミングなど、グループ全体に影響を与える決定は、グループ内の話し合いによって行われる。話し合いは、時には四時間あるいは四日間もかかることがある。(中略)狩猟採集文化における大人たちの子どもに対する一般的な接し方を表す言葉として、研究者たちはしばしば「放任」という言葉を使っているが、「信頼」の方がより適切かもしれない。(中略)この信頼に満ちた態度は、次のような研究者のコメントによく表れている(それぞれ異なる狩猟採集文化に関する異なる観察者のコメント):

- 「(オーストラリアの)アボリジニの子どもたちは、極端なほど甘やかされ、四、五歳になるまで乳を与え続けることもある。子どもに対する体罰は、ほとんど聞いたことがない。」
- 「狩猟採集民は子どもに命令しない。たとえば、就寝時間を告げる大人はいない。夜、子どもたちは疲れて眠りにつくまで大人のそばにいる。(中略)(ブラジルの)パラカナの大人たちは、子どもたちの生活に干渉しない。叩いたり、叱ったり、肉体的にも言葉でも攻撃的な態度をとったりすることはない。」
- 「(ベネズエラの」イエカナ族には『私の子供』だとか『あなたの子供』だとかいう考えは存在しない。年齢が何歳であろうと、他人が何をすべきかを決めることは、イエカナの行動のボキャブラリーにはない。誰もがすることに大きな関心を持つが、誰かに影響を与えようという衝動はなく、ましてや強制することはない。子どもの意志が原動力なのだ。」
- 「(ハドソン湾地域の狩猟採集民であるイヌイットの)乳幼児は、身体能力の限界まで、大人からの干渉を最小限に抑えながら、自分の環境を探索することを許されている。そのため、子供が危険なものを拾ったとしても、親は子供が自分で危険なものを探索するのを放っておくのが一般的である。子どもは自分が何をしているのかわかっているはずなのだ。」
- 「ジュ/ホアンシ族の子供たちはほとんど泣かなかった。泣く理由がほとんどなかったからだろう。怒鳴られたり、ひっぱたかれたり、体罰を受けたりすることはなく、叱られることすらほとんどなかった。ほとんどの子どもは、思春期にさしかかるまで、叱るような言葉を聞くことはなかった。叱られても、叱り方は優しかった。」

我々の文化では、このように極端に甘やかされて育った子どもたちは、将来、我がままなスポイルされた大人になってしまうであろう。しかし、少なくとも狩猟採集民の生活という文脈の中では、それは全く当たらない。ジュ／ホアンシ族を最も早くから観察してきた一人であるエリザベス・マーシャル・トーマスは、このような甘やかしについてこう答えている。「我々は、そのように優しく扱われた子どもは、スポイルされてしまうと聞かされるが、そのような意見を持つ人は、優しく甘やかして育てることが子どもの成長にとってどれほど大切なことかを知らないのだ。ジュ／ホアンシ族の子どもたちは、すべての親の夢であったはずだ。これほど素晴らしく、これほど知的で、これほど好感が持てて、これほど自信に満ちた子どもたちを育てた文化はない。」

狩猟採集社会の子どもたちが、ほとんどの時間を自由に遊んだり探検したりすることを許されているのは、このような放任的で信頼に満ちた態度を考えれば、驚くにはあたらない。狩猟採集民の大人たちの一般的な考え方は、何世紀にもわたる経験に裏打ちされたもので、子どもたちは自分たちの意志で遊び、探検することを通して自分たちを教育するというものである。（中略）狩猟採集民の文化は私たちの文化よりも「単純」だから、その文化の子どもたちは私たちの子どもたちよりも学ぶことが少ないと考えるのは間違いである。狩猟採集の生活様式は、知識と技術を非常に必要とするものであり、職業にすることがないため、個々の子どもたちは基本的に文化全体、あるいは少なくとも自分の性別に適したスキルを身につけなければならない。（中略）かららの遊びはすべて、四歳くらいから一〇代半ばまでの子どもたちの年齢が混じったグループで行われる。遊びの中で、年下の子どもたちは年上の子どもたちから技術を学び、年上の子どもたちは年下の子どもたちの世話を通して、リーダーシップと養育を実践する。子どもは大人から多くのことを学ぶが、普段の教師は一緒に遊ぶ子どもたちである。一九五〇年代から六〇年代にかけて行われたゲームの世界的な異文化比較において、ジョン・ロバーツと彼の同僚たちは、競争的なゲームがまったくないように見える文化は狩猟採集民の文化だけであると結論づけた。（中略）狩猟採集民の研究者はしばしば、彼らの並外れた明るさとストイックさを強調する。人類学者のリチャード・グールドは、狩猟採集民の陽気さについて別の研究者の言葉を引用した後、次のように書いている。「ギブソン砂漠（オーストラリアの狩猟採集民）の人々は、腫れ物や暑さやハエに悩まされ、食料が不足しているときでも、いつもと同じように陽気で、笑ったり冗談を言ったりできることに、私はしばしば気づかされた。この陽気さは、苦情を言っても事態を悪化させるだけだと、苦難をまともに受け入れていることの一部であるようだ。」エリザベス・マーシャル・トーマスは、ジュ／ホアンシ族についての著書の中で、ある少女が自分のバンドのキャンプ地から遠く離れたところを歩いていて、野生生物学者がハイエナのために仕掛けた隠し罠に足を踏み入れてしまったというエピソードを紹介している。罠の鋼鉄の歯は少女の足を貫通し、罠は地面にしっかりと固定されていた。数時間後、彼女はその地域で狩りをしていた叔父に発見された。叔父は遠くから彼女を見て、どうしたのか見に行き、罠を開けることができなかったので、キャンプに戻って助けを求めた。この事件についてのトーマスのコメントである。「彼女を野営地に連れて行き、傷の手当をしたときの彼女の冷静さを、私はずっと覚えている。ハイエナが頻繁に出没する場所で、彼女は孤独で、無力で、何時間も痛みに苦しんでいたのに、まるで何事もなかったかのように振る舞った。それどころか、彼女は何食わぬ顔であれこれとおしゃべりをした。私には、このような状況でこのような冷静さはあり得ないと思えたし、「ジュ／ホアンシ」の神経系は私たちよりも優れているのではないかと思ったことを覚えている。しかしもちろん、彼らの神経系は私たちと同じだった。優れていたのは彼らの自制心だった。（中略）その価値は先祖の時代からしっかりと受け継がれている。肉食動物にとって、泣きながらもがき、ひとりぼっちで逃げることもできない生き物ほど魅力的なものはないだろう。」（中略）狩猟採集民はどのようにして自制心という驚くべき能力を身につけたのだろうか？ 私の知る限り、この問題について推測した人さえいない。私の考えでは、狩猟採集民は少なくとも部分的には遊びを通してその能力を発達させている。一九三〇年代、ロシアの偉大な心理学者レフ・ヴィゴツキーは、他の子どもたちとの自由な遊びこそが、子どもたちが衝動や感情をコントロールすることを学ぶ主要な手段であると説得力を持って主張した。

P. Gray, Free to Learn: *Why Unleashing the Instinct to Play Will Make Our Children. Happier, More Self-Reliant, and Better Students for Life,* …を参照。

（2）これに関しては、Jean Liedloff, ***In Search of Lost Happiness*** も勧めたい。アボリジニの生活様式については、たとえば前述の長編ドキュメンタリー映画『10 Kanus, 150 Speere und 3 Frauen』も勧めたい。

（3）この問題は長い間、世界的に知られ、議論されてきた。国際的に著名な社会開発アドバイザー（イノベーションと人的資源）であるケン・ロビンソン卿は、今世紀を、これまでの主流であった学校でのマス教育が終焉する世紀だと見る、多くの専門家の一人である。

（4）人間の誇大妄想、無責任、自然破壊、強迫的な投機の発露は、映像作品の主題にもなっている。エルヴィン・ヴァーゲンホーファー監督のドキュメンタリー***Let's make money***（オーストリア、２００８年）を参照。

エンドロール

（1）*De optimo statu rei publicae deque nova insuta Utopia*（『国家のあるべき姿と新しいユートピアの島について』）の著者、イギリスの人文主義者であり政治家であったトマス・モアは、哲学的な物語『ユートピア』を書いた。「ユートピア」は、後に架空の、そして想像された未来の社会秩序の名称となった。モアの哲学的対話『ユートピア』は、世俗的に組織された共同体が、貨幣も私有財産も死刑もなく生活する島国を描いたものだ。とりわけ、宗教的寛容と、個人の権利とニーズにおける平等（受容）について論じられている。例えば、余剰が生じた場合、その財貨は全員に分配されるか、寄付される。例えば、余剰が生じた場合、その財貨は全員に分配されるか、寄付される。トマス・モアの物語は、何世紀にもわたって知的議論の対象になってきた。遅くとも、国家社会主義や共産主義のような純粋にイデオロギーに動機づけられた（発明された）「社会秩序」が失敗して以来、可能性のある未来社会との関連でユートピアという言葉は否定的な意味合いを持つようになった。

（2）

パウ（＝パブロ）・カザルスは、二〇世紀で最も有名で、最も才能あるチェリストと言われている。カタルーニャ出身の父カルレス・カザルスは、エル・ベンドレルのオルガニストであり、幼少期から少年期にかけて、自宅で歌、ピアノ、オルガン、作曲を教えた。母親のピラール・デフィロ・デ・カザルスは、プエルトリコに移住したカタルーニャ人一家の出身で、直観力と先見の明に恵まれた、非常に素朴で決断力のある母親であったと、年代記に記されている。彼女は、少年が成長するにつれて、一つの楽器、チェロに魔法のように引き寄せられる様子を認めた。十一歳のころ、パウは初めて自分のチェロを手に入れた。しかし父親は、チェロという儲かりそうもない芸術についてはあまり関心を示さなかった。おそらくこれが、幸せな家庭生活における最大の親子喧嘩の原因となった。父親の経済的な心配よりも、母親の直感と先見の明が勝った。十一歳のパウはバルセロナの音楽学校に通った。二年目から、母親はパウのそばに常に寄り添い、その後のさまざまな音楽レッスンの現場に付き添った。彼女にとって物質的な安定は常に二の次であり、一家は絶えず経済的な苦難に遭遇した。しかし、母親（そして息子）の直感による一貫した決断は、採集的に正しかったことが証明された。

　徹底的に家庭によって社会化されたパウ（パブロ）カザルスは、あちこちの王宮で演奏しただけではなかった。二〇世紀初頭から、チェロの名手として、トリオ、オーケストラ、時にはソリストとして、世界各地でコンサートツアーを行った。グラミー賞の生涯功労賞をはじめ、数え切れないほどの栄誉と賞を受賞している。彼が世界的に有名になったのは、チェロの演奏法だけでなく、何よりもJ・Sバッハのチェロ作品の解釈のためである。アルベルト・アインシュタインからJ・Fケネディまで、彼の崇拝者は枚挙にいとまがない。パウ・カサルのキャリアは、二つの世界大戦の時期とも重なる。疲れ知らずの彼は、両親が示した模範に導かれ、平和、民主主義、個人の自由のために断固とした姿勢で一貫して尽力した。一九七一年、十月革命によってロシアで権威主義的な共産主義体制が成立すると、カザルはこの国での演奏活動を停止することを決めた。ヒトラーが政権を握った後、彼はドイツからのコンサートの招待も断った。

　一九五八年十月二四日の国連デーには、国連の招きで総会でのコンサートで演奏し、その模様は世界四〇カ国以上で放送された。同年、ノーベル平和賞候補となる。

参考文献（英語版）

Arendt, Hannah (1967): *Vita activa oder Vom tätigen Leben*. München: Piper. (Im Ori-ginal erschienen 1958: The Human Condition.（ハンナ・アーレント：『人間の条件』、講談社学術文庫、牧野雅彦　訳、二〇二〇年）

Arendt, Hannah: Elemente und Ursprünge totaler Herrschaft. München: Piper, 1986. (The original work, written in English and published in 1951, is entitled The Origins of Totalitarianism.（ハンナ・アーレント：『全体主義の起源I,II,III』、みすず書房、一九九七年）

Ariès, Philippe: Geschichte der Kindheit. München: Carl Hanser Verlag, 1975. (The original work, written in Frech and published in 1960, is entitled L'enfant et la vie familiale sous l´ancien régime.) The english edition is entitled Centuries of Childhood. A Social History of Family Live. (New York: Vintage, 1965).（フィリップ・アリエス：『〈子供〉の誕生　アンシャンレジーム期の子供と家族生活』、杉山光信　他訳、みすず書房、一九八〇年）

Bauer-Jelinek, Christine: Der falsche Feind. Schuld sind nicht die Männer. Salzburg: Ecowin Verlag, 2012.

Blom, Philipp: Was auf dem Spiel steht. München: Carl Hanser Verlag, 2017.

Braunmühl, Ekkehard von: Antipädagogik. Studien zur Abschaffung der Erziehung. Weinheim and Basel: Beltz Verlag, 1975, Reprint, 1991.

Buchwald, Gerhard: Impfen – Das Geschäft mit der Angst. München: Droemer Knaur, 2000.

DeMause, Lloyd (Ed.): Hört ihr die Kinder weinen. Eine psychogenetische Geschichte der Kindheit. Frankfurt on the Main: Suhrkamp, 1977. ((The original work, written in English and published in 1974, is entitled The History of Childhood.)

Eliade, Mircea: Hochzeit im Himmel. Freiburg: Herder, 2000.

Foucault, Michel: Überwachen und Strafen. Die Geburt des Gefängnisses, 17th ed., Frankfurt am Main: Suhrkamp, 1993. (The original work, written in French and published in 1975, is entitled Surveiller et punir.)（ミシェル・フーコー：『監獄の誕生：監視と処罰』、田村俶訳、新潮社、二〇二〇年）

Fromm, Erich: Haben oder Sein. München: dtv, 1979. (The original work, written in English and published in 1976, is entitled To Have or to Be?.)

Garsoffsky, Susanne und Sembach, Britta: Die alles ist möglich Lüge. Wieso Familie und Beruf nicht zu vereinbaren sind. München: Pantheon, 2014.

Gatto, John Taylor: Verdummt noch mal! Der unsichtbare Lehrplan oder Was Kinder in der Schule wirklich lernen. Bremen: Genius Verlag, 2009. ((The original work, written in English and published in 1991, is entitled Dumbing Us Down.)（ジョン・テイラー・ガット：『バカを作る学校：義務教育には秘密がある』、高尾菜つこ訳、成甲書房、二〇〇六年）

Gélis, Jacques: Das Geheimnis der Geburt. Rituale, Volksglaube, Überlieferung. Freiburg: Herder Verlag, 1992.

Gestrich, Andreas and Krause, Jens-Uwe and Mitterauer, Michael: Geschichte der Familie. Stuttgart: Kröner Verlag, 2003.

Gandhi, Mahatma: Ausgewählte Werke. Göttingen: Wallstein, 2012.

Gracián, Balthasar: Hand-Orakel und Kunst der Weltklugheit. Stuttgart: Reclam, 1986. (The original work, written in Spain and published in 1647, is entitled Oráculo manual y arte de prudencia.)

Gray, Peter: Befreit lernen. Wie Lernen in Freiheit spielend gelingt. Klein Jasedow: Drachen Verlag, 2015. (The original work, written in English and published in 2013, is entitled Free to Learn: Why Unleashing the Instinct to Play Will Make Our Children Happier, More Self-Reliant, and Better Students for Life.)（ピーター・グレイ：『遊びが学びに欠かせないわけ：自立した学び手を育てる』、吉田新一郎訳、築地書館、二〇一八年）

Harari, Yuval Noah: Eine kurze Geschichte der Menschheit. München: DVA, 2013. (The original work, written in Hebrew and published in 2011, is entitled Kizur Toldot Ha-Enoshut. The english version written 2014 and entitled A Brief History of Humankind.)（ユヴァル・ノア・ハラリ：『サピエンス全史：文明の構造と人類の幸福　上・下』、柴田裕之、河出書房新社、二〇一六年）

Harari, Yuval Noah: Homo Deus. Eine Geschichte von Morgen. München: C. H. Beck, 2017. (The original work, written in Hebrew and published in 2015. The english version written 2016 and entitled Homo Deus. A Brief History of Tomorrow.)（ユヴァル・ノア・ハラリ：『ホモ・デウス：テクノロジーとサピエンスの未来　上・下』、

柴田裕之、河出書房新社、二〇一八年
Hawken, Paul: Wir sind der Wandel. Warum die Rettung der Erde bereits voll im Gang ist – und kaum einer es bemerkt. Emmedingen: Hans Nietsch Verlag, 2010.
(The original work, written in English and published in 2007, is entitled Blessed Unrest: How the Largest Social Movement in History is Restoring Grace, Justice, and Beauty to the Word.)
Hesse, Hermann: Das Glasperlenspiel. Zurich: Fretz u. Wasmuth, 1942.（ヘルマン・ヘッセ：『ガラス玉遊戯　上・下』、井出賁夫訳、角川書店、一九九〇年）
Holt, John and Farenga, Pat: Bildung in Freiheit. Das große John-Holt-Buch zum eigenständigen Lernen. Bremen: Genius Verlag, 2009. (The original work, written in English and published in 1989, is entitled Teach Your Own.)（ジョン・ホルト：『なんで学校へやるの：アメリカのホームスクーリング運動』、大沼安史訳、一光社、１９８４年）
Horvath, Ödön von: Jugend ohne Gott. Frankfurt on the Main: Suhrkamp, 1970.
Hüther, Gerald: Bedienungsanleitung für ein menschliches Gehirn. Göttingen: Vandenhoeck & Ruprecht, 2001.
Hüther, Gerald: Biologie der Angst. Wie aus Stress Gefühle werden. Göttingen: Vandenhoeck & Ruprecht, 2007.
Hüther, Gerald: Die Macht der inneren Bilder. Göttingen: Vandenhoeck & Ruprecht, 2011.
Hüther, Gerald and Spannbauer, Christa: Connectedness. Warum wir ein neues Weltbild brauchen. Bern: Hans Huber Verlag, 2012.
Hüther, Gerald and Hauser, Uli: Jedes Kind ist hoch begabt. München: Verlagsgruppe Random House, 2014.
Illich, Ivan: Schulen helfen nicht. Über das mythenbildende Ritual der Industriegesellschaft. Reinbeck: Rowohlt, 1972. (The original work, written in English and published in 1970, is entitled Celebration of Awareness. A Call for Institutional Revolution.)
Illich, Ivan: Entschulung der Gesellschaft. 6th ed. München: C. H. Beck, 2013. The 1st edition was published in 1972. München: Kösel Verlag (The original work, written in English and published in 1971, 1972, is entitled Deschooling Society.)（イヴァン・イリイチ：『脱学校の社会』、東洋・小澤周三訳、東京創元社、一九七七年）
Juul, Jesper: Die kompetente Familie. Neue Wege in der Erziehung. München: Kösel Verlag, 2007.
Juul, Jesper: Dein kompetentes Kind. Reinbek: Rowohlt, 2009.
Juul, Jesper: Wem gehören unsere Kinder? Dem Staat, den Eltern, oder sich selbst? Weinheim und Basel: Beltz, 2012.
Juul, Jesper: Von der Erziehung zur Beziehung. Hör-CD. München: Nymphenburger Verlag, 2012.

Key, Ellen: Das Jahrhundert des Kindes. (Translation by Marie Franzos, 1901)
linguistic adaptation by Gitta Peyn, 2010. Neuenkirchen: RaBaKa Publishing, 2010.
(The original work, written in Swedish and published in 1900, is entitled Barnetsårhundrade.)

Klein, Naomi: Die Entscheidung. Kapitalismus vs. Klima. Frankfurt on the Main: S. Fischer Verlag, 2015. (The original work, written in English and published in 2014, is entitled This changes everything. Capitalism vs. The Climate.)

Klein, Naomi: Gegen Trump. Wie es dazu kam und was wir jetzt tun müssen. Frankfurt on the Main: S. Fischer Verlag, 2017. (The original work, written in English and published in 2017, is entitled No is Not Enough. Resisting Trump's Schock Politics and Winning the World We Need.)

Kruppa, Hans. Kaito: Ein Märchen. München: Goldmann, 1988.

Liedloff, Jean: Auf der Suche nach dem verlorenen Glück. München: C. H. Beck, 1980. (The original work, written in English and published in 1977, is entitled The Continuum Concept.)（ジャン・リードロフ：『野生への旅：いのちの連続性を求めて』、山下公子訳、新曜社、一九八四年）

LLewellyn, Grace: Das Teenager Befreiungs-Handbuch. Bremen: Genius Verlag, 2014. (The original work, written in English and published in 1991, 1998, is entitled The Teenage Liberation Handbook.)

Maaz, Hans-Joachim: Das falsche Leben. Ursachen und Folgen unserer normopathischen Gesellschaft, 5th ed. München: C. H. Beck, 2019.

Martin, Dayna: Die freie Familie oder die Freiheit Leben und Lernen selbst zu bestimmen. Leipzig: Tologo Verlag, 2011. (The original work, written in English and published in 2009, is entitled: Radical Unschooling – A Revolution Has Begun.)

Maurer, Willi: Der erste Augenblick des Lebens. Der Einfluss der Geburt auf die Heilung von Mensch und Erde. Klein Jasedow: Drachen Verlag, 2009.

Miller, Alice: Das Drama des begabten Kindes. Frankfurt on the Main: Suhrkamp, 1979.（アリス・ミラー：『才能ある子のドラマ：真の自己を求めて　新版』、山下公子訳、新曜社、一九九六年）

Miller, Alice: Am Anfang war Erziehung. Frankfurt on the Main: Suhrkamp, 1983.（アリス・ミラー：『魂の殺人：親は子どもに何をしたか　新装版』、山下公子訳、新曜社、二〇一三年）

Montessori, Maria: Montessori. Praxishandbuch der Montessori-Methode. Freiburg: Herder Verlag, 2015. (The original work, written in English and published in 1914, is entitled Dr. Montessoris Own Handbook.)（マリア・モンテッソーリ：『私のハンドブック』、平野智美、渡辺紀世子共訳、エンデルレ書店、一九八九年）

Montessori, Maria: Kinder sind anders. München: dtv, 1987.（マリア・モンテッソーリ：『子どもの秘密：幼少年季の心の解剖と育て方』、鼓常良訳、日本教文社、一九五七年）

Neufeld, Gordon and Maté, Gabor: Unsere Kinder brauchen uns! Die entscheidende Bedeutung der Kind-Eltern-Bindung. Bremen: Genius Verlag, 2006. (The original work, written in English and published in 2005, is entitled Hold On to Your Kids: Why Parents Need to Matter More Than Peers.)

Odent, Michel (2004): Im Einklang mit der Natur – Neue Ansätze der sanften Geburt. Düsseldorf and Zurich: Patmos, 2004. (The original work, written in English and published in 2002, is entitled The Farmer and the Obstetrician.)

Piaget, Jean: Theorien und Methoden der modernen Erziehung. Frankfurt on the Main: Fischer Verlag, 1974. (The original work, written in French and published in 1964, is entitled Psychologie et Pèdagogie and 1969 Six Ètudes de Psychologie.)

Pohl, Gabriele: Kindheit – aufs Spiel gesetzt: Vom Wert des Spielens für die Entwicklung des Kindes. 4th ed. München: Springer, 2014.

Postman, Neil: Das Verschwinden der Kindheit. München: Fischer Taschenbuchverlag (The original work, written in English and published in 1982, is entitled The Disappearance of Childhood.)

Postman, Neil: Wir amüsieren uns zu Tode. Urteilsbildung im Zeitalter der Unterhaltungsindustrie. München: Fischer, 1988. (The original work, written in English and published in 1988, is entitled Amusing Ourselves to Death.)（ニール・ポストマン：『楽しみながら死んでいく：思考停止をもたらすテレビの恐怖』、今井幹晴訳、三一書房、二〇一五年）

Postman, Neil: Keine Götter mehr. Das Ende der Erziehung. Berlin: Berlin Verlag (The original work, written in English and published in 1995, is entitled The End of Education.)

Renz-Polster, Herbert. Menschenkinder. Plädoyer für eine artgerechte Erziehung. München: Kösel, 2011.

Renz-Polster, Herbert: Die Kindheit ist unantastbar. Warum Eltern ihr Recht auf Erziehung zurückfordern müssen. Weinheim: Beltz, 2014.

Rosenberg, Marshall B: Konflikte lösen durch Gewaltfreie Kommunikation. Ein Gespräch mit Gabriele Seils. Freiburg: Herder, 2004.

Schweizer, Albert: Gesammelte Werke, Band 2. München: C. H. Beck, 1993.

Shakespeare, William: Romeo und Julia, Stuttgart: Reclam, 1986.（『ロメオとジュリエット：全』、久米正雄訳、新潮社、二〇一四年）

Spitzer, Manfred: Vorsicht Bildschirm! Elektronische Medien, Gehirnentwicklung, Gesundheit und Gesellschaft. München: dtv, 2006.

Spitzer, Manfred: Medizin für die Bildung. Heidelberg: Spektrum Akademischer Verlag, 2010.

Spitzer, Manfred (2012): Digitale Demenz. Wie wir uns und unsere Kinder um den Verstand bringen. München: Droemer, 2012.

Stern, André: …und ich war nie in der Schule. Geschichte eines glücklichen Kindes. München: Sandmann GmbH, 2009.

Stern, Arno: Wie man Kinderbilder nicht betrachten soll. München: Zabert Sandmann, 2012.

Stern, Arno and Stern, André. Mein Vater mein Freund. Das Geheimnis glücklicher Söhne. München: Zabert Sandmann, 2014.

Tavris, Carol and Aronson, Elliot: Ich habe recht, auch wenn ich mich irre. Warum wir fragwürdige Überzeugungen, schlechte Entscheidungen und verletzendes Handeln rechtfertigen. München: Riemann Verlag, 2010. (The original work, written in English and published in 2007, is entitled Mistakes Were Made, but not by me.)（キャロル・タヴリス／エリオット・アンダーソン：『なぜあの人はあやまちを認めないのか：言い訳と自己正当化の心理学』、戸根由紀恵訳、河出書房新社、二〇〇九年）

Tolstoj, Leo: Krieg und Frieden. Roman. Klagenfurt: Kaiser, 1978.（トルストイ：『戦争と平和』、藤沼貴訳、岩波書店、二〇一四年）

Vance, Ashlee. Elon Musk: Tesla, PayPal, Space X. Wie Elon Musk die Welt verändert. München: FBV, 2015 (The original work, written in English and published in 2015, is entitled Iron man: Elon Musk's Quest to Forge a Fantastic Future.)

Wagenhofer, Erwin and Kriechbaum, Sabine and Stern, André: Alphabet. Angst oder Liebe. Salzburg: Ecowin Verlag, 2013.

Welzer, Harald. Die smarte Diktatur: Der Angriff auf unsere Freiheit. Frankfurt am Main: S. Fischer Verlag, 2016.

Werner, Götz and Goehler, Adrienne: 1000 Euro für jeden. Freiheit Gleichheit und Grundeinkommen. Berlin: Ullstein Verlag, 2011.

Wild, Rebeca: Erziehung zum Sein. Freiamt: Arbor-Verlag, 1986.

Wild, Rebeca: Sein zum Erziehen. Mit Kindern leben lernen. Freiamt: Arbor-Verlag, 1991.

Wild, Rebeca: Lebensqualität für Kinder und andere Menschen. Erziehung und der Respekt für das innere Wachstum von Kindern und Jugendlichen. Weinheim: Beltz, 2001.

Ziegler, Jean (2015): Ändere die Welt! Warum wir die kannibalische Weltordnung stürzen müssen. München: C. Bertelsmann, 2015.

特別寄稿

新しい学び様式？

アーサー・ビナード

大学三年の夏休みに、友人と二人でメキシコの太平洋沿岸を巡った。暑い日の夕方、看板にOcean Viewと書かれたバーにふらっと入った。海が一望できるテラスがあり、テーブルを選んで生ビールをふたつ頼んだ。涼風が吹いて、飲む前から気分がよくなり、ウエーターがビールを運んできたら即座に乾杯した。

よく見れば、ジョッキがなんだか汚い。ぼくのも友人のも。皿洗いがサボっているに違いない。でも見事な夕焼けだし、勢いで飲み干した。ウエーターが現われると、友人はまた生ビールをふたつ頼み、ぼくはすかさずつけ加えた。「今度はな、ジョッキをちゃんときれいに洗ってからビールをつげよ！」

ウエーターは神妙にうなずき、店の奥へ消えた。少しして右手と左手にビールいっぱいのジョッキを持ってきた。友人の顔を見て、ぼくの顔も見て、ウエーターは「あのぅ、ちゃんと洗ったジョッキを注文したのはどちらでしたっけ？」と聞いた。

これは実話というよりアメリカに伝わるジョークだ。当たり前の前提を外して、ひょいっとリセットすると、パンチラインで笑いが生じる。この場合は「食器を洗った上で飲み物と食べ物を提供する」というのが、言わずもがなの大前提。それがいつの間にか変異して「わざわざ頼んだ客にのみきれいな食器を提供する」となっている。一種のニューノーマルか。

大学三年の夏に友人とメキシコを巡ったのは実話だ。海で泳いでいろんな店で食べたり買い物したりして、靴を履かず上半身裸、海水パンツのみで歩いていた。どこの店も、一度も注意されることはなかったのだ。「アメリカもこうならなきゃ!」とつくづく思った。

残念ながらアメリカはそうはならなかった。短パンだけでカフェに、コンビニに、スーパーに入ろうものなら、叱られたりつまみ出されたりする。よく入り口にこんな貼り紙がしてある。

No Shoes No Shirt No Service 「靴無しシャツ無し入店無し」と訳すか、「肌足・上半身裸・お断り」とするか、ムカつく標識だ。そして二〇二〇年のクリスマスに、カリフォルニアの友人がレストランの入り口の派手な貼り紙を撮影して送ってくれた。

No Shoes No Shirt No Mask No Service 条件が増殖して新しい生活様式が明記されるようになったわけだ。半年後、またまた証拠写真が届いた。新型の項目がさらに増えてNo Shoes No Shirt No Mask No Vax No Serviceとあった。中には「ワクチン」の略語を使わず丁寧にNo Vaccine No Serviceと記す店も。

どこまでやるつもりなのか。おそらく小売店が消滅してバーチャルのリモート買い物しか成立しない社会が完成するまで作戦は続くだろう。スーパーシティー地獄を避けようと思うなら、足し算ではどうにもならない。新技術も新薬もニューノーマルも、きまって新しい解決策として売り込まれるが、次なる罠にすぎない。引き算に徹して、拒むことから出口を探ることが重要だ。

そもそもこのカラクリは、いつ始まったのか。そもそもぼくらはどこから自然の摂理を見失ってしまったのか。そもそもなぜ各々が自らの体と向き合わないまま過ごすのか。

なぜ自力で健康に暮らそうとしないのだろうか？

大きい疑問がわいたら、これまでのみこんでしまった定説を、ひとつひとつひっくり返して、根源までさかのぼり、学び直したい。『いつまでやるの？　子どもをつぶす教育』は、学び直しのきっかけと、見抜く土台をふんだんに備えてる。

ぼくは参考書をよく引く。和英辞典も英和辞典も英英辞典も国語辞典も類義語辞典、百科事典の類いも部屋に溢れている。もともと高校生のころから、学校の先生と渡り合うためには、言葉の定義からつかむ必要があると気づいて、そのあたりからの癖だ。大学で語学に夢中になってから、辞書がどんどん増えて、発見も増えた。

というのは、辞書によっては次元が違うが、ときおりインサイダー情報みたいな、強烈に的を射た定義がひょっこり出てくることがある。ぼくが手元に置いて使っている小学館の国語辞典『大辞泉』を引いて「教育」を調べてみると、こう書いてある。

「ある人間を望ましい姿に変化させるために、身心両面にわたって、意図的、計画的に働きかけること」

この『いつまでやるの？　子どもをつぶす教育』では、そもそもeducationと呼ばれ、「教育」と日本語に訳されたものが、どうして『大辞泉』の定義通りに悪用されてきたのか、そのプロセスを見事に炙り出している。仕組みを明らかにした上で流れを丁寧に辿っていく、稀有な一冊だ。インサイダー情報といえるものがふんだんに入っていて、今後どう生かしたらいいのか考えさせられる読んでいてぼくの中では、日本の「寺子屋」と「義務教育」との境界線が、より一層明確になった。寺子屋の自主的な技術の学習と違い、学校は勘違いのベルトコンベヤーとして最初から作られている。立派に組み立てられて公認され、見栄えがして拝められている、高度な袋小路。

みんな子どものために「よい学校」を選ぼうとする。できることなら「よくない学校」を避けて「よい学校」にいれて学ばせたい。ところが「学校」そのものが問題であり、もとから「よい」ところはない。『いつまでやるの？　子どもをつぶす教育』がそれをまざまざと見せてくれる。

こうなれば詩人はどうすべきか？　学校とは対極的な、親子でも参加できる「寺子屋」を開いたりしている。義務教育とは無縁の、近代国家以前の、そもそも先人たちが自主的に学び合っていた形を、引き継いで生き残る。

『大辞泉』を引いて「寺子屋」を調べると「江戸時代の庶民の教育施設。僧侶・武士・神官・医者などが師となり、読み・書き・そろばんを教えた。教科書は『庭訓往来』『童子教』など。明治以降、義務教育の普及によって消滅」とある。

本当は「消滅」というより「撲滅」のほうが当てはまる。しかしここから寺子屋の「復活」が始まる可能性を感じる。江戸庶民に比べて二十一世紀のぼくらは、より大きく惑わされ、命の基本までわからなくなっている。したがって「そろばん」をやると同時に、遊びの感覚も取り戻し、おまけに「感染症」など数多くの虚構を見抜くヒントも必要だ。学校で学ばないこと、学校では学べない世界を、仲間たちといっしょに探りつづけたい。

（詩人）

著者紹介

ミヒャエル・ヒューター

一九六八年ザルツブルク生まれ。歴史家（子ども時代の研究者）、出版社経営、作家、ピアニスト。一九九〇年代にザルツブルク大学で歴史学、ドイツ学、哲学、美術史を学ぶ。三児の父。詳細は www.michael-hueter.org を参照。ミヒャエル・ヒューターの YouTube チャンネルもご覧ください。

訳者紹介

神 瞳（ジン ヒトミ）

上智大学外国語学部英語学科卒業。翻訳家。著書に『世界の闇』（共著）、訳書に『ワクチン神話 捏造の歴史』がある。

鄭 基成（チョン キソン）

上智大学言語学専攻博士課程単位取得退学、ルール大学ボーフム学術博士。茨城大学名誉教授。訳書に『メイク・ザット・チェンジ』（共訳）、『スターウォーカー』、『コロナパンデミックは、本当か？』、『計画されたコロナパンデミック』（共訳）、『羊たちの沈黙は、なぜ続くのか？』（共訳）がある。

いつまでやるの？　子どもをつぶす教育

――「家族とともに過ごした子ども時代」の歴史

二〇二四年一二月二〇日　初版第一刷発行

著者――ミヒャエル・ヒューター
訳者――神瞳、鄭基成

発行者――鄭基成
発行所――日曜社

〒一七〇-〇〇〇三
東京都豊島区駒込一-四二-一　第三米山ビル四階
電話　〇九〇-六〇〇三-七八九一

カバーデザイン――岡本デザイン室
印刷・製本所――モリモト印刷株式会社

ISBN978-4-9909696-7-7 C0036

日曜社の新刊

スターウォーカー ラファエル少年失踪事件

ミュンヘン警察失踪者捜索課警部タボール・ズューデン　シリーズ第一弾

著:フリードリッヒ・アーニ　訳:鄭基成

■内容紹介

ラファエル・フォールゲン少年(九歳)は、最愛の祖父ゲオルク・フォーゲルの死に衝撃を受け、埋葬の日に姿を消す。両親からの虐待を恐れての家出か、あるいは誘拐事件か。ミュンヘン警察失踪者捜索課が出動するも、日を重ねるばかりで成果はなし。少年の生命さえ危ぶまれ、メディアのセンセーショナルな報道に煽られた市民に動揺と不安の広がる中、警察への不信と不満が募る。

ファンケル署長以下、失踪者捜索課の刑事たちの努力も虚しく、捜索は袋小路に。残る手は、あの問題児、奇人、一匹狼、少女誘拐事件の失敗に苦しみ九か月間もの休暇をとって、森で修業中の、はぐれ刑事タボール・ズューデンを復帰させることしかなくなった。

ラファエルから両親宛に手紙が届く。「元気でやっているから心配しないで、親切なグストルが一緒だから大丈夫。これから遠くへいく……」

耳と目で相手の心を読む「見者」ズューデンの推理は?

四六判並製　394頁　ISBN978-4-9909696-1-5 C0097

価格:2,640円(10%税込)　電子書籍価格:2,499円(10%税込)

メイク・ザット・チェンジ 世界を変えよう

マイケル・ジャクソン　精神の革命家、そのメッセージと運命

著:ソフィア・パーデ、アルミン・リジ　訳:長谷川圭、セイヤーン・ゾンターク

■内容紹介

本書の題名『メイク・ザット・チェンジ』は、彼の歌「Man in the Mirror」の中の有名なメッセージ、「僕たちは変わろう、世界を変えよう!」という彼の生涯の目標を宣言した言葉だ。メガスターとしての世界的な影響力を武器に、彼は世界の変革を行おうとした。—ただし世界を支配する巨大な勢力を駆逐することによってではなく、愛、癒し、そして子供を守ることによって。

まさにそれゆえに、マイケルはマスメディアによる根も葉もない誹謗中傷と人物破壊にさらされ、精神の革命家のメッセージはねじ曲げられ、ついには「無害化」される運命を辿った。

本書の著者たちは、長期にわたる綿密な調査を通じてたどり着いた真実を伝えることによって、誰がマイケル・ジャクソンの名誉と影響力を「永遠に」破壊することを望んでいたのかを、明らかにする。

A5判上製　929頁　ISBN978-4-9909696-0-8 C0073

価格:6,380円(10%税込)　電子書籍価格:6,380円(10%税込)

ヨーゼフ・ロート ウクライナ・ロシア紀行

著:ヨーゼフ・ロート　訳:長谷川圭

■内容紹介
ヨーゼフ・ロートが1926年9月14日から1927年1月18日にかけてドイツの主要新聞『フランクフルター・ツァイトゥング』で発表したロシア紀行は17回の連載で構成され、彼のジャーナリスト作品の中心を占める。そのうちの10回分を本書に収録した。「ロシアの神」と「レニングラード」も1926年のロシア旅行における経験に基づいた作品だが、連載記事とは別に公表されたものである。(編者)

四六判上製　126頁　ISBN978-4-9909696-3-9 C0098
価格:1,760円(10%税込)　電子書籍価格:1,760円(10%税込)

羊たちの沈黙は、なぜ続くのか?

私たちの社会と生活を破壊するエリート民主政治と新自由主義

著:ライナー・マウスフェルト　訳:長谷川圭、鄭基成
解説:水野和夫　特別寄稿:アーサー・ビナード

■内容紹介
教育とメディアによる教化と洗脳が本当の権力を不可視に、社会を権威主義と全体主義に、民衆を「従順な羊」に変えた。
現代の権力と暴力に抵抗し、真の民主政治を確立するための有望な戦略を立てるには、「新自由主義の権力構造」と「人身操作術」を十分に理解していなければならない。

A5判　408頁　ISBN978-4-9909696-4-6 C0036
価格:3,300円(10%税込)　電子書籍価格:3,300円(10%税込)

日曜社(Sonntag Publishing)

〒170-0003　東京都豊島区1-42-1 第3米山ビル4F
TEL:090-6003-7891　mail:nichiyosha1203@gmail.com
HP:https://nichiyosha.tokyo　FAX:0120-999-968